ジェンダーの民族誌

――フィリピン・ボントックにおける女性と社会――

森谷裕美子 著

九州大学出版会

写真 1.2.1 ボントック・ポブラシオン

写真 1.2.2 サダンガの棚田

写真 1.2.3 サダンガのアト

写真 1.2.4　サダンガのパパタイ

写真 1.2.5　タジアンの教会で洗礼を受ける子供

写真 1.2.6　サダンガ・ポブラシオン

写真 1.2.7　サダンガの公衆浴場

写真 2.1.1　倉の前に立てられた
　　　　　　プチョン（サダンガ）

写真 3.1.1　サダンガの一般的な家屋

写真 3.1.2　トゥクカンの群倉

写真 3.1.3　サダンガの倉

写真 3.4.1　チョノを主催する夫婦（ベルワン）

写真 3.4.2 婚姻儀礼で用いられるファンサー（ベルワン）

写真 3.4.3 供犠されたカラバオの首（ベルワン）

写真 3.4.4 アラウィグ儀礼（ベルワン）

写真 3.4.5　チョノで祭宴を楽しむ招待客（ベルワン）

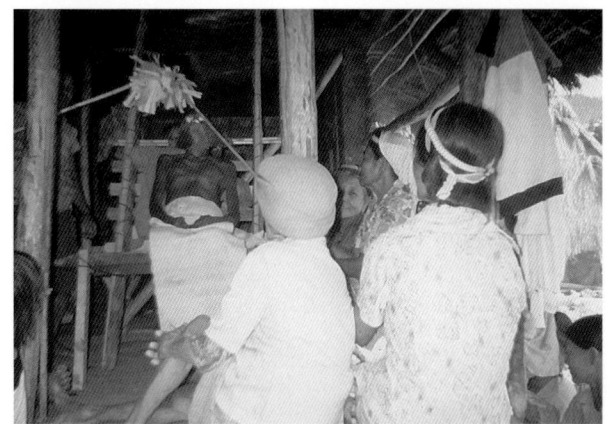

写真 3.4.6　サンガチルに座り展示される死者（サダンガ）

写真 3.4.7　死者のまわりで挽歌を歌う女性たち（トゥクカン）

写真 3.4.8 葬送儀礼のために供犠されたカラバオ（サダンガ）

写真 3.4.9 子供が埋葬された場所（サダンガ）

写真 3.4.10 殺人者を捜し出す儀礼（サダンガ）

写真 4.1.1　アプアポイ儀礼（サダンガ）

写真 4.1.2　稲刈りする女性（トゥクカン）

写真 4.1.3　収穫した稲を運ぶ男性たち（トゥクカン）

目　　次

序　章　本書の目的 …………………………………………………… *1*
　　　1．問題の所在
　　　2．本書の研究方法
　　　3．研究史――北部ルソンを中心として――
　　　4．本書の構成

第1章　概　　観 ……………………………………………………… *13*
　第1節　フィリピンの構成 ………………………………………… *13*
　　　1．地勢・人口
　　　2．民族の多様性
　　　3．歴史的背景
　　　4．おわりに
　第2節　調査地概況 ………………………………………………… *27*
　　　1．北部ルソン地域
　　　2．ボントック族
　　　3．サダンガ概況

第2章　女たちとその世界 …………………………………………… *55*
　第1節　政治・経済・法 …………………………………………… *55*
　　　1．はじめに
　　　2．政治的運営
　　　3．社会規範
　　　4．平和同盟
　　　5．経済活動と交換形態

6．イリの成員としての義務

　　　7．おわりに

　第2節　家族・親族の構成 ……………………………………………… *79*

　　　1．はじめに

　　　2．世帯の構成と居住様式

　　　3．親族組織

　　　4．相続慣行

　　　5．おわりに

　第3節　アト——男性領域としての男子集会所とアト集団—— ………… *101*

　　　1．はじめに

　　　2．アトへの帰属様式の可能性

　　　3．アトへの帰属様式

　　　4．サダンガ郡におけるアト

　　　5．おわりに

　第4節　オログ——女性領域としての娘宿—— ……………………… *131*

　　　1．はじめに

　　　2．ボントック族における娘宿

　　　3．北部カンカナイ族における娘宿

　　　4．カリンガ族における娘宿

　　　5．イフガオ族における娘宿

　　　6．おわりに

　第5節　社会階層制……………………………………………………… *156*

　　　1．はじめに

　　　2．サダンガにおける社会階層

　　　3．カチャンギャンとしての差異化

　　　4．カチャンギャンとしての義務

　　　5．カチャンギャンと首狩

　　　6．おわりに

第3章　空間と霊的世界 …………………………………… *179*

第1節　生活空間 ……………………………………… *179*
  1．はじめに
  2．村落共同体としてのイリと象徴性
  3．村落共同体「サダンガ」としての全体性
  4．イリ内部の配置
  5．象徴的・儀礼的空間
  6．おわりに

第2節　霊的存在 ……………………………………… *211*
  1．はじめに
  2．フィリピン土着の霊的存在に対する信仰
  3．ボントック社会における霊的存在
  4．災因としてのアニト
  5．ボントック社会における霊的職能者
  6．女性巫医の社会的役割
  7．おわりに

第3節　全知全能の神ルマウィ ……………………………… *238*
  1．はじめに
  2．北部ルソンにみられる神々
  3．全知全能の神ルマウィ
  4．儀礼との関わりにみられるルマウィ
  5．おわりに
   付録　ルマウィ神話

第4節　婚姻儀礼と葬送儀礼 ………………………………… *276*
  1．はじめに
  2．儀礼の分類
  3．婚姻儀礼
  4．葬送儀礼
  5．おわりに

第4章　性 ……………………………………………………… 313

第1節　農業と女性 …………………………………………… 313

1. はじめに
2. 地勢的条件と農業生産
3. 一年の農耕サイクルと儀礼
4. 忌休日とその機能
5. おわりに

第2節　労働グループ …………………………………………… 346

1. はじめに
2. 娘宿と労働グループ
3. 労働グループの機能
4. 労働グループの形成
5. 労働グループのその他の機能
6. おわりに

第3節　性と女性の不浄性 …………………………………… 366

1. はじめに
2. 月経・出産をめぐる不浄性
3. ボントック社会における月経・出産
4. 男女の社会的距離とインセスト・タブー
5. おわりに

第4節　女性と性的役割 ………………………………………… 386

1. はじめに
2. 社会生活
3. 性的役割
4. ボントック族における女性観
5. 年齢原理
6. 女性の一生
7. おわりに

第5章　結　　論 …………………………………………… *415*

ボントック語彙集 …………………………………………… *429*
参照文献 ……………………………………………………… *451*
あとがき ……………………………………………………… *461*

図 一 覧

図 1.1.1　フィリピン全図 …………………………………………………… *14*
図 1.2.1　北部ルソン地域 …………………………………………………… *29*
図 1.2.2　マウンテン州全図 ………………………………………………… *32*
図 1.2.3　サダンガ郡全図 …………………………………………………… *42*
図 1.2.4　サダンガの世帯員数分布 ………………………………………… *45*
図 2.2.1　サダンガの親族名称 ……………………………………………… *90*
図 3.1.1　富裕層の家屋内部の構造 ………………………………………… *193*
図 3.1.2　一般の家屋内部 …………………………………………………… *195*
サダンガ略図（1990 年）…………………………………………… *121, 122*
トゥッカン略図（1986 年）………………………………………… *205, 206*

表 一 覧

表 1.1.1　フィリピンの宗教別人口比 ……………………………………… *15*
表 1.2.1　マウンテン州および各郡の人口 ………………………………… *33*
表 1.2.2　ボントック郡の人口および世帯数 ……………………………… *34*
表 1.2.3　サダンガ郡の人口および世帯数 ………………………………… *44*
表 1.2.4　サダンガ郡の男女構成比 ………………………………………… *44*
表 1.2.5　サダンガの職業別人口（1991 年）……………………………… *48*
表 2.2.1　サダンガの拡大家族 ……………………………………………… *82*
表 2.2.2　サダンガの村内婚 ………………………………………………… *86*
表 2.3.1　サダンガ郡の人口・世帯数・アト個数 ………………………… *110*
表 2.3.2　サダンガにおけるアト …………………………………………… *117*
表 4.1.1　マウンテン州の作付面積 ………………………………………… *320*

口絵写真一覧

写真 1.2.1　ボントック・ポブラシオン
写真 1.2.2　サダンガの棚田
写真 1.2.3　サダンガのアト
写真 1.2.4　サダンガのパパタイ
写真 1.2.5　タジアンの教会で洗礼を受ける子供
写真 1.2.6　サダンガ・ポブラシオン
写真 1.2.7　サダンガの公衆浴場
写真 2.1.1　倉の前に立てられたプチョン（サダンガ）
写真 3.1.1　サダンガの一般的な家屋
写真 3.1.2　トゥクカンの群倉
写真 3.1.3　サダンガの倉
写真 3.4.1　チョノを主催する夫婦（ベルワン）
写真 3.4.2　婚姻儀礼で用いられるファンサー（ベルワン）
写真 3.4.3　供犠されたカラバオの首（ベルワン）
写真 3.4.4　アラウィグ儀礼（ベルワン）
写真 3.4.5　チョノで祭宴を楽しむ招待客（ベルワン）
写真 3.4.6　サンガチルに座り展示される死者（サダンガ）
写真 3.4.7　死者のまわりで挽歌を歌う女性たち（トゥクカン）
写真 3.4.8　葬送儀礼のために供犠されたカラバオ（サダンガ）
写真 3.4.9　子供が埋葬された場所（サダンガ）
写真 3.4.10　殺人者を捜し出す儀礼（サダンガ）
写真 4.1.1　アプアポイ儀礼（サダンガ）
写真 4.1.2　稲刈りする女性（トゥクカン）
写真 4.1.3　収穫した稲を運ぶ男性たち（トゥクカン）

序　章

本書の目的

1. 問題の所在

　本書は，フィリピン・北部ルソン山岳地帯に居住するボントック族について，ボントック族の女性というものを男性と女性との関係において，社会全体の枠組みのなかで描くことによって再考し，ジェンダー研究における民族誌の可能性を明らかにしようとするものである。

　ここでいうジェンダー（gender）とは，「雌雄」としての生物学的性であるセックス（sex）とは区別して，個々の社会において男性と女性とをさまざまな方法で区別して概念化する文化的・社会的・意味論的な側面に基づいた概念である。またセックスが普遍的な事実であるのに対し，ジェンダーは社会によって付与される恣意的な規範である[1]。一方，ジェンダーと似たことばに「性差」というものがあるが，この性差とジェンダーとはいかに異なるのであろうか。青木によれば，これは3つの概念に区別して捉えることができるという。第一は生物学的性差（第一次性差）であり，第二は社会的性差（第二次性差），第三はシンボル化された性差（第三次性差）である。ここでいう第一次性差とは生殖機能を含む男女の肉体的条件の違いで，第二次性差は，第一次性差に根ざしてはいるが，社会化の過程で強化または変形されたものである。「男らしさ」「女らしさ」といったものはこれにあたる。これらに対し，第三次性差は第一次性差から発想されてはいるが，その社会に固有の宇宙論と結びついてシンボル化された性差である。セクシュアリティの存在しない自然を媒介とする対の思想がこれにあたる。青木によれば，第一次性差と第二次性差は sex difference であり，第三次性差が gender difference ということになる［青木 1982：5］。

　人間は生物学的に，男あるいは女として生まれる。しかしジェンダーは，

単に生物学的事実を反映するのではなく，個々の社会の社会・文化的過程の中で形成されてきた。すなわち狩猟・採集，漁撈，牧畜，焼畑，水田農耕などといった異なる生業形態や社会組織をもつ社会で，これまで〈男性：女性〉という区分にさまざまな形でその意味や象徴が付与されてきたのである。しかも，その多くの社会で男と女の違いは二項対立的に表されてきた。

　このような性差や当該社会での女性の地位といった問題は，1960年代の女権拡大運動に触発され，さまざまな報告がなされるようになった。しかし，いわゆる未開社会における女性の地位や役割に関する研究についていえば，「男らしさ」「女らしさ」の基準や性的役割は社会ごとで大きく異なり，性差の内容や性的役割が生物学的条件によってではなく，文化的に決定されるという事実を主張したミードの研究に代表されるように［ミード 1961（1949）］，人類学の分野では以前から扱われてきたものである。だがこうした研究は，当該社会で女性が占める社会的・象徴的地位や役割の比重と比較して決して十分ではなく，また研究の視点もそのほとんどが，男性中心の社会観に基づく男性の側からのものであったと指摘される［山崎 1987：11］。このような立場に対し，従来の男性の視点からではなく，女性の視点の強調を試みる「女性論人類学」の立場からの新しい動きが，近年，人類学研究のあり方にさまざまな議論を呈してきた。たとえば，マリノウスキーが報告したトロブリアンド諸島民の場合について，その約50年後にこの地に調査に入ったワイナーは，女の葬礼をとりしきる彼女たちの生き生きした姿を目撃し，このテーマがまさにマリノウスキーの研究から欠落していたことを確信してそれに取り組み始める。そしてトロブリアンドの女性が，社会の中を循環する重要な財である女財（バナナの葉の束と腰蓑）の生産者であり，女は単に男によって交換される対象ではなく，トロブリアンドの交換組織の中で重要な役割を果たす参加者であるという事実に気づく。つまり，マリノウスキーのトロブリアンド社会においては明らかにされることのなかった女性の役割が，ワイナーによって生き生きと描かれ，その民族誌に新たな修正が施されることとなったのである［Weiner 1976］。

　しかしながら本論での筆者の立場は，女性研究を通して女性の劣位を告発し，女性の解放を目ざそうというようなフェミニストの立場に立つものでは

ない。筆者は，上述したワイナーのように「女性の手による，女性の視点から，女性を主たる対象とする」人類学的研究を主眼に置く。先にも述べた通り，性役割の根拠とされる性差は社会・文化的に決定されるのであって，とりわけ「伝統的」とされるような社会にあっては性的役割が生物学的な性差とは直接の関係なく生じることが多く，また，性的役割があるから性差別が生ずるといった単純な方式が常に成り立つとは限らない。むしろ「伝統的」な性役割が保持されている社会ほど男女の力関係の均衡が保たれているといえる［青木 1982：7-10］。「伝統的」な社会の，ごく普通の女性たちの価値観を無視して，西欧的な価値観による「女性解放論」をどの文化にも一様に適応させることはできない。ロジャーズは，「男性支配の神話」というものは近代化や産業化の過程で，非階級的な社会における社会的関係を秩序づけるために用いられるのであって，日常のなかでは，男性が女性よりも優位にあるとか，逆に女性が男性よりも優位にあるなどと考えたりするような行動を規定しないと指摘する［Rogers 1975：729］。しかしながら，こうしたジェンダー研究が男性を敵視し，女性側から一方的にその主張を繰り返してきたという観も否めない。そうした現象に対し，ギルモアは女性性を強調するあまり，男性性の問題が当然のように無視されていると指摘し[2]，男性性について社会全体の中で通文化的に論じている［ギルモア 1994（1990）］。

　したがって，筆者の女性論人類学的立場は，先にも述べた通り「女性の普遍的劣性」や「平等性」を強調するための女性の視点に立つものではなく，また，女性の研究を女性だけの問題としてとらえるのではなく，社会全体の枠組みのなかで描くことによって「従来の人類学の理論的枠組みを再構成するための重要な戦略としての可能性」［牛島 1984：8］を展開させ，民族誌の再構成を目指すものである。

2．本書の研究方法

　フィリピン諸族は一般に，単系的な出自や明確な出自集団が存在しない双系的親族組織をもち，親族関係は父方と母方の双方に等しくたどることができる社会だと説明される。これは，しばしば「古くからの生活様式を現在でも維持し続けている」ルソン島北部の山岳諸民族においても同様であろう[3]。

たとえば財の相続や居住規制など,さまざまな面において概して男女平等的な原理が働き,片方の性だけが強調されるといった諸相はほとんどみられない。本書の対象となるボントック族はその山岳諸民族のひとつであるが,ボントック族固有のアト ato とよばれる男子集会所を中心とする政治的・儀礼的集団としてのアト集団の機能が顕著であり,こうした側面での男性の中心性が強調される点で他の民族とは異なっている[4]。そのため,彼らの社会組織や文化を明らかにしようとするとき,常にこのアト集団に代表されるような男性中心の社会観が全面に押し出されるのは必然的であろうし,実際にも先行研究の多くがそれを強調してきた。しかし,社会の半分を占める女性の存在なくして完全な民族誌は完成し得ず,ボントック社会の文化全体を考えるとき,社会の表面的な部分にのみ焦点をあてるような視点では,女性が占める社会的・文化的役割と地位の重要な部分を見逃すこととなるだろう。しかしながら,これまで女性の手によるボントック社会の詳細な調査はほとんどなく,最近になってようやくチェルネフや[Cherneff 1981],ボントック族出身の女性,たとえばカウィドやボテガン,プリル゠ブレットなどの報告がみられるようになったが[Cawed 1972, Botengan 1976, Prill-Brett 1975, 1987 a, 1987 b, 1989],女性や現地の人々の視点から何かしら語られることはあっても,依然として女性自身について多く語られているとはいいがたい。

　須藤は「従来のジェンダー研究においては,それぞれの社会においてカテゴリーないし規範としての「男らしさ」「女らしさ」や,男女の役割や地位区分については明らかにするが,もろもろの社会的役割を担い,その役割の意味を体得している人間の行動そのものについては問題にされない」と指摘する。つまり,人間の行動の全体像を体系的に把握する視点が欠如しているというのである[須藤 1993：11-12]。こうした須藤の指摘は,とくに性研究に向けられるものであるが,ジェンダー研究全体についてもいえることであろう。したがって本書では,これまで語られたり,描かれたりすることのほとんどなかった女性の生活領域の参与観察を軽視せず,筆者自身が彼女らと生活体験を共有することで「女性の主体性・内面性の理解」[松沢 1984：246]を記述することになる。

　ここでは「性差」あるいは「ジェンダー」というものを社会的・文化的背

景の中で理解するためのアプローチとして,第一に社会・生活空間に,女性が男性との関係においてどのような役割を果たすかということを問題とする。こうした点から男女の地位役割を考察する場合,単に政治的・社会的レベルでのみ考察すれば,断片的事実によって男女の非対象性(asymmetry)を〈家庭的：公的〉,あるいは〈優：劣〉といった二分法のみによって評価することになってしまい,結局,それは男女の地位役割のひとつの面を描いたにすぎないことになる。しかし社会にはさまざまな男女の関係が存在しており,それらを断片的に論じるだけでなく,妻として,母として,あるいは娘,姉妹としての多様な女性の役割と,それに対応する男性との諸関係を明確にすることによって初めて全体としての理解が可能となるといえよう。

　第二のアプローチとしては男性：女性という生物学的事実に与えられる象徴性の問題である。個々の社会がもつ世界観は文化的秩序を構成するが,それは恣意的な分類と規則からなる。このような文化的秩序は常に無秩序との補完的対立の上に成立するものであり,また,こうした関係はあらゆる事象を二項対立的分類に導き,またそのどちらにも属さない両義的存在を必要とする。一方,〈男性：女性〉という分類は,多くの社会において象徴的にさまざまな対立に結びつけられ,たとえば男性は,右,浄,強,公,文化,女性は左,不浄,弱,私,自然,豊穣などに象徴される。そのうえ女性のもつ制御できない危険な力が男性に対しさまざまな影響力を及ぼすとみなされたり,公的な権力から排除されながらも女性のもつ潜在的な力が,自然と文化を媒介する両義的な存在として,霊的世界と生者の世界とを繋ぐ霊的職能者として発現したりすることもある。しかし,このような性差の象徴性は単独に成立するものではなく,他の文化的象徴と相互に関係づけられて論じられるべきであり,また全体としての文化体系の中に位置づける必要があるのはいうまでもない。

　こうした女性の象徴性や儀礼との関わりは,女性の地位を考える上でもっとも有力な手掛かりのひとつとなろうが,それとともに重要な女性の社会的役割は経済活動であろう。女性の経済活動への参加が,女性の社会的地位を考察する上で重要な要素となることは,すでにさまざまな研究者によって指摘されているが [Boserup 1970, Sanday 1974, Friedl 1975],とりわけボン

トック社会は，経済的側面における女性の役割が卓越しており，さらにこの女性を中心とする労働グループが，経済活動だけでなく他のさまざまな活動の基本的単位ともなる。すなわち女性を中心とする集団が，世帯を単位として帰属するアト集団とともにボントック社会のさまざまな社会関係を規定し，社会全体の重要な役割を担っているのである。したがって，ここではとくに女性の生産活動に注目しつつ，女性を中心として組織されるグループの活躍にも焦点を当てている。これが第三のアプローチの方法である。

以上，本書ではこうした3つの観点から，北部ルソン・ボントック社会において，これまで語られることのなかった「民族誌」を再構成し，とりわけこれを女性を男性との関わりのなかで記述することで，ボントック社会全体としての文化の理解を目ざしていきたい。

3．研究史——北部ルソンを中心として——

フィリピンにおける本格的な人類学的研究は比較的新しく，その始まりはアメリカ支配の始まる20世紀以降のことである。北部ルソンに関する古典的な報告としては，詳細な野外調査に基づくジェンクスのボントック族の研究を初めとし [Jenks 1905]，バートンのイフガオ族，カリンガ族の研究 [Barton 1911, 1919, 1922, 1938, 1946, 1949]，コールのイフガオ族，ティンギャン族の研究 [Cole 1909, 1945] などがあるが，これらを除けば，戦前の調査報告のほとんどはこの地に布教活動にやってきた宣教師の手によるものである。そうした報告の多くは，キリスト教の布教活動を行うにあたっての「山地民族」をよりよく理解することを目的としたものであったが，その一方で，これらはまた，それぞれの地域に密着した長期間にわたる現地での自らの経験に基づくものであり，地域差をもつさまざまな社会の重要な基礎的資料を提供するものとして，軽視することなく慎重に検討する必要があろう[5]。

親族や社会組織の研究においては，早くからクローバーがフィリピン社会にはトーテムやクランなどの外婚規制を伴う集団の存在が認められず，単系的なクランや出自集団も明確に確立していないと指摘し，さらに，村落共同体が存在せず，全体的に散在集落の形態をとる，と報告した [Krober 1919]。

しかしクローバーのこうした指摘は後に多くの研究者によって否定されることとなり，とりわけマードックによる「核家族普遍説」を契機として新たな理論が展開されるに至った。マードックは原始的な狩猟・採集民や焼畑農耕民，水稲農耕民の社会では単系的な出自集団を欠き，夫婦とその未婚の子女からなる「核家族」が，その最小の社会的単位となっている場合が多いと指摘，こうした社会ではその特徴として外婚の単系親族集団を欠き，双系のキンドレッドかディームがよくみられると述べている［マードック 1986 (1949)］。このような過程で，菊地京子はイフガオ族について，特定始祖の全子孫を含むコグナティックな（cognatic）出自集団形成の可能性を指摘している［菊地京子 1974］。一方，エガンは北部ルソン・サガダ（Sagada）周辺に居住する北部カンカナイ族[6]の社会の研究から，双系的な出自集団の存在と，これがある種の共同体的様相を伴っていることを明らかにし［Eggan 1960：29-30］，マードックはこれを選系的な出自集団（ambilineal descent group）であると規定した［Murdock 1960］。またサガダには，双系的な出自集団とともに各個人を中心として組織されるキンドレッドが存在しており，とりわけ早い時期の，まだ人口が少なく人々が焼畑農耕に従事していた頃には，このキンドレッドが一つの自律性をもった集団として重要な働きをしていたであろうと主張している［Eggan 1960：46］。さらに村武はこうした双系的社会を前提としたうえで，ボントック社会に何らかの軸的家筋（axial family-line），あるいは単系的族制への生成＝構造化への基をみいだそうとした［村武 1973（1967）：42-48］。菊地靖は，本来の個人を中心とする親族組織が，政治的・社会的・経済的・儀礼的諸分野において自律性をもった共同体的な形態を確立しつつ，選系的な出自から単系的な様相をもった祖先中心的な親族の認識をも内在する，公的な政治的指導者を中心とする親族集団への志向性を示す共住集団（corporate group）へと発展していく可能性をリーダーの継承に関わる「家筋」の問題から指摘している［菊地靖 1980 (1973)： 73-102］。同様に宮本は，村武の軸的家筋理論を応用し，ミンドロ島のハヌノオ・マンヤン社会における一系的要素の抽出を試みている［宮本 1986（1977）：61-117］。さらに，クローバーのいうフィリピンの村落組織の問題については，合田が，ボントック社会における村落共同体の様態を詳細

に検討することで，クローバーの指摘がその後のフィリピンにおける村落研究にとって大きな弊害となったと批判している［合田 1989a (1970)：27］。

このような社会組織中心の視点に対し，コンクリンはハヌノオ・マンヤン社会における植物の民俗分類から，彼らの社会構造を支える象徴的世界の構成を試みている［Conklin 1955］。一方，村武は，社会構造は家族，親族，地域社会などの単なる集合的形態ではなく，日常的および非日常的な世界を含むような全世界の構造として想定する必要があると指摘，社会組織の次元と祭祀的世界の次元とを全体的にあるいは不可分なものとしてとらえようとした。こうした村武のいうところの「社会的・象徴的秩序」は，北部ルソン・ボントック社会における集落空間モデルのなかで展開されている［村武 1984］。また合田は，ボントック社会の社会構造を支える世界観を解明するために，ムラ・親族・儀礼の3つの位相を分析し，これらの相互の関連を通して「全体的社会事実」の解明を行っている［合田 1989a］。

こうした研究の流れのなかで，ミシェル・ロサルドは北部ルソンのイロンゴット（Ilongot）社会[7]における象徴的な社会像，文化像の抽出を試みている。イロンゴット族の社会はきわめて「ゆるやかな構造」の社会であり，厳密な規則や体系的儀礼などをほとんどもたないが，これに対しロサルドは，個人の経験に関する聞き取りと解釈によって，彼らの経験世界を現実的側面と象徴的側面から解釈しようとした。またロサルドは彼女の学問的関心の一つである「性的非対称性（sexual asymmetry）」の理論的検討の好例として，このイロンゴット社会をあげている。つまり，彼らの社会は男性領域と女性領域が未分化であって，性的非対称性は確かに存在するものの，男性が家庭領域に巻き込まれ，それに応じて女性が大部分の公的出来事に参加することによって男性的権威の威光が軽減されているとし，このような社会形態が，現代社会における平等主義的な社会を実現する上でひとつのイメージを与えてくれるとロサルドは主張している［Rosaldo, M. 1974, 1980］。こうしたイロンゴット社会の「平等主義」を，文化の全体性を無視して，そのまま現代社会にあてはめることができるかどうかの議論はともかくとしても，法的・経済的にきわめて平等的なフィリピン社会の性的役割に関する諸相のすぐれた象徴論的解釈は，今後のジェンダー研究に新たな展望をもたらしたといえ

る。

4．本書の構成

本書は全体として5つの章によって構成されている。

先にも述べたように，本書では主として①女性が男性との関係にどのような役割を果たすか，②男性：女性という生物学的事実にどのような象徴性が与えられるか，③女性が経済的側面においてどのような役割を果たしているか，といった3つの側面からアプローチしている。

これらを明らかにするため，序章においては本論文の目的をジェンダー研究の問題点，方法，研究史等を通して確認した。

第1章の「概観」では，フィリピン全体の状況をとらえ，またそれとの関係でボントック族の歴史的・文化的特徴を記述した。

第2章の「女たちとその世界」では，女性が男性との関係においてどのような役割を果たすかに焦点を当てた。そこで第一に，男性がどのように政治的領域と関わるか，彼らの活動に性差以外に年齢や経済的格差がどのように関わるかを経済や共同体規制と関連させて分析した。第二に，「家族」というものを社会的，文化的脈絡のなかでとらえることでその概念を再検討した。第三にボントック族に欠かすことのできないアト（男子集会所）制度の特徴を明らかにし，その帰属様式を通して現実と規範とのズレに人々がどのように対処するかを分析した。一方，アトを男性領域とするなら，女性領域として娘宿があげられるが，これはアトと比べると単なる「寝宿」とみなされがちである。しかし実際には娘宿のイリ（村落共同体）で果たす役割はきわめて大きい。そこで第四に，この娘宿が婚姻の成立過程で果たす役割について注目，その社会的機能について再考した。

第3章の「空間と霊的世界」では，男性：女性という生物学的事実にどのような象徴性が与えられるかを明らかにした。男性：女性という分類は多くの社会において象徴的にさまざまな対立と結びつけられるが，こうした象徴性は他の文化的要素とも相互に関係づけ，全体としての文化体系の中に位置づける必要がある。そこで，第一に彼らがもっとも強い帰属意識をもつイリの性格を明らかにし，そこにどのような象徴的秩序が形成され，女性原理が

位置づけられているかを考察した。第二に，ボントックを理解する上で重要な意味をもつ霊的存在と霊的職能者について，その認識と行動の体系を考察した。第三に，こうした人々の世界観を理解する上で，ボントック族に広く知られる全知全能の神ルマウィの神的性格とその位置づけ，宗教生活との関わりを考察した。第四に，宗教の行為的側面として，ボントック社会においてもっとも盛大な儀礼である婚姻儀礼と葬送儀礼についてその特徴と機能を論述した。

第4章の「性」においては，これまであまり語られなかった部分での女性の日常的な生活に関してジェンダーを中心に記述した。そこで第一に，社会の維持に不可欠な生産活動の多くが女性中心に行われている事実に注目し，それに深く関わることでいかに女性が社会で重要な役割を担っているかを考察した。第二に，こうした女性の役割を維持可能にするための重要な戦略である労働グループについて考察した。第三に，ここでは視点を象徴的側面に移し，月経や出産に関わる女性の不浄性を手掛かりに，他の社会との比較を試みながらボントックの女性が社会的・象徴的に劣位に置かれているかを考察した。そして第四に，ボントックにおける性的役割を女性と男性との諸関係から整理し，性差というものがどのようにつくられていくのかということに注目した。

最後に第5章では，本書の結論として，ボントック社会を手がかりとして「ジェンダーの本質」について解明し，さらにジェンダー研究における民族誌のあり方というものを再考している。

なお，本論文の基礎的な資料は主として1982年から1993年にかけての約10年間にわたる，継続的な野外調査によって得られたものである[8]。

[註]

1) ジェンダーとは，本来は文法上の用語であって，たとえばフランス語で太陽を男性名詞，月を女性名詞と分類するような場合，男性：the masculine gender, 女性：the féminine gender というように使われてきたものであるという。これが専門用語として最初に人間の性別概念に使われるようになったのは，アメリカの性科学者マネーによるとされる［青木 1982：5-6］。

2) 同様の指摘は，ミードについても向けられている。たとえば，クリフォードは

「ミードの作品は全体として文化の一般化をするさいに，女性の領域に焦点を絞るという偏向がよくあった」と述べている［クリフォード 1996（1986）：32］。
3）ルソン島北部の山岳諸民族はイゴロットと総称されるが，このイゴロットとよばれる人々には，さまざまな文化的共通性をみいだすことができる［Eggan 1963］。
4）アトのような形式の男子集会所は，ボントック族に特徴的なもので，他の北部ルソン諸族にはみられない［De Raedt 1987：table 1］。イフガオの中央部，および西部には *atul*，あるいは *atol* とよばれる空間があるが，これは人々が集まって噂話をしたり，遠くをながめたりするためのものであり，ボントック社会のような儀礼的空間ではない［Barton 1946：23］。
5）たとえばモスによるカンカナイ族の研究や［Moss, C. 1920 a, 1920 b］，ランブレヒトによるイフガオ族の研究［Lambrecht 1932, 1935, 1938］などがその代表的なものとしてあげられる。
6）カンカナイ族は言語的に，北部カンカナイと南部カンカナイに分類される。北部カンカナイ方言を話す人々にはサガダ，ビサオ（Besao），バウコ（Bauko）などのマウンテン州西部の州境に居住する人々と，ベンゲット州のレパント（Lepanto）鉱区およびそれに隣接する居住区に住む人々とがあり，全体として約 35,000 人が 30 前後の主要な村落共同体と，それをとりまく比較的小さな村落共同体に分かれて居住している。サガダ郡（マウンテン州を構成する郡のひとつ）には北部カンカナイ族の約 35,000 人のうち 10,000 人あまりが居住し，なかでもサガダ中心部には約 3,000 人が集住している。北部カンカナイ族の社会制度や親族組織，宗教，経済活動などはボントック族のものとかなり似通っているが，とくにサガダやビサオは州都ボントックから西にわずか数kmしか離れていないため，その類似性が顕著である［Eggan 1960：25-27］。この北部カンカナイ族に関する詳細な研究は，エガンやスコットなどによるサガダにおけるものが大部分である［Eggan 1960, Scott 1967, 1988, Eggan and Scott 1963, 1965］。
7）ヌエバ・ビスカヤ州に居住するイロンゴット族は人口 2,500 人ほどで，主たる生業は移動焼畑耕作による陸稲の栽培と狩猟・採集である。言語的，地域的に 13 のグループに分かれ，それぞれが固有の名前をもった地域集団を構成し，さらに個々の地域集団はその内部に 4 ～ 9 つの世帯が集まったいくつかの集落を形成している。伝統的には政治的指導者をもたず，すべての男性は平等であると考えられている。宗教については，日常的な信仰の対象となる超自然的存在として太陽と関係づけられる全知全能の神，祖霊，その他さまざまな性格をもった種々の霊魂が含まれる。とくにアギメン *agimen* とよばれる霊は彼らがもっとも恐れる強力な霊であって，人々に病気をもたらすこともあるが，それと同時に男性たちの「森における友」でもあって狩猟や首狩の際の守護者ともなる。イロンゴット族の多くの人々は病気や幻想を引き起こす霊的世界と独自に関わりをもち，病気の原因を吸い出したり，卜占をしたりすることができ，また先祖から伝えられるさまざまな儀礼を実修している。このイロンゴット族に関する詳細な研究には，M. ロサルドの他，R. ロサルドやウィルソンのものがある［Wilson 1967, Rosaldo, R. 1970, Rosaldo, M. 1974, 1980］。
8）1982 年から 1986 年にかけてはトゥックン村を中心とするボントック郡の社会で，1987 年から 1993 年までは主として北部のサダンガ郡の社会で，1 ヵ月から数ヵ月を

単位として住み込み調査を行った。なお1990年から1992年にかけての調査は文部省科学研究費補助金（奨励研究（特）課題番号02951079）による研究である。また1993年の調査は，文部省アジア諸国等派遣留学生としてフィリピンに滞在していた際になされたものである。

第1章

概　　観

第1節　フィリピンの構成

1．地勢・人口

　フィリピン共和国（The Republic of the Philippines）は，北緯5度から21度，東経116度から127度にかけて台湾とカリマンタン，スラウェシ島との間に点在する7,100あまりの島々からなる島嶼国である[1]。国土総面積は29万9,400km²，主な島はルソン島・ミンドロ島・サマール島・レイテ島・マスバテ島・ボホール島・セブ島・ネグロス島・パナイ島・パラワン島・ミンダナオ島の11島（3,000km²以上）で，これだけで国土の94％を占める（図1.1.1）。しかも，もっとも大きな島は首都マニラのあるルソン島であるが，これと第2位のミンダナオ島を合わせると，この2島だけで国土のおよそ3分の2の面積を占める。また，これらの島々はそれぞれ地域的に，北部のルソン島とミンドロ島，中部のパラワン島とビサヤ諸島（サマール島・レイテ島・マスバテ島・ボホール島・セブ島・ネグロス島・パナイ島），南部のミンダナオ島とスルー諸島の3つに分けられている。

　地勢的にフィリピン諸島は環太平洋地質構造線にそっているため，中央部には山脈が走り，火山も多く地形は総じて険しい。そのため，ほとんどの島は山地が占めるが，ルソン島は比較的平地が広い。気候は熱帯モンスーン地域に属し，全体として雨季と乾季の2つの季節があるが，年間の気温差はあまりなく，中央部に走る山脈をはさんで西側は南西のモンスーンが吹くため6月末から9月までが雨季となり，年降雨量は2,000～2,500mmになる。こ

図1.1.1 フィリピン全図

れに対して東側は11月から3月にかけて北東の貿易風が吹き,一般に乾季がなく,年間を通じて2,300～3,500 mmの降雨量がある。一方,台風の到来に直面するルソン,ビサヤ地区に比べてミンダナオ島は台風圏外に位置している。

2000年の統計によればフィリピンの総人口は76,504,077人（2000年国勢調査）であるが,総じて地方は人口が疎らであり,国土総面積のわずか0.2％のマニラ首都圏にその人口が集中している[2]（総人口の12.98％）。し

かしながらこの人口の相当部分は地方農村の余剰人口であって，こうした人々がマニラの都市生活のなかに，自分たちの出身地における伝統的な生活様式や規範，観念の一部などを持ち込んで生活しているため，彼らにとっての都市産業社会の価値観との葛藤が大きな社会問題になっているという［合田 1983a：66-71］。

2．民族の多様性

(1) 宗教の重層性

フィリピンはアジアのなかでもっともキリスト教の盛んな国のひとつであり，統計上の宗教別人口比からみてもキリスト教徒の比率が大部分を占めている[3]（表1.1.1）。一方，フィリピンにもっとも古くから存在

表1.1.1　フィリピンの宗教別人口比

ローマ・カトリック	82.9(%)
アグリパイ派	2.6
イスラーム	4.6
プロテスタント	3.9
イグレシア・ニ・クリスト	2.3
その他	3.7

（1990年国勢調査より）

していた宗教は土着の精霊崇拝であるが，これらの，現在の信仰者のほとんどは完全にキリスト教化されることのなかった文化的少数民族[4]（cultural minorities）に限られている。もともとフィリピンでは外来の宗教が伝来するまで，こうした精霊崇拝が広く行われていたといわれるが，外来の宗教のなかでも最初に伝えられたのは，14世紀頃のスールー諸島からミンダナオ島へかけてのイスラームである。しかしイスラーム化がフィリピン全体に十分に浸透する以前に16世紀になってスペインのフィリピン侵略が始まったため，こんどはキリスト教化が強力に開始されることになる。しかしながら，すでに南部に定着しつつあったイスラーム社会の抵抗は強く，またキリスト教化も急峻な山岳地帯にまでは容易に進まなかったため，フィリピンには結局，低地キリスト教社会と南部イスラーム社会，そして山岳地帯の精霊信仰社会という3つの宗教文化圏ができることとなった［池端・生田　1977：5-6］。

(2) 人種と民族

フィリピン国立博物館の調査によれば，フィリピンには126の言語的・文化的・人種的グループが存在し，それぞれ顕著な文化的多様性をもっている

(1974年作成「言語・文化・人種地図」)。100万人以上の話者をもつ主要言語だけをみてもセブアノ・タガログ・イロカノ・イロンゴ・ビコール・サマール・レイテ・パンパンゴの8言語あり、フィリピン全体の約90％の人々はこれら8つの言語を母語としているが（1980年調査）、残りのわずか10％の人々についてはいくつもの小さな言語集団に分かれているという[5]。実際、国語としてのフィリピノ語が存在するとしても、すべての人がこのフィリピノ語を解せるわけではなく、また長い植民地支配の中で、スペイン政府は言語集団を基礎として分割統治を行い、また今でも各言語集団などを単位とする地域主義が発達しているため［前掲書：8-9］、フィリピン全体を統合するようなフィリピン国民としての意識は稀薄であるといえる。

　フィリピン諸島は氷河時代には海面が今より低く、アジア大陸とマレー半島、インドネシア、ボルネオ島などが陸続きの時代もあったと推定される。考古学的にも1962年にパラワン島のターボン洞穴で発見された人骨は、少なくとも22000年前にはこの島に人間が住んでおり、旧石器を使用していたことを表しているという。フィリピンにはこの陸路を伝って大陸から多くの人がやってくるようになったが、やがてフィリピンがアジア大陸から切り離されると、今度は異なる人種が船で移住してくるようになる［Fox 1967］。人種的にはネグリートとマレー系諸族の2つに大きく分けられるが、これらのうち、およそ25000～30000年以前にフィリピン諸島に最初に移り住んだ人々はネグリートと考えられており、人種的にはネグロイドに分類される。その身体的特徴として身長が低く、縮れ毛で暗褐色の皮膚をしていることがあげられる。現在の彼らの子孫と考えられる人々は全体で20,000人あまりに過ぎず、ルソン島北東部や西部の山岳地帯に居住するアグタ族（Agta）、アイタ族（Ayta）、アタ族（Atta）、ドゥマガット族（Dumagat）、パラワン島中部のバタック族（Batak）などがこれにあたる。その他にネグロス島、パナイ島、ミンダナオ島北東部などにも分布しているが、近年その人口は減少しつつある［Eder 1993］。伝統的には狩猟・採集を主たる生業とする人々であるが、現在では半定住化が進み、焼畑耕作も行われている。また、彼らの固有言語のほとんどはすでに失われており、それにかわって周辺の人々の言語が用いられている［合田 1983b, 1995］。フィリピンに現存する最古の

人種がこうしたネグリートであることは一般的に認められているが，次にフィリピンに移り住んできたと考えられる諸族についてはその形質的特徴や生業技術上で種々の分類が試みられており，定説にまで至っていないという[6][合田 1979：44-48]。代表的な歴史民族学者の1人であるハイネ゠ゲルデルンは，東南アジアのマレー系諸族を原始マレー，古マレー，新マレーの3つに分類しているが[ハイネ゠ゲルデルン 1942 (1923)]，この分類に従えば，ネグリートに続いてフィリピンに移住してきたのは原始マレーである。人種的には古モンゴロイドに分類され，その身体的特徴としては身長が低く，直毛か軽波状毛で褐色の肌をもつ。焼畑農耕による陸稲の栽培を主たる生業とする人たちで，現在，その子孫であると考えられているのはパラワン島のタグバヌワ族（Tagbanwa）やミンドロ島のハヌノオ・マンヤン族（Hanunoo-Mangyan）族などである[7]。次にフィリピンに移住してきたと考えられているのは古マレーであるが，人種的には原始マレーと同じく古モンゴロイドに属し，身長は前者よりもやや高く，直毛で明褐色の肌をしている[8]。現在，その子孫として考えられているのはルソン島北部のイゴロット（Igorot）と総称されるアパヤオ族（Apayao），イバロイ族（Ibaloi），イフガオ族（Ifugao），イロンゴット族（Ilongot），ティンギャン族（Tingyan），カリンガ族（Kalinga），カンカナイ族（Kankanay），ボントック族（Bontok）などと，ミンダナオ島のスバノン族（Subanon），バゴボ族（Bagobo），ビラアン族（Bilaan），ブキドノン族（Bukidnon），マンダヤ族（Mandaya），マノボ族（Manobo）などであり，とくに北部ルソンのイフガオ族やボントック族に代表される棚田による定着水稲耕作の技術は，彼らが東南アジア大陸部からもたらした技術であると考えられている[9][合田 1983b：77]。これらの人々の移動の時期については，原始マレーが紀元前5000～500年頃，古マレーが紀元前1500～500年頃と推定されるが，原始マレーから古マレーへ移っていったというよりも，その南下が数次にわたって繰り返されたと考えられるため，これらをひとつの民族移動と捉えるのは誤りであり，むしろここでは民族移動の波というよりも小さな移住が何度も行われたと考えるべきである[Jocano 1967]。

　これらの人々に対し，比較的新しい時期の民族移動による人々は新マレー

である。彼らは紀元前500年頃から紀元後にかけて，数回にわたってフィリピンに移住してきたとされるが，これにあたるのはルソン島北部のイロカノ族（Ilokano），中部のパンガシナン族（Pangasinan），パンパンガ族（Panpanga），ビコール族（Bikol），タガログ族（Tagalog），セブアノ族（Cebuano），イスラーム教徒のマギンダナオ族（Magindanao），タオスグ族（Tausug）などで，現在のフィリピン人口の約90％以上はこれに属している。また彼らは歴史時代においてインド人や中国人などの高度に発達した文化に影響を受けた人々で[10]，これらとの人種的な混血もみられる。

3．歴史的背景

1565年，スペインによって植民地支配が開始されてから400年間というもの，フィリピンはスペイン，アメリカ，そして日本と異民族の支配を受け続けてきた。フィリピンという国自体，その国境はスペインによって領有されたとき人為的に設定されたものであり，スペインの植民地支配が浸透するまでフィリピンにはフィリピン諸島全体を統一するような「国家」は存在しなかったといわれる。しかしながら，国境がスペインによって与えられたものであるにせよ，そうしたフィリピンという枠組みの中には彼らを結びつける共通の文化が存在していたのであり，フィリピンの国民的英雄であるリサールによって，スペイン侵略以前にも「彼らが誇るに足る豊かな文化が存在した」ことが明らかにされている［池端・生田 1977：12-13］。また，長い歴史の中でスペイン化，アメリカ化が進んだとしても，そこには馬淵が指摘するような「土着文化を骨抜きにしたような混合文化」［馬淵 1974 (1969)：38-39］が出現したのではなく，むしろ，これまでのフィリピンの共通の文化が基層となって，その上に外来の文化がおおいかぶさり融合されていく過程で，独自の文化が形成されていったのだといえる。

(1) 基層文化

植民地化される以前の，フィリピンに共通の基層文化というものが形成されたのは紀元前4500年頃から紀元後15～16世紀にかけての頃であるとみられている。すなわち，この時期に織布技術や銅・青銅・鉄などの金属器文化

が導入され始め，10世紀前後には中国やアラブ商人の来航，インドネシア経由によるインド文化の伝播などによって進んだ文化技術が紹介され，それが諸島全体の文化の均質化を促進したという。この時期に継続的に移住してきたマレー民族はバランガイ barangay とよばれる帆船に乗ってフィリピン諸島へやってきたといわれる。現在，行政の単位として使用されているバランガイは，もともとこの「船」の意味であるが，後にこれらの船に乗って移住してきた人々の集団をも指すようになり，やがてこれが行政の末端組織として組み込まれることになったという［池端・生田 1977：15-16，永積 1984：258-259，Jocano 1967］。

　バランガイは数十〜100世帯を単位とする家族で構成された小集団であり，独立した社会集団であって[11]，バランガイ社会はフィリピンがイスラーム化およびスペイン化をうける以前に存在した基層社会のモデルであるとみなされる［池端・生田 1977：14-16］。バランガイは双系制に基づく親族と姻族からなる親族集団でもあり，首長であるダトゥ (datu) によって統率された。バランガイには4つの社会階層が存在しており，もっとも上の階層はダトゥとその家族である貴族層のガト (gat) ないしはラカン (lakan)，その下に自由民のマティガ (matiga)，さらにその下に従属階層である2つのアリピン (alipin) があった。ダトゥの地位は世襲される傾向にあったが，ダトゥが指導者として無能な場合には，人々は有能なダトゥのもとへ他のバランガイの親族や姻族をたどって移動することもできた。このダトゥの役割はバランガイ成員の福祉と利益をはかることにあり，時には戦闘の指導者となり，またある時にはバランガイ内の調停役ともなったが，ダトゥに権力が集中しないようその役職の一部は別の長老たちによって分担されていた。すなわち，ダトゥはバランガイの代表者ではあったが，バランガイをとりまとめる同等な者たちの第一人者にすぎず，個々のバランガイ構成員が比較的容易に帰属集団を変更できたということはダトゥの支配力の限界を物語るものでもあり，ダトゥが政治的支配者とはなり得なかったことがわかる［前掲書：18，守川 13-14］。

　一方，バランガイの構成員であるマティガは家族を単位としてほぼ自給自足的に生活しており，指導者であるダトゥに対して貢税や夫役の義務はな

かったが，バランガイ間の戦争や略奪を目的とする遠征には参加しなければならなかった。またダトゥの家族に対して労働奉仕をすることが要求されたが，これに対してはダトゥがその報酬として食事をふるまったり，饗宴などでもてなしたりすることになっており，一方的な支配と服従の関係ではなく，ここに，ダトゥから構成員たちへの一種の「富の再分配の制度」が確立されていたことがわかる［池端・生田：19］。しかし，自由民であるマティガ以外の2つの従属階層には従属すべき主人があった。ただし従属階層といっても，上層のアリピン・ナナマハイとよばれる人々は比較的自由で，自分の家をもち，バランガイの土地を使用できる権利をもっていた。収穫物の一部を主人に差し出すか，あるいは主人の割当地で一定期間夫役するかのいずれかの義務があったが，その身分は永続的なものではなかった。彼らの従属者としての身分は，何らかの負債を定められた期限までに返済できなかったとき債権者に対して生ずるものであり，一定の金額さえ払えばその身分から解放されることができた。これに対しアリピン・サギギリルとよばれる下層の人々は自分の家や土地をもたず，主人の家に起居して労働に従事していた。彼らはしばしば売買の対象とされたが，これも，彼らがもともと遠方のバランガイから捕らえられてきたり，戦争による捕虜であったりしたためであり，バランガイ成員の血縁者ではなかったからである。しかしながら，彼らもまた主人の承諾があれば結婚したり，富を蓄えたりすることが許されており，自由民と結婚することもできたのであって，ある程度の自由は保証されていたといえる。また，一般に女性の地位は高く，女性は自己の財産をもち，男性と同様に財産を相続することができた。結婚にあたっては，男性は一定の期間，花嫁奉仕をする義務があり，また身分の違う男女が結婚した場合には，奇数番目に生まれた子供は父の階層に，偶数番目に生まれた子供は母の階層に帰属することになり，この時代，女性が決して隷属的な地位に甘んじていたのではないということがわかる［守川 1978：13］。

　バランガイ社会はそれぞれが慣習法によって統制され，それと同時に精霊信仰によっても支配されていた。犯罪や争いはダトゥや長老の手によって慣習法に基づいて仲裁され，違反者には制裁が加えられた。このようにしてバランガイの秩序は維持されていたが，これらの制裁は主に罰金というかたち

で科せられたため，それが支払えなくて従属階層の身分に転落した者も多かった。しかし，こうしたダトゥの決定も絶対的なものではなく，調停に不満をもつ者は，他のバランガイから新たに仲裁者を迎えてもう一度裁判を受けることもできたし，時には武力に訴えて自分たちの要求を相手側に強制することも可能であった。一方，人々の生活は彼らをとりまく自然界の精霊と死霊とによって支配されていると考えられており，これらが人々の畏怖の対象となっていた。なぜなら，こうした霊的存在が人々に病気や災害をもたらすだけでなく，時には戦闘の勝利をももたらすものであると考えられていたために，常にこうした霊的存在の怒りを鎮め，歓待することによってその加護を願うことが必要であったからである。このような儀礼もまた指導者であるダトゥや有力者の家で司祭者によって実修されており，その際には鶏や豚が供犠されたが，これらの儀礼を通してバランガイの人々の意識のつながりが強化されていたといえる［池端・生田 1977：21］。

(2) 異文化の伝来

前述したように，10世紀頃に始まった中国（宋代）との交易関係によって，フィリピンにも中国の文化が流入してきた。このことはフィリピン全土から出土される中国製の壺や皿などの考古学的発見からも証明されており，これらは中国からの移民や商人たちが持ち込んだものであろうと考えられている。また同じ頃からアラブ商人の来航やインドネシア経由によるインド文化の伝来などが始まり，さまざまな進んだ文化や技術が紹介され，フィリピン全体の文化の均質化が促されていく。言語学的にみても，タガログ語の中には中国起源の語が多く混入しているだけでなく，インドのサンスクリット語からの借用語も多くみられるという。一方，インドの影響はこうした技術や言語だけでなく，宗教，信仰にまで浸透しているといわれる［原 1983：12］。やがて15世紀後半から16世紀前半にかけてカリマンタンやスマトラ，ジャワ，マラッカなどの諸地域との交易が盛んになってくるとホロ島やマニラなどに港が開かれるようになり，周辺地域には新しい経済活動による一層の貧富の差の拡大や階層化などが現れ始めた。14世紀後半頃に最初のイスラーム社会がホロ島に形成されるが，イスラームの普及はこれらの社会変化

にさらに拍車をかけることになった。結局，イスラームがフィリピン全土にまで及ぶことはなく，その範囲はミンダナオ島やスルー諸島を中心とした南部に限られていたが，一時はルソン島の一部地域にまで広がり，こうしたイスラーム文化の北上に伴い，イスラーム社会の政治組織が北・中部のフィリピン社会にも影響を及ぼし始めたという［池端・生田 1977：15］。

　このような，さまざまな異文化の伝来によってその変容期を迎えようとする頃，今度はフィリピンはスペインの支配を受けることになる。1521年，F. マジェランはフィリピン諸島のひとつであるサマール島を発見し，やがてセブ島に上陸したが，その時にマクタン島の首長ラプラプ率いるフィリピン側との戦闘に敗北し，殺された。現実にはスペインの征服は容易には進まず，その後，スペイン遠征隊がさまざまな困難に遭いながらも再びセブ島に上陸し，本格的にフィリピン征服を開始したのはそれから40年も経った1565年のことである。スペインは香辛料の獲得と，カトリシズムの伝道を目指してフィリピンにやってきたが，ルソン島に首都マニラを定めるまでに6年，ルソン島およびビサヤ諸島一帯に広くスペインの支配が確立するのはさらに半世紀の月日がかかっている。しかしながら，ルソン島およびビサヤ諸島一帯の山岳地帯と南部イスラーム地域には，ついにスペインの支配が及ぶことはなかった［前掲書：24-25］。

(3)　スペインによる統治

　スペインの征服者たちは最初にエンコミエンダ（encomienda）とよばれる統治組織を導入した。エンコミエンダとは住民を分割して兵士や修道僧の管轄下におき，彼らに租税を徴収する権利をもたせる一方，代わりに住民の保護とキリスト教への改宗に責任をもたせるというものであった。こうした政教一致の植民政策は驚異的な勢いで住民のキリスト教への改宗を可能にさせたが，彼らが住民に対して絶大な力をもち，そのことが住民たちにさまざまな弊害をもたらしたため，17世紀前半にはこれに代わって州（アルカルディア alcaldia），町（プエブロ pueblo），村（バリオ barrio／バランガイ barangay）の3段階の統治組織が実施された。バランガイはスペイン征服前に存在した唯一の社会集団であったが，征服者たちはこれらを末端の組織

として再編し，さらに，いくつかの近隣のバランガイを集めたプエブロを作った。徴税や強制労働の単位はこのプエブロであり，また，プエブロの長やバランガイの長はそれぞれの住民の中から選出された。しかしながら現実には住民自身によってプエブロ社会が統率されるといっても，プエブロの範囲が教会組織の教区とほぼ重なっており，その教区司祭はスペイン人であることが多かった。結局，そのスペイン人がプエブロの行政に深く干渉したため，やがてスペイン人僧や教会に住民の反発がむけられるようになっていった［前掲書：24-29］。

その後，1898年にアメリカがフィリピンを領有するまで，スペインは333年間にわたってフィリピン支配を続けたが，その支配は決して簡単なものではなかったといえる。とりわけイスラーム教徒との戦いにおいて，当初，征服者たちはイスラーム社会の征服に失敗したが，これを諦めることなく，その後，約300年間にわたって侵略戦争を繰り返している。スペイン人たちがイスラーム教徒に対して「モロ」という軽蔑的呼称をもってよんだため，これらの侵略戦争は「モロ戦争」とよばれるが，スペイン軍とイスラーム教徒との度重なる抗争はイスラーム社会やスペインに膨大な被害を与えるところとなった。結局，スペイン軍はホロ島のイスラーム教徒との和平には成功したが，ミンダナオ島の征服に成功することはできなかった。一方，スペインがフィリピンを占領する以前から交易関係にあった中国との交易はますます盛んになり，フィリピンでも中国人がさまざまな経済活動に従事するようになったため，スペインにとって中国人はなくてはならない存在となっていった。しかしその反面，フィリピンに在住する中国人の数が飛躍的に増大したことはスペイン人にとって脅威ともなり，中国人たちは不当な抑圧を受けるようになった。そこで，しばしば中国人移民の追放令が出され，中国人の虐殺事件も発生した。しかし，たとえ中国人を弾圧し，中国人を追い返したとしても，結局，中国人なしではフィリピンの経済は成り立たないことがわかり，その後，スペインは積極的に中国人のフィリピンへの移住を奨励している［守川 1978］。一方，これら中国人やイスラーム教徒とともにスペイン人を悩ませたのは，ルソン島の山岳民族やビサヤ地方の平地民たちであり，彼らもまたスペインに対して数々の反乱を起こした。これらの反乱の多くは土

着主義のかたちをとった，キリスト教を捨て旧来の宗教に戻ることによって救済を求めるといったものであったが，後に平地住民のあいだではこうした立場を捨て，カトリシズムの中での平等を求めるといったものへと変わっていった［池端・生田 1977：15］。

やがてフィリピン支配がスペインからアメリカの手に移ると，今度はアメリカから大きな影響を受けることになる。とりわけ，スペインがフィリピンにカトリックを残したのに対し，アメリカは宗教ではなく教育を通してフィリピン人の意識改造に努めたため，その過程で思考様式から生活様式まで徐々にアメリカ化が進行していったという［原 1983：29-30］。

4．おわりに

以上みてきたように，フィリピンは，他の東南アジア諸国と同様，民族的，歴史的にきわめて多様性に富んでいるということがわかる。いうまでもなく，こうした，さまざまな社会的要因が複雑に絡み合い，現在のフィリピンの文化が形成されているのであるが，その基礎となっているのはやはりスペイン侵略以前の彼らを結びつける共通の文化であり，このような共通の文化が基層となって独自の文化が形成されていったのだといえる。そういった意味では，先にも述べたように，フィリピンにはスペイン侵略以前にも基層文化としての「彼らが誇るに足る豊かな文化」が存在していたのであって，これを明らかにし，フィリピンという国家的枠組みのなかに共通の文化を求めようという試みはフィリピンの文化を理解する上できわめて重要であるといえよう。

しかしながら，実際にはこの時代の歴史的記録が大幅に欠如しているため，結局はフィリピンの基層文化というものを探るうえでも，スペイン人征服者の残した記録に頼らざるを得ないというのが現実である。しかし，池端・生田も指摘しているように，意識的・無意識的に偽りを含んでいるものが多いにせよ，これらの記録は地域差を伴う変容期のフィリピン社会のさまざまな地域に関するものであって，「これらを軽視することなく，慎重に比較検討しなければならない」だろう［前掲書：13-16］。さらに，こうした歴史的資料だけでなく，比較的最近まで近代化の影響を受けなかった少数民族に関す

る個々の民族誌的な研究の蓄積も，フィリピンの基層文化を理解する上で不可欠であるのはいうまでもない。

[註]

1) 7,100あまりの島々で構成されるといっても，実際に人が住んでいるのは900ほどにすぎない。
2) フィリピン全国の人口密度が255人/km²であるのに対し，マニラ首都圏の人口密度は15,617人/km²であってかなりの差がある（2000年国勢調査）。
3) 実際には，表面上キリスト教化された少数民族の中にも依然として伝統的な精霊信仰が維持されている社会は多く，うわべだけの統計ではわかりにくい。
4) フィリピンでは一般に，多数派のキリスト教民に対して，少数派の山地民族とイスラーム教徒を「文化的少数民族（cultural minorities）」とよぶ。
5) これら8つの主要言語のうち，タガログ語を母体としたフィリピノ語が1987年憲法で国語に定められた。このタガログ語はマニラを中心として話されている言語で，かつてはセブアノ語を母語とする人口が総人口に占める割合が一番多かったが，タガログ語が国語の基礎となってからその使用人口は増加しつつあり，2000年の国勢調査でもタガログ語を母語とする人口が一番多かった（2000年国勢調査）。
6) 主として移動焼畑耕作や定着水田稲作農耕に従事する人々であるが，本書で主としてとりあげるボントック族は，人種的にはこれにあたる。
7) タグバヌワ族は人口およそ7,000人で，パラワン島北部およびカラミアン諸島に主として居住している［Fox 1982］。また，ハヌノオ・マンヤン族の人口はおよそ7,000〜10,000人と推定され，主にミンドロ島の山岳森林地帯に分布している［宮本1986］。これらタグバヌワ族（パラワン島のバタック族もその可能性がある），ハヌノオ・マンヤン族，およびブヒッド族については今日でもサンスクリット文字の流れをくむ伝統的な音節文字が使用されているという［前掲書：54-55］。タグバヌワ族が使用している文字は，隣接するパラワン族でも同じように用いられているが，これはタグバヌワ族からの借用であると考えられている。ただしタグバヌワ族が竹にナイフで文字を刻むのに対し，パラワン族では文字を火で焼きつけるのが一般的であり，その方法が異なる。こうしたパラワン族の方法はタグバヌワ族と比べ，1ヵ所にたくさんの文字を記すことが困難であり，長い文章の記録には適さない。近年，フィリピン政府はこのフィリピン古来の文字を自分たちの歴史的遺産であると認識し，その消滅を未然に防ぎ保存するための努力を始めている。
8) 原始マレーと古マレーの区別は，主としてその生業とそれに付随する技術，宗教などといった文化的差異であって，人種的な差異ではないという。つまり古マレー系の民族は，文化的に棚田水田耕作，頭蓋崇拝，首狩，叉状柱，動物供犠，勲功祭宴，巨石記念物の建立など，東南アジアにおける初期金属期文化の特徴をもつことで原始マレーとは区別されるという。しかしながら実際には，身長や皮膚の色など身体的な特徴に若干の違いがみられる［合田 1983b，1995］。
9) ボントックやイフガオにみられる広大な棚田の歴史については，まだ明らかでない

部分が多い。ベイヤーが棚田の技術が少なくとも紀元前800年ないしはそれ以上前にすでに北部ルソンにもたらされたと考えるのに対し［Beyer 1948：55］，キージングは，ひとつの峡谷に棚田が築かれるには100年もあれば十分であり，さほど長い期間を必要としないと述べている［Keesing 1962 a：318-324］。

10）この新マレーの人々によってインドのことばやアルファベットがもたらされたと考えられており，現在もタガログ語のなかにはサンスクリットに語源を発する語，たとえば蛇を表すahas，王を表すhari，星を表すtala（サンスクリットではそれぞれahi，hari，tara）など，多くみいだすことができるという［守川 1978：8-9］。

11）永積によれば，この集団の大きさは地域によって差があり，まれに2,000人以上の大きなバランガイもあったという［永積 1984：258-259］。

第 2 節　調査地概況

1．北部ルソン地域

(1)　地勢的特長

　本書の中心となるボントック族（Bontok）は，フィリピン・ルソン島の北部，マウンテン州に主として居住する水田稲作農耕民である。この北部ルソン地域には，大別して 2 つの地理的特徴をみることができるが，そのひとつはフィリピン群島の中でもっとも大きな河川のひとつであるカガヤン川流域の広大なカガヤン渓谷であり，もうひとつは急峻な山岳地帯である。かつて，この地域は海であったと考えられており，長い間に太平洋の海底で砂や溶岩，石灰，珊瑚などが堆積して層をなし，これが海水の重さに圧縮されて頑強な岩を形造った。やがて地球の大陸移動によって諸島が造り出される過程で海から隆起したひとつの岩の固まりが，コルディリエラ山脈（Cordillera Central Mountains）であるといわれる。コルディリエラとはスペイン語の"cuerda"からきたことばでコード（cord），あるいはチェーン（chain）を意味しているという。この山脈はフィリピンでもっとも大きく，もっとも高い山脈のひとつであり，南北に 250 km，東西に 70 km にもおよび，山脈の東側にはカガヤン渓谷を，西側には狭いイロコス海岸平野を臨む。総面積は 16,740 km²で，これでルソン島全体の約 6 分の 1 を占めることになる。この広大なコルディリエラ山脈は，カリンガ州，アパヤオ州，マウンテン州，イフガオ州，ベンゲット州全体をほぼ包括し，さらにはアブラ州，イロコス・ノルテ州，イロコス・スール州，ラ・ウニオン州の東部と，パンガシナン州の北端，およびヌエバ・ビスカヤ州の東部にまたがっている。そしてカガヤン州とイロコス・ノルテ州との州境，ルソン島最北端のパサレン湾から突然 1,000 m の高さにまで隆起し，北部ルソン山地の中央をほぼ南北に走り，さらに 1,800 m 以上にまで急に平均高度を上げてカリンガ州，アパヤオ州とイロコス・ノルテ州を二分する。そこで，そのままの標高を維持しながらマウ

ンテン州を通り，ついにはベンゲット州にある最高峰プラグ山（標高2,928 m）に至り，パンガシナン平野へとくだる。プラグ山はフィリピンで第2位の高さを誇るが，フィリピンの上位10位までの山々のうち，実に7つの山をこのコルディリエラで見ることができるのである[1]。カリンガ州，アパヤオ州のパシルには複式火山があり，またベンゲット州にあるセント・トーマス山も火山で，1641年と1642年に噴火が記録されている。さらにコルディリエラ山脈はバギオの南東からカラバロ山脈とよばれる支脈に分かれてヌエバ・ビスカヤ州とヌエバ・エシハ州のあいだを横断する。一方，コルディリエラのなかでもっとも厳しく険しい地域はカリンガ州，アパヤオ州の西方，アブラ州の東，マウンテン州の西および中央部，イフガオ州西部，そしてベンゲット州全体である。これに対しカリンガ州，アパヤオ州とマウンテン州，イフガオ州の東部は比較的緩やかでだんだんと丘陵地帯を形成する。北部ルソンに流れる河川の多くはこのコルディリエラ山脈に源流をもつが，そのうちベンゲット州とマウンテン州，イフガオ州の3州にまたがるダタ山（標高2,310 m）からは4つの河川が，わずか数キロメートルの間隔で生じている。そのうちの西のスヨク川はアブラ川へ，北東のチコ川はカガヤン川へ，アシン川はマガット川からさらにカガヤン川へ，そして金を産出することで有名なアグノ川はパンガシナン平野からリンガエン湾へと注いでいる［Scott 1974：1］。さらに，カリンガ州，アパヤオ州東部のタブクやベンゲット州のラ・トリニダッド，アブラ州の西部から中央部にかけて大きな峡谷がみられるのが特徴的である。また，こうした大河から分かれる膨大な数の支流は，この地域に特徴的に見られる棚田式の水稲耕作の水源として重要な供給源となっている（図1.2.1）。

　コルディリエラ全体のおよそ7割は森林が占めるが，その植生は高度によってほぼ3つに分類される。海抜70〜900 mあたりに生育するのはラワンやナラ，マホガニーなどのフタバガキ科の高木で，さらに海抜が900〜1,500 m位になるとベンゲット松とよばれるコルディリエラ固有の松が多くみられるようになる。1,200 mを超えるあたりでは気温が低く霧の深い湿潤地帯となるため，シダやゼニゴケが群生し，蘭やコケが曲がった樹木の幹に着生するというような景観が広がる。

第2節　調査地概況

図 1.2.1　北部ルソン地域

（地図：イロコス・ノルテ、アパヤオ、カガヤン、アブラ、カリンガ、イロコス・スール、マウンテン、イサベラ、ラ・ウニオン、イフガオ、ベンゲット、ヌエバ・ビスカヤ、オーロラ、パンガシナン／－・－州境）

　気候は大きく西部，中央部，東部の3つのタイプに分けることができる。西部地域にはアブラ州およびアパヤオ州西部，マウンテン州西部が含まれるが，この地域では雨季と乾季の差が顕著であり，11月から4月にかけての乾季に北から東へ向かって風が吹く。とくに11月から2月の3ヵ月間がもっとも気温の下がる時期となり，4月から5月頃がもっとも暑く，5月から10月にかけての雨季には南から西へ向かって吹くモンスーンが激しい雨をもたらす。一方，中央部地域にはアパヤオ州中央部・東部，カリンガ州西部・中央部，マウンテン州中央部，イフガオ州西部が含まれ，乾季は1月から4月，雨季は5月から9月と，西部よりも乾季・雨季の期間が短くなる。この地域のもっとも暑い時期は3月，4月，もっとも涼しい時期は12月，1月となる。また東部にはカリンガ州東部，マウンテン州東部，イフガオ州東部，ヌエバ・ビスカヤ州の西部などが含まれるが，乾季は他の地域に比べずっと短い1月から3月の3ヵ月間ほどで，はっきりとした雨季はみられな

い。もっとも暑い時期は5月，6月である。また，中央部地域と東部地域は高い山脈が楯となり西部のように季節風の影響を比較的受けることがないが，雨季には南西モンスーンや台風にみまわれることになる。

(2) 北部ルソン諸族

ルソン島はフィリピン最大の島であり，人口ももっとも多い。とくに首都マニラにいたっては東南アジアを代表する大都市のひとつでもあり，近代的なビルが立ち並ぶ。しかし，そこから数百kmほど離れた山岳地帯に住むのは，低地に住む人々が約400年間にわたる西欧との接触によって経験したような変化をほとんど受けることなく，依然として「伝統的な」生活様式を維持してきた人々である。本書でとりあげる北部ルソンに住む人々の多くも，こうした近代化の影響を比較的最近まで受けなかった人々であって，彼らは主として海岸線地域に居住するキリスト教化された人々と，なお土着宗教を信仰する人々の2つに大きく分けることができる。そのうち，コルディリエラ山脈地帯に居住する古マレー系の山地民たちは一般にイゴロット Igorots とよばれているが，これは厳密にいえばいくつかの言語的・文化的グループに分けられる。Igorotは「山の人々」を意味することばで，タガログ語で「山脈」を意味する語根 gorot に「〜に住む人々」「〜の人々」を意味する接頭辞 i が付いたものであるともいわれているが，正確な語源は不明である [Scott 1969：155-157]。スペイン人は当初，このことばを旧ベンゲットおよび旧レパント州[2)]に主として居住する人々に対して使用していたが，後にヌエバ・ビスカヤ州の人々，さらにはボントック族に対しても使用するようになったという [Jenks 1905：27]。今日では広く北部ルソンに居住する古マレー系の人々に対する総称として用いられている。すなわちイスネグ族 Isneg（アパヤオ族 Apayao ともいう），カリンガ族 Kalinga，ボントック族 Bontok，イフガオ族 Ifugao，カンカナイ族 Kankanay，イバロイ族 Ibaloi，ティンギャン族 Tingyan などがこれにあたるが，実際には，彼らの住む領域は自然の要塞によって境界を定められ，それぞれに異なる言語，文化を発達させてきたのであって，"イゴロット"ということばでこれらの民族すべてを代表させるのはいささか乱暴である。しかし，たとえ彼らがそれぞれに

別々の民族の名前でよばれ，異なる文化的特徴を有していても，歴史的にはさまざまな面で共通した経験をもっているということもできるだろう。つまり彼らの祖先は 300 年間という長い間，スペインの侵略に対しその文化に同化することなく抵抗し続けた人々であって，後にアメリカがコルディリエラにやってきたときでさえ，依然として伝統的な生活を守り，文字使用以前の社会で生活していたという [Scott 1969：2]。いずれにせよ，侵略者である彼らにとっては，文化的な違いはともかくとして，皆，同じカテゴリーとしての「山の人々」に過ぎなかったのであろう。本来，イゴロットという名称は，「キリスト教化されていない」「文明化されていない」といった意味を内包する差別用語であったが，今日では，マスコミや一部の教育を受けた人々の間で民族の境界を超えた団結，統一のシンボルとして，「北部ルソンに居住する誇り高き古マレー系の人々を総称する用語」といった意味でも用いられるようになっている。しかし，そこにどのような意味が内包されるにしろ，その範囲が用いられる人によって異なるとすれば，これを学術用語として用いることはできないだろう [Scott 1969：154-172]。したがってここでは，彼らが「イゴロット」と自称するか，しないかは別として，民族名としての「〜族」という表現を用いることとしたい。

エガンによれば，北部ルソンには一連の，同様な基礎的文化をもった諸族——イロカノ Ilocano（海岸線地域に居住するキリスト教化された人々），ティンギャン，イスネグ，ボントック，イフガオ，その他のイゴロット諸族など——が存在しているという。そして，これらの人々はいくつかの地域共同体に分かれて生活し，稲の耕作を主たる生業としているという点で共通点をもつだけでなく，さまざまな制度においてもその共通点をみいだすことができる。このことから，広い意味ではこれがひとつの文化圏を構成しているとみることができるという [Eggan 1963]。しかしその一方で，ひとつの文化圏を構成するといっても，地域的に，あるいは言語グループによって農業形態や居住方式，社会制度などに重要な変差がみられることも事実であり，これをないがしろにすることはできない。エガンはこうした社会構造の変差はただでたらめに発生するものではなく，ある方向性をもった社会変化の過程であると考え，このような変化現象を「文化偏流」とよんだ [Eggan

1941]。

2．ボントック族

(1) ボントック族の特徴

ボントックという名称は，カウィドの採集した神話によれば次のような由来がある。昔，この地域に住む人々がイロカノの土地に交易に出かけたところ，イロカノの人々が「どこから来たのか」と尋ねたが，彼らはイロカノのことばがわからなかったので身振り手振りで大きな山と小さな家，流れる大きな川を示した。それを見たイロカノたちは，「*bondok*（山の意味）」と言った。彼らはイロカノたちが何を言ったかわからなかったが，うなずいて，彼らの真似をして「Bontok」と答えた。そのためこの地域は，後に Bontoc として知られるようになったという［Cawed 1972：56-58］。

マウンテン州は行政上，10の郡，143の行政村に分かれており（図1.2.2），人口は1990年の国勢調査では116,535人である（表1.2.1）（2000年の国勢調査では140,631人）。ただし，これにはボントック族以外のマウンテン州に居

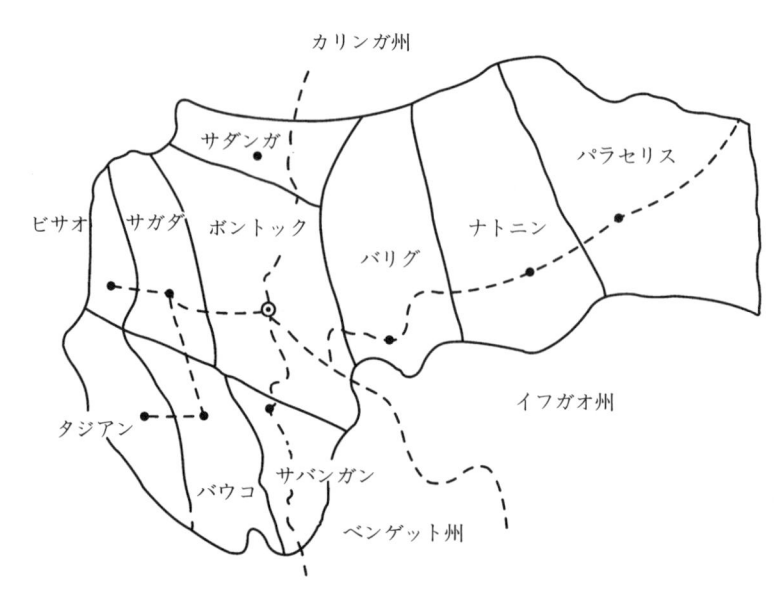

図 1.2.2　マウンテン州全図

表 1.2.1 マウンテン州および各郡の人口

	人口（人）	世帯数（戸）
マウンテン州	116,535	23,746
バリグ Barlig	6,273	1,272
バウコ Bauko	21,126	4,106
ビサオ Besao	8,473	1,721
ボントック Bontoc	17,716	4,290
ナトニン Natonin	9,813	1,668
パラセリス Paracelis	13,027	2,421
サバンガン Sabangan	8,083	1,568
サダンガ Sadanga	7,302	1,514
サガダ Sagada	10,353	2,313
タジアン Tadian	14,369	2,868

（1990 年国勢調査）

住する人々も含まれており，文化的・言語的にボントック族とみなされる人々は，約 148,000 人と想定される[3]（1980 年国勢調査）。実際のボントック族の居住地は，北はビサオ，東はバリグまで及ぶが，その多くはボントック中央部に集中しており，また，その中心をなすのはマウンテン州の州都およびボントック村（Bontoc）である[4]。州都が位置しているのは，ボントック郡のボントック・ポブラシオン（Bontoc Poblacion）で，ここはかつての旧マウンテン州の州都でもあった。ボントック・ポブラシオンは，北部ルソンを縦断する日比友好道路の国道沿いに位置しており，古くから行政や交易の中心地として発展してきた町で，現在では高校やマウンテン州唯一の大学，州立病院などもあって，このポブラシオンとそれに隣接するボントック村に人口の多くが集中している（表 1.2.2，写真 1.2.1）。マウンテン州の行政村は 200～250 世帯，1,500～2,000 人程度を規模とするバランガイ *barangay* とよばれる末端の行政単位であり，自治省を通して大統領に直轄できるようになっている。しかも，それぞれの行政村は，地域ごとの慣習法が公的に認められており，民事裁判は，バランガイの長であるバランガイ・キャプテン *barangay kapitan* を裁判長とするバランガイ法廷で仲裁が諮られる。これらの行政村に対し，彼らが伝統的に強い帰属意識をもつ共同体としての自然村イリ *ili* があるが[5]，これらは行政単位としての「村」とその範囲がほぼ一

表 1.2.2 ボントック郡の人口および世帯数

行政村名	人口（人）	世帯（戸）
ポブラシオン Poblacion	2,989	618
ボントック・イリ Bontoc Ili	3,220	747
アラブ・オリエンテ Arab Oriente	445	127
アラブ・プロパー Arab Proper	736	190
バリリ Balili	234	62
バイヨー Bay-yo	512	137
カルティト Caluttit	1,295	265
カネオ Caneo	448	126
ダリカン Dalican	935	242
ゴノゴン Gonogon	589	156
ギナアン Guinaang	1,170	345
マイニット Mainit	1,076	229
マリコン Maligcong	591	166
サモキ Samoki	1,391	345
タルビン Talubin	1,168	293
トゥクカン Tocucan	917	242
合計	17,716	4,290

（1990年国勢調査）

致する場合もあるし，ズレを生じている場合もある。そのため，ここでは彼らが帰属意識をもつ村落共同体についてはイリと表記し，「〜村」と表記する場合は行政村を意味するものとして，区別してあらわすことにする。ただしボントック郡には，ボントックという名称のイリがあり，混乱を避けるため，村落共同体としてのボントックはボントック・イリと表記し，「ボントック」とは，いわゆる「ボントック族」とよばれる人々が住む地域全体をさすものとする。なお，ここでいう村落共同体とは，マードックのいう「ふつう，対面的な結びつきのなかで共住する人々の集団であってその最大のもの」［マードック 1986（1949）：108］を意味しており，地域集団として一定の地域と結びついた村落を形成している。

　マウンテン州の面積は，主としてコルディリエラ地方を構成する5州全体（18,293.68 km²）の約11％を占める2,097.33 km²で，そのうちの70％以上は松やシダ，苔で覆われた森林地帯である。また，その約半分は急峻な山岳地帯でもあり，人口密度は55.6人/km²と比較的低いが，居住可能な地域が限ら

れてくるため，実際には相当の人口密集がみられる。さらに，分布に地域的な偏りもみられる[6]（表1.2.1，1.2.2）。北部ルソンを流れる河川のうち，ボントック族にとってもっとも主要な河川は，マウンテン州の南東から北東に流れるチコ川（地方での名称：アンキンナック川 Amkinnak River）と，その東方を流れるタヌダン川（Tanudan River）である。気候は年間を通し，雨季と乾季の差が顕著にみられ，乾季はだいたい11月の終わりから4月の終わり頃まで続くが，12月から3月にかけてはほとんど雨が降らない。一方，雨季は6月から10月頃にかけて訪れ，とりわけ7月から9月は強い雨が降る。年間の降雨量は2,000 mm前後であるが，雨季の月平均降雨量は457 mmにも及ぶ（Atlas 1975）。ただし，雨季といっても一日中雨が降り続くことは少なく，たいていは午前中に降雨が集中する。台風は年5～6回程度やってくる。気温は，標高が高く（1,000～1,500 m），強い風が吹くため夜などは寒く感じられるほどで，平均気温は寒い月で18℃前後，暖かい月では23℃前後である。生業は主として棚田による水稲耕作であるが，その他に雑穀類やイモ，マメ類を加えた畑作も行っており，その多くはほぼ自給自足的な生活である。この棚田はボントック族だけでなく，隣接するイフガオ族にもみられるもので，コルディリエラ棚田群として1995年に世界遺産にも登録された。これらは長い年月にわたって造成され，超世代的に先祖から継承されてきたものであって，広大で，しかも高度な灌漑設備を発達させている（写真1.2.2）。

　これまでマウンテン州は歴史的に，その厳しい地勢的条件ゆえ外界から隔絶され，比較的孤立した生活をおくってきた。現在でも，雨季にはしばしば崖崩れによってボントックとマニラとを結ぶ道路が閉鎖されるため，この間，外界からもたらされる重要な情報源の新聞や生活必需品も届かなくなる。電報は昼間利用できるが，村へはすぐに配達されないことが多く，手紙も不定期である。電気は1980年に配電が開始されたが，その普及率は1981年の時点でわずかに10の行政村，約860世帯に限られていた。しかし1982年には24時間の使用が可能となり，その配電範囲は徐々に広がりつつある。1994年にはケーブル・テレビが導入され，外部からの情報も多く入ってくるようになった。さらに，電話も設置されるようになったが普及率は低く，しかも

数年後の1990年に北部ルソンを襲った大地震による被害以来，長い間不通となっていたが，近年，復興した。

　州都のボントックでは，だんだんと近代化が進みつつあり，とりわけボントック村はチコ川沿いに造られた歴史的にもっとも古い村落共同体のひとつではあるが，ボントック・ポブラシオンに近いため近代化の影響はまぬがれ得ない。しかし，それとは対照的に，こうした中心地から数kmも離れれば依然として電気もなく，ほぼ自給自足的に暮らしている人々のイリが広がっている。もちろん近代化の影響は中心部から遠く離れた村落にもだんだんと浸透しており，とりわけ若い男女の服装や家屋，日用品などといった物質面においてはその影響が顕著である。

　ボントック族に共通する文化的特徴としては，次のようなものがある。ボントック族は人口1,000人程度の地域集団としてのまとまりをもった村落共同体であるイリに分かれて居住しており，伝統的には指導者をもっていず，イリ全体の政治や公的儀礼の運営は長老たちの合議によって決定される。このイリが彼らにとっては最大の社会生活の単位であり，人々はここに強い帰属意識をもっている。これらのイリの多くは景観的に，水源近くの水田を取り囲むように造られており，ボントック・イリと同様，アラブやゴノゴン，サモキ（以上，ボントック郡），アナベル，ベトワガン（以上，サダンガ郡）などはチコ川沿いに位置しているし，他の多くのイリもその支流沿いに位置している。一般に，その内部にはアト *ato* とよばれる男子集会所（写真1.2.3）と，娘宿オログ *olog*/パンギス *pangis*，聖樹パパタイ *papatay*（写真1.2.4）がある。とりわけこのアトはボントック族に固有のもので，さまざまな社会生活の中心地となっている。アトは，ひとつのイリに対し数ヵ所から10ヵ所前後あり，そこには儀礼を実修するための前庭と未婚の男性や古老，外来者のための寝宿も設けられている。イリ内のすべての男性はこれらのアトのいずれかに帰属しなければならず，こうして形成されるアトを単位とする集団は，儀礼的行為を初めとして政治的，経済的な単位としてもボントック族に欠かすことのできないものとなっている。かつては，このアトが首狩のための戦闘集団としても重要な機能を果たしていたという。一方，聖樹はボントック族にさまざまな文化をもたらしたとされる全知全能の神ルマウィ

Lomawig の住む天界と地上とを結ぶ聖地であり，大きな松の木や竹藪であることが多い。これは，ひとつのイリに1ヵ所ないし数ヵ所ある。ルマウィに対し儀礼を実修し，祈りを捧げることができるのはプマパタイ *pomapatay* とよばれる特別の司祭たちで，司祭としての役職は特定の家族に世襲的に受け継がれることが多い。その主たる役割は，イリ全体の忌休日や儀礼の実修日を人々に告げ儀礼を執り行うことや，長雨や台風，旱魃などの天災に関わる儀礼を実修することである。彼らは表面上キリスト教化されてはいるが[7]（写真1.2.5），実際の社会生活においては，なおも土着の信仰と古くからの慣習を維持する人々であるといえる。娘宿はいわゆる女性のための寝宿であり，ボントック社会では一部の富裕者にみられる幼児婚約を除いて，思春期を迎えた男女はここでの交際を通じて配偶者の選択を行うのが一般的であった。しかし，最近では学校教育やキリスト教的倫理観の普及によって，娘宿での婚前交渉を「乱交に結びつく，望ましくない野蛮な慣行」とみなし，廃止しようとする傾向がある。その一方で，娘宿の建物そのものが失われつつあっても，実際には空き家や未亡人の家がその代替として使用され，娘宿としての機能だけが残されている場合も多くある。

　親族関係はだいたい第三イトコの範囲までを男女双方に等しく辿るいわゆる双系制社会であるが，これに個々人の社会階層が複雑に絡み合って，さまざまな社会関係を規定している。ボントック族は，こうした親族紐帯，アトへの帰属意識，さまざまな儀礼，そして外部の敵に対する結束などを通して，ひとつのイリとしての強固なまとまりが維持されてきたといえる[8]。すなわち，それぞれのイリが自律した社会集団として機能しており，こうした関係によって人々は個々のイリに強い帰属意識をもっているということがわかる。多くの場合，自分自身のイリ以外の人々とは古くから敵対関係にあったし，実際に，比較的最近まで敵に対する首狩が維持されていた。合田の報告によれば，ボントックでは過去15年間の調査の間に，確認しただけで6件の首狩事件が起こっているという［合田 1989 a：2］。また，筆者が調査したサダンガにおいても同様で，1974年にサダンガの人間がカリンガの人間を血讐のために殺し，首を狩ったという事件が報告されている。

　言語的には固有のボントック語を用いるが，地域的な方言差も大きい。一

方，交易のためのリンガフランカとしてイロカノ語も話されるし，学校教育を受けた者は国語としてのフィリピノ語，英語を使うこともできる。

なお，ここであげたボントック族としての文化的特徴は，ある一定の地域においてほぼ共通性がみられるため，ジェンクスはこれをひとつの文化的枠組みとしてとらえ，「ボントック文化圏」として，その境界を定めている [Jenks 1905：Plate Ⅲ]。しかし，そうした共通の文化的特徴がある一方で，その儀礼的側面や経済活動，日常生活などの詳細に関してはかなりの地域的変差がみられるというのも事実である。そのため，本書の中心となるオリジナルな資料の多くは筆者がとくに集中的に調査を行ったサダンガ郡（Sadanga Municipality）において得られたものであることに注意しなければならない。サダンガはボントック族の中でももっとも北に位置し，依然としてもっとも「伝統的」な慣行を維持している地域のひとつである。

(2) 歴史的背景

ボントック族に関する歴史的資料については，侵略者であるスペイン軍指導者アンヘレス（Angeles）大尉に対する 1898～1899 年にかけての反乱の際，当時ボントックに保存されていたとされるスペイン人とボントック族との接触に関する記録の多くが焼却され，そのほとんどが失われてしまったといわれている。しかしジェンクスは，その残されたわずかの記録と人々の記憶からでも，ある程度の歴史は再構成できると述べている [Jenks 1905：35]。

スペインの北部ルソンへの進出は 1570 年に始まるという。コルディリエラ地方は古くから金の産地としてスペイン人たちに強い関心を寄せられてきたが，この地への遠征は容易には進まなかった。やがて，金に対する強い魅力が多くの困難をも乗り越えさせ，ようやくコルディリエラ地方の南部を支配するまでになったが，さらなるコルディリエラ中央部までの侵略は，そのずっと後の時期にまで引き延ばされる。それまでスペイン人たちといくつかの接触はあっても，実際にボントック族がスペイン人たちによく知られるようになるのは 19 世紀以降のことである。この頃からボントックを含むコルディリエラ地方の中央部がスペイン軍の支配下におかれるようになり，1852 年に現在のレパント，ボントック，ヌエバ・ビスカヤ州北部の大部分が

"Valle de Cayan" の名の下に独立の地区（ディストリト distrito）として組織され，さらに数年後には，そのうちのボントックが独立してひとつの地区を構成するようになった。その時から 1899 年まで，ボントックにはスペイン軍の要塞地が置かれるようになり，常時 200～300 人の兵士が駐屯していたといわれている。またサガダやトゥックン，サカサカン（Sakasakan）には軍の哨所も造られた。しかしながらこれも長続きせず，フィリピンの統治権をめぐるアメリカとスペインの争いという国際情勢も手伝って，19 世紀の終わりには一部のスペイン人たちの反乱によって，徹底的な打撃を被る以前に退却してしまったという。当初，ボントック族と反乱者たちの間には緊密な信頼関係が成立していたために，ボントック族はさまざまな点で反乱者たちを支援した。反乱者たちはボントック族に，彼らの「新しい敵」であるアメリカ軍と戦うためマニラに遠征することを要請し，これを受けて 1899 年 2 月には約 400 人のボントック族の兵士たちが槍と斧，楯で装備し，アメリカ人たちの首を狩りに 3 日がかりでマニラまで出かけていった[9]。しかし，彼らがマニラのすぐ近くのカロオカン（Caloocan）まで来た時，運悪くアメリカ軍と出会ってしまい，その際，アメリカ人が発砲した銃がまるで雷のような音をだしたため，これにたいへん驚き持っていた武器を放り投げて一目散にボントックへ逃げ帰ってしまった。この時，無事にボントックへとたどり着くことができたのはわずかに 13 人であったという。しかしながら，当初のボントック族と反乱者との緊密な信頼関係もこの頃には壊れ始め，すでに両者の緊張関係は限界に達していた。なぜなら，反乱者たちはかつてスペイン軍がしたのと同じ悪いことをすべてやっていたし，むしろそれはスペイン軍が彼らにしたことよりもずっと悪質なものであって，しばしば彼らをだましては多くの物を略奪していった。そのため，これ以降，彼らと反乱者との友好関係もだんだんと薄れていき，逆に反乱者たちはボントック族によって多くの首を失うこととなったのである。やがて 1899 年 12 月，ボントックにアメリカ軍のマーシュ（Marsh）陸軍少佐が到着した。そのためボントック族は，今度は山の中に散り散りに逃げていったスペイン人反乱者たちを追うアメリカ軍を応援することになり，アメリカ軍を山に案内したり，彼らに食物を与えたりして協力したという［Jenks 1905：35-39］。

スペインに続いて，アメリカによるフィリピン支配が始まったのは1902年のことであり，この年にボントック・レパント州が独立した行政単位となり，さらに1908年には現在のカリンガ・アパヤオ州，イフガオ州，マウンテン州，ベンゲット州の4州を旧マウンテン州としてひとつの行政単位とし，現在のボントックを旧マウンテン州の州都と定めた。

　第二次大戦を迎えると，今度は日本軍によって侵略の歴史が繰り返されることとなった。最初，ボントック族は日本軍に対し好意的であったが，D.マッカーサーのもとアメリカ軍によって山下将軍のマニラ支配が破られる頃には，アメリカ軍と日本軍の立場は逆転し，山下将軍率いる日本の軍隊は，かつての反乱者たちと同じように北部ルソンの山中に敗走していった。そこでアメリカ軍は日本軍の抑圧に対する「解放者」として迎えられ，ボントック族はマウンテン州に造られたいくつかの空輸補給地の建設にまで手を貸し，それと引き替えに山中に潜む敗残兵たちを一掃することをアメリカ軍に任されたため，ほとんど熱狂的な騒ぎで頻繁に首狩が行われていったという。

　第二次大戦以降，ボントックは比較的平和で安定するようになり，新しい学校や州立の病院などが建てられ，交通網も徐々に改善されていった。またアメリカ資本の金や銅の鉱山会社がベンゲット州に設立され，これによって多くの人々が現金収入を得ることができるようになった。こうした近代化の動きは明らかにボントック族にも大きな影響を与えることとなったが，その影響は彼らの服装や家屋形態といった物質的側面だけでなく，宗教生活や社会制度にまでみられるようになっていったという［Drucker 1974：6-7］。なお1966年に，旧マウンテン州は現在のマウンテン州，カリンガ・アパヤオ州，ベンゲット州，イフガオ州の4州に改編され，また1974年にはバランガイを末端の行政単位とする郡（マニシパリティmunicipality），州（プロビンスprovince），地方（リジョンregion）からなる現在の行政組織が確立された。

3．サダンガ概況

（1）サダンガ郡

　ボントック族は，ボントック族としての共通の文化をもちながらも，その

細部においてはかなりの地域的変差がある。そこで，本書の基礎的な資料の多くがサダンガ郡のサダンガにおいて得られたものであることから，サダンガのイリの特徴についても，ここで明確にしておく必要があるだろう。

サダンガ郡はマウンテン州を構成する10郡のひとつで，マウンテン州の中ではもっとも北に位置しており，比較的貧しい地域で，人口も少ない。（図1.2.2）。南部にボントック郡，東部にバリグ郡，北部はカリンガ州のティングラヤン郡，西部にはアブラ州のトゥボ郡とそれぞれ境を接している[10]。州都ボントックからは北西にタブクへと向かう国道沿いに約24 km離れており，現在では，中心部のボントック・ポブラシオンまで自動車を使えば1時間半ほどで容易にたどり着くことができるが，かつてはその急峻な山々を徒歩で移動するしかなかったという。サダンガは，先にも述べたように，現在でもボントック族としての「伝統的」慣行を比較的維持している地域ではあるが，北にはカリンガ族，西にはティンギャン族と境を接しているため，こうした地域からの影響も多くみうけられる。

サダンガ郡の総面積は144 km²で，マウンテン州全体の約6.6％を占め，州を構成する郡の中では7番目に大きい。しかし，そのうち農耕地として利用されているのはわずかに8.62％，居住地は0.88％にしかすぎず，その他は森林（63.1％），牧草地（24.63％）などであって，全体として急峻な山岳地帯を構成している。人口密度は比較的低いが（51.77人/km²），人々は農耕地の近くのごく限られた場所に住居を定めるため，かなり傾斜の急な土地に密集して居住することを余儀なくされている。サダンガの季節は雨季と乾季しかなく，大体6月から10月までが雨季にあたり，それ以外は乾季となって，その差が顕著である。

サダンガ郡には現在8つの行政村があり，郡の中心部はサダンガ・ポブラシオン（Sadanga Poblacion）[11]である（図1.2.3，写真1.2.6）。これに隣接するデマン村（Deman）は1982年，サダンガ・ポブラシオンから行政上，現在のデマン村として分割されたものである。また，アナベル村（Anabel）はチコ川沿いに位置し（ポブラシオンから12 km），サダンガ郡の中でもっとも気候が温暖であるため二期作が可能であるが，人口はもっとも少ない。ベキガン村（Bikigan）[12]はベルワン村から200 mほど山を下ったところにあり（ポ

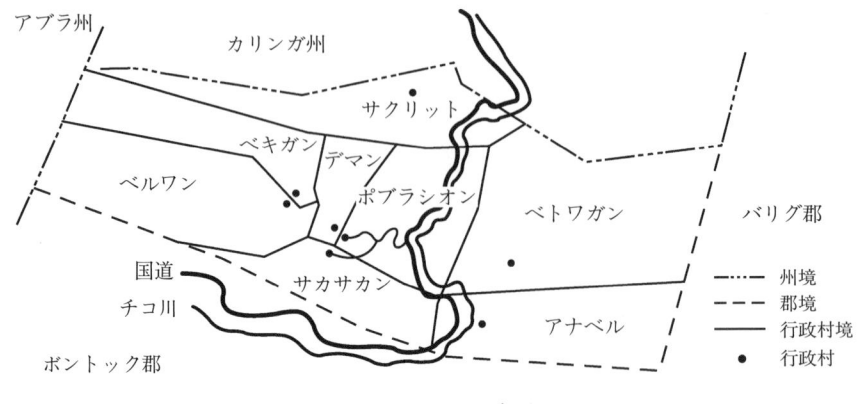

図 1.2.3 サダンガ郡全図

ブラシオンから 3.8 km)，取り囲むように広がる水田によって居住地域が制限されるため村としては面積が一番狭い。ベルワン村 (Belwang) はサダンガ郡のほぼ中央に位置する山の頂上付近に位置しており（ポブラシオンから 4 km），雨季になるとしばしば厚い雲に覆われる。ベトワガン村 (Betwagan)[13] は，サダンガ郡の中でもっとも人口が多く，南東部に位置しているため（ポブラシオンから 14 km）気候も比較的温暖で，二期作も可能である。サカサカン村はポブラシオンの位置する山の頂上付近にあり，スペイン支配時代には戦略上，四方が見わたせて敵が攻撃しにくいこの場所に軍の哨所が置かれていた。ポブラシオンから 2.5 km の距離にあり，その間は自動車も通れる広い村道でつながっているが，険しい獣道を通ればわずか 1 km ほどしかない。11 月から 1 月頃にかけてはたいへん涼しいが風が強く，しばしば厚い雲に覆われるため，あまり過ごしやすい環境とはいえない。サクリット村 (Saclit)[14] はカリンガ州にもっとも近く（ポブラシオンから 15 km），その成員の一部はルーツをカリンガに辿ることができるという。マウンテン州の州都ボントックとサダンガ中心部とは，富裕者が所有するジプニー（乗り合いジープ）によって，定期便が午前と午後 1 本ずつ運行されている。しかし，このような自動車を使って比較的容易にたどり着くことができる村は，ポブラシオンとデマン村，サカサカン村の 3 つのみである。このサカサカン村とデマン村以外は中心部のポブラシオンから遠くなるが，ベル

ワン村とベキガン村，ベトワガン村とアナベル村についてはそれぞれ隣接している。これらの行政村へは，険しい山道や水田の畦道をたどって歩いて行かなければならない場合がほとんどで，ベルワン村とベキガン村はポブラシオンから水田の広がる山を登っていく。ベトワガン村とアナベル村はサダンガへ向かうジプニーに乗って途中のタブラック（Tabrak）で下車し，そこからチコ川へ向かって急な斜面を下りていく。チコ川には吊り橋があるが，村へたどり着くためには通常，水田の畦道を行かなければならない。もっとも遠いサクリット村は，隣接するカリンガ族の居住地近くに位置しているため，カリンガへ向かう国道を運行するジプニーに乗り，カリンガとマウンテン州の境のゲートで降りて，そこから急峻な山道を徒歩で登っていかなければならない。現在，サダンガ郡には小学校が7校あるが，その多くは複式学級である。またポブラシオンには唯一の高校もある。一方，遠い村の子供たちが毎日家から通学するのは物理的に不可能なため，ポブラシオンにいる親族の家に住み，その家の仕事を手伝いながら通わせてもらうというケースも多くみられる。就学率は人口全体の約30％，そのうち高校就学者は4％程度である[15]。ボントック郡に続き，サダンガ郡でも1988年12月6日よりマウンテン州電気会社（MOPRECO）によって配電が開始されたため，一部の富裕者には冷蔵庫やビデオデッキなどの普及がみられるが，配電の範囲は今のところポブラシオンとデマン村，サカサカン村に限られている（1994年現在）。医療に関しては，かつての看護婦による巡回サービスだけでなく，サダンガに数年前から病院が開かれるようになった。また，ポブラシオンには温泉が湧いており，それが公衆浴場として利用されている（写真1.2.7）。

　サダンガの人口は，1960年代には2,000人程度であったというが，1980年には6,605人に増加，1990年現在，7,302人，総世帯数は1,514戸であった（表1.2.3）。そのうち男女の構成比はほぼ等しい（表1.2.4）。1980年と1990年の各行政村別の人口を比較してみると，ポブラシオン（現在のポブラシオンとデマン）が1.43％，サカサカンが4.0％の増加で比較的増加率が低いのに対し，アナベルは15.0％，ベルワンは19.0％，ベトワガンは10.3％，サクリットが12.4％，ベキガンにいたっては40.0％の増加となっている。

表1.2.3 サダンガ郡の人口および世帯数

行政村名　（面積km²）	人口(1980)	人口(1990)	世帯数(1990)
サダンガ・ポブラシオン (18.8)	1,886	984	195
デマン (5.5)		929	200
アナベル (21.69)	467	537	120
ベルワン (23.60)	906	1,078	215
ベトワガン (30.12)	1,456	1,606	377
ベキガン (11.56)	352	492	94
サカサカン (17.89)	630	655	131
サクリット (14.71)	908	1,021	182
合計	6,605（人）	7,302（人）	1,514（戸）

（国勢調査 1980, 1990年）

表1.2.4 サダンガ郡の男女構成比

年	男性	女性	合計（人）	男性：女性（％）
1970	2,656	2,735	5,391	49.3：50.7
1975	2,890	2,998	5,888	49.1：50.9
1980	3,286	3,319	6,605	49.8：50.2
1985	3,573	3,621	7,194	49.7：50.3

（国勢調査 1990年）

　フィリピン政府実施の国勢調査の定義によれば，世帯とは「同じ家屋で寝起きをともにし，日常の食事や家計をともにする人」であり，これらはたいてい親子関係などの血縁紐帯が中心となるが，いくつかの世代や遠い親族が同一世帯を構成する場合もある。また使用人や下宿人が同居する場合には，日常の寝食と家計のほとんどをともにし多くとも1週間に1度以上，自分たちの家族の元に帰宅することがない場合これを同一世帯員とし，また同一家屋で寝起きしていても食事など独立して生計を営む場合にはこれを独立した世帯としてみなしている。このような国勢調査の定義に従って世帯数を数えれば，サダンガ郡中心部を構成するサダンガ・ポブラシオンとデマンの世帯員数は，全世帯数ポブラシオン195戸，デマン200戸のうち，サダンガ・ポブラシオンでは4人が一番多く（30戸），5人（26戸），6人（26戸），3人（24戸）と続く。一方，デマン村は2人が一番多く（32戸），3人（30戸），6人（26戸），7人（26戸）と続く（図1.2.4）。

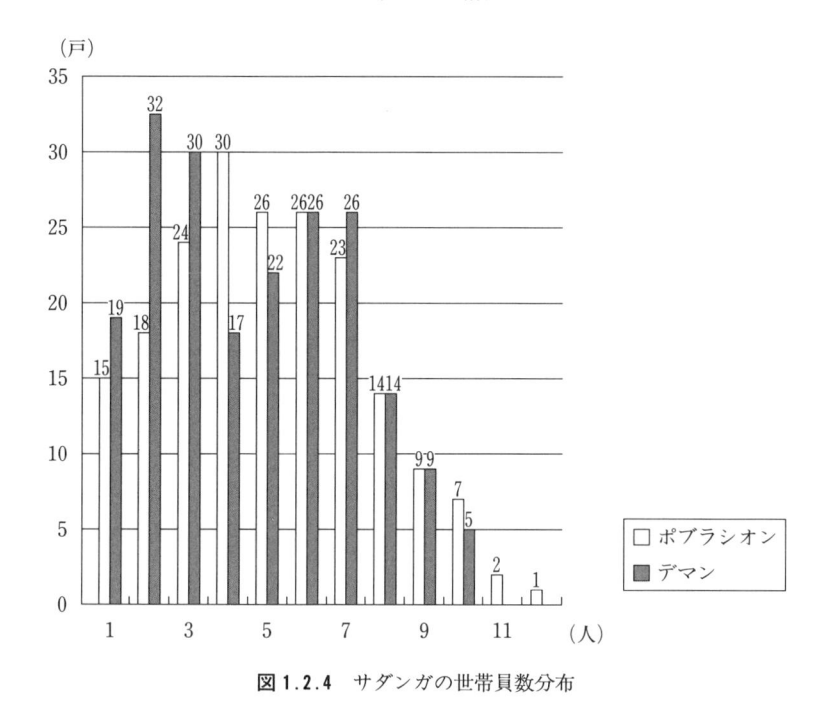

図 1.2.4 サダンガの世帯員数分布

　言語は，ほとんどがボントック語のサダンガ方言を話し，若い世代のほとんどは英語も話すことができるが，イロカノ語を理解するのは数％であるという。宗教は9割近くがローマン・カトリックで，残りの1割はアングリカン，エホバの証人，その他の教派となっている。

(2) 歴史的背景

　歴史的に，サダンガ郡がさまざまな近代化の影響を受けるようになるのは，アメリカによってフィリピンの行政組織の再編成が開始される以降のことである。スペインの支配は1860年頃まで溯ることができるが，このころの軍の支配力はまだ弱く，首狩や村落間の抗争の禁止に力が注がれていた以外には，形ばかりの貢物をさせる程度にとどまっていた[16]。スペインは戦略上，サカサカンに軍の哨所を作っていたが，1902年にサダンガ郡の行政の中心がサカサカンからサダンガへ移されてからは，さらに組織が拡大されていっ

たという。

　このサカサカンからサダンガへ中心地が移転したことについては，象徴的な意味づけも与えられている。サダンガの人々によれば，かつてこの場所（現在のサダンガ・ポブラシオン）で子供を生んでいた豚が発見されたが，ここが「繁栄のシンボル」である豚の発見された場所であるということから，ポブラシオンにも繁栄がもたらされるようにと願って，中心地をここへ移すことになったのだと伝承で語られているという。この移転と同時に，州都ボントックとサダンガとを結ぶ道路も建設され，容易に相互の行き来ができるようになった。また，この頃からキリスト教の布教活動が本格的に始まる。そのうち，アングリカン教会をもたらしたのはアメリカ人のC. スミスという神父で，布教活動の開始は1923年にまで遡ることができ，最初の改宗者はポンタ・サブガナイ・タンレグとその家族であったという記録も残っている。さらに，1925年の初め頃にはベルギーの宣教師らによってこの地に教会が建てられ，改宗した者についてはボントックに送って教育を受けさせた[17]。最初に外部からもたらされた宗教はカトリックであるが，その後，さまざまな教派や教団が布教にやってきたため，現在では，カトリック教徒でないプロテスタントやバプティスト，エホバの証人が非キリスト教徒と合わせるとサダンガの全人口の約半数を占めている。カトリック教会では毎週，カティキストを中心として勉強会が行われているが，実際には信仰の場というよりもむしろ社交場のようになっており，それに参加しているのはほとんどが女性である。またフィリピンの独立後すぐに，現在のサダンガ・ポブラシオンに小学校が造成された。

　1963年6月25日，サダンガは自治区からひとつの独立した郡として現在の形に再編されることとなった。第二次大戦中は，日本の占領によってこの地域にも混乱が生じたが，彼らの多くはアメリカ軍を自分たちの解放者として受け入れ，これに協力し，この地に敗走してきた日本兵の一掃に関わって盛んに首狩を行っていたようである。戦後になってからは，比較的おだやかで平和な日々が続いていたが，大きな変化といえば，アメリカ資本の鉱山会社が隣接するベンゲット州に作られたため，サダンガでも多くの人が出稼ぎに出，現金収入を得ることができるようになったことであろう。サダンガに

おいても近代化の影響がみられるが，それは主として服装や家屋形態においてであり，古くからの生業形態や宗教生活においてはその根底を揺るがすほどには至っていない。

(3) 生業

主たる生業は棚田による水稲耕作であるが，その他に豆やイモ類，雑穀類も栽培されており，これらがしばしば不足する食糧を補っている。サダンガの人々の生活手段は，この地にスペイン人がやってくるまでは水稲耕作や焼畑耕作，狩猟だけであったという。現在では，農業以外の職業に従事する人も増えてきたが，依然としてその主たる生業は農業である。ただし，サダンガでは水田を所有しない，あるいはごくわずかしか水田を所有していない貧しい者も多く，彼らは自分たちの消費する分さえ自足できないため，出稼ぎや労働提供などの別の手段でそれを補わなければならない。また，鹿や野豚などの狩猟も行われているが，自分たちの食糧にすべてを消費してしまうということは少なく，しばしばその半分は売りにだされる。サダンガでは，マウンテン州の主要な河川であるチコ川沿いに位置するアナベル村の水田や，水源の近くのごく限られた田を除いては1年に1回しか米を収穫することができないため，二期作に利用されない田は収穫後に排水し，盛土をしてサツマイモの栽培などに利用している。乾季には，居住地付近の畑や少し遠い土地に造られる焼畑などでイモや豆，陸稲，粟，その他の野菜，果実，タバコ，サトウキビなども栽培している。サダンガで造られる良質のサトウキビの酒は有名で，マメやタバコ，山で採集した籐などとともにボントックや近隣の村々で売られており，彼らの重要な現金収入源となっている。しかしながら，畑で作られる作物が換金作物として，あるいは日常の栄養源として重要な位置を占めているにもかかわらず，焼畑の作業に関心が向けられることはあまりなく，農繁期にはたいてい放置されてしまう。

農閑期には女性は主としてこのような畑での作業に従事するが，男性は現金収入を求めてアブラ州やベンゲット州の鉱山，バギオなどに出稼ぎに行く場合が多い。農業をやめ鉱山で働く人もいるが，ずっと定年になるまで勤め続ける人は少なく，他の企業に引き抜かれたり，町の他の仕事に転職したり

する人も多い。その他，乾物などを扱う商店を経営する人，カラバオ（水牛）をカリンガやアパヤオなどから仕入れてきて転売する人などもいるが，そのほとんどは農業の副次的なものである。また男性が，女性用のウェスト籠や男性用の背負い籠，箕，魚用の罠などを作って売ることもある。一方，教育を受けた人々は，定期的に現金収入を得ることのできる公務員となり，教員や警察官，郡の職員，ヘルス・ワーカーなどとして働いている（表1.2.5）。イリ内の古老たちは依然，学校教育というものに対して否定的であるが，それをあえて積極的に取り入れた者のみがこうした現金収入への道を開かれているわけである。しかし，こうした人たちも仕事が休みの日などに

表 1.2.5 サダンガの職業別人口（1991年）

ポブラシオン		デマン	
職業名	世帯（戸）	職業名	世帯（戸）
農業	122	農業	168(3)
警察官	8	警察官	0
教師	15	教師	12
その他の政府職員	19	その他の政府職員	7(1)
守衛	3	守衛	0
大工	2	大工	0
道路保持（caminero）	4	道路保持（caminero）	4
店経営	2	店経営	0
運転手	10	運転手	3
技師	5	技師	1
家政婦	2	家政婦	0
兵士	2(1)	兵士	0
ガードマン	3	ガードマン	0
助産婦	4	助産婦	0
獣医	1	獣医	0
看護婦	2	看護婦	0
医者	1	医者	0
伝導士（catechist）	1	伝導士（catechist）	0
鉱夫	12(5)	鉱夫	3(2)

＊（　）内は1990年の調査以降，転出した世帯。
＊農業については，他に職業をもっていても何らかの形で農業を行う場合が少なくないので，ここでは他に現金収入をもたない世帯のみを数えている。
＊同一世帯にいくつかの職業をもつ場合も多いため，世帯数は重複している。

はほとんどが農作業に従事している。

(4) 帰属意識

彼らによれば，サダンガに住む人々の約75％はそのルーツをカンカナイ族にもち，その他の25％の人々はさまざまな混血か，ティンギャン族，カリンガ族をその祖先にもつという。事実，北部カンカナイ族が主として居住するサガダにある洞窟とサダンガにある洞窟とは地下で結ばれていて，地下道を通ってお互いにたどり着くことができると語りつがれているが，その真偽はわからない。一方，ベルワンの人々は自分たちのルーツを，その身体的特徴からティンギャン族やカリンガ族に求めている。ベルワンの人々の多くは色白で鼻が高く，身長が高いといった身体的特徴をもっており，ボントックの人々とは明らかに異なるという。しかし，いずれにせよ文化的・社会的にもボントック族としての特徴が顕著にみられる社会であり，言語的にもボントック語圏として認められているのであって［Reid 1976：v］，サダンガやベルワンの人々がたとえ「～にそのルーツを辿ることができる」と語るとしても，文化的，言語的にはボントック族としてとらえることができるだろう。ただし，ボントック族の場合，民族としてのボントック族がひとつの強固な統合体を形成しているわけではない。通常，ボントック族は1,000人程度の地域集団としてのまとまりをもったイリに分かれて居住しており，それぞれのイリは単に空間的に数kmずつ離れているだけでなく，ある程度自律した政治的単位ともなっている。人々はこのイリに強い帰属意識をもっており，ボントック族として共通の文化・言語をもちながらも，実際にはその一体感は稀薄であるからである［Reid 1972：532，合田 1989a（1970）：33-35］。

なお，筆者が主として住み込み調査を実施したのはサダンガ郡の中心地であるサダンガ・ポブラシオンとデマン村である。サダンガ郡の行政村8つのうち，サカサカン村，ベルワン村，ベキガン村，サダンガ・ポブラシオンとデマン村の5つは文化的にきわめて似通っているが，地理的に離れているベトワガン村とアナベル村にはかなりの変差がみられる。一方，サクリット村はカリンガ族の居住区近くにあるために，カリンガ族からの影響が大きい。そのため本書で「サダンガ」と述べるときには，上記の5つの行政村にほぼ

共通してみられる特徴として考えることとしたい。なお1982年にサダンガ・ポブラシオンは行政上，ワシグ川（Wasig River）を境として現在のポブラシオン（7区画）とデマン村（6区画）の2つの行政村に分割された。しかしながら彼らの意識の中では，これら2つの行政村が依然としてひとつの村落共同体として認識されており，人々が「サダンガ」と言うとき，これはサダンガ郡全体を意味するのではなく，慣習的な社会的単位としてのイリ，すなわち行政的な単位であるポブラシオンとデマン村の両方が認識されているのであって，行政上の単位とは一致していない[18]。合田によれば，ボントック族のイリは「共有の森を含むムラ領域をもつ地理的・経済的単位」であり，宗教・儀礼的には「若干の地域的変差を伴いながら祭祀空間としての自律性をもっている」ということが必要となるが［合田 1989a（1970）：33］，サダンガのポブラシオンとデマンについてこれをあてはめてみると，現在，ここには10の男子集会所と2本の聖樹パパタイが存在しているが，これらはいずれも2つの行政村によって共有されるものであり，イリ全体で実修される儀礼や忌休日ティアー *te-el* も共同で行われている。つまり依然としてお互い儀礼的に独立していない。さらにイリ全体の共有地であるラモラン *lamolan* も2つの行政村によって共有されており，こうした面を考慮するならば，この2つの行政村は2つでひとつのイリを構成しているといえよう。したがって本書で「サダンガ」という用語を使う場合，自然村としてのイリ（ポブラシオンとデマン村両方によって構成される）を意味するものとし，一方，「サダンガ郡」は，8つの行政村すべてを含んでいるものとする。また「村」という表記は行政村を意味している。同様に各村落共同体は，単にそのイリ名で表記している。たとえばサダンガ郡のイリのひとつであるサカサカンは単に「サカサカン」としている。

　なお本書のボントック語表記の多くは，サダンガのものであり，サダンガではbが［f］音に，dが［ts］音に発音される傾向をもっており，実際に発音される音と彼らによる表記とが異なることが多い。そのため，ここでは筆者が聞き取った音のままにカタカナで示している[19]。

[註]

1) フィリピン国内の標高1〜10位の山は以下の通りである。

	位　　置	標高(m)
① アポ	ミンダナオ島	2,954
② プログ	ベンゲット州	2,928
③ タブヨク	イフガオ州	2,842
④ ピアパユガン	ミンダナオ島	2,815
⑤ アモヤオ	イフガオ州	2,702
⑥ プログ	イフガオ州	2,685
⑦ カピリガン	イフガオ州	2,670
⑧ サバンガン	マウンテン, イフガオ州	2,669
⑨ タグブド	ミンダナオ島	2,654
⑩ キブガン	ベンゲット州	2,617

(Philippine Almanac and Handbook of Facts 1977：24)

2) 1908年, ベンゲット, アンブラヤン, レパント, ボントック, カリンガ, アパヤオ, イフガオの7つを亜州とするマウンテン州がアメリカによって制定されたが, その後, 1966年にマウンテン, ベンゲット, カリンガ・アパヤオ, イフガオの4州に改編された [Fry 1983：51]。さらに1995年にはカリンガ・アパヤオが2つの独立した州に改編されている。

3) 1916年の報告ではボントック族の数は63,258人であったが [Beyer 1917], 1970年には2倍近くの約130,000人という報告がある [Fox 1973]。しかし, こうした統計は, なにを基準としているのかによっても大きく異なり, たとえば国勢調査の民族分類の場合は, 普段の生活言語として何を用いているかを基準としているが, 下記のように, 実際には同じ基準であるはずの国勢調査でもまったく異なる数字がでている。

調査年	1960年	1970年	1975年	1980年
人　数	78,174	57,708	65,235	148,000 (人)

4) これ以外のサガダ郡やサバンガン郡は北部カンカナイ族に分類される。ボントック族が主として居住するのは, ボントック郡, バリグ郡, ナトニン郡, パラセリス郡, サダンガ郡の5つである。

5) イリとは, 村落共同体としての地縁集団を意味することばであるが, これとは別に「自分の村落共同体」を意味することばとしてファファレイ babaley がある。

6) たとえばサダンガ郡全体の人口密度が52.5人/km²であるのに対し, サダンガ・ポブラシオンはほぼ平均並みの52.3人/km²でさほど変わらないが, デマンが168.9人/km²であるのに対しアナベルでは24.8人/km²と7倍近い。

7) ボントック族のキリスト教派は，大きくローマン・カトリックとエピスコパリアンの2つに分けることができる。一方，バプティスト派がこの地に入ってきたのは比較的最近のことで（30年ほど前），それに続いてエホバの証人やセブンスデー・アドベンティスト，ペンテコステ派，エスピリティスタなどといったさまざまな教派の布教活動も始まったが，これらは主に若い人々や女性の間に浸透していったという。
8) イリの一体性は，たとえばシンパンイリ sin-pangili ということばにも表現される。シンパンイリとは同じ村落共同体に住むすべての成員からなるひとつの単位で，村落共同体を意味するイリ ili に，1単位を表す接頭辞 sin がついたものである。この sin にはしばしば pang が伴われるが，pang は人や物がある場所，ないしはある物に属するということを意味する（Reid の *Bontok-English Dictionary* より）。
9) ボントック族の語りでは，スペイン反乱者がボントックの人たちに「マニラへ行って伝統の踊りを踊って金をもうけよう」と嘘をつき，騙してマニラへ連れて行こうとした，ということになっている。また参加した人数も，彼らによれば250人と伝えられている。
10) イリとイリの境界については，さまざまな問題が依然として解決されないまま残っており，しばしば境界をめぐって争いが起きている。
11) サダンガという名前については次のような伝承がある。

かつて山や丘に囲まれた盆地に，若い娘が住んでいた。若い娘には，ハンサムで強い恋人がいたが，彼の顔は日焼けで真っ黒だった。2人は朝から晩まで農作業に忙しかったが，夜になると娘宿で会い2人の将来の計画や夢などを話し合った。ある日，娘は集落や丘や山々を見おろすオポカン（Opokan）とよばれる場所で木の影の石に座り，恋人が来るのを待って物思いに沈んでいた。その時間はとても長く感じられ，娘はそれが我慢できなくなり，とても淋しくなって何度も溜め息をついた。やがて，そこへアメリカ人の訪問者がやってきて，娘にそこで何をしているのか尋ねた。しかし娘はアメリカ人が何を言っているかわからなかったので，何も答えず微笑んだ。するとアメリカ人は，こんどは向こう側にある集落を指差し，「あの場所は何という名前か」と尋ねた。娘はやはりアメリカ人の言うことが理解できなかったので，ただ頷き，微笑んで「カササンガ kasasanga（淋しい）」と言った。そのためアメリカ人は，カササンガをその場所の地名と勘違いし，ノートに書き留めた。その後，アメリカ人はその間違いに気づいて，自分のノートを SAD（淋しい）—SANGA と書き直したが，それがいつのまにか「Sadsanga」となって，その場所を現す地名として用いられるようになり，だんだんともっと発音しやすい，サダンガ（Sadanga）に置き換えられるようになったという。

12) ベキガンという名前の由来は，「もっとも小さい」という意味のカバンエガン *kaban-egan* ということばからきたと伝えられる。あるいはまた，ベキガンに最初に住んだと伝えられるパグラカヤン Paglakayan という人物の名前からきたという説もある。パグラカヤンというのは，ボントック族に広くみられる全知全能の神ルマウィ Lomawig の弟としてサダンガでは語られている。
13) 人々の記憶によれば，最初にベトワガンの中心部に移住してきたのは，そこから遠く離れた支村のファィヨガオ（Fay-yigao），アンカリム（Amkallim），タリフ（Talib）からやってきた人々で，現在のようにその中心部に人口が集中するように

なった理由については次のような伝承がある。

　　かつてベトワガンの中心部は平原で葦の茂る湿地であったが，それを見たファイヨガオの人々は開墾すればとてもいい水田になると考え，遠い水源から水を引き，そこに水田を作った。さらに，その成功をみたアンカリムの人々もやってきてそこに同じように水田を作った。しかしタリフの人々は自分たちの家の近くにすでにたくさんの水田をもっていたので，最初，ここに移り住もうとは思わなかったが，ある日，カリンガ族から攻め込まれて大変な思いをしたので，もっと安全な中心部へ移り住むことを決意したという。

　　現在，ベトワガンの人々が中心部に集住するのは，こうした敵からの攻撃に対する安全の意味もあるという。

14) サクリットの人々のルーツについてはカリンガと，マウンテン州西部のビサオ (Besao) の2つの系統に辿ることができるという。前者は，カリンガのファラトック (Faratok) という場所からよりよい土地を求めて移住してきたが，その過程でさまざまな困難に出合い，最終的に現在のパイケック (Paykek)（サクリットの低地部）に落ち着き，そこで勤勉に働いて水田を築いたというもので，後者はファト (Fato) という場所から，そこが痩せた土地であったために，よりよい土地を求めて移動し，やがてパイケックにたどり着いたというものである。これらの2つの系統をもつ人々はファトの人々がイリの上側に，ファラトックの人々が下側に隣接して住んでおり，まったく異なる慣習をもちながらも平和で良好な関係を保っているという。

15) 実際の就学率よりも問題なのは，6年間通して小学校に通う児童が少ないという事実であろう。とくに1年生，2年生の年齢の幅は5歳から12歳と広く，個々の家族の置かれたさまざまな状況に左右される。また途中でドロップ・アウトしていく場合も多く，6年生になる児童は最初の入学者の2分の1から4分の1程度であるという。その理由としては，タガログ語や英語の授業についていけない，農作業や弟妹の世話が学校よりも優先される，教育の内容が必ずしもイリでの生活に役立つものであるとはいえないなどがあげられる。そのため，実際の成人の識字率は25％以下であるという。

16) スペイン人宣教師の残した記録に，彼らがボントックやサダンガに拠点を構えた1890年代の様子が次のように描かれている。

　　サダンガは人口が705人，サカサカンは210人で，ベトワガン（本文中にはBetuaganと表記）の人口は281人，サカサカンの近隣の丘陵地に位置するポクイタン (Poquitan) に住む人々は585人，低地部のピクイタン (Piquitan) には206人，ファリウアン (Baliuang) には448人の非キリスト教徒が住んでいた。これらの人々は一様に，勇壮で強靱，好戦的である。さらに，ファリウアンに住む人々については，とくにサカサカンの教区ではもっとも栄えていると述べており，そうした繁栄は，その土地が単に肥沃であるというだけでなく年2回，アブラまで出かけていって鉄や生活に必要なさまざまな道具を手に入れるといった大規模な交易活動によるものだという [Perez 1988 (1902): 221-222]。

17) ボントックに最初にやってきたベルギーの修道女はアグネスという人で，遠くのイリにまで熱心に足を運んでキリストの教えを説いてまわり，ボントック族にたいへん愛されたという。

18) 行政村と自然村としての村が一致しないのはサダンガばかりでなく，他の地域にもみられる。たとえばボントック・イリの場合，行政的にはボントック・ポプラシオン，ボントック村，カルテイットの3つに区別されるが，これらはサモキ村を含めて儀礼的に忌休日を共同にしている［合田 1989 a（1970）：36］。
19) ボントック語の表記には，リードにしたがい，a, b, d, e, g, i, k, l, m, n, ng, o, p, s, t, w, y を用いている。また，音素は a, i, o, e, p, t, k, b, f, v, d, ch, dz, g, k, kh, m, n, ng, l, r, w, y からなり，(b, f, v)，(d, ch, dz)，(g, k, kh) の音は音声上の変化とみなしている［Reid 1976］。たとえば，表記上，イリの名前である Belwang はフェルワン，Demang はチェマンであり，富裕層を意味する *kadangyan* はカチャンギャン，婚姻儀礼である *dono* はチョノと発音される。一方，サクリットでは d は ch 音でなく，dz 音で発音される傾向がある。ただし，人名，地名についてはその限りでない。

第2章

女たちとその世界

第1節　政治・経済・法

1．はじめに

　イリ *ili*（村落共同体）は，ボントック社会において，ひとつの地域的なまとまりをもった自律的集団として存在しており，人々はこれに強い帰属意識をもっている。いうまでもなく，その内部はさまざまな制度や組織によって秩序づけられているが，彼らにとってこれらに規定されるものが社会生活のなかでもっとも重要な部分を占めている。こうした社会の秩序を維持するために，人々には多くの共同体規制が課せられるわけだが，現実には，常に社会の均衡が保たれているわけではなく，むしろ人々は個人の利害のために絶えず葛藤し，さまざまな争いを引き起こしてきた。しかしながら，そうした不調和も，絶えずイリ全体のなかで自らの手で調整されてきた。ボントック社会は伝統的に首長をもっていず，こうした調整のほとんどはイリ内の古老男性たちの合議によって決定される。さらに，この古老男性たちは，イリ全体の豊穣獲得のために儀礼を実修したり，外敵から人々を保護するための和平交渉を結んだりといった役目も果たしており，常にイリ全体の幸福のために働くことが期待される。そういった意味では，ボントック社会は古老男性たちが社会生活のうえで重要な役割を担う「統治者なき社会」であるといえるだろう。

　しかしながら，たとえボントックが特定の統治者をもたない社会であった

としても，全員がまったく平等であるというわけでもない。古老男性たちの中でも実質的には何らかの指導的役割を担う者や政治的権威をもつ者が存在しており，こうした関係が，ボントック社会では男性と女性といった性差だけでなく個々の年齢や経済的な格差といった原理をもとに序列化されている。前述したような古老男性の政治的役割はボントック社会における男性の重要性を際立たせるものであろうが，一方で，こうした男性と女性といった性差よりも，むしろ年齢や経済的格差といったものが，現実にはより重要な意味をもつ場合も多い。端的にいえば，たとえ政治の表舞台に立つことがなくても富裕層の老女は社会的に影響力をもち，尊敬の対象となることができるわけである。

したがって本節では，ボントック社会全体を理解するうえで，男性がどのように政治的な領域に関わっているのか，そして彼らの活動に，男性と女性といった性差はもとより，年齢や経済的格差がどのように関わってくるのかを社会全体の経済の動きや共同体規制と関連させ概観する。

なお，ここでいう政治とは「広い意味での，公的な性格をもった，ある目的のために行使される力の配分関係」を意味している。また，経済とは「社会の生存，再生産が維持されるための生産，分配，消費に関わるすべての過程」を指している。

2．政治的運営

ボントック社会では，行政村（バランガイ）と自然村としての村落共同体（イリ）の範囲がほぼ一致している場合も多くみられるが，行政単位としての村には，公的な役職者としての村長，助役，村会議員などが存在している。しかし，実際のイリの運営に関しては，依然として古くからの慣行が維持されている場合が多い。合田が指摘するように，こうした公的な村長と伝統的な指導者とは異なる権威を代表しており，州都から離れたバランガイでは公的な村長を務めるのは多くが貧者の層に属する壮年男性であって，彼らはこうした職を，単なる村外との連絡役や交渉役としてしか考えていない。そのため，伝統的な指導者たちはこうした職務に高い評価を与えていないという[1]［合田 1988：205-206］。

イリは，全体としていくつかのアト集団に分割されているが，それぞれの集団は独自の会議を行うための会議場（アト ato）をもっている。そこでは個々のアトを単位とするさまざまな事柄について会議が開かれており，古老男性がこれを統括することになっている。その際，そこで話される内容がひとつのアト集団のみに関わる場合には個々の成員だけで解決されるが，それがイリ全体の問題となると状況は異なってくる。そのような場合には，それぞれのアトの代表者である古老男性たちが，もっとも有力なアト集団のアトに集まり，公衆の面前でその問題に対する合議を行わなければならないことになっている。一方，首狩や血讐などイリ全体の重大事項について話し合うときには，イリのはずれの定められた場所で秘密裡に会議（イントグトガン *intogtogan*：語源は「アドバイスする *togon*」）が開かれなければならない。その会議では古老男性たちだけで話し合いが行われ，それ以外の一般の人々は参加することができない。しかしながら，各アトの古老男性たちが集まって話し合うといっても，この会議のメンバーがすべてのアトの代表者によって構成されているわけではなく，現実には，それぞれのアトにこうした合同会議で影響力をもつような有力人物がいなければ参加することができないという。しかも，この会議は通常，10〜20人のメンバーで構成されてはいるが，実際にそのなかで大きな影響力をもつ3〜4人の人たちの意見が全体の決定に大きな影響を与えている。

このような代表者会議において大きな発言権をもつためには，古老男性であるだけでなく，その人の社会階層も問題になってくる。ボントック社会は大きく富裕層，中間層，貧困層の3つの階層に分かれるが，これらのうち有力者である富裕層が社会的にも経済的にも大きな影響力をもっている。なぜなら中間層や，とりわけ貧困層の人々が社会生活において富裕層の人々から経済的庇護を受けていることが多く，それが富裕層の政治的な権威をより確かなものとしている（第2章第5節参照）。もちろん富裕層といっても単に経済的に豊かであるというだけでは富裕層とはいえない。第一に，代々富裕層としての出自を継承してきた家族の出身でなければならず，出稼ぎなどでたくさんの富を蓄えた，いわゆる成り上がりにはそうした地位は与えられない。また，富裕層だからといってその地位に甘んじているのではなく，さまざま

な儀礼の機会にイリ全体のために気前よくたくさんの動物供犠を行い，たくさんの富を消費することが必要であって，そうした富裕層が社会的にも高い地位を占めることになる。したがって，そうした義務を怠れば富裕層としての地位も危ういものとなる。このように宗教的行為においても富裕層の社会的権威が裏付けされていることがわかる。しかしその一方で，同じ富裕層の中でも謙虚で賢く，勤勉な男性がより大きな影響力をもつことはいうまでもない。また，話のうまさやカリスマ性なども会議で発言権を強める重要な要素となってくる。しかも，こうした有力な古老男性たちの何人かは亡くなった後までもその功績が後世に語り伝えられるという。もちろん貧しい層の出身であっても賢明な人物であればこうした会議で発言することができるが，経済的な背景をもたない彼のことばが会議ではあまり重要視されないというのも事実である。

　いずれにせよ，こうした影響力の大きさは，時として真実をもまげてしまうほどの強さをもっており，それはたとえば土地の相続をめぐっての争いなどにも現れるという。筆者の調査したサダンガでは，土地は一定の相続規範に則って相続されることを理想とするが，現実にはかなり規範から逸脱した柔軟な方法で相続が行われており（第2章第2節参照），そうした規範と現実の相続の捩れがしばしば争いを引き起こしている。このような争いが調停へと持ち込まれた場合，発言力の強い古老男性を自分の味方につければ，自分に有利な結果を得る可能性も高くなるといわれている。

　さらに，首狩の戦闘やイリ全体に関わるさまざまな儀礼をリードするのも有力な富裕層である。その実施時期や実行についてもイリ全体で話し合われるが，実際には富裕層の人々がこれを決定し，その他の人々がそれに従うことになっている。それとともに，ここで注目すべきことは，こうした儀礼に伴われる共食に必要な食糧は女性によって管理されており，またその準備等に必要な労働力も女性に依存するところが多いため，その開催日時の決定に女性の意見が大きく反映されているという事実である。このことは，さまざまな農耕儀礼においても同様であり，その主たる担い手である女性の意見を無視してはこれを行うことができない。

3．社 会 規 範

　ボントック社会では，イリ内のさまざまな規則や慣習の多くが宗教的側面によっても裏打ちされている。なぜなら，ボントックでは多くの危険や災難が霊的存在アニトによって引き起こされると考えられているからであり，それは宗教生活だけでなく，日常のさまざまな側面にも浸透している。たとえばイリ全体に課せられる忌休日は霊的存在の加護を願ったり，怒りを鎮めたりするために行われるが，忌休日の目的を達成するためにはイリ全体の協力が必要となり，人々にはさまざまな禁忌があって，これに反したものには罰金が科せられる。一方，日常的に，農作物を盗人から守るにはプチョン *podong* とよばれる象徴的に「禁止」を示すマーカーを果樹や野菜畑，倉などに立てておくだけでいい。プチョンとはロノ *lono* （葦）の上部に草や葉のついた枝を結び付けたもので，人々に倫理的な規範として作用する。とくにそれを犯したからといって罰せられるといった性質のものではないが，プチョンがある場所へ無断で立ち入る際と，何もない所へ入り込む場合では，前者のほうが心理的な圧迫や恥の意識がより強くなるという（写真2.1.1）。また場合によっては，これによって呪い（アロット *allot*）がかかり，腕や腹に2～3日痛みが襲うこともあるという。同様に，家の入り口にプチプッド *podipod* とよばれる2本の長いロノ（2m位）を立てておけば，たとえ家族が全員，農作業に出かけてしまっても泥棒に入られることがないという。

　さまざまな規則や慣習はイリ全体で遵守され維持されているため，それを取り締まる特別な警察組織などは必要としない[2]。人々の生活や財産はこうした共同体規制によって守られており，また人々は，霊的存在アニトの加護や懲罰によって社会の秩序を乱せば霊的にも裁かれることになる。しかも，犯罪が人々の間で公然と語られるため，それが処罰されないままであれば当事者だけでなくその親族も同様に皆から非難されることになり，ひいては自分たちの恥ともなってイリでの生活がしにくくなってしまう。こうした社会的圧力もまた，社会秩序の維持に重要な機能を果たしているといえよう。

　しかし，こうした規則や慣習も絶対的，普遍的なものではない。ボントック社会におけるさまざまな規則や慣習は成文法と異なり，たとえそれが超世

代的に継承されるといっても，全体的な趣旨は変わらずともその細部においては状況に応じて常に変化している。また，イリ内の古老男性は誰でも新しい規則を提案することができるとされており，必要に応じて新たな規則が創出されることもある。ただし，個人から新しい規則が提案されたからといって，ただちにこれが採用されるわけではなく，この提案を採用するかどうかは大衆の判断に委ねられており皆に強制することはできない。また，自分が提案した規則が人々に批判されたり，皆の支持を得られなかったりすることはたいへんな恥でもあるため，人々は慎重にならざるを得ない。こうした「恥の意識」が，特定の個人によって無謀な規則が定められることを未然に抑制する機能を果たしている。つまり，その権限は常に世評によって制限されているのである。

　犯罪や個人間の争いごとは，政治や儀礼に関する話し合いと同じように，代表者である有力な古老男性たちの合議によって慣習に則って仲裁され解決される。たとえば，成員間に何か重大な争いごとがおきるとイリ全体の会議が招集され，当事者とその証人が特定のアトによばれる。ここで最初に当事者双方の話を聞き，その後，証人の話などから事実関係を確認し，最終的に古老男性たちで話し合う。そして，その優れた法の知識と鋭い判断力によってこれを解決する。この時，犯罪がちょっとしたいたずらや些細な被害であれば，彼らに事情を聞いたあと古老男性たちで話し合ってすぐに審判を下す。そこで，たいていは加害者に罰として米や豚，酒などを支払わせるか，収穫期が近い場合には強制労働を科すことになる[3]。これに対し，侮蔑的なことばを伴った暴力や強姦はとくに重罪であると考えられており，その代償として，被害者に高価な財産の水田が支払われることもある。一方，借金をめぐっての争いであれば，貸し手が不利にならないように負債を分担することが必要である。たとえば，誰かが借金を返済できないような場合には，その代わりとして貸主の田で収穫期に労働をさせることで支払わせる。仮に，借主がこれに従わない場合，古老男性たちはイリの全成員に彼の収穫を一切手伝わないように指示する。ボントック社会では農作業の多くが互酬的な共同労働によって支えられており，手伝いがなければすべての収穫を自分ひとりでしなければならなくなってしまう。実際にそれをひとりでこなすのはほと

んど不可能であるため，結局はこの決定に従わざるを得ないことになる。ボントック社会の場合，こうした貸借で借用書が交わされるなどということはほとんどなく，たとえ当事者間で争いが発生してもイリの古老男性たちの手によって事実関係が確認され，合議の上，仲裁される。また，一定の労働に対して雇主が前金を払ったのに仕事をしないというような場合にも，同様な手段がとられる。ただし，争いごとが財産に関わる事柄であると問題は少しやっかいで，古老男性たちはその財産の価値を慎重に評価し，慣習に則って公平な判断をくださなければならない[4]。いずれにせよ，こうしたさまざまな問題に対し，彼らの出す結論はイリ全体の福祉を考えたものでなければならないとされている。

　先にも述べたように，古老男性たちは法に関する優れた知識をもち，その審判はイリ全体の福祉を考えて導きだされるが，こうした判断が常に正しいものとは限らず，また，人々に絶対的な強制力をもつものでもない。実際には，古老男性たちが下した結論に対し聴衆が同意した場合にのみ拘束力をもつのであって，同意が得られひとたび結審されれば当事者はこれに従わなければならないとされる。ただし，聴衆がその判決に不服であれば，これに同意しない旨を会議で公然と叫ぶこともできる。その場合，古老男性たちは，聴衆の大半の同意が得られるまで，何度でも別の解決方法を探さなければならない。こうした聴衆による最終的な判断は，時として古老男性たちが一方に有利に働いたり，不公平な結論を導き出すことを是正したりする機能を果たすことになり，そこで古老男性たちは豊富な知識と経験によって，聴衆の同意が得られるよう常に公平な判断を下さなければならない。そのため人々を納得させるだけの長けた話術やカリスマ性といったものも皆の賛同を得る重要な要素のひとつとなっている。しかしながら，こうした話し合いがもたれたにもかかわらず両者の合意が得られなかった場合，あるいは被告側が自分の無実を証明する十分な証拠を用意できなかった場合には，別の霊的な手段がとられることもある。これはサパタ sapata とよばれる罪人判別法で，通常，自分が「無実である」ということを示すために被告の側から要求される。無実を宣誓することで霊的存在にその判断を仰ぐのであるが，それが嘘であればたちまちに死んでしまうか，さもなければ重病にかかったり，自分

自身やその家族に災疫が降りかかったりすると考えられている。反対に、被告がこうした災いを恐れて宣誓することを拒めば、それは自分の罪を認めたということを意味し、宣誓するしないにかかわらず問題は解決される。ただし、どちらに非があるか判断できない場合には双方が宣誓を行い、その後におこる霊的存在の懲罰によってどちらが正しいかが判断されることになる。

　一方、ひとつのアトのみに関係する事柄については、このような全体の会議は招集されず、個々のアトの古老男性と成員たちの間でさまざまな判断が下される。また全体での会議と同様に、話し合いが解決をみないような場合にはサパタが行われることもあり、それと同時にカペウ kapew とよばれる盟神探湯も行われる。盟神探湯は、卵ないしは硬貨を煮え立ったお湯の中に入れ、古老男性によって祈りが唱えられた後、被告が湯の中に手を入れて取り出すというもので、その際、被告が火傷を負わずにこれを取り出せば無実、火傷をした場合には彼に罪があるということになる。

　これまで述べてきたような争いに対し、争いや事件の内容が傷害や殺人となるとイリの対応も少し異なってくる。たとえば、ボントック族にとって身体の損傷を伴う事件はきわめて重大なものと考えられており、これに対し古老男性の会議が開かれはするが、実際にはそこで話し合うまでもなく、たとえ争いの原因がどちらにあろうとも、あるいは、たとえ正当防衛であろうとも、傷を負わせた方が相手の流した血に対し何らかの代償を支払わなければならないとされている。なぜなら血というのは人間の生命の根源であり、血を流すということはすなわち相手の生命の一部を失わせたということを意味し、殺人にも等しいと解釈されるからである。そのため、加害者は相手が流した血の量に応じて現金、または現物でその代償を支払わなければならない。一方、被害者は、加害者からそうした代償が支払われるか、何らかの形で自ら復讐を遂げなければ「社会的に死んだ」とみなされ、その後のイリでのさまざまな行動が規制される。とりわけ社会的に死んだ者が儀礼的舞踏を踊ったり、祭宴などに参加したりすることは禁忌とされており、それを破ると社会的にも非難される。

　これに対して殺人は、傷害と違った解決方法がとられなければならない。ボントック社会では、殺人などは穢れた死とされ、死者の霊は死後も安眠す

ることができないと考えられており，その親族たちは死者の霊が自分たちに災いをもたらすことがないよう，犯人に復讐することでその霊を慰めなければならない。すなわち誰かが殺害された場合，死者の親族はその殺人者を殺すことによって血讐（ファカル bakal）しなければならないとされる。ただし，殺人者がみつからない場合はその親族を代わりに殺してもよい。この場合，古老男性たちによる会議は開かれず，また古老男性たちの判断を仰ぐことも必要としない。慣習的に殺人に関しては当事者以外の人は誰も口を挟むことができず，個人レベルで判断される。ひとたび殺人が起きるとイリ全体に警鐘が鳴らされ，一方，被害者と関係する男性たちは総出でその犯人を捜しだし殺さなければならない。また強姦や姦通，ひどい侮蔑なども殺人と同様の罪であると考えられており，誰もその復讐を止めることができない。こうした血讐の義務はイリ内の争いだけでなく，他のイリや共同体との間の争いにおいても同様であるが，この場合は，殺された当事者の親族だけでなくイリ全体の問題となってくる。すなわち，犯人のいるイリや共同体に対しイリ全体で血讐を決行することが決定され，それに伴い男性成員たちには敵のもとに遠征して犯人を捜しだし，その犯人を殺すことが要求される。

　血讐のための首狩遠征（ママカル mamakal，語根は bakal「首狩，血讐」）では，まず初めに戦いの吉凶を占う。出発前に戦闘集団は自分たちのアトに集まって，そこで古老の1人が鶏を供犠して胆嚢（アッゴ ak-go）を観察する。その際，胆嚢がとぐろを巻いていて肝臓に覆われていたら，それは「集団が保護されている」，つまり吉兆であると判断される。それから鶏を調理し，遠征成功のための祈りを捧げてから皆で食し，出発する。一方，敵地へ着くまでもさまざまな凶兆が観察される。たとえば鳥や蛇が行く手を横切るのは凶兆と考えられており，すぐに自分たちのイリへ引き返さなければならないという。しばしば，襲来は前もって知らされており，敵とは定められた戦闘場で落ち合う。そこでまず遠くから石を投げあい，だんだんと近づいていって槍を投げ，最終的には首狩斧を用いての接近戦となる。そして，負けた側は死者をその場に残して撤退し，勝者はその場で敵の首を狩り，自分たちのイリへと帰っていく。

　このような他のイリや共同体への血讐はしばしば長期化し，たくさんの死

者をだすことにもなりかねず，現在ではこうした無益な争いを避けるため第三者をはさんでの仲裁が行われる傾向にある。この仲裁では，双方の平和同盟保持者や相手側のイリないしは共同体出身者が仲裁者となって話し合いをもち，できるだけ平和的な解決がなされるよう努力している。

4．平 和 同 盟

　サダンガ郡は現在，7つのイリ（行政村としては8つ）で構成されているが，このうちサダンガ郡の中でもっとも北に位置するサクリットは地理的にも，文化的にもボントック族とカリンガ族との狭間にあり，他のイリとは性格を異にしている。そこで，このサクリットを除くと，残りの6つのイリは全体として地理的・文化的に3つのグループに分けることができる。すなわち，サダンガ（行政村としてはサダンガ・ポブラシオンとデマン）とサカサカン，ベルワンとベキガン，ベトワガンとアナベルの3つの対で，これらは，一方は他方の分派であるとも考えられている。これら3つの対は，それぞれ距離的に近く文化的にも似通っており，通婚も頻繁に行われている。しかも，これらの対をなすイリの周囲の水田は同じ分水界によって囲まれているため，この領域内で通婚が頻繁になされれば必然的にお互いの耕作地も隣接することとなって，結果として，これがひとつの農業域を形成するようになっている。この経済的な単位としての農業域が，サダンガの人々にとってはイリを超えた最大の社会集団であって，つい最近までは通婚もこの農業域の中だけに限られていたため，この領域内は緊密な親族関係で結ばれることになった。いうまでもなく隣接するイリ間での争いは双方にとって不利益であるから，この領域内でのさまざまなもめごとは，双方の親族が仲介者となることで平和裡に解決されている。

　しかしこれとは反対に，この平和な農業域をひとたび出れば，もはや外は危険な世界であって，首狩の対象ともなる「敵の地」と認識されてきた。ボントック族は，一般に好戦的で勇敢な戦士として知られており，ひとたび共同体レベルでの戦闘が起これば，人々の生活にも大きな被害を与えかねない。こうした戦闘の原因は，他のイリや隣接するカリンガ族などの共同体からやってきた者が自分たちの土地で仲間を傷つけたり，殺したりした場合や，

自分たちの仲間が他のイリや共同体で傷つけられたり，殺されたりした場合，あるいは他のイリの者からひどい侮辱を受けた時や，財産を他のイリや共同体の者に盗まれた時など，さまざまである。また，水源や狩猟地をめぐっての境界争いなどの場合もある。もちろん，こうした争いを避けるためには，敵と遭遇しないよう安全な生活領域から外に出なければいいのだが，現実には自分のイリのなかだけですべての社会生活を完結させることはできない。事実，この農業域を越えた人々の往来は，塩やタバコなど自分たちの土地で生産できないものを手にいれるために交易にでかけたり，遠くに住む親族を訪問したりするために，これまでも頻繁に行われていた。そこで，これらの往来の安全を確保するためには，本来，敵対関係にあったイリや共同体どうしが休戦する必要があり，その結果として，両者の間に平和同盟（peace pact）が結ばれるわけである。この平和同盟は，サダンガではペチェン *pedeng*（本来の意味は「手をつなぐ *ped-nan*」）とよばれており，もともとは全知全能の神ルマウィが，無益な戦争や殺し合いを防ぎ，人々が平和に仲良く暮らせるようにとボントック社会にもたらしたものであるという[5]。

　この同盟は，平和的な関係が双方のイリや共同体の代表者によって儀礼的に結ばれることによって，かつて敵対していたイリや共同体からやってきた来客や交易にやってきた人々に対し，その代表者が責任をもって安全を保証するというものである。平和同盟自体は原則としてアトを単位として結ばれており，各々のアトの代表者1名ずつが同盟保持者（peace pact holder）となっている。同盟保持者には同盟を結ぶ相手との戦いで犠牲となった者の親族のうち，もっとも年長の男性か同盟相手の土地の出身者，ないしはその子孫が好ましいとされている。こうした関係は，ただ単に同盟を結ぶだけでなく，同盟締結の記しとして槍（セパット *sepat*）を交換し，これを祝う祭宴（シンレップ *singlep*）が催されることで儀礼的にも確認される。たとえば，ひとつのアトがあるイリと平和同盟の締結を望む場合，イリ全体の会議を開き，そこで同盟保持者になりたい者が申し出て皆の了承を得る。そして，相手側のイリ出身者を親にもつ人間をメッセンジャーとして選び，その旨を相手側に伝える。もし相手がその申し出を受ければ，そこで同盟締結のための祭宴が設定され，さっそく準備が始められる。当日は出発前に吉凶を観察し，

吉と出れば相手側の祭宴へ酒や食料を持って出かけていき，そこで数日間にわたって催されるいくつかの儀礼と大規模な祭宴に参加することになる。

　前述したように，同盟自体はそれぞれのアトを単位として結ばれるが，実際の同盟の適用範囲はイリ全体に及ぶものであって，結局はイリ間で結ばれたことと変わらない。むしろ，そのアトはイリ全体の調整役のようなものであり，さまざまな問題の解決は古老男性たちの支援のもと，この同盟保持者を介して行われる。また，同盟先の人々が自分たちのイリを訪れた場合には，この同盟保持者が彼らを客としてもてなさなければならず，これらに必要な費用はアトの仲間たちで賄われることになる。さらにこうした関係は，単なる紛争解決のための話し合いだけでなく，それぞれ祭宴や婚姻儀礼などに招待し合うことによって儀礼的にも再確認され，強化されていく。平和同盟保持者どうしがシンアサワ sin-asawa（本来の意味は「夫婦」）とよばれることからも，あたかも両者に夫婦のような親しい関係が期待されていることがわかる。

　平和同盟の内容はイリごとで少しずつ異なっており，個々のイリでどのような協定が結ばれているかについては村武の報告に詳しい［村武 1987］。ここではその中からサダンガにかかわるものを取り上げてみたい。まず，1986年4月に締結されたサダンガと旧カリンガ・アパヤオ州のタブク郡ラヤとの平和同盟であるが，この時，サダンガ側の協定保持者となるマイヤオ氏とラヤ側の保持者となるバアク氏が双方で会議を開き，これら2つのイリの間で生じた争いに対し以下のような規定を定めている。なお，サダンガ側の協定保持者となったマイヤオ氏は，サダンガでもっとも富裕者の数が多く，現在でもサダンガで唯一アトを単位とした土地を保有しているファリウアヤンというアトに帰属しており（第2章第3節参照），自らも有力な富裕層出身で，当時の年齢は40歳ぐらいであったと推定される。

① 殺人：5万8千ペソ以下の罰金で，そのうち5万ペソは被害者の家族に，残り8千ペソはそれぞれの協定保持者へ支払う。ただし，その支払いについては，協定保持者が事件の経過について詳しく調べ両者で協議して判断したうえで行われる[6]。

② 事故による傷害：罰金として，治療費および完全に回復するまでの生活の面倒をみる。
③ 傷害致死：2万ペソの罰金を支払う。
④ 窃盗：カラバオ1頭に対し4頭のカラバオを支払う。そのうち2頭は被害者へ，残り2頭はそれぞれの協定保持者へ渡される。その他の物に対しては，盗まれた物の価値に応じて双方で話し合い罰金が定められる。
⑤ 強姦：強姦の結果，妊娠した場合には5万ペソの罰金と子供の養育に必要なすべての費用を支払う。それ以外の場合には，事件を詳細に調査し，双方の慣習と伝統に則って処理される。
⑥ 旅行：平和同盟締結先へのすべての旅行者は旅先の同盟保持者にその訪問と出発について報告し，滞在中はあらゆる貴重品を同盟保持者に預け，安全に保管してもらわなければならない。
⑦ 負債：被害者および関係者は，すぐ負債に関する事実（現金に限らず，サトウキビ酒（バシ basi）などのあらゆる物に関して）を同盟保持者に報告し，その援助を求めなければならない。

なお，同盟者会議で決定された内容は，正しい情報の流布とその保持のために，サダンガとラヤのすべての人々とともに，個々の州関係者にも伝えられる［前掲書：79-82］。

しかし現実には，これらすべての平和同盟が安定した関係を常に維持しているというわけでもない。とりわけ，サダンガと隣接するサクリットやベトワガン，ボントック郡のトゥクカンなどのイリとの間には土地をめぐっての争いやけんかによる殺傷がこれまでも頻繁に起こっており，そのたびに両者に緊張が走り，その結果，しばしば平和同盟が決裂して大きな戦争へと発展することがあった。このように何か争いが起こると平和同盟は白紙に戻され，同盟の破棄が儀礼的に宣言されると，2つのイリは戦争状態におかれることになる。そして，両者の怒りも鎮まったころ損害を受けた側に賠償が支払われ，再び平和同盟が結ばれる，といったことが繰り返されていく。たとえば前述の村武の報告にある平和同盟の別の事例は［前掲書：68-71］，サダンガと旧カリンガ・アパヤオ州のティングラヤン郡ボトボトとの間の壊れた平和

同盟の再締結に関するものであるが，これには次のような事件の背景がある。もともとサダンガとボトボトは古くから平和同盟を締結していたが，1950年に子供の悪戯がきっかけとなって壊れてしまったという。その後，ボトボト側から再締結の申し入れがあったが，サダンガの人は誰もその同盟保持者になりたがらなかった。そこで，ボトボト出身でサダンガに婚入した者の子孫がなんとか同盟保持者となり，1959年に同盟が再締結されることとなった。しかしこの同盟も長続きせず，1974年3月7日の強盗事件を境に両者は再び敵対関係になる。同盟破棄の直接のきっかけとなったのはこの1974年の事件であるが，実はそれ以前にも1971年と1972年に付近で強盗事件が起きており，その犯人がボトボトの人間であるとの疑いがかかっていた。そのため，サダンガ郡長はボトボトに対し「これでは平和同盟を破棄せざるを得ない」との警告を発しており，両者には緊張関係が続いていた。そうした状況下で1974年の事件が発生したのである。この事件では，結局，2人の強盗のうち1人が逃げ，1人が国家警察軍に射殺された。逃げた犯人もやがて国家警察軍に逮捕されたが，ボトボトの人々はこの射殺事件に責任があるのは国家警察軍でなくサダンガであると考え，結局，ボトボト側から平和同盟が破棄された。そして9月23日に第2の事件がおこり，事態はますます悪化していく。この日，サダンガの男性とベルワンの男性がカリンガへカラバオを購入しに行った。その帰り道の午前2時頃，カリンガのブグナイ・ゲート（Bugnay Gate）にさしかかったところ，ボトボトの人々が道端に座って煙草を吸っていた。それを見た2人は一瞬驚いたが，彼らが「こっちにきて一緒に食事をしよう」と呼んだので，そこへ行き並んで座った。すると，突然ボトボトの男性がサダンガの男性に後ろから襲いかかってきて，槍で突き，ボロ（蕃刀）で切りつけて殺してしまった。もう一方のベルワンの男性は，ベルワンとボトボトとの間に平和同盟が結ばれていたため殺されることはなかったが，仲間の死にとてもショックを受け，すぐにサダンガのアンパウィレン・ゲート（Ampawilen Gate）まで走って行き，事件を報告した。そこで，サダンガの人々と国家警察軍はその場に駆けつけたが，すでに殺された男性の死体は切断され，殺人現場から100mも離れた場所に放置されていた。一方，殺人のあったカリンガのゲートでは，事件を知ったサダンガの

男性たちが仲間の血讐のため，事件の首謀者である男性の継子の家にやって来てその首を狩ってしまっていた。昨晩遅くに事件が起きたため，ボトボトの人々の多くはそのことをまだ知らされていなかった。サダンガの人々が復讐に来るなどとは思ってもいなかったから，油断していたわけである。この事件をきっかけにその後も両者の関係はますます悪化していき，事態を重くみた軍や政府関係者が間に入って両者に平和的な関係を取り戻そうとしたが，結局，解決には至らなかった。サダンガとボトボトはこうした第三者の介入を拒み，最終的には自分たちで解決することを決め，ようやく1979年8月13日に平和同盟が再締結された[7] [Prill-Brett 1987 b：83-86]。その後，1981年の9月にボトボト主催で実修された祭宴に多くのサダンガの人々が招待され，最終的にこの同盟は，そこで再び詳しい話し合いを行った後で，儀礼的にも確認された。この時のサダンガ側の同盟保持者はガリンガン氏で，当時44歳であった。ポブラシオンに住む彼は，現金収入のある職業をもつ者が多いファングラガンというアトに帰属しており，富裕層出身ではない。

　一方，こうした隣接地域ではなく，ある程度離れたところにあるイリや共同体との平和同盟は，直接的な利害関係やもめごとと結びつきにくいため比較的安定している。この場合，平和同盟の主たる目的は安全な交易の確保であることが多く，それぞれの代表者がスポンサーとなって祭宴を開き，招待し合うことで数年ごとに更新される。サダンガでは，こうしたたくさんの良好な関係をカリンガ南部の共同体とも結んでいる。他方，交易関係もなく，通婚もみられないような遠い地域と平和同盟が結ばれることはほとんどなく，たとえ結ばれたとしても結局はあまり益するところがないために，いつのまにか消滅してしまうことになる。

　現在では首狩による戦闘が激減し，またイリや共同体間の戦争も極力避けられる傾向にあるため，平和同盟を結んだ両者の関係は比較的安定したものとなっているが，これまであまり関心がよせられることのなかった他のイリや共同体との境界部分の土地が商品作物の栽培に利用されるなど，新たな経済的価値をもつようになってきており，最近ではそうした土地をめぐっての争いが頻繁にみられるようになってきている[8]。

5. 経済活動と交換形態

　ボントック族の主たる生業は棚田による水稲耕作であるが，その他，焼畑耕作や採集・狩猟もしばしば行われている。これによって彼らの生活に必要なほとんどの物がほぼ自給自足的に賄われるが，とりわけマウンテン州を流れるチコ川とその支流は格好の魚場であり，魚やカニが竹や籐製の罠，槍，籠などを使って捕獲される。また水田ではカタツムリやカニ，ドジョウなども捕れる。これらの収穫物はたいてい販売されるが，自分たちで消費することもある。一方，狩猟については，かつては野豚や鹿が森にたくさんいたというが，現在ではあまり見られなくなってきており収穫量も減っている。男性たちが盛んに狩猟を行っていた頃には犬を連れ，槍，ボロ，ナイフ，ロープ，網などを持ち，籠に食料やタバコ，マッチなどをつめては，よく森へ出かけていったという。一方，野生の動物を捕まえるための罠が仕掛けられる場合もある。これには野生の鶏をとるための罠（シアイ *si-ay*）や，もう少し大きい野生の動物を捕獲する罠（ファワン *bawang*）などがあって，家禽の肉がこれらの動物をおびき寄せる餌として用いられている。この他，森では，籐や蜂蜜，蜜蠟，野生の果実，植物なども採集されている。産業としては，女性による織物，男性による籠，罠，楽器，臼や杵といった木や竹，籐製品があるが，これらは自分たちで使用するだけでなく，しばしば販売され，その売り上げが家計の一部を助けている。これとは逆に，自分たちで生産できないものは交易によって手にいれることができる。古くからサダンガでは生活に必要な物資を手にいれるため，自分たちの生活領域を越えて遠くのイリまで出かけていき交易をするということがしばしば行われてきた。とくにサダンガは良質のバシを作ることで有名であったので，豆類とともに，マイニットの塩やベルワンの鉄，サモキの土器，サガダの織物などとよく取り引きされていた。ただし，これらの物も現在ではボントックの市場へ行けばほとんど手に入るようになり，かつての交易ネットワークはあまり意味をなさなくなっている。

　一方，こうした半自給自足的な経済を支えてきたのは，ボントック族の間でこれまで維持されてきた，さまざまな形態の交換である。つまり，日常に

必要なものは慣習的にさまざまな交換形態によって入手される。サダンガにおいても貨幣経済の流入が人々に市場交換をもたらしたが，これは，ほとんど現金収入をもたない人々にとってさほど意味をなさない。またサダンガでは市場がないため小売店で購入できる食物は限られており，きわめて高価なものでもあるため，あまり利用されることがない。そのため食糧のほとんどは自給されており，定期的に現金収入のある賃金労働者でさえほとんどが自分たちの土地を耕し，自ら食糧を生産している。これに対し，家族を養うだけの十分な米が収穫できない人々は，他人に労働力を提供することによって現金や米，その他の物を手に入れている。こうした労働に対して支払われる物は，労働の種類によっても異なってくるが，一般に半日の労働に対しては3束の稲（脱穀した状態で1束約 0.46 kg），1日の労働に対し5～6束の稲の支払が基準となっている。一方，富裕層やその土地に住んでいない親族に土地を借りて小作する場合，小作料は全収穫量の50％である。ボントック社会では，イリ内に貧富の差こそあれ，富者は貧しい者を経済的に庇護し，貧しい者は富者に労働力を提供するなどして互恵的に社会生活が営まれており，貧しいからといって飢えることはほとんどない。

　その他，サダンガでしばしばみられる交換形態としては，何か必要が生じたときに誰かから一時的に借り受け，後に同じ物か，同等の物を返す「コマワット komawat」という制度もある。この交換には食べ物を初めとして，家畜やさまざまな道具などもその対象となっている。他方，こうした日常的な物々交換に対し，水田や家屋，居住地，倉，儀礼用の大鍋，サトウキビ絞り機，カラバオなどといった高価な物の貸借はその相手が親族に限られてくる。この場合，代価は現金や米，労働などで支払われ，とくに水田の場合は全収穫量の50％が所有者に支払われる。さらに，現金の貸し借りもしばしば行われているが，通常，利子をとったり，返済期日を定めたりするということはなく，貸主が必要となったときにその返済を要求することができるとされている。そのため貸した相手がなかなか借金（トブエック tob-ek）を返済しないことも多く，その場合には，貸主が借手の水田を借金が返済されるまでの期間，強制的に取り上げて使用することが許されており，場合によっては借金の抵当にその水田が取り上げられることもある[9]。あるいは前述し

たように、収穫の時期などに労働を無償で提供することで借金を返済することもある[10]。しかし、貸した相手が親族の場合には、概してこうした手段はとりにくく、しばしば何年も返済をまたされることになるという。

またボントック社会では、さまざまな儀礼の際に行われる再分配も経済的に重要な役割を果たしている。とりわけロピスやチョノとよばれる婚姻儀礼は個人にとっては通過儀礼であるが、それに招待されるイリの人々にとっては普段とても口にすることができないような肉を食し、酒を存分に飲むことができる最大の楽しみのひとつである。そのために、とりわけ富裕層の人々はこうした機会に長年にわたって蓄えた富を一気に放出しなければならない。しかし、それと同時に参加する人々には、主催者側にこうした楽しい食事や時間と引き替えに何らかの寄付をすることが期待されており、とくに親族や正式な招待客にはこの寄付が義務づけられている。ただし、これらの寄付は細かく記録されるとともに、主催者側からその返礼として帰りに肉片などを受け取ることができる。

一方、近代化の影響は、ボントック族にも伝統的な水稲耕作に代わるさまざまな賃金労働をもたらすことになった。とりわけ先祖伝来の水田の相続権がない次男以下やほとんど水田を所有しない貧しい人々にとっては賃金労働者として働くことが経済的に豊かになるための絶好の機会であり、なかでもレパントの鉱山労働やバギオの商品作物栽培は特別な技術をもたなくても比較的簡単に働けることもあって、多くの出稼ぎ労働者を生むこととなった。さらに、役所や学校で働く公務員、個人で商売を営む人々など多くの現金収入を得る人がイリ内で新たな経済的地位を占めるようになった。しかし、依然としてボントック族の大部分は、こうした貨幣経済の恩恵を受けることのない人々である。実際に、彼らが小売店で売る缶詰や嗜好品や電気製品などを購入することはあまりなく、古くからの生活様式を維持し続けている人々が多い。また「伝統的観念」のなかでは、こういった新しい経済的成功者に高い社会的地位が与えられることはない。

6. イリの成員としての義務

ボントック族の子供たちは、ある程度の年齢に達すると両親とは別の場所

で寝泊まりをするようになる。しかし,家族の成員がそれぞれ異なる場所で寝ることはあっても,その生産と消費の基本的な単位はやはり個々の家族であり,この家族がひとつの自律した経済的単位として働く。しかしその一方で,イリ全体の運営のためには,こうした個々の家族の協力が必要であって,ここにイリの成員としてのさまざまな義務が課せられることになる。

　そうした義務のなかで,もっとも重要な義務のひとつは,さまざまな儀礼の実修にかかる費用の分担（オブオブ ob-ob）であろう。ここで集められたものは重要な出来事の節目節目に課せられる忌休日や儀礼で供犠される動物の購入,それに伴う共食で消費される食糧などに充てられる[11]。一方,こうした各世帯の分担以外に儀礼費用を賄う上で重要な収入源となっているのは,忌休日の反則金である。忌休日にはそれに関係する人々にさまざまな禁忌が課せられるが,実際には禁忌を破る者も多く,そうした違反者から反則金が徴収されている[12]。忌休日にはそれぞれのアトが交替で禁忌を破るものがいないか注意深く見張っており,もし違反した者がいればその見張り番のアトの代表者が違反者の家に反則金（ラパット lapat）を徴収に行く。この反則金は違反した内容によって,あるいは違反者の経済状況によっても異なっており,それらに応じて米や現金,その他の物品が支払われる。さらに,婚姻儀礼や葬送儀礼などの個人に関わる儀礼においても,主催者側に大量の経済的負担がかかるため,義務ではないがそれに参加する者には寄付が期待される[13]。しかし,いずれにしろ,こうした分担金を支払ったり,寄付したりした者には,その見返りとして普段口にすることができないようなごちそうを食べたり,楽しいひとときを過ごしたりすることができるのであって,最終的には皆に再分配されることになる。

　その他,イリの成員としての重要な義務としては公共労働がある。これにはいくつかの種類があるが,そのうち定期的に課せられるものとしては,農耕に関わるカグカアット kagka-at とよばれる収穫期の合間に行われる忌休日の労働がある。これは,イリの全成員が分担してイリ中の道を清掃するというもので,個々の家族は,日常,水田へ働きに行く時に使用するすべての道路の清掃に参加しなければならないとされており,全家族が代表者を出す。したがって,方々に水田を所有する場合にはすべての道路の清掃に対しそれ

ぞれ家族の代表者を出さなければならないが，代表者をよこさなかった家族には出不足金が課せられることになる。また，灌漑用水路の補修もイリ全体の重要な仕事である。補修にあたっては，まず，水田の準備を始める前に用水路のダメージを調べ，どの程度の作業が必要かを吟味し，それをうけた古老男性たちが渡り鳥の飛来や気候，川の水の状態などを考え合わせて作業の開始時期と順番を合議によって決定しイリ全体に知らせる。用水路を利用するすべての家族は，その作業にかならず代表者をおくらなければならない。労働の期間はダメージの程度や用水路の長さによっても異なるが，期間の長短にかかわらず，代表の人々は各自，補修に必要な道具をもちよって完了するまでその作業を続けなければならない。これ以外に，新しい灌漑用水路を作るのもイリ全体の仕事であるとされている。これらはきわめて手間のかかる重労働であり，イリ全体の共同労働なくしては不可能な作業であるといえる。

　一方，さまざまな災害時にもイリ全体が無償で労働を提供する。事件や事故に巻き込まれ死んだと思われる人の遺体の捜索や，イリの外で死んだ人の遺体の運搬，火災による被害や自然災害，疫病の流行などで同じイリの成員が，あるいはイリ全体が危機的状況にみまわれたときには全員が一体となって助け合わなければならないとされる。たとえば火災が発生した場合には，全員が被災者のために資材を集め，新しい家を建てるのに参加する。また，災害にあったり，殺されたりして死んだ人の遺体がみつからない場合には，みつかるまでイリの男性成員が総出でこれを捜しにいく[14]。ただし，これらの活動への参加は，前述した農耕に関わる共同労働のように絶対的な義務ではなく，参加しなかったからといって出不足金が課せられるということはない。ただ，道義的にこれに参加することが期待されるだけである。

7．おわりに

　ボントック社会のさまざまな規範や慣習の多くは，世代を越え親から子へと受け継がれてきたものである。そのなかで，こうした古老男性たちが法の番人や社会の調整役として働くことで平和な社会や文化的秩序が維持されてきたことがわかる。老人たちは一般に体が動かなくなるまで田畑で働くが，

高齢となり働くのが困難になっても，なおそのイリの指導者としての地位は変わらず，依然として人々から尊敬され続ける。ボントック社会は，伝統的に特定の支配者をもっていず，多くのことがこれらの古老男性たちの合議によって決定される。こうした政治的側面に大きく関わるのはいうまでもなく男性であり，これに女性が表だって参加することはないが，こうした男女の性的区分以外に，その運営の過程で大きな意味をもつものは年齢原理であった。ボントック社会は，人間の性や年齢というきわめて生物学的な要素に基づいて秩序づけられる社会であるが，それだけでなく，とりわけ高齢者のさまざまな知識に対する優越がこうした社会的権威の裏付けともなっていた。

　しかしながら，古老男性による合議制といっても，実際には経済的格差に基づく階層分化があり，富裕層が大きな影響力をもっている。そのため，たとえ女性であっても富裕層の女性はイリ内で大きな影響力をもつことになる。確かに表だって政治を運営するのは男性であるが，それらに付随するさまざまな儀礼のなかで，その共食を取りしきるのは女性であり，儀礼の実修時期をめぐっては富裕層の女性の意見が大きく反映されることになる。合議といっても，こうした富裕層である有力者の意見が全体の決定に大きく影響することはすでに述べたが，反面，たとえ富裕層であっても人望がなかったり，賢明でなかったりすれば人々を動かすことはできない。また，富裕層だからといって自分の立場に甘んじ，その義務を果たさなかったり，怠惰であったりすれば，たちまちにその地位を失うことになり，これも絶対的なものではない。そのため，ボントック族では，その階層分化が政治的な支配者と被支配者といった関係を生み出すまでには至っておらず，原則としては合議制が貫かれ，平等性が維持されているといえよう。

　ボントック社会においても貨幣経済の流入や教育の普及など近代化の影響は大きく，さまざまな側面で社会の変容を余儀なくされている。しかしその一方で，その流れが古くからの政治や経済の形態を根本から覆すようなものとはなっておらず，依然としてボントック社会では，こうした年齢や性，経済的格差によって秩序づけられる「伝統的」規範の中でその社会生活が維持されているといえよう。

[註]

1）こうした伝統的なリーダーと行政府の末端である新しいリーダーとの並存に関して，合田は近代化の中で新しいリーダーの存在は重要な意味をもつようになってきており，イリ内のことは伝統的リーダーが主に担い，イリ間の問題や，より広範囲の連帯には新しい政治的リーダーの活躍が期待されていると述べ，とくにボントック・ポブラシオンではこの新しいリーダーが政治的キーパースンとしての役割を果たしていると指摘している［合田 1988］。実際，サダンガやベトワガンなどでは富裕層からこうした新しい政治的指導者が選ばれる傾向にある。1998年の地方選挙では，サダンガのバランガイの長に元警察官で富裕層出身の男性が選ばれている。

2）いうまでもなく，フィリピン共和国という国家的な枠組みの中では，ボントック社会も近代法によって規制されるわけであるが，こうした行政と慣習という二重の構造を解消するため，1978年のバランガイ裁判制度の導入により，民事係争や傷害事件などに限るといった一定の制限があるにせよ，慣習法による紛争の解決が公的に認められることとなった。これは，まずバランガイの長と調停委員とで和議をはかり，それでも解決されない場合にはバランガイ裁判に判断を委ねることで，係争を地方裁判所に持ち込む前にバランガイレベルでの示談による解決を目指すものである。こうした調停では本来扱えない殺人事件など，近代法の定める範囲を越えた係争も現実には持ち込まれており，その多くは慣習法に則って解決されている［合田 1988：213-219］。

3）若者や少年たちが年長者の言うことに従わなかったり，秩序を乱したりした場合にはしばしば強制労働が科せられる。そうした騒ぎが起こると，年長者たちはまず会議を開いて彼らの言い分を聞き，その後，全体で話し合った後で若者たちに忠告したり，罰を科したりする。たとえばレカウ *lekaw*（乱暴な言葉を発して，物に危害を加えること）は殺人にも匹敵する罪であると考えられており，かつて，こうした罪をおかした若者には，被害者に対しその賠償として1区画の水田を支払わせたうえに，強制労働を科した。また，学校の先生をおどかした少年たちに対しては，豚1匹，大きな缶1杯の米，缶2杯分のサトウキビ酒を支払ううえに，収穫期の手伝いという強制労働の罰が科せられたという。

4）サダンガでは，原則として先祖伝来の水田は父から長男へ，母から長女へと相続されるが（第2章第2節参照），現実には子供が結婚して経済的に独立する際に，両親が彼らの生活を支えるのに十分なだけの水田をそれぞれ与えることが多い。しかし，これはあくまでも父母から与えられた用益権にすぎず，その土地に対する最終的な権利は正規の継承者である長男・長女にある。通常，兄弟姉妹関係がうまくいっているときには，こうした正規継承者の権利が主張されることはないが，ひとたび関係が拗れると何世代もたった後でさえ本来あるべき相続規範をめぐって争いが生じることがある。

5）こうした平和同盟はボントック族だけでなく北部ルソン諸族に広くみられるもので，カリンガ族やアパヤオ族，ティンギャン族ではブドン *budong*，イフガオ族ではビヨ *biyo* またはプチョン *puchon*，カンカナイ族ではボントック族と同じくプチョン／プドン *pudong* などとよばれている。ただし，イフガオ族の平和同盟については第二次

大戦以降，ほとんど機能しておらず，イリ間で争いが起こったような場合には，政府が介入し，双方の古老男性たちの助けを借りて仲裁されるという。平和同盟の起源についてはさまざまな研究があり①土着のものでなく，植民政府によってもたらされたものであるとする立場［Keesing 1934：137］，②その起源をスペイン接触以前にまでさかのぼり，これをカリンガやボントック社会に土着のものとする立場［De Raedt 1993：26-32, Cawed 1972：26］などがある。一方，ウィルソンは，アリウィッド *aliwid* とよばれる異なる共同体の者どうしの友情関係が，やがてお互いを訪問する際や交易の際に安全を保証したり，接待したりする一般的な協定関係へと形を変え，人口の増加やコミュニケーション手段の発達などにより，現在の平和同盟へと発展したのだとしている［Wilson 1952：60］。

6) 現在では，殺人についても罰金で解決されることが多いが，本来，平和同盟にあるイリや共同体間で傷害や殺人事件がおきた場合，別の解決方法がとられていた。つまり，かつては被害者側が相手の同盟保持者にその旨を告げて犯人を捜すように要求し，同盟保持者は犯人の首を被害者側へ差し出さなければならなかったという。もし，それが果たされなければ，しばしば平和同盟は破棄され共同体レベルの戦闘へと発展することになる。

7) この時定められた規定は以下の通りである［村武 1987：68-71］。
　① 殺人：カラバオ10頭と青銅のドラ1つを支払う。
　② 窃盗：カラバオ1頭に対し，3頭のカラバオを支払う。そのうち2頭は被害者へ，残りの1頭は協定保持者へ渡される。その他の物に関しては，盗まれた物の価値に応じて，双方で話し合い罰金が定められる。
　③ 強盗：カラバオ2頭を支払う。そのうち1頭は被害者へ，残り1頭は協定保持者へ渡される。
　④ 強姦：カラバオ2頭を支払う。そのうち1頭は被害者へ，残り1頭は協定保持者へ渡される。

8) これまでは水田として利用できない土地に人々の関心が向けられることはなかったが，貨幣経済の流入によって，こうした場所で現金収入を得ることが可能となってきており，しばしば境界をめぐっての争いが生じている。

9) ただし，こうした強制執行は古老男性たちの了解の下に行われるため，結局はイリ全体に知れ渡り，借主の評判を著しくさげることになる。たいていの借主はそうした危険をおかしてまで借金の返済を延ばそうとはしないので，実際には起こりにくいという。

10) 労働の提供は借金の返済というよりも，むしろ労働に対する賃金の前払いといった理解で行われることが多い。労働の提供を約束に賃金を前借りしておきながら約束を反故にした場合，古老男性たちにその旨が報告され，古老男性たちはその制裁として皆にその人物の収穫などの作業をいっさい手伝わないよう呼びかける。

11) たとえば，イリ全体で行われるソカイチャン儀礼 *sokaidan* においては，すべての家族が5束の稲を寄付しなければならないとされている（第4章第1節参照）。

12) たとえば忌休日に山へ薪を切りに行った場合には，一日の労働価値に相当するだけの薪の一部，ないしはそれに相当する現金や米が支払われる。伝統的な宗教とは無縁のような教会の牧師でさえ，忌休日にミサを行えば反則金の対象になるという。一般

に，こうした違反者から徴収された物の半分はアトで消費され，残りの半分はパパタイで捧げられる供犠動物の購入に充てられる。
13) ロピスやチョノに持ちよられる寄付は物品で支払われるが，少なくとも10束の稲以上の価値があるものとされている。一方，葬送儀礼の弔問者が寄付を請求されることはないが，もし寄付をするのなら1ペソ以上の価値のあるものにしなければならない。
14) 筆者の滞在中（1990年6月），サダンガ出身の男性がバギオで殺された。そこでイリの人々が総出でジプニー2台に分乗してバギオまで行き捜索したところ，この男性が消息を断ってから3日目にようやく遺体が発見され，5日目にはその遺体をサダンガに運び込んだ。

第2節　家族・親族の構成

1．はじめに

　マードックによれば，ボントック族の社会は双系＝エスキモー型社会に分類されており，その双系的親族組織は，核家族的な小集団とキンドレッドによって特徴づけられる［Murdock 1960：1-14］。ボントック族の伝統的な居住の単位は，婚姻によって成立した一組の夫婦とそこから生まれた未婚の子供たちであり，これはマードックのいう「核家族」に相当する。ボントック社会では一般に，結婚後も親と同居したり，2つ以上の核家族がひとつ家屋に同居したりするというような拡大家族はあまりみられない。統計的にみても，筆者の調査したサダンガでは，拡大家族が388世帯中83世帯で全体の約20％に過ぎなかった。しかしその一方で，たとえ同じ世帯構成員であっても子供たちはある一定の年齢に達すると両親と同じ家屋で寝なくなることが多いため，一般的な意味での「寝食をともにする世帯」とボントック社会の「家族」はその範囲が異なっている。

　マードックは，核家族またはそれを構成する諸関係の中に人類が家族生活を営むのに不可欠な根本的機能として性生活，経済（生産と消費），生殖，教育の4つをあげており，核家族がこれらの機能をすべて満たすことができることから，核家族が人類に普遍的に存在する意味を説明している。しかし，ボントック社会では，こうした4つの機能のすべてが共住集団（世帯）/家族によって充足されているとはいいがたく，それらの機能の多くがイリのなかで分割され，分担されているということがわかる。たとえば性的側面では娘宿での比較的自由な性交渉が婚前にも認められており[1]，また経済的側面においては農作業にみられる共同労働が必要不可欠な要素となっていること，イリ全体での農耕儀礼の実修や，これを境として一斉に次の段階の農作業が開始されることなど，その活動においてさまざまな共同体規制が存在している。さらに教育の面においても，主として女性が経済活動の担い手であるこ

とから，子供の養育に関わるのは両親だけでなく，近くに住む祖父母はもちろんのことイリ全体の人々で助け合って子育てや教育を行う傾向がある。一方，思春期に近づいた男女は男子集会所や娘宿で年長者たちから一人前になるための躾や教育を施される。そこで，性に関する知識や慣習など社会生活を行ううえで必要な知識や技術の多くを学ぶ。すなわちボントック社会では，イリ内のさまざまな集団にこれらの機能が分担されているのであり，こうした相互扶助を除いては家族は存続し得ない。その意味では，ボントック族の家族はマードックのいう4つの機能をすべて満足に果たしうる核家族にはあてはまらないことになる。もちろんマードックは，核家族の果たす機能のうち経済的，教育的機能がしばしばより大きな集団によって分担されているという事実を認めてはいるが，その分担は一部にしか過ぎず，最終的な責任はやはり核家族にあると述べている［マードック 1986（1949）］。しかしボントック社会では，家族とともにイリ自体の果たす役割がきわめて重要であり，世帯の寝所としての機能を分担する男子集会所や娘宿を基礎とするグループが家族とは別の重要な社会活動の単位となっていることがわかる[2]。

　こうしたことから考えれば，ボントック族の家族をマードックがいうような核家族＝世帯の構成員といった観点からのみでとらえることができないのは明らかである。村武は，「世帯」とは近親者を中心に日常的共住と家計をともにする集団であり，「家族」とは近親者を中心に成員権を共有する組織ないしは制度であるとして，これを明確に区別している。すなわち，「家族の集団構成上の限界はそれぞれの社会や文化の特質，および家族をとりまく血族と姻族の組織原理に規定されてくるのであって，その範囲は柔軟な塑形性を示すようになって」おり［村武 1973：ix-x］，ボントック族の家族もまた，世帯の構成員そのものよりも社会的，文化的脈絡のなかでとらえるべきであろう。したがって本節では，ボントック族の家族の特徴をこうした社会的，文化的側面から検討することで，「家族の概念」というものを再検討する。

2．世帯の構成と居住様式

(1) 世帯の構成

　サダンガはサダンガ郡の中心部をなしており，人口規模も大きく，サダン

ガ・ポブラシオンとデマンの2つの行政単位に分けられてはいるが，人々の意識のうえでは，これをひとつの村落共同体「サダンガ」とみなすことができる（第1章第2節参照）。世帯数は1990年現在でポブラシオン194世帯，デマン194世帯の合計388世帯であった[3]。これらのうち，ポブラシオンでは，1組の夫婦とその未婚の子供たちからなる核家族（単身者，片親，兄弟姉妹だけの世帯も含む）が144世帯，拡大家族が50世帯で，デマンでは核家族が160世帯，拡大家族が34世帯であった。統計上，核家族が全体の5分の4近くを占めてはいるが，数値の上で拡大家族がかなりみられるのは，近代的な家屋形態の普及や意識の変革が世帯構成にも大きな影響を与えているからであると推察される。

それぞれの拡大家族の内訳は表2.2.1の通りとなっている。これらをみると，第一に自己（世帯主）よりも上位の世代との同居がポブラシオンで32世帯，デマンでは18世帯あるのがわかる。ボントック社会では結婚後，親と離れて暮らす新処居住婚の形態をとることが望ましいとされているが，実際には親が高齢，あるいはどちらかが配偶者を亡くして単身となった場合などに子供夫婦と同居することが多い。また新夫婦が，自分たちの新しい家屋ができるまで，一時的に親と同居するのも珍しいことではない。一方，自己と同じ世代との同居は比較的少なく，また自己より下の世代との同居は，子供夫婦が比較的若い場合，あるいは子供たちが孫を祖父母にあずけて出稼ぎにいく場合，離婚，死別などで生活が困難な場合などにしばしばみられるものである。一方，ポブラシオンにはサダンガ郡で唯一の高校があるため，毎日通学できない遠いイリの子供たちがポブラシオンやデマンに住んでいる親族の家に下宿し，その家の手伝いをしながら学校へ通わせてもらうといった場合も多くみられる。いずれにせよ，主たる世帯の構成員は一組の夫婦とその未婚の子供たちからなる核家族である。実際に，これに双方の両親ないしは未婚の兄弟姉妹などが一緒に住むことはあっても，それ以外の親族が加わることはなく，親子関係以外の2組の夫婦が同居することもほとんどない。

(2) 居住様式と家族形態

上述したように，世帯構成をみるとサダンガでは核家族がかなりの高率を

表 2.2.1 サダンガの拡大家族

ポブラシオン		デマン	
核家族以外の同居者（世帯主との関係）	世帯数	核家族以外の同居者（世帯主との関係）	世帯数
祖父	0	祖父	0
祖母	3	祖母	1
両親	2	両親	1
父	3	父	3
母	4	母	7
義理の両親	2	義理の両親	0
義理の父	2	義理の父	1
義理の母	5	義理の母	2
伯母	1	伯母	0
姉妹[*1]	1	姉妹	0
姪	1	姪	0
息子の子	1	息子の子	0
娘の子	3	娘の子	1
母と祖母	1	母と祖母	0
母と義理の母	0	母と義理の母	1
母と義理の父	1	母と義理の父	0
母と姉妹	2	母と姉妹	0
母と義理の姉妹	1	母と義理の姉妹	0
母と息子夫婦とその子供	1	母と息子夫婦とその子供	0
義理の両親と義理の兄弟	1	義理の両親と義理の兄弟	0
義理の父と義理の兄弟	1	義理の父と義理の兄弟	0
義理の母と義理の兄弟	1	義理の母と義理の兄弟	2
義理の父と母	1	義理の父と母	0
義理の兄弟	0	義理の兄弟	2
義理の姉妹	1	義理の姉妹	0
義理の姉妹とその娘	0	義理の姉妹とその娘	1
息子夫婦	1	息子夫婦	2
息子夫婦とその子供	2	息子夫婦とその子供	2
娘夫婦	2	娘夫婦	1
娘夫婦とその子供	3	娘夫婦とその子供	4
娘とその子供	2	娘とその子供	3
その他[*2]	1		
合　計	50	合　計	34

＊1　母の前夫の子
＊2　長女夫婦とその子供および次女とその未婚の子供

示していることがわかる。ボントック社会に核家族が支配的な第一の理由としては，新夫婦は結婚後，親と離れて暮らす新処居住婚の形態をとることが望ましいとされているからであり，また第二の理由としては，伝統的な家屋の構造から拡大家族の形態がとりにくいという実質的な問題をあげることが

できるだろう。ボントック族の伝統的家屋は通常，一間ないしは二間の構造をしており，そのような家屋では2つの核家族が同居するなどということはむずかしい。

　ただし，この統計はあくまでも国勢調査の定義に基づく世帯の構成員であり，このことがボントック族の家族の特徴を直ちに表しているとはいいがたい。同一世帯員としての第一の基準は寝食をともにするかどうかであろうが，ボントック社会ではこの点に関して複雑である。ボントック語で「世帯」（あるいは家族）に対応することばとして，パンアフォン *pangabong*/シンパンアフォン *sin-pangabong* があるが，これはまさしく「ひとつの家で食事をするすべての人」を意味することばである[4]。一般に，個々の世帯は独立した家屋をもち，それぞれの竈で全員が食事をとるが，夜，この家で実際に寝るのはその夫婦と幼少の子供たちだけである。慣習的に，兄弟姉妹が同じ屋根の下で寝ることは禁忌であると考えられているため，たとえ同一世帯でも青年期を迎えた男女が両親と同じ家で寝泊まりをすることは珍しく，子供たちはある程度の年齢に達するとアトや空き家などで友達と集まって夜を過ごすようになる。そして，昼間はそれまでと変わらずに両親のもとで食事をし，家事の手伝いや薪集め，田畑の手伝いなどといった日常の作業を続けるのである。つまり，たとえ寝る場所は違っても生産と消費といった経済的側面においては両親と大部分をともにすることになる。消費としての食事の基本的単位は，依然としてその世帯を構成する夫婦と未婚の子供たちであって，余所で寝泊まりするようになった子供たちでも原則として他の兄弟たちとともに両親の家で食事をするのであるから，ここでは同一世帯員として認識されるべきであろう。しかしその一方で，しばしば親しい友達と空き家に集まり，自分たちで調理して食事をすることがある。また共同労働に参加すれば，その水田の所有者が手伝った者に対して食事を提供することになっている。さらに，さまざまな儀礼においても世帯の枠を越えた儀礼的共食がしばしば行われている。これらのことからすれば，世帯以外の場で食事をする機会は決して少なくなく，必ずしも食事の場は個人の家屋に限定されていないことになる。そう考えると，消費の基本的な単位であるという事実だけで世帯の範囲を規定することもできない。たとえばボントック社会では拡大家

族が形成されにくいため単身の老人や未亡人の世帯も多くなるが，実際にはこうした老人たちがひとりだけで食事をすることは少なく，多くは近隣の子供や兄弟姉妹，親族の家で食事を一緒にとっている。その一方で，古老や未亡人たちはたとえ同居していても世帯主の夫婦とは別に独自の寝所をもっており，また，経済的にも自分たちの体が動くかぎり農作業を続ける場合が多く，ある程度，自立した生活を営んでいる。通常，妻を失った古老男性はアトで，夫を失った古老女性は簡単な小屋を作りそこで寝泊まりをするようになる。一時的に両親と同居している新夫婦も同様で，伝統的な一間構造の家屋に住んでいる場合は，寝る時にどちらかが空き家などに移動しなければならない。この場合も，ひとつの家屋で一緒に寝るのは一組の夫婦とその幼少の子供たちに限定されている。このようにボントック社会では，それぞれの寝る場所と食事をする場所とが異なっていることが多く，日常的に食事をともにしている人々がすべて同じ場所で寝ることは稀である。以上のことから，本来，世帯という用語は「ひとつの家で食事をするすべての人」をさすものであるが，ボントック社会では必ずしも日常の食事をともにするのが同じ世帯員とは限らず，実際にはその幅にきわめて柔軟性がある。この場合，同一世帯を構成する1組の夫婦とその未婚の子供たちと，食事をともにする古老男性や女性，同居する子供夫婦との家族としての境界が問題となってくる。ボントック族は，婚姻を契機として社会的にも一人前と認められ，独立した世帯を構えるのが原則であり，そこで初めてアトへの正式な帰属が認められる。また，子供が独立し，高齢となってもこれまでのアトの成員権が失われることはなく，独立した世帯として認められることから考えると，基本的な社会的単位としての家族は，やはり1組の夫婦と未婚の子供たちといえるであろう。

3．親族組織

　ボントック族の親族関係は父方・母方双方に等しく辿られる。このようにボントック族が双系制社会であるということは，キージング［Keesing 1949］やエガン［Eggan 1967］も指摘するところであるが，さらにマードックは，これを双系＝エスキモー型社会に分類している。エスキモー型社会と

は①小家族（small domestic unit）形態が卓越しており拡大家族をもたない，②単婚が優位であり，一夫多妻婚は例外的である，③選択居住婚または新処居住婚の形態をとり，単処居住婚制度が欠落している，④単系あるいは選系といった機能的に重要な出自集団を欠く，⑤双方的なキンドレッドが存在するか，少なくともそれが存在しないことを示す明確な報告をもたない，⑥第一イトコに対し結婚の可能性に基づく区分がなされていない，⑦イトコ名称がエスキモー型である，⑧チチ・ハハの名称がオジ・オバに拡大されない直系型，あるいは双岐傍系型のオジ名称をもつ，とする8つの特徴によって示される［Murdock 1960］。

　これらを順にボントック社会にあてはめてみた場合，①の小家族形態の卓越に関しては，すでに述べたように，ボントック社会には拡大家族の形態も看取できるが，あくまでも例外的であり（そのいくつかは近代的な家屋形態の導入の影響でもあった），伝統的には小家族（核家族）形態が望ましいとされている。一方，妻を失った男性が子供を連れて両親の元に戻ったり，夫を失った女性が母親と同居したりすることは頻繁に起こっているが，とりわけ男性の場合，農業の主たる担い手が女性であるため，夫が妻に代わって母親にその労働を依存することが多く，また女性の場合では，生活に困難な者が親に助けを求めて同居するといった，いわば特殊な事情によるものである。

　次に，②の単婚の優勢に関しては，富裕層が数人の妻をもつことがあるカリンガ族とは異なり［Dozier 1966：105-106］，ボントック族では原則として一夫一婦婚である。離婚・再婚はしばしばみられるが，複婚の例はほとんどない。

　③の居住様式に関しては，選択居住婚または新処居住婚の形態をとる。ただし，ボントック族では村内婚の比率が高いため[5]（表2.2.2），居住場所の選択は新夫婦にとってさしたる問題とはならない。一般的な傾向としては妻方の両親の家の近くに住むことが多く，また別のイリの者どうしの婚姻についても，妻方のイリに住むことが好まれるようである。もちろん，どちらのイリに住むかを決定する際の最大の動機はどちらがより多くの水田をもっているかであり，それによって新夫婦の居住地が決定されることが多いが，

表 2.2.2 サダンガの村内婚[*1]

ポブラシオン		デマン	
村内婚[*2]	116	村内婚	147
村外婚	46	村外婚	6
〈内訳〉		〈内訳〉	
Ⅰ．妻がサダンガで		Ⅰ．妻がサダンガで	
①夫がサダンガ郡内		①夫がサダンガ郡内	
ベトワガン	1	ベトワガン	1
ベルワン	2	ベルワン	1
サクリット	1	②ボントック郡内	
サカサカン	7	マリコン	1
ビキガン	1	③それ以外のマウンテン州	1
②ボントック郡内			
ボントック・イリ	1		
トゥクカン	4		
タルビン	1		
③それ以外のマウンテン州	2		
④その他	6		
Ⅱ．夫がサダンガで		Ⅱ．夫がサダンガで	
①妻がサダンガ郡内		①妻がサダンガ郡内	
ベルワン	4	ベルワン	1
サカサカン	5	サクリット	1
ベキガン	1		
アナベル	2		
②ボントック郡内			
ボントック・イリ	3		
トゥクカン	3		
③その他	2		
両者とも他村	1	両者とも他村	1
夫　ベトワガン		夫　トゥクカン	
妻　サカサカン		妻　ベルワン	
合　計	163	合　計	154

*1　夫婦が2人とも生存中の夫婦を対象とする。
*2　村内婚とはポブラシオンとデマン両方を含む。

　水田の多寡に大きな違いがないような場合には妻方の土地に住む傾向がみられる[6]。なぜなら，主たる生業である水田稲作農耕で中心的な役割を担うのは女性であり，その活動には近隣の友人や親族の協力関係は不可欠であるか

ら，結婚後も妻が自分自身のイリ，あるいは同じイリ内であってもとくに両親の家の近くに住むなら，幼い頃から培ってきた関係をこれまでと変わらずに維持することができるからであるという。

　さらに，④の単系あるいは選系といった機能的に重要な出自集団を欠く，および⑤の双方的なキンドレッドが存在するという問題についてであるが，ボントック社会の場合，系譜上の記憶を正しく辿ることができるのはせいぜい5～6世代，多くても8世代程度であり，一般に親族関係は父方，母方双方に等しく辿られる。ボントック社会では，祖先を共通にする双系的集団をシンパンアポ sin-pangapo とよぶが[7]，これは単系出自集団のように排他的なものではなく，個人は特定の始祖を頂点として双系的に系譜関係を辿ることによって複数のシンパンアポに同時に帰属することができる。たとえば祖父母の世代まで関係を溯ったとすれば，そこには祖父母を頂点として4つのシンパンアポが存在しており，自己はその4つのシンパンアポに同時に帰属することになる。サダンガではシンパンアポは主として始祖が開拓した土地に対する用益権を行使する人々の集団をさしており，とくにその土地に対する権利の保持者たちをシンパルティドス sin-paltidos ともいうが，現実には，世代を経るにしたがって系譜上の記憶も曖昧になり，その土地を実際に利用する人の数は理論上辿れる子孫の数よりもずっと制限される。また，その土地の始祖に実際に関係を辿れなくても，架空の親族関係をでっち上げてその用益権を獲得することも可能であり，とりわけその人物が有力者であれば，誰もそれに反対することはできないという。そのため双系的な親族集団があるといっても，実際にはその枠組みが曖昧で自律的な集団とはいいがたい。

　次に，父系的な関係がみいだせるアト集団を単系的な父系出自集団として考えることができるかどうかを考えてみたい。男子集会所（アト）制度によって形成されるアト集団は，理念的には息子は父と同じアトに帰属することが望ましいとされている[8]。しかし，現実にはさまざまな動機づけによって息子が父と異なるアトへ変更することも可能である。また実際の帰属の単位は男性個人ではなくそれぞれの世帯であり，たとえ夫が死んでも妻はそのアト集団の成員であり続ける。そう考えれば，現実にそのメンバーのほとんどが父系的な繋がりをもつとしても，これを排他的な父系親族集団とはいい

難い。ここでは彼らの社会生活上の戦略が血縁的な繋がりよりも優先されているため，父－子の排他的関係は形成されないといえる。さらに，アトは共通の祖先の名のもとに創設されたわけでもなく，人々にアトが親族集団だという認識もない。そういった意味では，これを父系親族集団とすることはできないだろう［合田 1989a（1979）：233, 杉井 1990：35-36］。

　このような出自集団に対し，サダンガの人々にとって日常生活により重要な意味をもつのはキンドレッドである。キンドレッドは通常，双方に第三イトコまで辿られ，場合によっては姻族の一部もこれに含まれる。このキンドレッドの成員はしばしばキョウダイ（アギ *agi*）とよばれ，日頃から親しい関係を保っている。その主たる機能は日常的な互助協同や共同労働であるが，キンドレッドを理論上，第三イトコまですべて辿っていけば規模が大きくなってしまい，集団としてあまり機能的であるとはいえない。そのため，実際にはキンドレッドの中からそれぞれの目的に応じたメンバーを選択し，より行動的なグループを形成することが多い。すなわち，キンドレッド自体が一つの統合的な集団を構成することはなく，禁婚の範囲とも一致しない，いわば「何かの目的」のための親族の範疇を提供するに過ぎない。このことは，さまざまな儀礼において，そこで供犠される動物の数によって招待される親族の範囲が異なってくることからもわかる。たとえばきわめて小規模なものではせいぜい第一イトコまでで，盛大な儀礼になるとしばしば招待客は第三イトコにまで拡大される。一方，姻族も，血族であるキンドレッドと同様，潜在的な協力関係者の選択の範囲を拡大させるものとして社会生活上，たいへん重要であるとみなされる。たとえば，そのもっとも重要な役割に殺人に対して支払われる血の代償（bloodwealth）を分担する義務があるが，この場合，関係者に支払われる代償がきわめて高額になるため，本来，キンドレッドに含まれない姻族をもその対象として取り込み，血族の成員同様，協力して分担金を払うことが期待される。いずれにせよ，ボントック族の親族集団は，シンパンアポであれキンドレッドであれ，厳密な意味では集団としての強固な繋がりをもつものではなく，その関係は，それぞれの目的に応じて柔軟に選択されるといえる。むしろ膨大なキンドレッドの範囲は，アトや娘宿の関係を通して選択され活性化されることが多く，ここでは血縁的な距

離よりも社会的距離が重要なのであって，社会的距離が近ければたとえ遠い血縁であっても日常的な相互扶助関係をもつようになる。また実際に親族関係を明確に辿ることができなくても，アトや娘宿での活動を通して親族同様の密接な関係が形成され得るのであり，時として，まったく都合よく擬制的な親族関係が「思い出される」ことになる。このようにボントック族では，親族組織はアト集団や娘宿仲間，労働グループなどといった集団によってその関係が補強される。しかも，このような機能集団の形成に際しては，それぞれの動機や目的に応じた極めて柔軟な選択がなされているということがわかる。

　次に⑥の第一イトコに結婚の可能性に基づく区分がなされていないという問題について，ボントック族では第一イトコまでを禁婚の範囲としているが，第二イトコとの婚姻についてもあまり望ましくないという。とりわけ第一イトコは父方，母方に限らず兄弟姉妹と同様にみなされ，その結婚は兄弟姉妹との結婚と同じく穢れたものと考えられている。ただし，カチャンギャン *kadangyan* とよばれる富裕層についてはその限りでなく，財の分散を嫌ってカチャンギャンどうしの婚姻を好むことから，結果として親族と結婚することも多く，しばしば第一イトコとの婚姻も容認されている。

　次に⑦と⑧の親族名称について，マードックによればボントック族はイトコ名称がエスキモー型であり，チチ・ハハの名称がオジ・オバに拡大されない直系型，あるいは双岐傍系型のオジ名称をもつという。サダンガの場合，親族名称は図2.2.1のようになっており[9]，イトコ名称に関しては交叉イトコと平行イトコ，父方，母方で区別されないが，兄弟姉妹とは明確に区別されている。またオジ名称に関してもチチ・ハハの名称がオジ・オバに拡大されない直系型である。なお，血族と姻族はあまり区別されないが，義理の父／母，義理の兄弟姉妹，および義理の息子／娘に限っては，それぞれカトクアガン *katok-angan*，カサウド *kasaod*，イナポ *inapo* の名称がある。

　以上8つの項目について検討しながら，ボントック族の親族組織についてみてきたが，おおむねマードックのいうエスキモー型社会の特徴に一致していると考えられる。

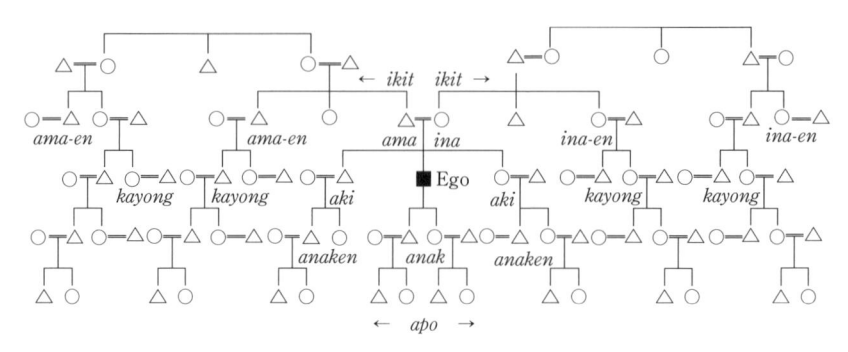

図 2.2.1 サダンガの親族名称

4. 相続慣行

　ボントック族にとって，相続の対象となる財には①山林や牧草地，畑地といった集団で共有されるものと，②水田や家屋，倉，斧，槍，楯，中国製の壺，青銅のゴング，金の耳飾り，ビーズの頭飾りなどといった個人から個人に相続されるものの2種類がある。たとえば貴重な財とされる中国製の壺は，時代的には宋か明以降のもので，多くの壺にその出所や出来事にまつわるさまざまな言い伝えがあるという。この壺にはいくつかの種類があり，そのうち，もっとも高価なものはキナルチャオ *kinaldao* とよばれる赤茶色で竜の模様があるもので，時代的にも一番古いとされる。その他，漆黒で口のところにもち手のついたマラヨ *malayo*，プティカン *potikan* という阿古屋貝の飾りがある薄茶の壺，背の高い茶色の壺で，竜や大きな花の模様があるスマチャグ *somadag* などもある。こうした中国製の壺や皿，青銅のゴング，装飾品（アポンゲイ *apongey*：赤い貴重なビーズ，アッポン *ap-pong*：メノウのビーズの髪飾り，ラックオン *lak-on*：磁器のビーズ，サオン *saong*：動物の背骨と歯から作られるビーズ，フカス *bokas*：イロコス産の貝殻のビーズで超自然的な力をもつとされるもの，金製の首飾り・耳飾り・指輪など）などといった骨董品や貴重品はアコン *akon* とよばれ，ボントック族のあいだではたいへん大切なものと考えられている。そのため，これらが他人に転売されるなどということはほとんどない[10]。とくに，ボントック族ではこうした先祖伝来の財産を勝手に譲渡すると祖霊アニトの怒りをかう

と信じられており，やむを得ず手放す場合には所定の儀礼を経なければならないことになっている。これらアコンの価値はその稀少性によって付加される部分が大きく，主観的なものであるといえようが，ここでは実際の経済的価値はさほど問題ではなく，むしろそれを所有することによって自分たちの地位や名声を誇示するために用いられる。

　これらの財の相続に関して，ボントック族では女性も男性と同等の権利をもっている。ボントック語には，父と息子あるいは父と子供の関係を表すシンアマ sin-ama（アマ ama は「父」を意味する）および母と娘あるいは母と子供の関係を表すシンイナ sin-ina（イナ ina は「母」を意味する）といった親子関係を表す包括的な語彙が存在しているが，これがボントック族の財の相続規範と対応しており［合田 1989a（1983）：135-145］，もっとも貴重な財とされる水田の相続においては，とりわけその傾向が顕著であるという。すなわち，ボントック社会では結婚後も夫婦の財が統合されることはなく，財の相続に関して父の財は息子へ，母の財は娘へと継承されることが多い。ドゥルッカーはこうした相続規範を4つの基準に整理したが，それによれば，相続にあたって①嫡出子優先の基準，②直系相続の基準，③同性相続の基準，④長子相続の基準の4つがあり，その適応においては①から④の順にだんだんと重要度が低くなっていくという［Drucker 1974：120-170］。つまり，これら4つの相続規範を同時に満たすのは母の財は長女へ，父の財は長男へという形態であり，これによって夫婦別財・別相続が貫徹される。そのため理念上は，長女と長男だけが両親の財を相続する男系と女系という2つの系が並行する並行系（parallel descent）がここに存在することになる。ただし，もっとも優先される基準は嫡出子であること，次に直系親族であるということであり，親と子供が同性であるという事実はさほど重要ではない。子供が男だけの場合には次男が母の水田を，逆に女だけの場合には次女が父の水田を相続することも可能なのであって，男系，女系に執着してはおらず，厳密な意味では並行系とはいえない［合田 1989a（1983）：135-145］。

　一方，共有財に関してはこうした相続方法が採られることはない。したがって，ここではこれらを別のカテゴリーとし，次にそれぞれの財の相続について説明していく。

(1) 水田（パイェウ *payew*）の相続

　個々の水田の経済的価値はその生産性や水源，居住地からの距離などによっても異なってくるが，こうしたこととは関係なく，原則として長女が母の水田を長男が父の水田を継承することになっている。また，先にも述べた通り，子供が男だけの場合には長男が父の水田を，次男が母の水田を相続することになり，逆に女だけの場合には長女が母の水田を，次女が父の水田を相続することになる。すなわち，結婚後に新しく獲得したものを除いては，先祖から代々継承されてきた水田が統合されることはなく，結婚後も別々のまま継承される。また，他人に譲渡されることもほとんどない。ただし子供が一人だけの場合には，その子供は父方・母方双方の水田を相続することができる。また，継承者は直系の血族でなければならないとされており，再婚の場合，父ないしは母の再婚相手から子供たちが水田を相続する権利はない。このように先祖伝来の水田に関しては，原則として夫婦別財，別相続が貫徹される。そのため，死者に子供がない場合，子供に相続されるべき財産はそれぞれの出自ラインの一番近いところ，つまり両親に戻されることになる。この際，寡婦ないし寡夫が相手の財産の一部を死ぬまで保持することはあっても，最終的には本来のラインに戻されなければならない。ただし，両親がすでに死んでいれば，その兄弟姉妹に直接相続されることになる。兄弟姉妹の誰が相続するかをめぐっては，本来の継承者である死者の葬送儀礼に必要な供犠動物を提供する者がその権利を獲得することができるとされており，そういった面では「原則として財は長男，長女に相続される」といっても，その兄弟姉妹も潜在的な相続権をもち続けるということがわかる。また，たとえ正規の継承者である長男，長女であっても両親から相続された水田をむやみに転売することはできず，やむを得ず転売するにしても，原則としてその相手は親族に限られており，先祖伝来の土地が他人の手に渡ることは好まれない。親族に転売する場合，料金は安く設定され，本来の継承者が経済的に余裕ができた時には同じ値段で買い戻すことができるとされる。

　一方，夫婦が結婚後，新たに造成したり（インカ・オブ *inka-ob*），購入したりして得た水田は夫婦財（conjugal property）とみなされ，長女と長男以外の子供に相続される。また，両親以外から相続した土地についても同様で

ある。ただし，夫婦に子供がいなければ夫婦財の半分は夫の兄弟姉妹に，残りの半分は妻の兄弟姉妹に相続される。一方，どちらかが配偶者を失い，再婚した相手と子供をもうけたとしても，前の妻や夫との夫婦生活で獲得した財については，その子供が相続することはできないとされている。すなわち，相続に関しては婚姻といった社会制度よりも血縁的な繋がりが重要であることがここでも確認される。

　一方，非嫡出子（タケイ *takey*）の相続について，子供の父親がその母親である女性との結婚を望まないような場合，男性はその女性に対し，自分が将来受け取るべき相続分のなかから水田の一部を与え，将来，その子供にその水田を相続させることを要求される[11]。しかしこの非嫡出子にそれ以上の財産を請求する権利はなく，また，その非嫡出子が正式な後継者を残さずに亡くなったときには，その子の父親の家族に安く買い戻される。子供が亡くなった場合でも母親の女性は与えられた水田の用益権を持ち続けることができるが，やはり彼女が亡くなったときに，その水田の本来の持ち主によって豚1匹か2匹程度の値段で買い戻されることになる。

　サダンガの人々にとって，こうした相続規範は規範として存在するが，現実の社会生活においてはほとんど無視されることが多い。子供が結婚して経済的に独立するとき，しばしば両親は彼らの生活を支えるに十分なだけの水田を分け与えるが，その時に長男であるか長女であるか，それが父方の水田か，母方の水田であるかはあまり考慮されていない。むしろ，ここで問題とされるのは年長年少ではなく結婚した順番であり，それに従って順に水田の一部が両親から受け渡されていく[12]。そして両親は，最後にわずかな土地を自分たちの生活のために残し，子供がすべて婚出した後も体が動く限りは子供たちに頼らず，独立して生活を続けるのが普通である。ただし，独立して生活するといっても多くは末子などの家の近くに住み，しばしば食事をともにしたり，身の回りの世話をしてもらったりするという。そして最終的に老いた両親が死んだ時には，その世話をやいた子供が最後まで残しておいた土地を継承する。

　ただしこの子供たちが，こうして両親から順次譲り受けた土地に対して絶対的な権利をもつわけではない。あくまでも彼らが行使できるのは占有権で

あって，それを転売したり貸与したりしたいと考えても個人の意思だけで勝手に決めることはできず，必ず両親や兄弟姉妹の同意を必要とする[13]。一方，誰がその土地を利用していようとも，実際の所有権は伝統的な相続規範に縛られることになり，たとえば長女に相続されるべき土地は，長男が利用していても潜在的な所有者は長女であり続ける。そのため，たとえ何世代にもわたってその土地を利用していても，本来の所有者がその権利を主張すれば，その人に返却されなければならないという。しかし，伝統的な相続規範に縛られるからといって，長男，長女の正規の相続者としての地位が絶対的に保証されているというわけでもない。たとえば長男，長女が両親を蔑ろにしたり，特定の儀礼の際に両親に食べ物を届けなかったり，あるいは両親の意にそぐわない相手と結婚してしまったりした場合，両親は彼らの権利を剥奪することができる。しかもこうした権利の剥奪は，第三者の前でそのことを宣言するだけで簡単にできる。仮に子供たちが両親の決定に従わなければ，古老たちがサパタ sapata とよばれる「聖なる宣誓」を要求することがある。結局，サパタで虚偽の宣誓をすればたちまち死を招くことになるため，人々は宣誓したことに従わざるを得なくなり，そうした心理的な抑圧が両親の決定に対する子供たちの絶対的な服従を導くという。

(2) 水田以外の財

水田以外の貴重な財であるアコンにも，原則として上記したような相続規範が適用されており，母親の財は娘に，父親の財は息子に相続されるのが普通である。しかし実際には，水田ほど厳密にこうした規範が適用されるものではなく，金の耳飾りやビーズの頭飾りといった女性が使用する装飾品は女性が，槍，楯といった男性が使う武器などは男性が相続する場合が多い。あるいは兄弟姉妹間で交換が行われることもある。

一方，家屋や居住地，倉，豚小屋などは，夫婦財と考えられており，特定の相続ラインには帰属しない。通常は長子がこれらを相続するが，これも絶対的なものではなく，両親が結婚の順番などに応じて柔軟に配分することが多く，たとえば，娘が結婚するとき，娘夫婦にこれまで住んでいた家屋を譲り，両親と未婚の兄弟姉妹たちはその側に新しく家を建てて移り住む。さら

に，その家は次の子供が結婚する際に譲り渡し，また新たな家を立ててそこに未婚の子供たちをつれて引き移る，といったような方法がしばしばとられている。ただし，彼らが住んでいる居住地は借地であることが多く，その場合は相続の対象とはならない。

その他の財として，衣服や日常愛用していた道具は死者とともに埋葬されることが多く，相続の対象とはならない。また，家畜は死者の葬送儀礼ではとんどが消費されるため，これらについても相続の対象となることはあまりない。

(3) 共有地（ラモラン *lamolan*）

共有地は総じてラモランとよばれるが，サダンガではさらにこれを「イリ全体で共有されるもの」「アト集団によって共有されるもの（ピナンアト *pinangato*）」「特定の親族集団によって共有されるもの（ピナンアポ *pinangapo*）」の3つのカテゴリーに分類している[14]。そのうちのイリ全体で共有されるものというのはイリ内のすべての人々が利用できるもので，主として狩猟や牧草地，新しい焼畑の造成，樹木の伐採などに利用されているが，新しく水田を作るにはあまり適していない土地である。ただし，牧草地であっても水田の近くにあるものについては，特定の集団によって共有されている場合がある。一方，アト集団ないしは特定の親族集団によって共有されるものは総称してタヤン *tayan* とよばれる。これは誰もが自由に利用できるというわけではなく，利用できるのはその土地の用益権をもつ者に限られている。ただし，こうした共有地は本来，霊的存在アニトのものであり，たとえ使用する権利をもつものであっても，未使用の土地を新たに開墾するためには定められた儀礼を実修して祭文を捧げなければならないとされている。これらの土地が居住地として利用されることもあるが，その場合は，土地の用益権をもたない者でも地代さえ支払えば認められる。

これら3つのカテゴリーのなかでもっとも数の多い共有形態が，3番目の特定の親族集団によるものである。これは，その土地の開拓者[15]を頂点とした双系的な出自集団によって共有されている土地である[16]。こうした共有地では，その用益権をもつ者は自由に焼畑を作ることができるが，焼畑地に

関しては水田にみられるような相続規範が適用されていない。すなわち，個人に相続されるのは土地そのものではなく土地に対する用益権であり，その土地を焼畑として使用している限りにおいては耕作者に収穫物が帰属するが，収穫後に土地を何年か休ませるとその権利は消滅し，土地共有集団に戻されることになる。また焼畑だけでなく，その土地を樹木の伐採やカラバオの放牧などに利用する場合も同様であり，その用益権をもつ者は自由にこれを利用することができるが，独占的，永続的な権利ではない。先にも述べたように，このような土地共有集団をとくにシンパルティドスとよぶが，これはその土地の開拓者の全子孫によって構成されるもので，土地は分割されることなく全体としてその用益権のみが父方・母方双方の系を通してすべての子供に平等に継承されていく[17]。イリ内の人々は原則として，少なくとも父の父，父の母，母の父，母の母の4つの系にその関係を辿ることができるという。また，個人は父方，母方の複数のシンパルティドスに同時に帰属するだけでなく，配偶者の帰属するシンパルティドスの土地の用益権も行使することができるため，現実には個人が利用できる土地はきわめて多くなっている。この場合，世代を重ねれば，理論的にはイリ内のほとんどにその関係を辿ることができるまでその用益権が拡大されるが，現実には，すべての権利がもれなく主張されるということはなく，世代深度が深まることによって系譜知識が曖昧になったり，他のイリへ婚出したりすることによって調整されている。しかし，こうした調整にも限度があり，実際には5～6世代を越えると集団の規模がきわめて大きくなり，やがて系譜知識も失われていって，最終的にはこれらの特定集団の共有地であった土地もイリ全体の共有地へと向かうことになるという[18] [Drucker 1974：153-162]。

　一方，アトを単位として共有される土地は，成員たちの寄付で購入したもの，新しく灌漑用水路を造成する人に労働を提供した報酬として獲得したもの，あるいは儀礼上の禁忌に反したために科せられた罰金として支払われたものなどである。アトの全成員はその土地に対する用益権を等しくもつが，アトが祭宴を主催したり，成員が平和同盟を破って罰金を科せられたりした場合などには転売される。

　このように共有地は，水田と比べ個人の独占的な権利を保証するものでは

ないことがわかる。ただし，この土地がその用益権をもつ者によって水田に開墾されれば，その権利は共有から個人の所有へと転換することになり，もはや土地共有集団によって共有されるものではなくなって，個人から個人へと伝統的な規範に則って相続されていく財となる。しかし，水田に開墾された以外の土地は依然として共有地のままであり，開墾された水田の下方に新たに他の者が新しく水田を作ることも可能である[19]。

これに対し，個々の灌漑用水路は特定の集団に帰属し，用水路の維持・管理や関連する儀礼の実修はその全成員によってなされている。ただし，この集団は，アトや親族関係に基づく集団ではなく，その灌漑用水によって恩恵を被る水田の所有者たちによるものである。他方，共有地の内部に存在する水源（エフェブ *ebeb*）については，本来，特定の個人に属するものではない。しかし，新しく水路を開くために特定の個人ないしは集団が投資をしたり，労働力を提供したりした場合には，その個人，あるいは集団に排他的な用益権が生じることになる。

5．おわりに

ボントック族は，婚姻を契機として1組の夫婦とその未婚の子供たちからなる新しい家族をつくる。しかし「家族」というものを社会的，文化的脈絡のなかでとらえるとき，ボントックの家族は日常生活における寝食の単位をその状況に応じて変化させるために，時には拡大し，時には縮小していることがわかる。一方，制度的側面からみれば，財の相続に際しては婚姻による夫婦関係よりも血縁的な紐帯が強調されており，結婚後もそれぞれの財は夫婦の財とならない。父の財は息子へ，母の財は娘へという相続規範に沿って相続されることで，統合されることなく，別々に継承されていくことが望まれた。ただし，個人から個人へ水田が相続されていくといっても，そこに完全な私的所有が確立されているわけではなく，実際には正当な相続者がいなければそれぞれの出自に戻されることになる。しかしながら，このことが血縁関係が婚姻による夫婦関係よりも絶対的に優先するということを意味するわけではない。たとえば非嫡出子に生物学的父親からある程度の水田が与えられるにせよ，相続規範の中でもっとも重視されるのは嫡出子優先の基準で

あり，財は出生順よりも社会的に認められた嫡出子へ優先的に相続されることになる。いずれにせよ，財の相続に際して男系と女系という2つの系が存在することで男女に等しくその権利が与えられるが，現実にはこうした水田の日常的な世話や焼畑の作業の多くは女性の手に委ねられており，また結婚後，双方の財が統合されないといっても生産と消費の単位が男女別々であるというのではなく，実際の家庭経営の主体は女性が担うことになる。したがって，たとえ夫方の水田であっても現実には妻がその経営権を握ることになるのである。

このようにボントック族の家族・親族には，状況に応じた実にさまざまな社会関係をみいだすことができる。こうした社会においては，いうまでもなくマードックのように家族を単なる世帯の構成員といった側面からとらえていたのでは，本来の家族のあり方というものを正確にみきわめることはできないであろう。ボントック族の家族は，ある面では社会的に分離し，ある面では社会的に結合されるといった伸縮自在の柔軟な構造をもつことで，家族内の平等で友愛的な関係が形成されているといえる。

［註］
1) 比較的自由な性交渉が認められているといっても，多くは恋愛感情をともなうものであり，こうした関係がやがては結婚へと発展することが多い。また，娘宿内での関係が公然と語られることで，社会的にも結婚へと仕向けられる。また，女性が正式な婚姻以前に懐妊した場合でもだれが子供の父親であるかは，もはやイリの人々にとって周知の事実であり，これが社会的圧力となって双方の両親からも2人の結婚が強く望まれるようになる。
2) 同じアトの成員であるということを示すコマトレン *komatolen*，同じ娘宿の成員であることを示すカウログ *kaolog*，平和同盟の保持者どうしの関係を示すカペチェン *kapedeng*，同じイリの成員であるということを示すペグサット *pegsat*（*pegsat* の本来の意味は「兄弟」）などといったことばで言い表される社会集団が，家族，親族の関係を超えて機能している。
3) フィリピンで実施されている国勢調査の定義によれば，世帯とは「同じ家屋で寝起きをともにし日常の食事や家計をともにする人であり，また使用人や下宿人が同居する場合には，日常の寝食と家計のほとんどをともにし多くても1週間に1度以上，自分たちの家族のもとに帰宅することがない場合，これを同一世帯員とする。また同一家屋で寝起きしていても，食事など独立して生計を営む場合にはこれを独立した世帯とみなす」というものである（1990年国勢調査）。

4）パンアフォン *pangabong* のアフォン *abong* は「家」を意味する名詞であり，ここから派生して「ひとつの家で食事をするすべての人」という意味になるという（Read の *Bontok-English Dictionary* より）。一方，「結婚する」はウマフォン *omabong* で，本来の意味は「家を形成する」である。
5）村内婚率はサダンガ出身者どうしの婚姻が263例のうち210例で，約80％となっている。なお，他村出身者との婚姻53例のうち，同じ農業域であるサカサカン出身者は12例であった（表2.2.2参照）。
6）ただし，夫婦の子供が幼くして死んでしまったり，丈夫に育たなかったりした場合，その原因のひとつとして「妻のイリの霊的存在アニトは，その子供の保護に責任をもたない」ということが考えられるため，こうした不幸にみまわれた夫婦は自分たちの子供をアニトに守ってもらうため，しばしば，これまで住んでいた妻方のイリを離れ夫方のイリに移り住むという。
7）シンパンアポ *sin-pangapo* は，自己よりも2世代以上離れた親族に対する親族名称アポ *apo* から派生したことばで，*pangapo* は特定の祖先から関係を辿ることのできる親族集団を意味している。また *sin* はひとつの単位を現す接頭辞である（Read の *Bontok-English Dictionary* より）。これとは別に，孫のある古老から関係が辿られる親族集団はシンパンアナック *sin-panganak* という。
8）イリ内のすべての男性はいずれかのアトに帰属しなければならないが，その帰属様式として①父と同じアト，②義理の父と同じアト，③祖父と同じアト，④居住地に近いアトの4つがみられる。ボントック族にとって，理念上は父と同じアトに帰属することがもっとも望ましいとされるが，現実には上記②，③，④のような例も多くみられる（第2章第3節参照）。
9）ただし，親族呼称については個人名を用いることが多く，子供が両親をアマ（お父さん），イナ（お母さん）と呼ぶのは幼い頃だけである。
10）これまで先祖伝来の貴重な財が販売されるなどということはほとんどなかったが，現在では，どこか別の場所に土地を購入するための費用や，子供の教育費，病気になった場合の治療費などを捻出するために，しばしば手放すようになってきているという。
11）妊娠させた男性がその相手の女性と結婚したくなくても，女性の兄弟や親族によって半ば強制的に結婚させられることが多く，彼がそれでも結婚したくないと言い張れば，かつては殺されることもあったという。しかし，現在では庶出児とその母親に代償として水田を支払うことでほとんど解決される。
12）こうした現実の利用者と規範上の相続者との捩れは，しばしば土地争いの種となる。たとえば兄弟が不仲になったとか，自分の所有する水田を増やすために策略して，用益権が移って何世代も経ってからでさえ自らの正当な相続権を主張し取り戻そうとする場合がある。
13）原則として水田の譲渡は，深刻な困窮時や葬送儀礼に必要な費用を捻出するため以外には認められない。やむを得ない理由で譲渡する場合には，家族間で話し合われた後，イリ内の長老，あるいは帰属するアトの年長者を証人にたてて公式に受け渡しが行われる。
14）現在，サダンガでは，アトを単位として共有する土地は3区画しかなく，これらは

すべて，サダンガでもっとも有力なアトのひとつであるファリウアヤンによって独占されている（第2章第3節参照）。

15) 儀礼に必要な動物の購入や，平和同盟を結ぶための経費捻出などのために，それぞれの集団が共有地を個人に転売する場合もある。また，平和同盟を破って人を殺したり，傷つけたりしたような場合，犯人とその親族たちは被害者の親族に対し流した血の代償を支払わなければならないが，これはきわめて大きな経済的負担となるため，しばしば自分たちの共有地を個人に売り渡すことになる。こうした場合には，再度，その購入した個人を頂点として新たにシンパンアポが形成される。

16) 首狩で功績をあげたものは，それを祝して祭宴を催さなければならないが，その際，タヤンのメンバーは祭宴に必要な供犠動物などを提供する義務をもつ。そこで，その代わりに共有地の一部を功績者に与えたり，供犠動物を提供できるメンバーにそれを与えたりすることがある。こうして，首狩の勝利の報償としてイリから土地を与えられた勇者や，本来，共有地であったものを購入した個人が開拓者としてその土地のピナンアポの頂点となり，その全子孫が土地共有集団を形成することになる。なお，ピナンアポの頂点に立つのは男性でも女性でもよく，通常，タヤンはこの開拓者の名前をとって"apon～"というようによばれる。

17) このような集団を合田は，父系・母系に偏らない非限定的な全系出自集団とよんでいる［合田 1989a (1970)：42-51］。一方，ドゥルッカーは，これを双系出自集団とよんだ［Drucker 1974：153-162］。

18) ドゥルッカーの指摘に対し，合田は，親族集団による共有地の村有化という現象を認めながらも，「こうした現象は一部の地域にみられるもので，ドゥルッカーのいう人口圧力や集団の規模の変化というよりも，平地民との接触や貨幣経済の浸透による共同体規制の変化とみるべきであろう」としている。確かに，特定個人やアトが獲得した森の多くは，時代が経過すると子孫の数が増加し村有と変わらなくなるが，むしろこうした村有地は森の保護，首狩の顕彰などを目的として再び個人やアトに分配され，新たな全系出自集団の構成に向かう。つまり，このような全系出自集団は，8～9世代ごとに消滅と再生を繰り返しているのだ，という［合田 1989a (1970)：42-51］。

19) 共有地の水源から得られる灌漑用水は誰でも等しく利用することができるが，最初にそこから水を引いた者に水を優先的に利用する権利が与えられることになっており，近くに新しく水田を造成する場合には，最初に開墾された水田の下方に作らなければならないことになっている。こうした灌漑用水の優先権は，水田とともに子孫に継承される。

第3節 アト ——男性領域としての男子集会所とアト集団——

1. はじめに

　男子集会所とは未婚の男性が集まって寝食をともにし，そこで労働したり，遊戯したりする領域であって，一般に，年齢階梯制のある社会に広くみられるものである。しかし，その形態はさまざまで，それが会議や休息の場として使われるだけでなく，儀礼的舞踏の場となったり，死者の祭祀場として使われたり，外来者の宿泊所となったりする場合もある。そして，そのほとんどは女性の立ち入りが禁止されている。

　社会によってさまざまな形態や機能の違いがあるにせよ，多くの社会では男性たちが1日のほとんどをここで過ごすことになり，この男子集会所が社会生活の上できわめて重要な役割を果たしているのはいうまでもないだろう。本書でとりあげるボントック族においても，それぞれのイリにこうした男子集会所が必ずあり，他の社会同様，その社会生活に欠かすことのできないものとなっている。これらは *ato* とよばれるが，ボントック族の場合，個々のアトは単なる社交場として機能するだけでなく，そこに帰属する人々の集団が政治的，儀礼的，経済的に自律したひとつの単位となっている。しかし，自律した単位といっても，これらがまったく別々の独立したものとして存在しているのではなく，イリという全体の枠組みにおいては，何らかの争いごとや儀礼，祭宴，農作業などを通してしばしば結束し協同する。

　この「アト」を言い表すのに "political division" [Jenks 1905：49-50]，"ward" [Eggan 1941：13, Keesing 1949：581]，"precinct"，"section" [Keesing 1949：581] などと，研究者によって異なる単語が用いられていることからもわかるように，その性格を一言で示すのは困難である。アトには本来①「男性のための集会所」としての場所[1]そのものを指す場合，②それに隣接する舎屋そのものを指す場合，③個々の集会所に帰属する人々のグループを指す場合の3つの意味があるが，ここでは混乱を避けるため，以

下,とくに個々のグループ成員そのものを示す場合には「アト集団」として記述することにしたい。

　ボントック社会では,イリ内のすべての成人男性は必ずいずれかのアトに帰属しなければならないが,その際,父親と同じアトに帰属することがもっとも望ましいとされている。しかし,こうした帰属様式は絶対的な拘束力をもつものではなく,むしろ人々は,それぞれの状況に応じた帰属様式をとっている。常に人々は現実の問題に配慮し,それらに対処すべくきわめて柔軟にアトの選択を行っていることがわかる。いうならば,日常生活や宗教生活,経済生活に関わるさまざまな問題に対し,彼らは,自己を発展させるためのひとつの戦略としてあらゆる可能性をたどってアトを選択し,それを利用するのである。したがって,ここでは筆者の主たる調査地であるサダンガのそれぞれのアトの特徴と具体的な帰属様式をみることによって,人々が理念としての規範をどのようにとらえ,さまざまな社会変化や自己の現実問題にどのように対処していくかを考えてみたい。

2. アトへの帰属様式の可能性

(1) アトの機能

　アトは,全知全能の神ルマウィ Lomawig によって最初に造られたと考えられており,ルマウィはそれを首狩や,その他のさまざまな儀礼を実修する場所として定めたという [Keesing 1949：582]。

　ボントック族の成人男性はイリに複数存在するアト集団のいずれかに必ず帰属することになっている。それぞれの集団は固有の名前をもっており,独立したひとつの単位であって,すべてのアト集団が,寝宿としての男子舎屋とそれに付随する石垣で組んだ前庭からなる男子集会所(アト *ato*)をもっている。アトには未婚の男性だけでなく子供がすべて婚出した,あるいは配偶者が亡くなった古老男性たちもここで寝泊まりをするが,それ以外に,外来者のための宿泊所として利用されることもある。少年たちは7～8歳ぐらいになると両親の家を離れてこのアトで寝泊まりをするようになり,ここで年長者たちからさまざまな知識や技術を学んでいく。そして,こうしたアトでの学習や体験を通して社会化されるだけでなく,さまざまな人間関係が培

第3節 アト——男性領域としての男子集会所とアト集団——　　　103

われることによって，同じアト，あるいはイリの仲間としての「我々意識」
が育てられていく。とりわけ，首狩が盛んに行われていた頃には，自分のイ
リを一歩外に出ればそこはもはや敵の潜む危険な場所であったから，こうし
た同じイリの成員としての仲間意識が自分たちの身を守るうえでもきわめて
重要なものであったといえる。

　アトの形態としては，舎屋部分は屋根が低く長方形で窓はなく，壁は川で
とってきた石を泥などで塗り固めた石壁で作るのが一般的である。入り口は
大人がやっと通れるほどの広さで，内部には両側に寝台が据えられているか，
ゴザなどが敷かれている（写真1.2.3）。サダンガでは大勢の人が出入りする
のに便利なように，前後2ヵ所に入り口が設けられている場合もある。屋根
の下などには儀礼で使われる食器が保存してあり，そこにアトで供犠された
犬や豚の頭蓋骨，カラバオの角などを飾ることもある。この舎屋は，前述し
たように少年や若者，配偶者を失った男性，古老男性などが寝泊まりする場
所であるが（多い時は15人から25人ぐらいが寝泊まりする），それと同時
に，すべての世代の男性たちにとっての社交場ともなっている。そのため，
舎屋の外に設けられた前庭には石が敷きつめられており，中央部には煙草を
吸ったり暖をとるために火を焚いたりする場所（ガフォワナン gabowanan）
が設けられている。さらに，ガフォワナンを取り囲むように外部との境界を
なす石垣がめぐらされているが，これはベンチの役割をも果たしている。そ
こで男性たちは休息したり，簡単な労働をしたりして1日を過ごす。さらに，
この前庭は単なる寝宿や仲間どうしの社交場として使用されるだけではなく，
古老男性たちが中心となって争いごとの仲裁をしたり，平和同盟の締結など
といったイリ全体に関わる問題や政治的な運営について話し合ったり[2]，ア
トを単位とする儀礼などを実修したりする場としても機能している。前庭の
一部の石が敷かれていないところには，かつて戦闘で狩った敵の首を展示し
たというが，現在では，儀礼の際に槍を刺しておく場所となっている。また，
前庭の周辺には，儀礼にともなって行われる舞踏のための空間がもたれてい
る。

　このようにアト集団は政治的・儀礼的単位となるが，その一方で，経済活
動を行う労働グループを組織する上でも基礎的な単位となっていて（第4章

第5節参照），経済的な側面においても重要な役割を果たしていることがわかる。こうして，ボントック族にさまざまな「場」を提供するアトは，イリ内の親族紐帯を越えた別の強い社会的結合を生み出している。つまりアト集団はイリ間の平和を維持し，その成員の生命の安全を脅かすものに対しては血讐の義務をももつ政治的・社会的集団であり，一方，イリやアトの繁栄を願ったり，病気の成員や殺された成員のために儀礼を行ったりする祭祀集団でもあるのである。

　北部ルソン諸族には多くの文化的共通点をみいだすことができるが，ボントック族のアトのような制度は他の社会にみられない[3]［De Raedt 1987：30］。北部カンカナイ族にダプアイ *dap-ay* とよばれる類似のものが存在してはいるが，ダプアイをもつ集落は比較的最近になって形成されたものであり，棚田による水稲耕作技術の導入や人的交流などによってボントック族からさまざまな影響を受けている。言語的にはカンカナイ族として分類されるが，文化的・社会的にはかなりボントック族と共通しているという［Eggan 1960：25-26］。だとすれば，カンカナイ族のダプアイ制度はボントック文化からの借用であると考えるのが自然であろう。また，かつてイバロイ族にも公共の寝宿としての男子舎屋が存在していたというが，現在ではみられない［Moss, C. 1920 a：214］。このように考えると，アトはボントック族に固有の特徴的なものであるといえるだろう。

(2) アト集団

　これまで述べてきたように，ボントック族の社会生活にとってアトがきわめて重要な役割を果たしていることがわかるが，その成員はいったいどのように構成されているのであろうか。

　アト集団内には，しばしば親族関係をみいだすことができるが，合田は「アトへの帰属様式は多様で帰属変更も容易に行われるのであり，そのうえ人々にはアトが親族集団だという認識もなく，従って親族集団とは認めがたい」［合田 1989 a (1979)：233］と指摘する。筆者がサダンガで行った調査でも親族関係にない者が同じアトへ帰属する例が多くみられるため，これが親族集団とはいいがたい。アトの構成成員が結果として出自集団と一致するこ

とがあろうと，アト集団は共通の祖先の名のもとに創設されたものではなく，そういった意味からも当初から出自集団ではないといえる［杉井 1990：35-36］。ウィルソンによるボントック・イリの統計をみても，同じアト内で第二イトコの範囲内の関係にある親族をもつ人々の割合は平均して 24.2 ％，多いところでも 40 ％に過ぎない［Wilson 1952：plate］。

　一方，アト集団は，その内部に男子集会所と祭場，娘宿およびアト成員の家屋をもち，そこに住む人々全員がそのアトに帰属するといった地縁集団であると考える立場がある。すなわち，アトはイリを地理的にいくつかに区分する「領域」のひとつであると考える。ボントック族について，最初の詳細な民族誌的報告をしたジェンクスはこうした立場にたつひとりであり，彼はボントック・イリにおけるアト集団の自律性に注目し，ボントック族にとってイリはこうした単なるアトの集合体であって，イリはいくつかのアトの共通の目的・利益のために存在しているにすぎないと述べている［Jenks 1905：49-50］。これに対しキージングは「ジェンクスはアトの自律性を強調し過ぎており，イリのような，より大きな紐帯の重要性を軽視している」と批判しているが［Keesing 1949：587-588］，結局，キージングもイリの重要性について認めてはいるものの，アトに関する解釈はジェンクスのものとあまり変わらず，空間的に同一のアト領域に居住する人々が社会的，政治的，儀礼的集団を構成すると考え，さらに成員は父系ラインに基づいてそれぞれのアトへ帰属し，結婚後には父方居住を行うことが期待されていると考えている。つまりキージングによれば，アトは空間的にひとつの領域をもった社会的単位であると同時に，その内部では父系原理と父方居住に基づいた親族集団を構成することがもっとも理想的な形態であるという［ibid.：588-589］。もちろん，すべてのアト集団がこのような理想型をとりうるかどうかは，かなりの地域的変差がある。少なくとも筆者の調査したサダンガやトックカンなどでは男子集会所はほとんど 1 ヵ所に集中して位置しており，居住地とアト集団の成員についての関連は何らみいだしえずアトがひとつの領域をもっているとは考えられない。またリードが調査したギナアンでは男子集会所がイリ内に点在しており，そこに位置するアトの名で周辺地域がよばれてはいるが，その地域の居住者とアトへの帰属が同一であるような傾向は必ずしも

みられないという［Reid 1972：538］。また，プリル＝ブレットも，ボントック族のいくつかのイリではジェンクスが調査したボントック・イリのようにアトの領域性も指摘できるだろうが，その多くはトゥクカンにみられるのと同じような形態をとっていると指摘している［Prill-Brett 1975：52-53］。

　こうしたことから，アト集団は，親族集団や地縁集団といった基礎的な集団から特定の機能を担うために人為的に形成された機能集団であるといえるだろう。これに対し，ボントック西部に隣接する北部カンカナイ族のサガダのダプアイは，居所に基づいて分割された厳密な意味での地域的＝社会的単位であって，その成員権を決定するのは出自ではなく居住地である。このダプアイということば自体，男子集会所やその成員によって構成される集団だけでなく領域そのものをも意味することばで，そこに居住する人々はすべてそのダプアイの成員となり，世帯が他の地域に移動するときにはその成員権も新しいダプアイへと移ることになる［Eggan 1960：27-28］。

　次にアトとイリの関係について，その形成過程でアト集団が発展してイリを形成していったのか，あるいはイリがいくつかのアト集団に細分されていったのかの２つの可能性があるだろう。これについて木佐木は，父系原理を基にしたそれらの集団が先にあって，共同防衛などの必要から集村化が進みイリが形成されていったのではないかと指摘している。木佐木は，その裏付けとしてエガンの指摘した北部ルソンの文化偏流をあげ，血縁組織から地縁組織中心の社会へ，散村的無頭社会から集村化による首長社会へという偏流の方向の中にボントック族のイリの形成過程を位置づけている。そして共通の利益やイデオロギー，親族の拡大ネットワーク，共通の社会的・宗教的活動の連続が，自律性をもった個々のアト成員たちにイリへの強い帰属意識を導くというのである［木佐木 1988：172］。これと同様な指摘はコールによってもなされているが［Cole 1945：142］，これに対しキージングは，集村化と細分化の両方にその可能性を認めている。つまり，ボントック族に中央集権的な政治組織が欠落していることや，アト集団が戦闘集団の単位として機能している，あるいは首狩に関わるさまざまな儀礼の実修がイリ全体の関心事というよりもむしろアトを単位として行われるという事実は，アト集団が自然発生的に集まってイリを形成していったという可能性と，後にイリの

権力がアトに分散されていったという可能性の根拠としてどちらにも使えるというのである。一方，イリを分封することによって居住地の縁に新しくアトが創設されるという事実は，アト集団がより統合された存在であるイリから発生したという可能性を説明することができると指摘する［Keesing 1949：584］。

このようにイリをアトの集合体と考えるか，イリがアトに分割されたと考えるかは議論の分かれる所であるが，アトに多くの政治的，儀礼的機能が与えられているにもかかわらず，彼らにその帰属を尋ねるとアトの名前ではなくイリの名前を答えるのが普通であり，少なくとも彼らがイリを単なるアトの寄せ集めの空間としてとらえているのではなく，イリ自体に強い帰属意識をもっているということがわかる。また，プリル=ブレットもいうように，外敵との争いや全体の豊穣を願う儀礼，共同労働などイリ全体に関わる事柄についてはアト集団を超えて話し合いがもたれるし，そうした会議に参加する者たちはもはや各アトの代表者として発言するのではなく，アトの枠組みを超えて「イリ全体の幸福」という共通の目的のために話し合いをしていることがわかる［Prill-Brett 1975：63-64］。

いずれにせよ，この問題に関して現段階での結論は早急であり，キージングも指摘しているように今後の研究の成果に待たなければならないだろう。

3．アトへの帰属様式

ジェンクスやキージングはアトへの帰属様式について，父のアトに帰属することがもっとも理想的であるとし，父系のラインの存在を強調した。ボテガンもまたその帰属様式に別の可能性を認めながらも，その成員権は生まれながらにして与えられていると考えた［Botengan 1976：62］。しかし実際のアトの帰属様式に関する報告では必ずしも父系のラインのみが強調されているとはいえず，地域的変差が大きい［村武 1986，木佐木 1988］。もちろん，変差があるといっても地域ごとでまったく異なった帰属様式がとられているわけではなく，それらを整理すると次の4つにまとめることができる。すなわち①自分の父の帰属するアト，②祖父の帰属するアト，③義理の父の帰属するアト，そして④新しく居を構えた場所に近いアトである［Cawed

1972：15, Prill-Brett 1975：58]。こうした帰属様式の多様性に関してプリル=ブレットは，父子関係の連鎖による紐帯が帰属先のアトを決定するうえで必ずしも絶対的な要件ではないことを指摘している。人々にとって，アトの紐帯は時として親族関係よりも強い繋がりをもつと考えられており，終世その関係を維持し続ける。そのためアト内部の良好な人間関係がきわめて重要であり，そこでうまく協調していけないような成員は必ずしも父と同じアトを選ぶ必要はなく，他のアトへ帰属することが望まれる。その際，次に選択することのできるアトは，母方の祖父の帰属するアトか義理の父の帰属するアトであるというのである。もちろん途中からアトの帰属変更（メシカヨ *mesikayo*）を行うことも可能であり，その場合，まず現在のアトの成員にその旨を告げ，負債などがあればそれを全部清算してから正式に承認を得る。そして新しく加わりたいアトの人々から了解をもらい，その後，いくつかの儀礼を経て，新しいアトの正式な成員として迎え入れられることになる。

　一方，他のイリからの婚入者の場合，男性は妻の男性親族のいるアトに受け入れられるが，彼はあくまでもよそ者であって，そこで自分から積極的に行動することはあまりないという。その一方で，男性が婚出によって自分の生まれたイリの父のアトへの潜在的な成員権を失うことはなく，この場合，彼の父の帰属するアトと妻の親族のいるアトへ二重の帰属が認められることになる。また，他のイリから移住する人は，自分の出自を辿ることのできる祖先をもつ人がいるアトを捜しだして，そこに帰属しなければならないという [Prill-Brett 1975：59-60]。つまりアト集団は，親族集団といえないにもかかわらず，その帰属については親族紐帯を基本としており，現実にはさまざまな状況に応じてそれ以外の帰属をも許容しているといえるだろう。

　これに対しギナアンを調査したリードは，その帰属先の選択が時として戦略的であることに注目し，彼らが帰属するアトを選ぶ時にはさまざまな思惑が働くと指摘している。つまり，息子はアトの選択に関して，しばしば父と同じアトを選ぶよう両親から忠告されるが，それにもかかわらず彼らの意志が両親の希望よりも強い場合があるというのである。その動機としてリードは，居住地とアトとの近接性や，強い絆で結ばれた幼い頃からの遊び仲間が

そこにいるかどうか，などをあげている。また，ひとつの家族に複数の息子がいる場合には，状況に応じて両親から忠告がなされるようであるが，たいていの両親は何か事が起きてたくさんのアトの協力が必要になったときのために，息子たちにそれぞれ別々のアトに帰属してくれるよう望むという。さらに，ギナアンでは2人の兄弟がひとつ屋根の下に寝ることは望ましくなく，同じアトで兄弟が寝るときには同じ側の寝台ではなく両側に分かれて寝なければならないとされている。実際，別のアトに帰属すればこのような問題も発生せず，このことからも兄弟が別のアトに帰属することが好まれるという傾向を説明できると述べている。その一方で，特定のアトの内部で強力な政治力を発揮することを望むような場合には，親族紐帯のさらなる強化のために兄弟がすべて同じアトに帰属するようにするという［Reid 1972：535-537］。

4．サダンガ郡におけるアト

(1) アトの概況

サダンガ郡においてアトはすべてのイリにみられるが，ベルワンについてはこれをアゴゴワン *agogowan* という別の名称でよんでいる。ただし，その機能や形態については他のアトとほぼ一致しており，ボントック族に広くみられるアトと同じ性質をもつものとみなすことができるだろう（表2.3.1）。サダンガのアト集団も他のボントック社会にみられるのと同じように，その社会生活できわめて重要な役割を果たすものであり，ボントック社会における複雑な社会関係の網の目を構成するひとつの単位として機能し，アトへの帰属を通してさまざまな社会関係が形成されている。

サダンガでは現在10のアトが存在しているが，そのうちのアングラランというアトは一度消滅したものが1973年頃に再建されたもので，また，ファングラガンというアトは創設されてから比較的新しい。一方，デマンのはずれの北部にキティルという，1970年代には約20人の成員が帰属していたアトがあったが，現在は消滅してしまっている。これらのほとんどはデマンのほぼ中央部に集中しており，しかも，そのうちの6つは同じ区画にあるが，他の3つも50mとは離れていない（サダンガ略図参照）。唯一ファングラガンはこのアト群からかなり離れたところのポブラシオンに位置している

が，ポブラシオンは，古くからの居住地で富裕層が住む場所とされるデマンに対し，新しくこの地に居を構えた人たちや，大きな近代的家屋を建てた人々が多く住む地域である。またポブラシオンはサダンガ郡の郡庁所在地でもあり，教師や郡の職員，小売店の経営者などといった現金収入を得ることのできる，いうならば「近代化の影響」を比較的強く受けた人々が多く居住している。サダンガは現在，ジプニーによって容易に州都のボントックと往復することができるため近代化の影響も受けやすいが，その一方で，依然として「伝統的」な儀礼が厳格に実修されている地域でもある。

(2) アトへの帰属

アトは未婚の男性や古老男性たちの寝宿であるとともに，すべての男性の社交場でもあるが，実際には男性のためだけのものとは理解されておらず，アトへの帰属は世帯を単位として行われる。ボントック族における世帯とは何かをここで確認しておくと，世帯を構成する居住の単位は原則として一組の夫婦と未婚の子供たちであるが，両親のどちらかが亡くなった場合などには残された親と同居する場合もある。同居人や使用人もこれに含まれるが，サダンガではまったく親族関係のない人が同一世帯に含まれることはない。他のボントック社会と同様，サダンガでも少年・少女たちはある程度の年齢に達すると親もとを離れ，それぞれ娘宿やアトで寝泊まりをするようになる。

表 2.3.1 サダンガ郡の人口・世帯数・アト個数

行政村名	人口	世帯数	アト個数
ポブラシオン	984	195	10
デマン	929	200	
アナベル	537	120	7
ベルワン	1,078	215	5
ベトワガン	1,606	377	10
ベキガン	492	94	不明
サカサカン	655	131	3
サクリット	1,021	182	3
合計	7,302	1,514	

(1990年国勢調査，アト個数は筆者調べ)

第3節　アト——男性領域としての男子集会所とアト集団——

また既婚の子供たちがひとつ家に同居している場合や，配偶者が亡くなった場合などにも男性たちはアトで寝る。このように考えるとボントック社会の場合，世帯の範囲は極めて曖昧になってくるが，ここでは，世帯とは「日常の食事，すなわち炉を共同にし，家計を同じくする人々の範囲」［合田　1989 a (1983)：132-133］を意味することとしたい。

　アトの建物自体は男性領域であって女性が立ち入ることはないし，ここでの会議に女性が参加することもないが，現実には男性はアト集団を構成する世帯の代表でしかない[4]。なぜなら夫が亡くなった後でさえ，その妻，あるいは妻と子供は依然として亡くなった夫のアトに帰属し，アト成員としての義務を果たさなければならない。また，周りの人々にも，依然として彼女たちがそれぞれどのアトに帰属しているかが明確に認識されている[5]。したがって，同一世帯内で異なったアトに帰属する場合は限られてくるが，実際には統計上，1990年の調査で395世帯中32世帯にみられた。ただし，そのうちの17世帯は義理の父母，義理の息子などの姻族が同居し[6]，表面上は同一世帯を構成しているが，実際には夫が妻方のアトに帰属変更しなかったためであり，残りの15世帯は未婚の息子が父と異なったアトに参加している場合であって特殊な事情である。しかも，サダンガではアトへの正式な帰属は結婚を契機として成立するため，この場合，彼らは正式な成員とはみなしがたい[7]。

　同じアトの成員であるという事実は，共同で儀礼を執り行い，共食し，かつ共同労働を行うことによって確認される。先にも述べたように，少年たちはある程度の年齢に達すると両親の家を離れてアトで寝泊まりをするようになるが，その場合，父は息子が自分と同じアトに行くことを望むという。しかし，決して強制されるものではない。父方や母方の祖父がいつも寝泊まりしているアトがあればそこについて行って寝ることもある。あるいは近所に住む同世代の遊びや仕事の仲間と一緒になってあちこちのアトを泊まり歩いたり，友だちの多くいるアトへと遊びに行ったりすることもある。しかし，思春期を迎える頃になると彼らの訪れるアトもほぼ一定してくるようになり，夜になるとこのアト仲間とともにしばしば娘宿を訪ねる。とくに娘宿への訪問過程での配偶者の選択やそれに続く婚姻儀礼においては，このアト仲間が

いろいろな面で重要な役割を果たすことになる（第3章第4節参照）。こうして，アトへの幼い頃からの訪問を通して，生涯のアト仲間がだんだんと形成されていく。

このように，若者たちが正式な成員となる（オムアト omato）ための準備段階を過ごすアトは，自分の父が帰属するアトの場合もあるし，そうでない場合もある。しかし実際には，彼らがたとえどこのアトで寝泊まりをしようとも，共同の儀礼の実修や共食などでは依然として父のアトに帰属しているとみなされている。原則として結婚した夫婦は新しく居を構え，経済的にも両親から独立することになり，いずれかのアトに新しく帰属しなければならない。すなわち，最終的なアト選択の決断は婚姻を契機として行われるが，とりわけ父が何らかの目的のために自分の帰属するアトに強い親族ネットワークを築きたいと願う場合には，息子も自分と同じアトに帰属してくれるよう熱心に望むという。しかし，これも絶対的なものではない。

個々のアトは稲の収穫後にフェグナス *begnas* とよばれる供犠祭宴[8]を行うが，これによってアトの成員たちは自分たちの成員権を再確認する。また，この時にアトの帰属変更や新加入も行われている。つまり，この祭宴に参加するということが，まさしくそのアトの成員であるということを意味しており，新夫婦はこの祭宴に先立って自分たちの帰属したいアトの古老たちにその意志を告げ，これに参加する旨を申し入れなければならない。フェグナス儀礼の中心は個々のアト成員による儀礼的舞踏と動物供犠で，ここで供犠された肉はアトの全成員で食されるが，一般に，その供犠動物となる豚やカラバオはその中の一世帯によって提供される。そして，残りのアト成員たちが供犠動物の提供者に，その報酬として労働を捧げる。これがアト成員によって構成されるチャンアス *dang-as* とよばれる労働グループであるが，供犠される動物の価値によって全成員が等しくその責を負うため，世帯を代表する者（それは妻であっても子供であってもよい）が決められた何日間かに，その労働に参加することを義務づけられている。新夫婦は，こうしたアト成員としての義務をともに遂行することによってその帰属が正式に認められることになる。

(3) アトへの帰属様式とその選択

サダンガにおいて，もっとも理想的なアトへの帰属様式は父と同じアトを選択することであって，かつてはその規範が遵守されていたという。つまりアトへの帰属は父方のラインに沿って行われており，息子は父の帰属するアトに準成員として参加し，やがて結婚を契機として正式な成員になり，終世その帰属が変えられることはなかったという。

過去に比較的頻繁に行われていた首狩は，現在ではほぼ強制的に廃止させられたが，それ以前はアト集団が首狩遠征のひとつの単位であった。ボントック族では仲間が殺されたときには血讐のために敵の首を狩ることが義務づけられており，また，そのことが名誉でもあると考えられていたという [Cawed 1972：23]。そのため，首狩はきわめて重大な関心事であったが，首狩の遠征はたいへんな危険を伴うためアト集団のような強い信頼で結ばれた人間関係と強固な団結が望まれた。サダンガでも，サダンガ出身の者が他のイリの人間に殺された場合，その犯人のイリの誰かに血讐することがアト集団に要求される。しかも，このような首狩の戦闘に勝利をおさめれば，単に名誉であるというだけでなく，イリの人々からその成功と勇気を称え褒賞として土地が与えられることもある。こうした土地はそのアト集団に共有地として保有されることになり，ピナンアト *pinangato* とよばれ，その用益権を行使できるのは自分の父とその祖父もまた同じアトに帰属する成員に制限される。やがて，その土地の一部を個人が水田として開墾すれば，その区画は開墾した者の個人財へと転化して，結局，首狩の成功は名誉と富の両方をもたらすことになる。しかし本来の帰属様式に従わず父と異なるアトに帰属した場合，新たに加わった者は，仮にその帰属を認められたとしても首狩の遠征に参加することは許されなかった。また，彼が他のイリの人間に殺されようとも，そのアト集団は彼に対して血讐の義務は負わないと考えられていた。つまりかつては，父と同じアトに帰属することで名誉や富，あるいは安全が保証されていたわけである。

しかしサダンガでは，父系のラインの継承が理想型としてみいだされるにもかかわらず，実際にはさまざまな思惑によって，アトの帰属が戦略的に行われる場合も多い。なぜなら，アトの紐帯はきわめて重要で，しばしば親族

関係よりも強い繋がりをもつものとなるからであり，あるいは潜在的でしかなかった遠い親族関係をアトの紐帯を通して活性化させることによって，こうした関係を社会生活の中に利用することができるからである。ドゥルッカーの調査によれば，現在，サダンガで実際に父系のラインに基づいてアトへの帰属を行っているのは50％前後にしかすぎないという［Drucker 1974：20］。つまりは多くの人々のあいだで，そうしたアトでの戦略的な関係を築くためのさまざまな試みがなされているといえよう。

　ボントック族の中でももっとも貧しい地域の一つであるサダンガ郡は，カチャンギャンとよばれる富裕層とインカラワとよばれる貧しい人々の経済的な格差が顕著にみられる地域であり，サダンガにおいても395世帯のうち約10％の有力な家族を除いては，ほとんどが十分な土地をもたず，自分たちの水田の収穫だけでは生活を維持できない家族である。イリ全体の，あるいはアト全体の決定事に対して重要な影響力をもつのはこの富と名声をもつカチャンギャンたちであり，イリ内の争い事に対して古老男性たちが仲裁を行う時にも，その真偽が疑わしいときや，さまざまな判断解釈が可能な時などには政治力をもった有力な人々のバックアップが必要になってくる。たとえば土地をめぐっての争いはしばしば裁判へと持ち込まれるが，サダンガでは水田の相続が厳密に相続規範に則って行われず，両親の裁量で兄弟姉妹に適宜，分配されることが多い。その一方で，あくまでも規範は規範として存在しており，水田が分配されて何年も経ったあとでさえ，正当な継承者が自分たちの土地に対する権利を主張する場合がある。このような場合，何年も経っていれば人々の記憶も不確かになり，こうした出自の認識の曖昧さが時として有力者に自分に都合のよい親族関係を捏造させることになる。ボントック族のように，親族関係が双系的にたどられる社会においては人間関係が錯綜し，親族であるという事実だけでは重要な人間関係を造りえない。そういった意味で，アトは緊密な人間関係を築き上げるもっとも有効な手段のひとつであるといえる。つまり，ある家族が政治的な思惑でアトの仲間から強力なバックアップを望むなら，男性は有力な自分の親族が多く帰属しているアトを選択することになり，また，自分の父が有力な親族の多いアトの成員であるなら自動的にそのまま父と同じアトに帰属することになる。これに

対し，もし自分の妻の父，つまり義理の父が自分の父よりも有力者の親族を多くもつアトに帰属しているなら，彼は義理の父のアトに帰属して，さらにその親族関係を深めることになる。これは他のイリから婚入してきた男性にもいえることであり，イリ内に親族関係をもたないよそ者である男性は，義理の父のアトに帰属することによって同じアトの妻方の親族からその援助を期待できるのである。

　これに対して，政治的な思惑というよりもむしろ日常の生活に大きな関心をもつ人々，とりわけ日常の生活に追われる人々は，リードがギナアン村においても報告しているように，むしろ遊びや労働を通してともに思春期を過ごした仲間との紐帯に重きを置いている。このような人間関係が，実はアトを単位とする労働グループの基礎を作るのであって，リードはこうした労働グループの母体としての役割がアトの重要な機能のひとつであると述べている［Reid 1972：540］。

　それでは過去において規範とされていたはずの父系ラインがなぜ強調されなくなっていったのだろうか。先にも述べた通り，首狩慣行の激減もその理由であろうが，これに対して，1972年から73年にかけてサダンガを調査したドゥルッカーは，アト集団によって共有される土地の価値の低下をその原因のひとつとしてあげている［Drucker 1977：8-9］。アトが所有する土地には①個人やその他の集団から購入したもの，②共同労働の代償として手に入れたもの，③首狩の勝利の報酬として与えられたもの，の3種類がある。先にも述べたとおり，敵に殺された仲間の血讐をみごとに果たしたアトの人々は，その栄誉に対しイリから森林地を与えられるが，これはアト全体の共有地とされ，そのアトに帰属する人のみが用益権を行使できる。この共有地は，材木を集めたり焼畑や新たに水田を作るのに利用されるが，儀礼に必要な動物を購入したり，平和同盟を結ぶための経費をまかなうために個人に転売されることもある。このように自分の帰属するアトが多くの土地を保有すれば，個々の努力によって水田を新しく造成し，その富を蓄積することができるわけである。しかし実際には，ここ半世紀というものアトを単位として土地の獲得は行われていない。それにもかかわらず，これまでその多くが処分されてきている。そのために，現在サダンガではファリウアヤンとよば

れるアトが3区画の土地を保有しているだけである[9]。また灌漑の可能な土地の不足から，以前ほど新しく棚田の造成が行われなくなってきており[ibid.:4]，このような土地に対する経済的価値は下がりつつあるという。ドゥルッカーは，過去においてアトが土地保有集団として重要な意味をもっていた頃には，その用益権獲得の手段として父系のラインに基づいたアトへの帰属が行われることが多かったが，だんだんとこのような土地に対する価値が減少するにつれ，その傾向が失われていったのではないかと指摘している[ibid.:9]。

これまでサダンガの人々は，現実には，さまざまな動機に基づいてアトの選択を行ってきた。だが古老男性たちにその帰属様式を質問すれば，「何世代か前まではほとんどの息子が父と同じアトに帰属していたし，それは系譜を辿ることによっても確認できる」という。つまり依然として彼らの意識の中には父系ラインに基づく帰属がもっとも理想的な形態として認識されているのであって，それは，しばしばそうした規範からの逸脱が容易に行われているようにみえても，実際にはいくつかの制約が存在していることからもわかる。たとえばその成員が，父の帰属するアト以外に帰属を認められたとしても，実は，そのアトでは仮の成員としての地位しか与えられず，すぐに正式なアトの成員としての権利をすべて享受することはできないことになっている。しかも仮の成員として，「試験期間中」である彼が他のアト成員ともめごとを起こしたり，古老男性たちの忠告を素直に聞かなかったりしたような場合には，彼が本来帰属すべきであった自分の父のアトに戻るように勧告される。こうした試験期間を経て，何年かたってやっとその帰属が正式に認められることになり，このとき初めてすべての行動に参加することが許される。しかし，アトが保有する土地に関しては依然としてその用益権を認められない。さらに世代が変わって，その息子が彼と同じアトに帰属しようとする場合には正式な成員の息子として受け入れられるが，実際にはまだアトの保有地の用益権は与えられず，その孫の代になって，その祖父がかつて他のアトから来た者だなどという事実が人々に忘れ去られてしまう頃，やっとその用益権が与えられることになるという。

(4) 各アトの特徴

サダンガでは現在10のアトが存在しているが，表2.3.2からもわかるように，その規模や性格に多くの違いがみられる。そのため，ここではそれぞれのアトの特徴を示すことによって，サダンガの人々の個々のアトへの帰属の動機づけについて考察してみたい。なお便宜上，各アトには筆者が番号をふっている。

表 2.3.2　サダンガにおけるアト　　　　　　　　　　　　　　　　（1990年）

アト	所在地	世帯数[1]	富裕層の数	同一世帯で異なるアト[2]
① Banglagang	ポブラシオン	P-69	13	8(1)
		D- 1	0	1
② Baliw-ayan	デマン	P-23	10	4(1)
		D-43	21	3(2)
③ Belwan	〃	P-36	1	7(1)
		D-16	4	4(2)
④ Engak	〃	P-26	6	4
		D-27	12	4(3)
⑤ Lokbaw	〃	P- 4	0	0
		D- 8	2	1
⑥ Talyad	〃	P- 3	0	2
		D-16	5	2
⑦ Anglalan	〃	P- 6	2	2
		D-12	1	1
⑧ Longayan	〃	P-22	4	5
		D-25	6	5
⑨ Lawingan	〃	P- 9	2	2(1)
		D-29	4	5(1)
⑩ Layogan	〃	P- 9	1	0
		D-31	5	6(1)
⑪ Kattil	〃	消滅		
他村出身者		5		

*1　上段は居住地がポブラシオン，下段は居住地がデマン
*2　同一世帯で違うアトに帰属，あるいは参加する場合の世帯数は重複している。
（　）内は富裕層の数

① ファングラガン (Banglagang)

　ファングラガンは，唯一，他のアト群からかなり離れた所のポブラシオンに位置している。また，創設されてから60年ぐらいしか経っていない比較的新しいアトである。人口の増加にともなってデマンでは収拾しきれなくなった人々がポブラシオンに移り住むか，あるいはこの周辺に新しく居を構えた人々のために新しく創設されたものであろう。空間的には，郡庁舎のあるサダンガ郡ホールや教会，ボントック郡とサダンガを結ぶジプニーの発着場などが近くにある，いわば外的世界との境界点である。このアトに帰属する人々は70世帯中69世帯がポブラシオンに居住しており，残りの1世帯は，妻方の両親との同居のためデマンに居住しているが，義理の父と同じアトへの帰属変更を行わなかったために，義理の父は⑥のタルヤッドのアトに，ポブラシオンに職をもつ娘夫婦はこのアトに帰属している。1970年頃に50弱であった成員は，筆者の1990年の調査では69世帯に増加していた。20年前，現在のポブラシオンに居住していた人は約150世帯，現在は195世帯であるから，単純に計算すれば新しく居を構えた人の約半数は新しくこのアトに帰属したことになる。創設された時期が新しいことと，また，統計的な資料だけに頼れば，このアトは明らかに居住地に基づいてその帰属が決定されているといえるだろう。また1984年にサダンガは行政的に2つの行政村としてポブラシオンとデマンに分割されたが，そうした事実もこのような帰属様式に拍車をかけたといえる。アト成員のうちの約20％を占める富裕層の多くは，いわゆる近代的な学校教育を受けた，現金収入を得ることのできる教師や郡の職員などであり（8世帯），また全世帯のうち28世帯は専業農家ではなく，何らかの形で現金収入を得ることのできる人たちである。したがって近代的な大きな家をもつ場合が多く，また，結婚後も親と同居している世帯が多くみられた（18世帯，そのうち妻方の親が9世帯，夫方の親が8世帯，双方の親と同居が1世帯）。これに対し，子供が独立し，配偶者がなくなった後にも1人で世帯を構えるといった伝統的な老人世帯の例は2世帯のみである。

② ファリウアヤン (Baliw-ayan)

　ファリウアヤンは現在でもアトを単位とした土地を保有している唯一のア

ト集団である。66世帯中その約半分（31世帯）が富裕層で占められ，とりわけ，イリのなかでもとくに有力な富裕者たちが多く帰属している。このアトは古くから名誉ある首狩の戦闘集団として機能し，その報酬としての土地を多く保有する，いわば富と名声を誇る有力な集団を構成してきた。現在の成員数は1970年代の1.5倍に増加したが，その成員のほとんどは伝統的な農業を専業とし，①のファングラガンのアト成員とは違い，その富裕層の多くが農業を経営している。彼らの所有する膨大な水田は自分たちの家族だけでは処理しきれないため，同じアト成員の貧しい人々に貸与するか，あるいは他のアトが構成する労働グループを雇うことになる。

　帰属様式に関してはその創始者とされる2組の兄弟を頂点として父系の出目がたどられてきたようであるが（約75％），これにさまざまな思惑をもつ人々が集まってきている。その結果，アト内部には複雑な親族関係が絡み合い，強固な人間関係のネットワークが造り出されているという。首狩集団としての機能が失われた現在でもその傾向は強くみられるが，このアトに他から帰属変更する人々は，このアトが保有する土地に関する用益権の獲得を目的とするというよりも，むしろ土地の相続などをめぐる争いの仲裁や，他のイリからの婚入者や，成功者への嫉妬や嫌がらせに対するイリ内部の強力なバックアップを求めてやってくる人々であり，父系のラインだけでなく母方の祖父や義理の父を通じての帰属も行われている。これらをその成員の居住地とアトの位置との関連からみれば，アト群のなかでは比較的離れて位置しているにもかかわらず，アト周辺に居住している成員はほとんどなく，いくつかの世帯が集住していることはあるが，富裕層にいたってはその大部分がデマンの中心部から南部にかけて等しくイリ内に散らばっている。また富裕層の息子が，このもっとも有力なアトから別のアトへ帰属を変更している例が1世帯だけみられるが，これは郵便局の職員の一人息子がポブラシオンに新しく居を構えた際に，便利な①のファングラガンのアトに変更したと考えられるもので，残された母は依然として亡くなった夫のアトに帰属している。さらに4名の男性は，父が異なるアトに帰属しているにもかかわらず，母方の祖父などを通じてこのアトに準成員として参加している。ただし，まだ両親から独立していない彼らは，自分の本来のアト（父のアト）とこのア

トに二重に参加していることになる。しかし，いずれ結婚を契機として正式にこのアトに帰属することがみこまれる。

なお，外敵との争いや全体の豊穣を願う儀礼，共同労働などイリ全体に関わる事柄についてアト集団を超えて話し合いが行われる場合，このアトが会場のひとつとなる。

③　フェルワン（Belwan）

フェルワンは比較的規模の大きなアトにもかかわらず富裕層の数は少なく（5世帯），その成員は有力な一つの家族の系統に関係づけられる。またこの家族は広く他の富裕層と婚姻関係を結ぶことによって別のアトとの間にも強力な親族ネットワークを造り出している。1970年頃に約40世帯だった成員は現在52世帯に増加，そのうち12世帯は大工や鉱夫，教師などで，現金収入を得ることのできる比較的豊かな人々であるが，富裕層の家筋として認められるのは1世帯のみである。また2世代以上にわたって同居が行われている拡大家族は16世帯もあり，そのうち9世帯は妻方の両親あるいは父，母と同居している。帰属様式について，父系のラインの強調はそれほど顕著ではないが，約半数が父と同じアトに帰属している。また成員の居住地とアトの位置との関係についてみると，その成員の3分の2はポブラシオンに居住しており，またデマンに関してはそのほぼ中央部に分布しているが，アトの位置との関連はみいだせそうにない。

④　エンガック（Engak）

このエンガックから以降，⑨のラウィンガンまでの6つのアトはひとつの区画に集まって建てられている。エンガックは比較的規模の大きなアトであり，富裕層の数も2番目に多い（18世帯）。この富裕層たちは②のファリウアヤンや他のアトとも密接な親族関係をもっており，また内部の成員間においても複雑な親族のネットワークがみられる。また③のフェルワンと同様に，現在は個人に転売され個人財となってしまったが，アトを単位とする山林を最近まで保有していたことが確認されている。1970年頃に比べると成員は約2倍に増加しており，また，そのうちの11世帯は何らかの現金収入を得ることのできる比較的豊かな人たちである。しかし全世帯の3分の1を占める富裕層は，ポブラシオンの州道添いに居住して小売店を経営する

サダンガ略図（1990年）

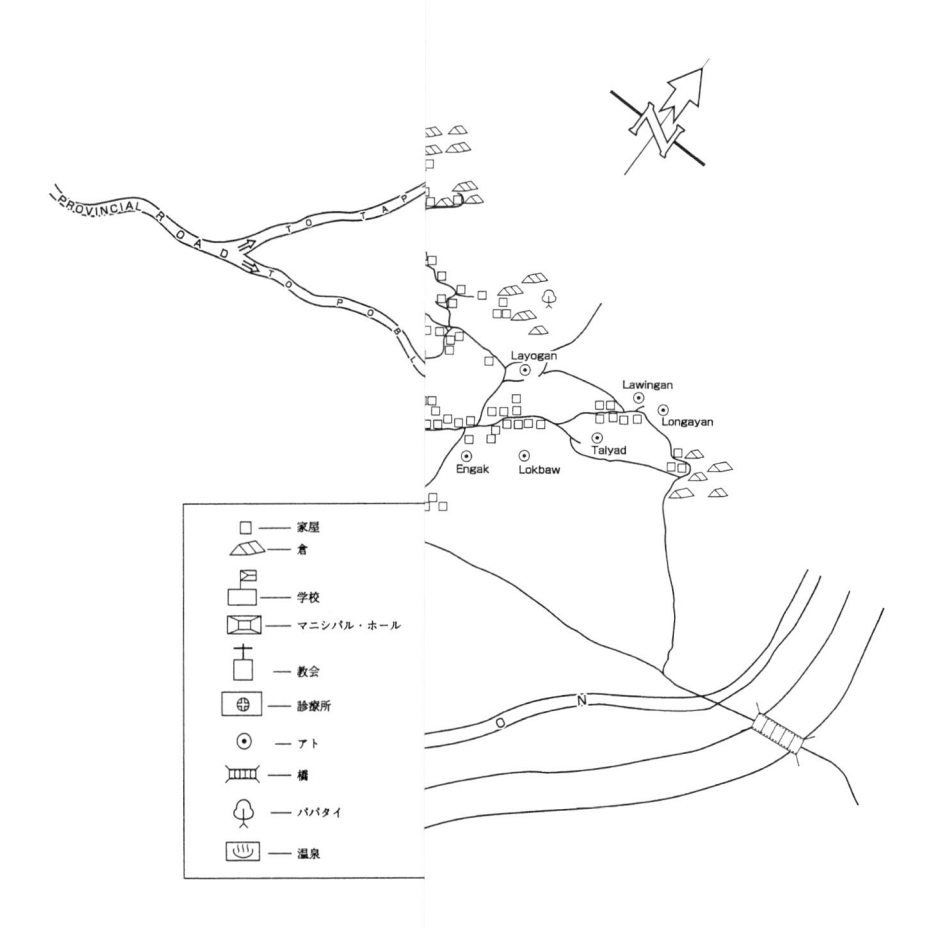

凡例:
- □ ── 家屋
- △ ── 倉
- ⌂ ── 学校
- ⌂ ── マニシパル・ホール
- † ── 教会
- ⊕ ── 診療所
- ⊙ ── アト
- ⊞ ── 橋
- ♣ ── パパタイ
- ♨ ── 温泉

PROVINCIAL ROAD TO TAPPOBEI

Layogan
Lawingan
Longayan
Engak Lokbaw Taiyad

1世帯を除いて、すべて伝統的な農業に従事している。また老夫婦あるいは未亡人のみの独立世帯は3世帯で、2世代以上にわたって同居が行われている8世帯のうち7世帯は妻方の親との同居である。その帰属様式に関しては父方のラインが意識されている傾向はみられるが（約50％）、母方のラインを辿るなどの逸脱もかなりある。また自分の父のアトとこのアトに二重に参加している者や（4名）、本来はこのアトの成員でありながら②のファリウアヤンに参加している者（2名）もみられる。成員の居住地とアトの位置との関係についてみると、成員の半分がポブラシオンに居住しているが、その多くはデマンとの境部に集中し、またデマンについてはその中央部にかけて広く分布している。

⑤　ロクファウ（Lokbaw）

このアトはサダンガのなかでもっとも規模の小さなアト（12世帯）で、1970年代の世帯数とほとんど変わっていない。大部分は農業に従事しているが、そのうち富裕層は2世帯である。2世帯といっても実際には、そのうち1世帯が夫の亡くなったあとも同じアトにそのまま帰属する単身未亡人の世帯で、その子供たちは④のエンガックにすでに帰属を変更している。またもう一方の1世帯も夫がすでに亡くなっており、息子が1人いるだけである。全世帯のうち7世帯は女性のみの世帯（4世帯）か、夫がすでに亡くなっている世帯であって（3世帯）、息子がその世帯の代表を務めるとしても、実際に稼動することのできる成員は8名のみである。現在の成員の息子が今後すべてこのアトに帰属すると仮定しても、次の世代を担えそうな数は現在よりも増えるとは考えられないから、このままでは消滅の可能性もある。また居住地との関係に関しては、成員たちの家屋はポブラシオンとデマンに分散しているが、活動の中心となる成員の世帯はほとんどがデマンにある。

⑥　タルヤッド（Talyad）

タルヤッドもまた比較的規模の小さなアトである（19世帯）。1970年代と世帯数はほとんど変わらないが、富裕層の息子の1人が教師をしていることを除けば、すべての世帯が農業に関わっている。富裕層は5世帯ともデマンに居住しているが、そのうちの3世帯は老夫婦あるいは未亡人の独立世帯である。また4世帯のうち、合わせて7人の息子がすべて父親と違うアトの行

事に参加しており，今後②のファリウアヤンや④のエンガックなどといった有力なアトへの帰属変更の可能性も考えられる。さらに6世帯は老夫婦あるいは息子のいない世帯であって，このままでは必然的に成員数が減少していくだろう。帰属様式に関しては父系のラインが意識されているようであるが（約70%），各成員の居住地から考えるとむしろ近隣の仲間と同じアトに帰属するという場合の方が多いと考えられる。

⑦　アングララン（Anglalan）

アングラランはかつて成員の減少によって自然消滅したものが，1973年頃に再建されたものである。実際，再建されてから20年あまりしか経っていないため，その成員数も少ない（18世帯）。富裕層の数は3世帯，そのうちの2世帯はポブラシオンに居住している。明らかに再建以後に世帯を構えたと思われる6世帯を除いては，再建にあたって，何らかの理由によりここに帰属変更したと考えられるが，デマンに居住する12世帯のうち10世帯はほとんど同じデマン北部地域に居住しており，近隣の仲間が同じアトに帰属したのではないかと推察できる。2世帯においては息子が将来違うアトに帰属することを希望しているようであるが，現在の成員をみれば労働力となりそうな若い世代の成員が比較的多い。なお，外敵との争いや全体の豊穣を願う儀礼，共同労働などイリ全体に関わる事柄についてアト集団を超えて話し合いが行われる場合，このアトが，ファリウアヤンとともに会場となる。

⑧　ロンガヤン（Longayan）

ロンガヤンは比較的成員数も多く（47世帯），富裕層の数も4番目に多い（10世帯）。1970年代と比較して，最近までほとんど規模は変わっていなかったが，1990年の調査から1年間で5世帯が転出してしまった。鉱夫など現金収入を得ることのできる職業をもつ世帯が多い（10世帯，うちポブラシオン7世帯）。また，2世代以上にわたって同居が行われている世帯は12世帯あり（6世帯は妻方の親との同居），そのうちの5世帯は現金収入をもつ世帯であった。しかし，その反面，伝統的な老夫婦のみの独立世帯も多くみられる（6世帯）。帰属様式に関しては，富裕層がその内部や外部との関係において複雑な親族ネットワークを造り出しているといわれており，何人かの息子はその帰属変更を予定しているようであるが（3世帯），父系の

ラインに基づく帰属は比較的意識されているようである（約70％）。居住地との関連については，ポブラシオンとデマンに等しく成員の家屋が分布しており，とくにその領域性は指摘できないが，いくつかの近隣世帯が集まって同じアトに居住している傾向はみられる。

⑨　ラゥインガン（Lawingan）

ラゥインガンの成員数は，⑧のロンガヤンと同じように1970年代と比べるとあまり変わっていないが，1990年の調査からみると1年間で3世帯がすでに転出していた。同居する子供が現金収入を得ることのできる3世帯（うち2世帯は富裕層）を除いては，すべて伝統的な農業に従事している。富裕層のうち1世帯はバギオに転出，また，もう1世帯はサダンガでも有力な家族の娘と結婚したためその両親と同居しているが，世帯自体は夫婦の帰属するアトと同居する義理の両親のアトが異なっており，義理の両親は③のアトに帰属している。これを含め，2世代以上にわたる同居は4世帯，これに対し老夫婦のみの独立世帯も4世帯あった。帰属傾向については父系のラインに基づく帰属がかなり意識されているようであるが（約85％），父と異なる別のアトからこのアトへ準成員として参加している若者も5人みられる。また居住地との関連についてであるが，そのほとんどはデマンの中央部に集中しており，近隣ネットワークを造り出しているといえる。

⑩　ラヨガン（Layogan）

ラヨガンの成員は現在40世帯，1970年代と比較して世帯数は2倍に増加している。位置的にみて，今は消滅してしまったキティルに近いことから，ここからの帰属変更も十分に考えられるが，定かではない。ただ父系のラインに基づく帰属はそれほど意識されていないようであり（約60％），⑨のラゥインガンとの人的交流が指摘できる。2世帯を除いてはすべて農業に従事しており，老夫婦のみの独立世帯は6世帯で，2世代以上にわたる同居は2世帯しかみられない。居住地についてみると，このラヨガン周辺に居住する世帯が多い（10世帯）。富裕層5世帯のうち1世帯はポブラシオンに居住する未亡人の世帯で，残りの4世帯はデマンに居住しており，そのうち1世帯は③のフェルワンのもっとも有力な家族の息子であるが，③のフェルワンには行かず，家から一番近いこのラヨガンの行事に参加している。また逆

に3人の若者が，ここから⑨のラゥインガンの行事に参加している。

5．おわりに

　サダンガにおいてもっとも理想とされるアトへの帰属様式は，父系ラインに基づいて父と同じアトに帰属することであった。しかし現実には，さまざまな可能性を求めて戦略的にアトの選択が行われており，それらを強く動機づけているものは，実際の社会生活において自己を発展させるため，その手段として慣習的に定められた規範にいかにうまく対処し実践していくかであった。個々のアトの特徴が示しているように，もっとも有力なアトにその戦略の実践を求める人たちは，潜在的な親族関係を活性化させるためにさまざまな可能性を辿る。これに対し，日常の経済生活のなかにアトの協力関係を取り込む人たちは，近隣の，あるいは父と同じアトにそのまま帰属していく。また近代化の影響を受け貨幣経済に取り込まれる人々は，そのような人々が多いアトへ帰属することによって，自分たちの生活を有利にさせようと図るのである。

　このような現実としての「理想形態からの逸脱」は，決して彼らの社会生活の安定や社会の秩序を否定するものではなく，長い歴史的発展のなかで日常の生活を通して柔軟に受け入れられ，その生活を存続たらしめてきた一種の戦略であるといえよう。こうした逸脱はいわゆる近代化ということばで説明できそうであり，低地民との接触は人々にさまざまな文化をもたらした。しかしそれらが人々の社会生活を根本から揺るがすというようなことはなく，むしろ彼らは，規範と逸脱，近代化と「伝統」といった，相反する諸要素をきわめて柔軟に生活のなかに取り込むことによって，その社会生活や慣行を維持してきたということができるだろう。

［註］

1）アトに女性が立ち入ることはないし，アトでの話し合いに女性が加わることもない。しかし，アトやイリの運営にまったく女性の意見が反映されないというわけではもちろんない。通常，個々の家族の代表者である男性は，アトの会議の前にそこで議論される問題について家族の意見を聞き，皆の同意が得られるまで話し合う。つまり，男

性たちは家族の代表者であり，家族の意見を会議で述べることになるから，女性の声は参加する男性を通して会議での取り決めに反映される。
2）アトでの話し合いは全会一致が原則であり，先例や経験に即して結論が導き出される。しかし，過去に例のないような問題や難しい選択に迫られた時，最終的な結論をだすのは古老男性たちである。なぜなら，古老男性たちは彼らの中でもっとも知識と経験に富んでおり，イリ全体の幸福のために一番正しい判断をすることができると考えられているからである。
3）イフガオの中央部，および西部には *atul*，あるいは *atol* とよばれる空間があるが，これは人々が集まって日常的なおしゃべりなどをするためのものであり，ボントック社会のような儀礼的空間ではない。バートンはこれを，かつての移住者たちがもたらしたもので，彼らが以前住んでいた社会の制度の名残であるとしている［Barton 1946：23］。
4）ウィルソンは，ボントック族のアトについて説明するのに，それぞれのアトの成員数としてそれに帰属する世帯の家族全員の数を挙げている。それによれば，調査当時，ひとつのアトに帰属する成員数は平均して 93.44 人で，そのうちアトの代表者としての男性成員の平均は 26.88 人であった［Wilson 1952：table］。一方，プリル゠ブレットによれば，女性は夫のアト，父のアト，そして母方の祖父のアトのすべてに非公式にではあるが帰属することになるという。つまり女性は，実際の色々な決定事項に直接参加することはないが，アトを単位とする儀礼などにおいては米を搗いたり，調理をしたり，また調理された料理をアトに運ぶといったような労働奉仕が期待される。その際，それが上記したような複数のアトで要求されるというのである。ただし，アト成員に課せられる労働や米，供犠動物の供与などという義務が女性自体に課せられることはないという［Prill-Brett 1975：57，60］。
5）サダンガの人々は，395 世帯のうち 54 世帯あるすべての寡婦世帯がそれぞれどのアトへ帰属しているかを明確に認識している。ウィルソンも指摘するように，夫が先に亡くなった場合は妻がそのアトに対する代表者として代わりを務めることになり，妻自らが儀礼などの負担金を供出したり，肉の分配を受け取ったりする［Wilson 1965：218］。
6）義理の両親との同居 1 世帯，義理の両親および義理の弟との同居 1 世帯，義理の父との同居 4 世帯，義理の父および義理の弟との同居 1 世帯，義理の母および義理の弟との同居 1 世帯，義理の息子との同居 8 世帯，義理の娘との同居 1 世帯である。
7）ただし，両親から経済的に独立して世帯を構える場合には，結婚していなくても正式にその成員権が認められているようである。
8）フェグナス儀礼は収穫後だけでなく，田植え後や，収穫前，あるいは誰かが敵に対する血讐に成功した際などにも実修される。しかし，もっとも多く行われる機会はやはり一番食糧が豊富な収穫後で，全知全能の神ルマウィにその加護と豊穣を願って実修される。
9）現在，サダンガで確認できるアトを単位とする保有地は，ファリウアヤンが 1 区画の牧草地（カラバオの飼育地として利用）と 1 区画の丘陵地，1 区画の森林を保有しているのみである。これとは別に，最近まで 2 区画の牧草地も保有していたらしいが，今は個人に売り渡されている。またファリウアヤンと同様，有力なアトのひとつであ

るエンガックでも最近まで農業用地を保有していたが，現在では個人に転売されて水田として利用されている。またサダンガ以外でも，このようなアトが保有する財産は多く確認されている［Prill-Brett 1987 a：120-122，合田 1989 a（1978）：46］。

第4節　オログ——女性領域としての娘宿——

1．はじめに

　ボントック族のイリでは，とりわけ男子集会所（アト）制度に基づくアト集団の機能が顕著である。いうまでもなく，このアトは単なる若者のための寝宿ではなく，ボントック族の社会生活に欠かすことのできないものであって，このアト集団が，しばしば政治的・儀礼的な単位として機能する。

　これに対し娘宿は，従来の民族学的研究の多くで，こうした男子集会所に付随するものとして言及されることが多く，しかも単なる「寝宿」としてとらえられることが多かった。たしかにこの娘宿が寝宿として若者たちの比較的自由な性的交渉の舞台となることも多かったが，ボントック社会では，実は，こうした娘宿での男女の求愛過程が，その後の婚姻関係へと発展していくためのきわめて重要な段階をなしており，そういった意味では，性と結婚が不可分の関係にある以上，娘宿のイリで果たす役割はきわめて大きいといわざるをえない。さらに娘宿は，性や生殖といった機能に限らず，女性としての嗜みや知識を学ぶ教育的機能や，共同労働の基礎的な単位を提供する経済的機能などをも同時に果たすものである。近年，娘宿はキリスト教的倫理観や近代的な学校教育の普及によって「乱交が行われる望ましくない野蛮な慣行」として批判され，そのほとんどが消滅してしまっているといわれている。しかし，伝統的形態としての「宿」そのものが失われてしまっても，空き家や未亡人の家屋などにその機能が代替されている場合が多いというのも事実である。

　したがって本節では，娘宿の主たる機能である婚姻の成立過程における娘宿の役割についてとりあげ，ボントック族およびその周辺諸族の娘宿に関する報告と比較検討することにより，その社会的位置づけ，および娘宿での婚姻以前の性的交渉に対する観念について論述し，その機能について再考したい。なお，娘宿のもうひとつの重要な機能である「共同労働の単位」として

の娘宿については第4章第4節で詳述する。

2．ボントック族における娘宿

　ボントック族のイリは，それぞれ，その内部にいくつかの男子集会所（アト）とオログまたはパンギス olog/pangis とよばれる娘宿をもっている。通常，娘宿は石を泥などで塗り固めた，小さな入り口がひとつあるだけの小屋で，内部には藁の敷物や板を敷きつめた寝所（エフェッグ ebeg）がある[1]。ここに多いときで一度に25人位が寝泊まりするため，たいへん狭く，窮屈であるという。

　幼い頃は両親のもとで過ごした少年・少女たちも，やがて自分たちの身の回りの世話ができるぐらいの年齢に達すると，それぞれ両親の家を出てアトや娘宿で寝泊まりをするようになる。そして，その後も昼間はこれまでと変わらず両親の田畑で働き，家事を手伝い，家族と食事をともにするが，夜にはアトや娘宿に集まり，話をしたり，歌を歌ったりして楽しく時を過ごす。とりわけ未婚の青年たち[2]にとっては何人かで集まってこの娘宿を訪れるのが大きな楽しみのひとつで，やがて夜も深まった頃にはそれぞれのアトへと帰っていくが，なかには，ここでそのまま彼女たちと一緒に寝ることもある。それがだんだんと個人ベースでの恋愛や婚姻へと発展していく。ボントック社会では，しばしばカチャンギャンとよばれる富裕層が，婚姻によって財産が分散してしまうのを防ぐためカチャンギャンどうしで結婚させたがる。そこで早々に子供たちを婚約させ，将来，その相手と結婚することを強く望むという。しかし，こうした一部の富裕層どうしの幼児婚約を除いては，娘宿での自由な交際の過程で配偶者を選択するのが一般的である。

　娘宿は，こうした寝宿や男女の社交場として使われる以外にも，前述したとおり，さまざまな役割を果たしている。しかも，同じ娘宿で青春を過ごした娘宿仲間とは生涯を通じて親しい関係をもつものであり，結婚して娘宿を離れたあとでさえ，これが水田の作業や儀礼の準備などといった共同労働を行う際の基礎的な単位となることが多い。このことからも，ボントック族の娘宿は単なる寝宿ではないということがわかるが，その一方で，こうした機能や形態の細部においては地域的変差もみられる。したがって次に，さまざ

まなイリでの娘宿に関する研究報告をとりあげ，その地域的変差に着目しつつ娘宿の機能を整理しておく。

(1) ボントック・イリ

ボントック・イリはマウンテン州の中心部であるポブラシオンと隣接していることもあって，現在では，ボントック郡のなかでも最大規模の人口を擁するイリである。ここでは娘宿はオログ *olog* とよばれており，一般に「結婚可能な女性のための寝宿」であると認識される。

娘宿の伝統的な形態は，石で長方形に囲まれた壁にコゴンで屋根を葺いたもので，大きさはアトの舎屋とほぼ同じである。建物の内部は，地上から約30 cmの高さに作り付けた寝台がその3分の2を占め，少女や未亡人たちはここで寝る。入り口はひとつで夜には開けたままにされるが，かなり狭く，中に入るのに辛うじて横になって通らなければならないほどである。構造的には男子舎屋とあまり変わらないが，娘宿には，男子舎屋に付随する会議場や祭場として機能するような前庭はなく，たいていの場合は豚小屋の上方に娘宿が作られていて，娘宿と豚小屋の間のわずかなスペースが夜，眠りに就く前に男女が集まって話をしたり，遊んだりするための場所として利用されている。

カウィドの調査によれば，かつては17のアトに対しそれぞれが1ないし2ヵ所の娘宿をもっていたという。しかしその数は，アトのある地域に結婚可能な女性がどれぐらいいるかによって違ってくるため，変化する［Cawed 1972：18］。少女たちは1人で身の回りの世話ができるようになるとすぐに娘宿で寝泊まりをするようになり，朝から暗くなるまでは両親の田畑の作業などを手伝い，夜だけを娘宿で過ごしていた。しかし，娘宿は単に寝宿として使われるだけでなく，結婚して母となるためのさまざまな知識や，男性の前でどう振る舞うべきかなどといった女性の嗜みなど，ここで少女たちは多くのことを年長者たちから学ぶという。また同じ娘宿仲間は強い仲間意識で結ばれているためさまざまな面で助け合うが，とりわけ農耕にかかわる労働グループはこれが中心となって形成されている。一方，同じ娘宿で少女たちと寝起きをともにする未婚の年配女性や子供のいない未亡人は，その若い少

女たちを保護し世話をする役割を担っており，このことが，まだ何もわからない少女たちを男性たちから守ることにもなるという。こうしたことからも，ボントック・イリでの娘宿の果たす社会的役割はきわめて大きいことがわかる。

　ボントック・イリでの求愛行為は，一部の富裕層間での幼児婚約を除いては，娘宿での自由な交際を通して展開されるのが一般的である。たとえば，1人の青年がある娘と交際を望むとき，彼は，同じ娘宿に交際する女性がいる男友達に助けを求め，その気持ちを，友達の恋人を通して好きな相手に伝えてもらうことができる。通常，頼まれた女性は，夜になって娘たちが集まってきたときに，相手の女性にその旨を告げることになる。そして，その後も男性たちはいつもと変わらずにその娘宿を訪れ，一緒に愛の歌を歌ったり，物語を語ったりして楽しむ。一方，周囲の者たちは彼らが夜の集まりや昼間の仕事で，なるべく2人きりになれるように気を配る。こうしたことが，2人が親しくなるまでしばらく続けられるという。やがて，このような過程で2人が結婚を望むようになれば，はれて婚約者となる。ボントック・イリでは，婚約者となったとき初めて娘宿の中で一緒に寝ることが許されるという。こうしたことからカウィドは，娘宿とは一般に考えられているような単に性的交渉を行うための寝宿ではなく，ここでの自由な交際の過程を通して求愛がなされ，やがて婚約が成立した男女のみがともに夜を過ごすことのできる場所としてとらえるべきであると述べている。つまり婚約した2人が，婚姻儀礼を遂行する前の何日間かの夜を娘宿でともに過ごす場であるというのである。さらに，このような娘宿慣行は，青年男女を堕落させたり，不道徳な行為をさせたりするものでは決してなく，ボントック・イリの男女の性に対するつましさは実際にはあまり感じられないが，かといって，そこに淫らな雰囲気は感じられないとも指摘している［ibid.：18-19］。

　こうしたカウィドの報告に対し，もっとも早い時期にボントック・イリで民族学的な調査をしたジェンクスの報告は若干異なっている。ジェンクスによれば，ボントック・イリの青年が結婚前に2～3人の女性と同時に性的関係をもつのは普通であり，その女性がすべて同じ娘宿の仲間であることも起こり得ると報告している。青年たちは夜になると2～3人で一緒に娘宿を訪

第 4 節　オログ──女性領域としての娘宿──

れ, それを娘たちは快く受け入れる。また, 彼女たちは昼間, 青年たちの褌やパイプ, 帽子などをこっそりと持ち帰り, それを取り戻すために彼らが娘宿を訪れなければならないようにしむけるなどして, 実に大胆に娘宿へ彼らをさそうという。やがて娘がこうした交際を通じて妊娠すれば, 相手の男性にその事実が告げられ, そこから婚姻へと発展するというのである。ボントック・イリでは, 夫婦にとって子供の誕生が強く望まれるため, 交際相手の妊娠以前に婚約が成立することは少ない。ただし, たとえ妊娠してもその青年が相手の女性と結婚することを望まない場合には, 必ずしも結婚する必要はない。しかし, 妊娠したなどという噂はすぐにイリ中に広がってしまい, 実際には内緒で事を済ませるなどということは難しく, 結婚を拒否すれば社会的に非難されることとなる。そのため, たいていは周りの親族が相手の女性と結婚するよう強く説得し, 結局, ほとんどが半ば強制的に結婚させられるという。しかし, それでもなお強く拒否し, 最終的に結婚が成立しなかった場合には, 父親は子供が 6〜7 歳になった頃にその代償としていくらかの水田を与えなければならないとされている [Jenks 1905：66-68]。これがその交際相手や, その結果生まれた子供に対する社会的責任であって, こうした社会的圧力や代償の存在がボントック・イリでの庶出児の発生や娘宿での乱交を未然に防ぐ機能を果たしているといえる。

(2)　ギナアン

　ギナアンはポブラシオンから約 80 km 北に位置する, 人口 1,200 人程度のボントック郡の中では中規模のイリである。リードの報告によれば, ギナアンには共同労働を行う集団として機能する娘宿仲間エベグ *ebeg* が存在しているが, エベグとは同時に「寝る場所」そのものをも意味することばであり, 同じひとつの娘宿に集まる仲間はシンパンエベグ *sin-pangebeg*（one-unit societal-group girls' dormitory）と総称される。そして, これがギナアンではひとつの重要な社会集団となっているという [Reid 1972：541]。ギナアンでは娘宿そのものはパンギス *pangis* とよばれているが, たいていは空き家が娘宿として利用されているため, 「日常, どこで寝るのか」と質問されれば, その家屋の所有者の名前でもって答えるのが普通である。このパンギスは,

たとえ名称は違っても他のイリのオログとほぼ同じ機能をもつものであると考えられる。しかし空き家が利用されるため内部の構造は多少異なっており，通常，家具はなく寝台が据え付けられているだけで，これに，彼女たちと一緒に共同労働を行う男性たちのために食事を用意する炉が設けられているだけである。

　少女たちは，両親のもとを離れて寝るのに十分な年齢（6～7歳位）に達すると，娘宿の仲間に加わるようになる。通常，幼いうちには普段の遊び仲間と同じ娘宿で寝泊まりし，ほとんど一定して同じ娘宿へと通うが，ある程度成長して思春期に近づき，やがて気のあった他の共同労働の仲間ができた場合などには移動することもある。リードによれば，娘宿の機能はいわゆる「試験婚（trial marriage）」で，その第一の目的は，キージングがいうような「気のあった配偶者をさがす」［Keesing 1949：585］ことではなく，むしろ子供を生むための相手を捜すことにあるという［Reid 1972：541］。ギナアンでは，ある一定期間に妊娠しなかった場合，その男女は「血が合わない」とみなされ，霊的にもこれが示唆される。すなわち，子供が生まれるという事実は，霊的存在アニトによって夫婦となることを認められたということを意味するものであって，子供はその証拠であると考えられているのである。こうした娘宿での交際の過程でひとたび相手の妊娠が判明すれば，2人はアニトによってその関係が認められたことになる。したがって，もうその後は娘宿で一緒に寝る必要はないとみなされ，正式に婚約が成立するまで一緒に夜を過ごすことが許されなくなり，娘は両親のもとへと戻る。しかし，正式な婚約が成立する以前に子供が死んでしまえば，娘はもう一度，娘宿へと戻って新しい別の相手を捜すことになる。一方，子供が誕生した夫婦は通常，別れることができないことになっており，もしこれを破れば2人はアニトから罰を受けなければならない。夫婦が別れることのできる唯一の理由は不妊であるが，仮に子供が生まれたあとでも，その子供が亡くなった場合にはアニトによってそれぞれ新しい相手を捜すことを認められる。リードによれば，こうした宗教的観念や，慣行がボントックにおける強固な一夫一婦制の基礎を形づくっているという［ibid.］。

　一方，リードが調査していた1959～1969年の10年間にかけては，ギナア

ンでも娘宿に大きな変化がみられるようになったと報告されている。リードによれば，この10年間で娘宿の数が激減し，その機能も大きく衰退したというのである。彼はこの変化の要因として①近代教育の普及により，多くの子供たちが学校に行くようになったこと，②以前よりもイリを離れる若者が増えてきたこと，③新しい家屋形態の普及の3つをあげている。最近では，ある程度，教育を受けた青年たちの多くはバギオやレパントにある鉱山に出稼ぎに行き，また若い娘たちはバギオやタブクの市場に働きに行くことが多くなった。また，かつてはほとんどの家屋がコゴンで葺いた屋根をもつ伝統的な一間の構造をしていたが，最近では新しい家屋形態の普及と貨幣経済の導入により，多くの家族が出稼ぎなどで得た現金でトタンやベニヤ板を購入し，複数の部屋をもつ近代的な家屋を建てるようになった。そのため，娘たちの多くはこうした快適で，しかも鍵のかかる安心な家屋で寝ることを好むようになったという。また鍵の使用によって娘たちは本当に望む青年だけを自分たちの部屋に招き入れることができるようになり，暗闇にまぎれて娘宿に忍び込み寝ている娘と無理やり性的関係をもってしまったり，恋人のふりをして騙して関係をもってしまったりするようなかつてのギナワ *ginawa* とよばれる行為（steal relation）は難しくなってしまった。一方，こうした近代的家屋の普及は娘宿仲間の規模にも影響を与えることになり，娘たちは以前よりも少ない人数で集まって寝るようになったという。これらの要因により娘宿は大きく変容し，その数も1959年に18ヵ所あったものが1969年には5ヵ所に減少してしまっている。しかも伝統的な「宿」そのものは残っていても，そこでは娘たちが集まって遊んだり，青年たちに食事を作ってあげたりするだけで，その後は新しい家屋で寝ることが多く，もはやその寝宿としての機能は残されていないという［ibid.］。

(3) トゥクカン

トゥクカンはマウンテン州の中心地であるボントック・ポブラシオンから北へ8km，ポブラシオンとカリンガを結ぶ国道沿いにあり，ポブラシオンから車で20分，歩いても1時間ほどで容易にたどり着くことができる。トゥクカンは10の地域に区分されており，国道をはさんでチコ川沿いと山沿い

に大きく分かれるが，ほとんどの人は伝統的な居住地である山沿いに居住している。ここでの娘宿はウルグ *ulug* とよばれており，建物自体は地面に直接建てられた一間構造の建物で，寝る時は籘の茣蓙を地面に直接敷いてそこに寝るという。屋根はコゴンの葉で葺いてある。最初に述べたように，トゥクカンは近代化の影響が大きい州都からきわめて近いところに位置していることもあって，現在では，伝統的な意味での「娘宿」は消滅してしまっている。しかし戦前には，ここに7つの娘宿（山側に3ヵ所，国道の近くに4ヵ所）が存在していたと古老女性が記憶しており，そこでは頻繁に男性の訪問が行われていたという（トゥクカン略図参照）。

　トゥクカンでは，少女たちが娘宿で寝泊まりを始めるのは初潮の前後であり，娘宿で寝泊まりをするという事実は，その女性が「いつでも結婚が可能である」ということを社会に公言するものでもあったという。そのため，これを契機として娘たちは一人前の女性として扱われるようになる。一方，こうした娘宿で寝泊まりをするのは若い娘だけでなく年長の未婚者や未亡人なども含まれており，若い娘たちは，こうした女性たちから女性としての振る舞いや性に関する知識とともに，機織りなどの技術もここで学ぶことになる。そして，昼間にはこれまでと変わらず両親の畑仕事や家事を手伝い，夜にはこの娘宿で気の合った友達や年長者たちによって構成される娘宿仲間（カウルグ *kaulug*）とともに寝る，という毎日が繰り返されていたという。

　娘宿の選択に関しては，ボントック族のすべての男性が帰属しなければならないアト集団とは違って，単に住居が近いとか，仲の良い友達がいるからなどといった理由によって行われる[3]。また，青年たちがどこの娘宿を訪れるかという問題についても，山側の娘宿，あるいは国道に近い娘宿などというように地理的に漠然とした区別が行われるだけで，1人ないしは複数でいくつかの娘宿を順番に訪ねて行くのが普通であったという。ただし，ボントック族においては一般に第一イトコまでの婚姻が禁止されているため，青年たちは自分の姉妹やイトコが帰属する娘宿は避けて訪問する傾向にある。そこで娘たちは，娘宿を訪ねる青年たちの中から自分たちと気の合う青年を選択し，青年たちもまた，いくつかの娘宿を訪問してそのなかから好きな相手を選ぶことができたという。つまり，このような訪問の過程を通して男女

第4節　オログ——女性領域としての娘宿——

がお互いの望ましい相手を選択し合い，一方，青年たちは，その娘宿仲間に自分の好きな女性との仲をとりなしてもらうことによって2人の関係を発展させていったのである。しかし，すべての訪問男性がこの娘宿で彼女たちと一緒に寝ることができたわけではない。現実には，彼女たちに許された選ばれた男性のみがここでともに夜を過ごすことができたという。また，何組かの男女が同時にひとつの娘宿で寝ることもあった。しかし，ここで一緒に寝たからといって必ずしも性的交渉がすぐに行われるということではなく，婚約関係が成立した男女にのみそれが認められていたという。しかし，こうした規制はあくまでも建て前として存在していたにすぎず，実際には比較的自由に性的交渉が行われていたようである。そのため庶出児が生まれる可能性もしばしばあったわけだが，こうした男女の密接な関係は娘宿仲間たちによって公然と語られ，両親は常にそうした情報を彼女たちから得ることが可能であったし，ひとたび妊娠が判明すればそのうわさはイリ内部にたちまち広がってしまい，相手の男性も特定できた。そのため男性は結局，双方の両親や周囲の親族から彼女と結婚することを強く要求されることになり，それに反すれば社会的にも強く非難される。こうしたシステムの働きによって，比較的自由な性的関係がもたれていたにもかかわらず，庶出児の発生がかなり抑制されていたと考えられる。

　このように，トゥクカンにおける娘宿の第一の機能は配偶者の選択にあるといえようが，それと同時に，前述したように娘宿が教育的機能をもっており，さらには，こうした娘宿仲間がしばしば共同労働を構成する基礎的単位となるといったような経済的機能をも併せもっているという点についても注意したい。

(4)　サダンガ

　ボントック族の中でもっとも北に位置するサダンガ郡は，他のイリに比べ，古くからの儀礼や慣行が現在でも比較的多く維持されている地域のひとつである。それにもかかわらず「伝統的」な娘宿そのものは失われてしまっている所が多い。サダンガ郡では，娘宿は一般にパンギス *pangis* とよばれるが，とりわけその中心部のポブラシオンでは学校教育や近代家屋の普及などから，

すでに消滅してしまったといわれており，そこで「ここに娘宿はいくつありますか」と質問しても，それが望ましくないものであるとの認識からか，「もうそんなものはない」と答える人が多い。しかし，実際には男女の交際の場としての娘宿の機能は空き家などで代替されているようで，実際に何人かの男女が空き家に集まって楽しく時を過ごしている姿を観察することができる。一方，現在でもベキガン，ベルワン，サカサカンなどの他のイリではその存在を確認することができる。

　サダンガでは，少女たちは10歳ぐらいになると両親たちのもとを離れ，日常の遊び仲間たちとともに，未亡人や年長の未婚女性などの家で寝泊まりをするようになる。こうした幼い頃の仲間はきわめて流動的であり何回も離合集散が繰り返されるが，ある程度の年齢に達し，自分たちで労働グループを構成する頃にはほぼ一定してくるといわれる。娘宿での関係は，男性がアト集団を選択する際にみられるようなさまざまな動機づけや，父と同じアトに帰属すべきであるといったような規範に基づくものではなく，比較的自由に変更することができるが，幼い頃の遊びを通しての関係はやがて日々の労働を通して強固な繋がりへと発展し，生涯を通じての関係として確立されていくものである。また，この頃から娘たちは，未亡人などの家から空き家に移動し[4]青年たちから夜毎の訪問を受けるようになるが，そこでの交際は決して乱れたものではなく，また，自分たちの行動に対して結婚可能な一人前の女性として責任をもつことが社会的にも要求される。

　毎晩，8時頃になると娘たちはそれぞれの決まった空き家に集まり，一方，独身の男性たちもアトを離れ仲間と一緒に目的の家を訪れる。このとき，しばしば青年たちは彼女たちを訪ねる道すがら楽器を演奏し[5]，「月が自分たちの行く道を照らしてくれるように」などと歌いながら歩いていく。そして，その近くまできたら，こんどは彼女たちに中へ入れてくれるよう懇願する。たいていは女性たちもこれを受け入れるが，拒まれたときにはなかば無理やりに入ったり，一生懸命に入れてくれるよう説得したりする場合もある。そして，そこで男性がアィエカ *ay-yeka* とよばれるセレナーデを捧げたり，一緒に歌を歌ったり，冗談を言い合ったりして楽しく時を過ごす。

　ここで歌われるセレナーデはその場で即興的につくられる単調なもので，

通常は，目の前にいる女性を賛美して歌われる。一方，女性はこれに応え「彼らに訪問を受け，求愛されて幸せだ」といった内容の歌（チャゴアイ *dagoay*，あるいはサリチョマイ *salidomay*）で返す。また，しばしばこうした機会に，オッデンデン *oddemdem* という愛の歌が歌われることもある。これは男性か女性どちらかのグループで歌われるもので，5つのラインからなり，最初のラインでオッデンデンと言い，それぞれのラインではオッデンデンと同じ韻をふむ。たとえば，

    O oddemdem,
    Maid kasin teken
    Si ek layden.
    Is kang-epan nan ek nemnem
    Modi sika laylaydek ay dal-en.
    （*O oddemdem*，私の愛する人はあなた以外いない。あなた以外にいったい誰が，私の心を完全に満たしてくれるでしょう。愛しい人よ。）

というような内容のものである。一方，1人で歌うものとしてオロンノ *olon-no* というものもある。オロンノは，4つのラインといくつかのセクションからなり，最初の2つのラインとほぼ同じ内容が，次の2つのライン，つまり3番目と4番目のラインで繰り返される。そしてそれぞれのセクションでは韻がふまれる。たとえば，

    Alay-yen, kaasi ta's mid adal-en.
    Adal-enen nan sag-en.
    Wen, kaasi ta's mid adal-en.
    Wen, ada-enan nan sag-en.
    Ali ka't ay lidangngo.
    En ta't man si abongyo.
    Wen, ali ka't ay lidangngo.
    Wen, en ta't man si abongyo.

(Alay-yen, 我々2人, 不幸な恋人どうしなんていない。我々は隣人に求愛しよう。 そう, 我々2人不幸な求婚者なんていない。そう, 我々は隣人に求愛しよう。おいで, 愛する人よ。君の家へ行こう。そう, おいで, 愛する人よ。そう, 君の家へ行こう。)

というようなものである。

このように歌を歌ったり, おしゃべりをしたりして楽しい一時を過ごした後, 運よく女性たちと一緒に寝ることが許されれば, ここでともに夜を過ごすことになる。しかし, 彼女たちも男性の求愛がそれほど本気でないということを知っており, その多くはうまくあしらわれてしまう。男性たちはそれからいくつかの宿を順番にまわった後で, 自分たちのアトへと戻っていく。本来, 娘宿での性的交渉は, 何度となく繰り返される熱心な訪問（マキファラシッグ makibalasig）と熱烈な求婚によって初めて可能となるものであり, 男性たちがここで寝泊まりすることはあっても乱交などが起こる可能性は少ない。恋愛関係にある男性は娘宿の中でその女性の隣に寝ることが許されるが, そのときにたとえ性交渉がもたれなくても, 一緒に寝た次の日に早くも婚約へと発展することがある。また, 一緒に寝たからといってそれが必ずしも性的交渉へと結びつくものでもない。たいていは長い期間にわたって夜を一緒に過ごすなかでお互いの性格や行動を観察し, そこで配偶者の選択が行われている[6]。通常, こうした求愛期間は1年以上かかるといわれているが, その間も毎晩, 娘宿で一緒に寝るわけではなく, せいぜい1週間に1回ないしは2回程度で, もし彼らが毎晩一緒に過ごしていれば, 周りの人々からすぐにでも婚約するか回数を減らすように忠告され, そうでなければ社会的な非難を受けることになる。

娘宿の中では, かつて女性はアリワッド aliwad とよばれる褌型の下着以外には何も身に付けず, ブランケットをかけて寝ていた。一方, 男性は何ももたないのでそのままだが, 男女が親しい関係になればひとつのブランケットを分け合って寝るようになる。ただし, ひとつのブランケットで寝るといってもそれがただちに性的交渉や愛撫へと発展するのではなく, 最初は男性の腕枕で楽しくおしゃべりをしたり, 将来の結婚生活を話し合ったり, 彼

第4節 オログ——女性領域としての娘宿——

女の頬を軽く抓って愛情を表現する程度であるという。また男性が，彼女の了承なしにいきなり性的関係を結ぼうとしても，噛み付いたり引っ掻いたり，仲間に助けを求めたりして拒否されることになる。一方，朝になって女性のアリワッドが外されたり，弛められたりしていれば2人が性的な関係をもったということを証明することになり，時にその男性と結婚したい女性がわざとアリワッドをはずして彼を誘惑するとか，実際には何もなかったにもかかわらず，次の朝，アリワッドがはずされているのを根拠に嘘をついて彼を責め立て，結婚を承知した後で実際に性的関係をもつのを許す，などといったテクニックも使われていたようである。こうして娘宿のなかで親しく寝ているのを仲間が気づけば2人の関係はもはや公然のものとなり，仲間たちによって2人が早く婚約するように仕向けられる。これに対し，相手の女性が求愛する男性のことを好きでない場合は，娘宿への立ち入りを禁止されるか，少なくとも彼女の隣に寝ることは許されなくなり，「もうこれ以上，自分たちの睡眠の邪魔をしないように」などと警告される。このように，婚約前の性的交渉はそう頻繁に行われているわけではなく，とくに，婚姻関係外の妊娠はマカタイ makatey とよばれ，マカタイの事実が発覚すれば，直ちに男性はその相手の女性との結婚へ進まなければならない。

　実は，こうした男女の関係は宿のなかだけで秘密裡に進展するのではなく，親しい友人がその当事者の両親に逐一報告しなければならないことになっており，もしそれを怠れば両親に強く非難される。そのため，娘宿の中で自由に求愛が行われるといっても，実際には，そうした関係は周りの人々にもすぐに知れ渡ることになり，結局は，娘が不幸になることのないよう両親に監視されているのと同じことである。とりわけ2人に性的関係がもたれればすぐにでも結婚することが要求されるし，また娘が妊娠すれば，その子供の父が誰であるかは周知の事実であるから，もはや結婚は避けられないことになる。仮に男性がその妊娠させた女性と結婚したくないと言いだしたとしても，その時には娘宿の仲間たちが2人の関係を証言してくれ，男性が罰せられる[7]。通常，男性は相手の女性に対し，その賠償として1ないしは2区画の水田を与えなければならないとされており，彼女に与えられた水田はその子（非嫡出子：タケイ）に相続される。タケイはその父に対し，それ以上の財

産の分与を請求することはできないが、父が正式な継承者である嫡出子を残さずに亡くなった場合には、儀礼的な手続きによって相続の権利を獲得することも可能である[8]。ただし母親がその子供を流産したり、タケイが自分の財の正式な継承者を残さずに亡くなったりした場合には、彼女が死ぬまでその水田を保持し、その後は子供の父である男性の家族によって豚1匹ないしは2匹を支払うだけで安く買い戻される。一方、賠償を支払いたくても、その男性が将来相続することになる水田をもっていないような場合には、その兄姉がかわりにこれを提供しなければならない。そのため、いくら男性が結婚したくないと言い張っても、実際には彼女の兄弟姉妹がそれを許さず、半ば強制的に結婚させられることになるという。これとは反対に、女性がその相手と結婚したくない場合には何の罰則もないが、社会的には彼女の軽はずみな行動が非難される。それと同時に両親や兄姉が彼女に体罰を加えたり、厳しく注意したりして彼女の行動を戒める。しかしながら、この結婚に両親や親族があまり乗り気でなかった場合には、彼女が妊娠していない限り、あまり問題とはされない。

　ボントック族では、第一イトコまでの婚姻は禁止されており、また第二イトコとの婚姻も望ましくないとされているので、男性たちが自分の姉妹や第一イトコの寝る宿を訪ねることはないし、第二イトコと冗談を交わすことも躊躇される。また、青年たちはイリ内部の男女の情報に関してきわめて敏感であり、確定した恋人のいる女性に無理に結婚をせまったり、自分の兄弟の恋人がいる宿では兄弟どうしがかち合わないようにしたりするなど、娘宿の訪問には多くの注意が払われており、こうすることによって無駄な争いが回避されている。また、青年たちの訪問はしばしば同じアト集団の仲間によって構成されるため、同じ娘宿内に仲間どうしが恋人をみつけることも多く、日々の訪問の繰り返しを通じて双方の男女のグループが親しくなり、これが収穫期の男女の労働グループへと発展することもあるという。とりわけ、こうした労働グループは収穫期のほとんどを一緒に過ごすことになり、仲間たちの手助けもあって、この時期に多くの男女の恋愛関係が促進されるという。やがて、こうした交際の過程で結婚を約束した男女は、双方の仲間たちの立ち会いのもと儀礼的に両親に結婚の申し入れをし、そこで両親との共食が行

われれば，正式に婚約が成立することになる。

　原則として娘たちは結婚を契機として娘宿を離れることになるが，宿で寝泊まりすることがなくなっても，ここで培われた関係がまったく消滅してしまうわけではない。その親しい関係は結婚しても依然として続けられるが，なかでも，こうした関係がさまざまなその後の労働グループを構成するための基礎的単位を提供している。日常の農作業のほとんどが女性の手に委ねられているボントック社会では，この労働グループが経済的に重要な機能を果たすことになり，娘宿はそのための人間関係の基本的なネットワークを作りだしているといえよう。

3．北部カンカナイ族における娘宿

　北部カンカナイ族はボントック族と隣接して居住しているため，ボントックの文化的影響を強く受けており，とくにその中心部であるサガダ郡では類似性が顕著である［Eggan 1960］。生業は棚田による水稲耕作であり，それぞれの村落共同体には，ボントック族と同じような男子集会所や娘宿，聖樹がある。エガンとスコットの報告によれば，サガダ郡のサガダでは約3,000の人々がダグダグ Dagdag とデマン Demang とよばれる2つの村落共同体に分かれて居住している。これらはさらにいくつかの地域（ward）に分けられており，ひとつの地域はそれぞれ15～60の世帯によって構成されている。この地域はオボン *obon* とよばれ，ひとつの社会集団としてのまとまりをもっている。一方，各地域にはひとつないしそれ以上のダプアイ *dap-ay* とよばれる祭場があり，男性のための寝宿としての舎屋（アボン *abong*）が備えられているが，これはボントック族にみられるアトに相当するものと考えることができる。また，かつては各地域にエブガン *ebgan* とよばれる伝統的な形態の娘宿が存在しており，求婚やその他のさまざまな目的に使用されていたといわれている。その形態はオボンとほぼ同じで，土と石で作られた床と粘土で固められた石壁をもち，屋根はコゴンの葉で葺かれていて窓はなく，入り口がひとつあるだけであったという。このエブガンはおそらくスペインの影響によって廃止されたと考えられるが，現在では独立した建物としてではなく，未亡人の家屋などがその代替として使用されているという

[Eggan and Scott 1963:51-53]。

　サガダでは8歳位に達すると,すべての未婚女性がこの娘宿で寝るようになり,一部の幼児婚約を除いては,そのほとんどが娘宿での自由な恋愛関係と性的交渉を通じて配偶者の選択を行っていたといわれる。娘たちは夕食が済んでからそれぞれの娘宿に集まり,夜になると同じ男子集会所の青年たちが何人か集まってこれを訪問してくる。そして,そこで一緒に歌を歌ったり,冗談を言い合ったりして楽しい時を過ごす。ただし娘宿の女性が青年の誰かと会う約束をしていなかった場合には入り口が閉じられているので,たいてい中に入ることができない。そのような時は,青年たちが戸口に座って中に入れてくれるように嘆願しなければならない。こうした男女の集まりのなかでも,とくに大きな楽しみのひとつとしてシドシッダ sid-sidda とよばれる共食がある。これは村落共同体内のすべての家族が鶏やその他の動物を供犠するコトロン kotlong とよばれる儀礼日に開かれるもので,娘たちは自分たちの分け前の肉を両親から受け取って娘宿に集まり,そこで青年たちと肉を分け合って食事を楽しむという。

　また,娘宿を訪問したときに青年が特定の娘から儀礼的にブランケットや首飾りを借りる場合があるが,この貸借は「彼が彼女に恋している」,あるいは「彼女が彼の申し出を受け入れた」,ということを示唆するものであるという。こうした何回かの訪問の過程で,青年は自分の好きな女性にその気持ちを伝え,やがてそこでともに夜を過ごしたいと望むようになるが,娘たちはこれに対しても選択権をもっており,その際,自分たちが気にいらなければその青年を追い出すこともできるとされている。

　サガダの伝統的な求愛方法は,前述した通り,両親による幼児婚約と娘宿での交際を通じての求愛であるが,後者はさらに2つの方法に分けることができる。ひとつは,青年が好きな女性に自分の気持ちを直接伝える方法であり,たとえば娘宿で男女が順番に歌を歌って,そこで自分の気持ちを相手に伝えるなどといった方法がとられる。もう一方は,男性が恥ずかしくて自分の気持ちを彼女に伝えられないような時にとられる方法で,この場合,彼の気持ちを伝える仲介者が必要となる。そこで仲介者となる友達は,相手の女性を娘宿の外に連れ出し,他の人に聞かれないように遠くまで行って座り,

自分の内気な友だちがいかに彼女の将来の夫にふさわしいかを機知に富んだ素晴らしい話ぶりで聞かせ，彼女を納得させなければならない。しかも，彼の友達の愛が彼女に一晩で受け入れられなかった場合，彼は，それが受け入れられるまで，あるいは完全に断られるまで彼女への訪問を続けなければならないとされる。伝統的にこうした娘宿で展開される求愛行為は婚姻へのもっとも重要な段階であると考えられており，それは現在においてもあまり変わってはいない。ただし，今日では娘宿で一緒に寝ることが必ずしも直接的に性的交渉と結びつくわけではないが，かつてはここで性的交渉がかなり自由に，頻繁に行われていただろうという。しかも，そうした性的関係をもったという事実が婚姻をとりまとめるためのもっとも重要な方法であるとされていた。

さらに，娘宿の機能は社会的・経済的側面にも及ぶ。娘たちは朝の5時半頃に娘宿から両親の家に戻って朝食をとり，その後には田畑に仕事に出かけたり，家に残って家事を手伝ったりする。また，そのうちの何人かがグループで共同労働を行う場合もある。こうした娘宿の仲間たちで行われる共同労働はとくにウブ・ウブフォ ub-ubbo とよばれており，この共同労働によって農作業をきわめて効率よく進めることができるといわれている。また，娘たちは農作業の合間のオダヨス odayos とよばれる忌休日や，その他，暇な時間がある時にはいつも娘宿に集まって，その前に据えられたアグ・アゴンガン ag-agongan とよばれる大きな石の上に座っておしゃべりを楽しんだり，老女や年長の女性たちからいろいろな話を聞いたり，裁縫を教わったり，見よう見まねでいろいろな仕事を覚えたりする。このように娘たちは娘宿での活動を通し，一人前の女性としての振る舞いや，さまざまな知識，技術を学んでいくのである。

こうして娘宿で楽しいときを過ごした娘たちも，婚姻の約束が取り交わされることによってその正式な成員権を失う。そして，彼女とその将来の夫は娘宿で寝ることをやめ，やがて自分たちの永住する家屋を受け取るための主たる婚姻儀礼が実修されるまで，祖父母の家，あるいは他の親類の家で過ごさなくてはならない [Eggan & Scott 1965：77-81]。

4. カリンガ族における娘宿

カリンガ族は，カリンガ州に主として居住しているが，この地域は降雨量が比較的平均しており，ボントック族の住む領域よりも土壌が肥えている。そのため山腹にはシダ類が原生し，いたる所に竹林がみられバナナなども豊富に実り，カリンガの人々に多くの食物を供してくれる。とくにボントック社会に隣接する地域では棚田による水稲耕作が行われており，二期作も可能となるため米は十分に収穫される。しばしば余剰部分が売りに出されることもあり，イモや雑穀類に依存する必要がほとんどない。また，カラバオや豚など多くの家畜を飼育している［Barton 1949：6-9］。

バートンの報告によれば，カリンガの子供たちは男女とも 10 歳位になると両親のもとで寝ることを恥ずかしいと思うようになり，誰か仲のよい友達と一緒に他の家で寝ることを好むという。その寝宿として彼らから選ばれた家はとくにオボグ *obog* とよばれているが，一般に，その家の持ち主がそうした目的に使用されるのを拒むことはないという。さらに思春期に近づくと，だんだんと青年たちは若い娘に興味をもつようになり，この頃から娘たちのオボグをしばしば訪ねていっては，そこで物語を詠唱して聞かせたり，一緒に楽しく話をしたりするようになる。しかし，カリンガの場合，こうした男女の集まりがすぐに性的交渉へと結びつくものではなく，オボグの持ち主はその名誉にかけても，自分の家を利用する男女に性的関係が生じて何か不都合が生じることのないよう，厳しく監視しなければならないとされる。つまり，オボグの持ち主は単なる寝宿や男女の社交場としての場の提供者なのではなく，そこに社会的責任をも付与されているといえる［ibid.：43］。

こうした，同性の友人とともに他の人の家で寝泊まりをする行為は，寝宿オボグ *obog* に接頭辞マキ *maki* のついたマキオボグ *maki-obog* ということばで言い表され，オボグはサガダでいうところの娘宿エブガン *ebgan*（ボントック族でのオログ *olog*，イフガオ族でのアガマン *agamang* に相当）と語源が同じであるといわれる。しかし，サガダやボントック族，イフガオ族などの娘宿では比較的自由な性的交渉が可能である（ないしは，あった）と考えられるのに対し，カリンガの場合はその性格を異にしている。つまりカリ

ンガの場合，伝統的には幼児婚約が望まれ，婚姻以前の性的交渉が厳しく禁じられているため，娘たちが寝る宿の持ち主は常に，その名誉にかけて彼女たちを監視し続けなければならない。そのため青年や娘たちが友人の寝泊まりする寝宿を訪れても，そこでは単に冗談を言い合ったり，歌を歌ったり，物語を詠唱したりするだけであるという。ただし，こうした過程で男女の間に恋愛感情が生まれたようであれば，まずオボグの持ち主が相手の男性の意思を確認し娘の父親にそれを伝え，やがて両親や周囲から2人の結婚が強く望まれるようになれば，そこに正式に婚約が成立し，婚姻へと発展する場合もあるという。

このようにカリンガのオボグは男性，女性双方の寝宿に対して同一の名称で言及され[9]，原則として寝宿での性的交渉が行われないという面でサガダのエブガンなどとは異なっているが，ここでの男女の交際が婚姻へ発展する場合もみられるという事実では共通している。こうしたことからバートンは，カリンガの寝宿オボグはサガダやボントック族でみられる娘宿慣行の変質，あるいは退行であると考えることができるだろうと述べている [ibid.：61]。

5．イフガオ族における娘宿

イフガオ族はイフガオ州に主として居住しているが，その大半は西方の山岳地帯で棚田による水稲耕作に従事しており，平地部には焼畑耕作や小規模な水稲耕作に従事する者がわずかに分布するのみである。水稲耕作を営む人々にとって棚田はもっとも貴重な財であり，米は重要な食物であるが，水田や焼畑で十分に米が収穫できない人々はこの他にマメやイモ類，トウモロコシなどでその不足を補っている。とくに焼畑の耕作を主としているイフガオの人々は，その食糧のほとんどをサツマイモに依存している。

バートンの調査によれば，子供たちは4～7歳位になって自分たちの身辺の世話ができるようになると両親のもとを離れアガマン *agamang* とよばれる未婚者のための寝宿で寝泊まりをするようになるという。この寝宿には未亡人や老女，未婚，あるいは年配の女性の家屋などが利用されており，常に6～7人が収容できるという。アガマンには男性のためのものと女性のためのものとの2種類があり，前者は少年たちと独身男性のみが使用するが，後

者はいつも男女が混ざっていて，そこで寝る人々は幼い少女や思春期の女性とその恋人，老女，未亡人，離婚した人とそれぞれの恋人たちなど，さまざまである。

　思春期を迎える頃，青年たちは若い娘たちをアガマンに訪問するようになり，そこでは娘たちからビンロウの実などでもてなされ，一緒におしゃべりをして楽しい時を過ごす。イフガオではこうした寝宿での交際の過程を通じて配偶者の選択が行われるのが一般的である。もちろん，一緒に寝ている幼い少女や老女は結婚可能な女性としての対象にはならないが，ここでの老女たちは，長年の知識と経験に基づいて，恋愛に関するさまざまな争いごとの助言者となり，あるいは道徳的な指示を与える役目を担っているという。

　一般に，イフガオ族は純潔を重んじ，両親は子供の性的関係についてきわめて厳格であるといわれている。近親婚を強く禁じており，とりわけ4親等以内の親族と結婚することはできない。そのため兄弟姉妹間で性的な話題にふれたりすることは固く禁じられている。しかも，これに違反した者はもっとも軽蔑すべき人物と考えられ，人々の物笑いの種となる。しかし，このように純潔性を重んじるにもかかわらず，実際，アガマンの内部では比較的自由に性的交渉が行われていたようである。ただし，彼らにとって性的関係をもった女性が妊娠した場合，その子供が自分の子かどうか疑わしい時以外は彼女と結婚するのが当然のことと考えられているため，庶出児が生まれる可能性はほとんどなかったという。一方，子供の父が誰か確定しない場合には慣習に則って父親の判別が行われることになり，この過程で示された男性が社会的な子供の父であるとみなされ，これ以降，その母親と結婚することを強く期待される。もし彼らが結婚しない場合にも，子供の父親としての地位は慣習法によって保証されるため，彼らの長子として双方の個人財の正規相続人と認められることになり，その子にすべての財を与えなければならない[10]。バートンは，このことからイフガオ族がアガマン内での男女の関係をひとつの婚姻形態（過程）としてとらえているということが確認できる，と指摘している［Barton 1938：9-11］。

6. おわりに

　以上述べてきたように，娘宿の主たる機能は，一部の富裕層による幼児婚約を除いては自由な交際を通じての配偶者の選択であった。現在ではキリスト教的倫理観や近代教育の普及により，こうした寝宿そのものは望ましくない，野蛮な慣習として消滅しつつある。しかし，実際には伝統的な形態での娘宿や建物は失われても，その代替としての空き家や未亡人の家屋などが，依然として男女の交際の場を提供するものとして機能している場合が多くみられる。

　たとえ娘宿で比較的自由な性的交渉が行われていたとしても，それが社会秩序を乱すものではなく，その多くは婚姻関係へと直接的に結びつくものであった。また，ボントック社会で夫婦が離婚できる唯一の理由は不妊であり，夫婦にとって子供の誕生が社会的に強く望まれるものである以上，妊娠が判明，あるいは第一子が誕生した後に社会的な御披露目としての婚姻儀礼が行われるというのも当然であるといえよう。また，ひとたび妊娠していることがわかれば，男性はその相手の女性と結婚することが社会的に強く望まれるのであって，もし結婚しない場合でも，そうした行為に対し何らかの代償を支払うことが要求される。とりわけイフガオ族の場合には，正式な婚姻関係が成立しなくても誕生した子供は慣習法によって定められた父親によって正式な長子として認定され，財産の継承者としての権利を約束される。このことは，バートンも述べているように，娘宿（あるいは寝宿）で性的関係を結ぶことが，すでに婚姻という社会的契約関係の一部をなすものであると考えることができるのではないだろうか。

　ボントック族や北部ルソン諸族でみられる婚姻は，家族あるいは親族の強力な統制下においてその婚姻が許されるといったような形態ではなく，寝宿での自由な交際を通じてごく自然な男女の感情的，性的結合が続き，その結果として第一子が誕生する，あるいは彼らが永住する家を獲得したあとで催される正式な儀礼（婚姻儀礼）によって，2人の夫婦としての関係が初めて社会的に認められるといった性格のものである。しかも，この寝宿慣行は，必ずしも彼らの社会秩序を乱すような「乱交」に直接結びつくものではなく，

実はさまざまな社会的制約によって統制されている。寝宿内での男女の性的関係は，その仲間たちによっていわば公然と語られイリ内の周知の事実となるのであって，これが社会的圧力となって社会全体が2人を結婚へと向かわせる。そのため，若者たちはある程度，自分たちの行為に責任をもたなければならない。

　こうして考えると，何を契機として正式な婚姻関係とみなすかが問題となってくるだろう。ボントック族の場合，まず双方の両親によって婚姻の合意を取り交わす儀礼的共食があるが，その後の「婚姻儀礼」と称されるものには大きく3つの段階がある。しかし，これらの儀礼とそれに伴われる祭宴はかなりの経済的負担を新夫婦に強いるものであるため，その実修時期に関しては双方の家族の経済的状況などに応じて変わってくる。実際には夫婦としての同棲生活がすでに開始されてから最初の段階の婚姻儀礼が行われる場合も多い。これは夫婦としてのイリ内部への最初の公式な宣言であると考えられており，その際には，多くの招待者に食事がふるまわれることになる。さらにその夫婦は，何年か経って経済的に安定してから次の段階の婚姻儀礼へと進み，それがすんだらまた次の段階へと進むことになるが，これらは累進的に経済的負担が増加していく。しかも，いくつかの夫婦が共同で行うことから，どちらかといえば何組かの夫婦をスポンサーとするイリ全体の祭宴的意味合いが強くなってくる。一方，夫婦が単位となってこの儀礼を主催することから考えれば，これは婚姻に関わる儀礼，すなわち婚姻儀礼であるが，それと同時にその夫婦が社会的なステータスを獲得するための手段ともなっている。とりわけ夫婦にとって，最終段階の婚姻儀礼を実修するということはたいへん名誉なことであるとされ，自分たちが長年にわたって蓄えた財を気前よく一気に放出することによって，イリ内部にその正式な一員としての確固たる社会的地位を獲得することができるのである。

　「婚姻」というものを，一般的な定義に従い「協力と同棲を伴い，社会的に承認された，永続的な性結合を中心とする男女関係」(『社会学小事典』有斐閣)とするなら，ボントック社会においては，何をもって婚姻関係の成立と考えるかは難しい。しかしボントック社会では，1組の男女がたとえ同棲関係を開始しようとも，こうした初期の夫婦は第一子が誕生するまできわめ

第 4 節　オログ——女性領域としての娘宿——

て不安定な立場に置かれるものであって，子供が生まれて初めてその社会的関係が安定し，さらに何年かの社会生活を通してイリ内部での「夫婦」としての確固たる地位が約束されるという。彼らは，子供をもつということにきわめて大きな価値を与えており，それは離婚が認められる唯一の理由が不妊であるということからも明らかである。男性は自分に子供を生んでくれる女性と巡り合うまで何度も再婚を繰り返し，同様に女性も何度も他の男性と結婚する。このことから考えれば，ボントック族における娘宿慣行とその結果としての妊娠は，安定した婚姻関係を導くための第一段階であるとみなすこともでき，必ずしも，一概に否定されるべきものではないといえるだろう。性と婚姻関係が常に不可分の関係にある以上，その相関性についても考察する必要がある。

　今日，伝統的形態としての「寝宿」そのものの機能や建物は失われても，娘宿慣行は多くの社会でその代替としての空き家や未亡人の家屋などが男女間の社交場を提供することで存在し続けている。これらをそのまま「娘宿」とよぶことには若干の問題があるだろうが，娘宿を単に「寝宿」としてのみとらえるべきではなく，こうした娘宿での交際の過程がボントック族の婚姻関係を形作るのにきわめて重要な部分を成しているということにも注目すべきであろう。

　また，とりわけ娘宿内部での女性どうしの親しい関係が経済活動において重要な役割を果たす労働グループの基礎的単位となること，あるいは，そこで年長者たちからさまざまな知識を学ぶことができるということ，つまり娘宿が教育的機能をも果たしているという事実も忘れてはならない。一般に女性の年齢集団は婚姻後，家庭生活に関わる割合が人生の大部分を占めるため，その社会的紐帯は脆弱であるといわれるが，ボントック族の場合，娘宿仲間は生涯を通じて親しい関係をもつものであり，こうした繋がりは婚姻後も重要な機能をもち続けるということができる。したがって娘宿というものを常に男性との関係においてのみとらえるのではなく，その内部での関係が果たす社会的役割についても論じられなければならないだろう。

[註]

1) エフェッグの本来の意味は寝台だが，そこから転じて寝台のある娘宿，あるいは娘宿仲間そのものを意味する場合にも使われている。
2) 既婚の男性が娘宿に立ち入ることは許されない。こうした規制や娘宿での集団での行動が，ボントック社会における重婚や姦通を未然に防ぐのに重要な役割を果たしているという。
3) これに対し，個々の男性のアトへの帰属様式には①自分の父の帰属するアト，②祖父の帰属するアト，③妻の父の帰属するアト，④新しく居を構えた場所に近いアトがあるが，もっとも理想的な様式は①の自分の父と同じアトに帰属することである（第2章第3節参照）。
4) 一般に，幼いうちは未亡人や年長の女性の家で寝泊まりし，成長するにつれて空き家へと移動する傾向がみられる。これは，幼い頃にはまだ自分たちの行動に責任をもつことが難しいため，お目付け役として未亡人や年長の女性が必要だからであり，また，まだ何もわからない少女たちが男性たちの訪問で不当な扱いを受けないよう予防する役目を果たすといわれている。
5) カラレン kalaleng とよばれる鼻で吹く笛 (nose flute) や，アゥエラゥ awelaw とよばれる口琴が演奏される。カラレンは，本来，首を狩られた死者の魂を慰めるために演奏されるものだったが，最近では，もっぱら若者たちが愛の歌を奏でるのに用いられている。
6) サダンガでの求愛には，男性側が頻繁に娘宿を訪れて求愛する方法以外に，女性のほうからアプローチする方法もある。これはプート po-ot とよばれており，意中の男性がいる女性は，まず娘宿の仲間たちと水田へ蝸牛やドジョウを捕まえにいき，これを日暮れ頃，その男性の家へ未亡人や年長の女性に置いてきてもらい，彼の両親に自分の気持ちを伝えるという方法。これによって話がまとまればすぐに婚姻へと発展するが，男性の気が進まないような場合には，その返事として，こんどは薪を女性の家へ夜中に届けてもらう。これは「結婚の申し込みを受けられない」ということを意味するもので，それを見て女性の両親は男性側の気持ちを知ることになる。一方，恥ずかしくて娘宿でうまく愛情を表現できない男性が同じような方法をとる場合もある。これはトゥガオ togao とよばれ，しばしばサトウキビが絞られる時期（12～1月頃）に実行される。意中の女性がいる男性はアト仲間にその旨を告げ，それを聞いた仲間たちが相手の女性の家に薪を持って行く。それに気づいた両親は塩付けの肉か犬，カモ，小豚などの肉を調理し，男性たちを食事に招待するか，あるいは当の女性が娘宿仲間とともにその男性たちがサトウキビを絞っている場所に料理を持って行き，そこで一緒に食事をする。そうする過程で2人の愛が確認されることになる。
7) かつては，ひとたび妊娠が発覚すると，男性は半ば強制的にその女性と結婚させられていた。もし，それを断れば彼女の親族によって殺されることもあったという。しかし今日では，その代償として女性とその子供に水田が支払われることで平和的に解決されるようになった。
8) もし，その後の結婚で父親に子供が生まれなかった場合には，庶出児でもその父親の財産の正規継承者として名乗りを上げることができる。その場合，彼は一連の儀礼

的手続きを経ることでその権利を認められる。たとえばボントック社会では，一年のうちの何回か子供が両親に対し儀礼的な贈物をする機会があるが，通常，庶出児にその義務はない。しかし，もし彼がその父親の財産を相続したいと望むなら，そうした子として当然果たすべき義務を遂行し，子として父親を助け，最終的には父の葬送儀礼のスポンサーとなることで正規継承者としての権利を得ることができるとされる。しかし，その父親に子供がいる場合には，そうした努力をしても彼に財産が相続されることはない。

9) 男子集会所制度をもつボントック社会やサガダでは，これが男性のための寝宿として機能するために女性の寝宿とは区別されるが，そうした制度をもたないイフガオやカリンガのような社会では，男性のための寝宿と女性のための寝宿とで名称が区別されていない。ただし，どの場合でも男性たちが女性の寝宿へ訪ねていくのが一般的である。

10) イフガオ族の財産は結婚によって統合されることがなく，父方，母方の財産のうち量的に多いほうを男女にかかわらず第一子が，他方を第二子が相続することになっている［菊地京子 1974：269-271］。

第5節 社会階層制

1．はじめに

　多くの共同体において，その内部には社会的分化が存在している。これらの分化は，いうまでもなく，それぞれの社会的評価によって人々が秩序づけられ，位置づけられることによって生じるものである。しかし，そうした評価はそれぞれの社会によって異なっており，たとえば男女の性差がその優劣関係を規定したり，年齢階梯制が共同体内の人々を順序づけたりするなど，さまざまである。そして，これらの社会的分化が，さまざまな要因によってさらに共同体をいくつかの上下の階層に分化させ，位置づけることもある。

　このような階層分化を造り出す要因は多様であるが，そのひとつとして経済的格差をあげることができるだろう。たとえば農耕を営む村落共同体の場合，その階層は一般に，大土地を所有する富裕層の上層と，自作農からなる中層，土地をもたず小作や出稼ぎなどによって生計を営む下層とに区分され，社会的に優位にあり生活上の実力をもつ上層に対して，下層の者たちはその庇護を求めるといったことが多くある。人々はその経済力の上昇によって自分の帰属する階層を変更することも可能であろう。しかしながらこれらの階層区分には，たとえば現金を多くもっている，もっていないといった貨幣経済的な要素だけではなく，これにいくつかの別の要因が複雑に絡み合って社会的評価を与えられている場合も多く，この場合，金銭的な意味での経済的豊かさと，上層である富裕層としての社会的位置づけに対する人々の認知が必ずしも一致しているとはいえない。

　ボントック社会は階層化された社会であり，一般に，個々のイリでは，富裕層の家族が社会的に大きな影響力をもち，重要な位置を占めている。たとえば，儀礼などのさまざまな機会で指導者を務めるには富裕層出身であるということが必要条件となる場合も多い。ボントック族の社会関係においては，性や親族集団といった類別化よりも，むしろこの社会階層が重要な意味を

もっており，たとえ女性であっても富裕層出身の女性はイリの中できわめて大きな影響力をもつことができる。

したがって本節ではボントック族の一イリであるサダンガを中心にとりあげ，その階層区分と，そうした区分に対するイリの人々の社会的評価について具体的な事例をあげながら検討していきたい。

なお，こうした社会的分化による区分は，ボントック族の周辺諸族であるカリンガ族やイフガオ族においてもみられるものであり，これらについてバートンがカリンガ族における社会的な区分を"class stratification"ということばで表しているのに対し [Barton 1949：145]，ドゥミアはイフガオ族の区分を"social classes"と表している [Dumia 1979：10]。一方，ボントック族に関しては，ボテガンが"social status" [Botengan 1976：91]，キージングは"rank and class system" [Keesing 1949：594]，プリル＝ブレットは"social classes"ということばでそれぞれ表現しているが [Prill-Brett 1975：44]，筆者はここで「階級が歴史的・過渡的概念であって，敵対的な力関係を含むのに対して，階層は非歴史的・機能主義的・操作的分類概念であって，力関係を含まず，上下・優劣の差別評価によって識別（格づけ）された威信序列の連続体において一定の地位を共有する（従って，共通の指標によって特徴づけられる）一部の人々を意味する」（『社会学小辞典』有斐閣）という定義にしたがって，ボントック族のそれに対しては「階層」ということばで表現することにする。

2．サダンガにおける社会階層

ボントック族では，それぞれのイリによって多少の地域的変差はみられるものの，その内部は富裕層カダンギャン／カチャンギャン *kadangyan* による上層と，貧困層であるラワ *lawa*（本来の意味は「悪い」）あるいはプシ *posi* の下層とに分けられており，その間に中間層がおかれる場合もある。この *kadangyan* は狭義には，上層に位置づけられる家族の長であることを意味することばであり[1]，カダンギャンに要求される動物供犠を伴った一連の儀礼を実修することで人々にその継承が確認されるが，広義にはこれら富裕層全体を意味するものとして使われている [Keesing 1949：594]。

サダンガにおいても同様に，富裕層の人々はカチャンギャン kadangyan とよばれ[2]，貧困層の人々はインカラワ inkalawa とよばれている。サダンガの人々の間でカチャンギャンと認識されている家族は総人口 1,913 人，総世帯数 395 戸（そのうちポブラシオンが 195 戸，デマンが 200 戸：1990 年国勢調査）のうち，わずか 20～30 家族であり[3]，次の階層の中間層，すなわち「自分たちの食糧は自分たちで何とか賄うことができるとみなされる人々」もごくわずかであって，その他の人々はほとんどがインカラワに含まれている。サダンガでは，この中間層は伝統的なカテゴリーではなく，また，その数がきわめて少ないこともあって，これを表す特別な民俗語彙はまだ存在していない。すなわち，伝統的には上層と下層の2つに大別されるだけで，中間層と下層とが明確に区分されてはいない。これに対し，カチャンギャンはさらに2つのカテゴリーに，インカラワは3つのカテゴリーに類別することができる。このうちカチャンギャンは①先祖代々カチャンギャンとしての系譜に名を連ね，盛大な婚姻儀礼（チョノ dono）を行い，自分たちの富を大量に放出することでそのカチャンギャンとしての地位を再確認してきた家族，②カチャンギャンの家系ではあるが，すでに富を失ってしまって貧しく，カチャンギャンとして人々の尊敬を得ることはできても，実際にはその影響力が減少している家族の2つで，カチャンギャンの大多数は後者に含まれている。インカラワの場合は①自分たちの土地をもたず，また富裕層の家族と何ら親族関係をもたない家族，②もともとは富裕層にその系譜関係をたどることができるとしても，現在ではわずかの土地しかもたず生活に十分な米が確保できない家族（イリ内の大多数はこれに含まれる），③本来はカチャンギャンであったが，怠惰であったために貧しくなり，また統率力がないために人望を失った家族の3つである。他方，近代的な貨幣経済の流入により，新たに富を蓄えた人々，たとえば小売店の経営者や郡の職員，教員などといった人々は他の人々よりもたくさんの「現金」をもっており，教育を受けたという点では人々の羨望の的であるが，「伝統的」な意味ではただ経済的に豊かだというだけでカチャンギャンとしての地位を得ることはできない。

　こうしたカチャンギャンとしての地位と富の裏付けのほとんどは，先祖か

ら代々受け継がれてきたものである。とりわけ彼らの豊かさは膨大な面積の水田，先祖伝来の貴重な財産であるアコン（ビーズや中国製の陶器，金のイヤリング，青銅のゴングなど），多くのカラバオ（水牛）や豚などの家畜といったものによって象徴されるが，こうした経済的豊かさとカチャンギャンとしての地位が必ずしも一致するとは限らない。なぜなら，貨幣経済の浸透によって出稼ぎや小売店の経営などを通してたくさんの現金収入が得られるようになり，豊かさを獲得する人々も増えてきてはいるが，依然として「富を蓄積した」ということだけではカチャンギャンとしての地位と名誉を得ることができないのである。インカラワの人々にとってカチャンギャンとしての地位を得ることができる唯一の方法は，カチャンギャンの家族の一員と結婚することであるが，これは現実にはめったに起こらない。なぜならカチャンギャンの多くは財産の分散を防ぐため，カチャンギャンどうしの婚姻を強く望むからであり，また，以前には身分が違うからという理由で下の階層の者と結婚することが許されていなかった。現在では，そのような制約はみられなくなったが，依然としてやはりカチャンギャンどうしで結婚することを好む傾向にあるという。サダンガでは一般に，思春期に達した若者たちは娘宿（オログ）での自由な交際を通して配偶者の選択をおこなっているが[4]，それとは別に，カチャンギャンの人々はカチャンギャンどうしの幼児婚約（イドマン idmang）を望む。そのため，しばしば子供たちが 10 歳に達する頃には，すでに親どうしで子供たちの婚約を取り決めていることがあるという。婚約といっても簡単な婚約成立の儀礼を実修するだけで，話し合いが終わった後，双方の家族で豚を供犠し，それぞれの共食にお互いを招待するというものであるが，一度成立すればそのほとんどが結婚へと向かう。サダンガでは結婚適齢期というものはとくに存在しないが，幼児婚約が行われるカチャンギャンの人々はインカラワの人々よりも比較的早く結婚する傾向があり，以前には 15 歳ぐらいで，現在でも 18 歳ぐらいで結婚することが多い。

　先にも述べた通り，カチャンギャンの豊かさの源は先祖から代々相続されてきたものであるが，サダンガでは財産の相続にあたり，嫡出子優先の基準，直系相続の基準，同性相続の基準，長子相続の基準，といった 4 つの規範が存在している。これら 4 つの相続規範を同時に満たすものは父から長男へ，

母から長女へというものであるが，現実にはこのような4つの相続規範のすべてが絶対的な規範として働くのではなく，第一に嫡出子優先の基準が重要視され，続いて，第二に直系相続の基準，第三に同性相続の基準，第四に長子相続の基準へというように，段々とその重要性が減少していく［Drucker 1977：10］。このように相続に関しての規範は規範として存在しているが，もっとも重要なのは嫡出子であるかどうかであって，実際には，とくにインカラワの人々の間ではその他の条件はほとんどが無視されているという。つまり子供たちの多くは結婚と同時にその両親から食べていくのに十分なだけの水田を与えられ，その用益権を認められる。ただし，あくまでも用益権を認められるだけで，両親や兄弟の許可なく販売したり，勝手に貸与したりすることはできず，用益権と所有権は厳密に区別されている。しかし，現実には兄弟間の不和などといった問題が起こらないかぎり，こうした相続規範に対する逸脱は無視され，それぞれの用益権はそのままその子供たちへと相続されていくことになる。これに対して，カチャンギャンの人々は自分たちの財の分散を防ぐために一子相続を好む傾向にあり，戦略上，伝統的な相続規範を守る場合が多い。結婚後に得られた財産は次子以下にも相続されるが，それ以外の先祖伝来の財産の大半は長男，長女に相続されるため，次子以下の相続分はごくわずかになる。こうした相続規範がとられる場合，たとえカチャンギャンであっても次子以下は，中間層の人々やインカラワのなかで比較的豊かな人々と比べると経済的に貧しくなる場合もでてくる。一方，たとえカチャンギャンとしてたくさんの財を所有していたとしても，多くの子供たちに等しく分割相続させてしまえば一人ひとりの取り分は少なくなってしまう。しかし，こうしたカチャンギャンは現実の「経済的貧しさ」にもかかわらず，依然としてカチャンギャン出身者としての地位と名声を維持することができるのであり，またカチャンギャンとしてふるまうことが社会的にも要求される。

　カチャンギャンの場合，財産を相続することによって得られる富はインカラワと比べ，相当な規模である。サダンガでは，カチャンギャン家族が平均して20区画前後の水田を所有しているのに対し，インカラワの家族はまったく水田を所有しないか，わずかに1ないし2区画の水田を所有するのみで

ある。そのため，水田を所有しない者や，自分たちの水田の収穫だけでは十分な米が得られない家族では，カチャンギャンに労働を提供することで，あるいはカチャンギャンの土地を小作することで生計を立てなければならない。また，カチャンギャンの家畜を預かって育てるかわりに礼としてわずかの米を受け取ったり，その家畜の子供の一部を受け取ったりする場合もある。一方，カチャンギャンの家族は自分たちの労働力だけでは膨大な水田を維持することなどとうてい不可能なため，その労働の多くをインカラワの人々に依存している。イリ内に存在するたくさんの共同労働の組織がこうした労働力の不均衡の調和をうまく保つ装置となっているわけである。しかしながら，このようなカチャンギャンとインカラワの関係の多くは単なる労働をめぐる契約関係にとどまらず，やがて御恩と奉公的な，永続的な繋がりを発達させる。すなわち，有力なカチャンギャンはインカラワたちの労働提供に対し，彼らが何か争いに巻き込まれたときにその仲裁をしたり，儀礼で供犠動物が必要になればそれを貸与したりするなど，さまざまな社会生活上の庇護を期待されるようになるのである。

3．カチャンギャンとしての差異化

先にも述べたように，こうした膨大な水田の所有に加え多くの倉や家畜，先祖伝来の貴重な財産の存在がカチャンギャンの富を象徴するが[5]，このような大きな経済的格差もボントック族の人々のあいだでは嫉妬の対象としてではなく，むしろ肯定的に受け止められているという。すなわち，単にカチャンギャンの祖先は他の祖先に比べて格別勤勉であったから，こうしてたくさんの富を所有することができたというのである［大崎 1987：206］。なぜなら山林の土地はイリや親族集団，アト集団によって共有されているため，努力すればいつでも水田を増やすことが可能であり[6]，カチャンギャンとしての地位はそうした勤勉さの反映なのであって，むしろ尊敬されるべきものであるという。一方，イリの人々はカチャンギャンとしての社会＝儀礼的な地位をあからさまにすることを嫌うという。合田によれば，このような社会的差異化はイリ一体の理念に反すると考えられているからであり［合田 1989a：259-260］，日常生活においても，自分がカチャンギャンであるとい

うことが誇示されることはあまりない。大崎はこれについて，「カダンギャン（原文のまま）は，自らの生産面の豊かさについて，人前ではできるだけ控え目にする。村の人々から，「おまえはカダンギャンだ」とあからさまにいわれると，当人は照れ臭さと恥ずかしさで顔をこわばらせ慌てて「いや，自分は貧乏だ」と卑下する。それは，義務のレベルに近い，カダンギャンのエチケットであるといってもよい」と，述べている［大崎 1987：208］。もちろんサダンガでも，カチャンギャンであれインカラワであれ共同労働をする時は同じように並んで一緒に働くし，階層に関係なくお互いの儀礼に参加したり，招待し合ったりする。こういった面ではまったく差別はみられない。また，こうしたカチャンギャンとしての地位も不動のものではなく，人々はカチャンギャンとして当然要求されるべき儀礼を実修し，そこでこれまで蓄えた富を大量に放出することで，常にその地位と名声を再確認していかなければならない。先にも述べたように，経済的な豊かさを失ってもカチャンギャンとしての名を維持することはできる。しかしサダンガではカチャンギャンとして当然，実修すべき儀礼のひとつである婚姻儀礼（とりわけチョノ）において，これが3世代にわたって実修されなかった場合，その家族はカチャンギャンとしての地位と名声が再確認されなかったとみなされ，地位を失うことになる。また，たとえカチャンギャンであっても日頃から怠惰であったり，ギャンブルなどでその富を減らしてしまったりした場合などには，もはやカチャンギャンとして人々に尊敬されることはない。こうしたことからも，ボントック族の社会階層制は固定化されたものではなく，それが支配・被支配といった関係へは発展しにくいといえるだろう。

　しかしその一方で，この階層差に多くの価値的な差異化，序列化がみられるのも事実である。ボントック社会は伝統的に首長のような指導者をもっていず，イリ内での問題は古老男性たちの合議によって処理される。しかしながら，合議といってもこうした話し合いの中で大きな影響力をもっているのはカチャンギャンで，とりわけ賢明かつ勤勉で控え目な者がもっとも高い尊敬を受け，人々の支持を得る。また，一種のカリスマ性をもっているということも重要な要件のひとつで，たとえカチャンギャンであっても指導力のないものにはイリ全体の決定事項に影響を与えることはできない。つまり，イ

第5節 社会階層制

リ内で大きな影響力をもつことができる者は，カチャンギャンであることと同時に，経験豊かな指導力をもつ古老男性だということがわかる。かつては，そうした名誉を得るために首狩の戦闘などで勇姿を示すことも必要であったという。これに対し，インカラワの人々はその勤勉さによって富を蓄えることはできるが，いくら富を蓄えてもカチャンギャンの階層へと上昇することはできず，彼らがカチャンギャンとして認められるためにはカチャンギャンと結婚する以外にはない。すなわち，たとえインカラワの男性がきわめて賢明で話が上手であっても，そうした彼のことばを裏打ちするだけの経済力がなければ，誰も彼のことばに耳を傾けようとはしない。むしろ，自分の社会的地位を上げようと躍起になるインカラワは軽蔑される。カチャンギャンは，これまで貧しい親族たちに土地を貸し与え，あるいは自分たちの水田の労働者に雇って報酬を支払い，さらに儀礼などで動物を供犠する際に解体を手伝った礼に肉の一部を与えるなどして彼らを経済的に庇護してきた。そうした自分の置かれている立場を受け入れ，自分たちの土地で勤勉に働いてくれるインカラワをカチャンギャンたちは好むのである。一方，出稼ぎ労働者など，ただ単に経済的豊かさだけをもつ人はカチャンギャンと区別され，その名声を享受することはできない。そこで彼らがイリ内で名声を得るためには他の手段が取られなければならないことになる。

　先に述べたように，カチャンギャンであるということがあからさまに誇示されることはないといっても，現実にはそうした階層差が目に見える形で表現されたり，あるいは階層によってその役割が制限されたりする場面も多くある。その代表的なものとしては，第一に，イリ内の居住領域があげられるだろう[7]。たとえば，かつてサダンガではカチャンギャンとインカラワの2つの階層がそれぞれ2つの地区に分かれて居住していた。つまり，イリ内を流れる河川の上流地区にあたるデマンにはカチャンギャンが，下流域のコプレウ（Koprew）にはインカラワが主として居住していたというのである。ただし，最近では人口の増加にともなって居住地が不足するようになり，より傾斜の急な土地へと広がりつつあるため，明確な区分はなくなってきているという。また，家屋についても，カチャンギャンとインカラワでは，異なる形式をもっている。伝統的にカチャンギャンが居住する家屋はファユ

bayo とよばれ，その内部に 4 本の柱で支えられた高床式の建物が組み込まれており，一方，インカラワの人々の家屋はカチュフォン *kadobong* とよばれるが，前者のような複雑な構造はもっていず，平屋で地面を直接床として建てられる粗雑なものである。最近では，こうした伝統的な家屋にかわって，トタン屋根をもつ大きな家屋が作られるようになった。さらには電気の普及と相俟ってもたらされた冷蔵庫やビデオなどといった，いわば「近代的な産物」がその富を象徴するようにもなっている。しかしこれらのものは，ファユのような，伝統的にカチャンギャンにのみその所有が認められていたものとは性質が異なり，現金さえあれば手にいれることのできるものである。

第二に，その服装においてもこれらの階層差がみられる。サダンガでは，女性はタピス *tapis* とよばれる巻スカート，男性は褌を身につけるのが伝統的な装束であるが，彼らはその階層に対応した独自の織りのパターンをもっており[8]，たとえばカチャンギャンの女性はタピスのなかでもピナグパグ *pinagpag* とセネクウェット *senekwet* とよばれるものを，カチャンギャンの男性はラグテブ *lagteb* とよばれる褌を身に付ける。これに対してインカラワの女性は，カルゴ *kalgo* やファヤオン *baya-ong* とよばれるもの，あるいはカチャンギャン女性のみが許される上記の 2 種類以外のタピスを着ることができる。またインカラワの男性の場合，ボントック・イリなどから購入した赤い布（ランガット *langat*）製の褌を身に付けていることが多い。最近ではTシャツにGパン，ブラウスにスカートなどといった西欧的な服装が若者を中心として一般的にみられるが，婚姻儀礼や葬送儀礼などにおいては今なお正装としてこれらの服装が身に付けられている。さらに，これに加えてカチャンギャンの女性たちの首や耳に飾られた多くの金の装身具も，彼らの富を象徴し誇示するものになっている。

4．カチャンギャンとしての義務

以上述べてきたように，サダンガではカチャンギャンとインカラワに対するさまざまな制限や差異化がみられた。しかしながら，こうしたカチャンギャンとしての地位や名声を不動にするためには，やはり葬送儀礼や最大の婚姻儀礼であるチョノにおいてその富を皆に誇示することが必要である。カ

チャンギャンはこれらの儀礼において相当な数の豚やカラバオを供犠することが社会的にも要求される。とりわけこのチョノ儀礼の指導者となることは，彼らにとってもっとも名誉なことであると考えられており，たとえどんなに経済力があろうとも，カチャンギャン以外にはこの儀礼の指導者になることは許されない。一方，いかにたくさんの動物を供犠し，どれだけ多くの人を共食に参加させるかということに，カチャンギャンとしての名誉と誇りがあるのであり，それはまたカチャンギャンとしての義務でもある。

(1) 葬送儀礼

一般に葬送儀礼では，死者が自然死の場合，比較的悲しみの少ない，大規模な儀礼が実修される。通常，このような葬送儀礼では動物供犠を伴った参加者全員による共食が開かれるが，そこで死者の残された親族が賄うことのできる延べ人数が彼らの地位と名声に比例することになる。他方，自分たちの階層に見合わない，度を越した儀礼は行われるべきでないとされており，どのような動物をどれだけ供犠するか，死者に着せる衣装のタイプや色，死者を乗せる椅子の形などといったものが，古老たちのアドバイスのもとに家族で検討され，その社会階層や年齢，性別に応じて慎重に準備される。このように階層の違いによって異なった規模の儀礼が実修されることになるが，ここではとくにサダンガで実修される自然死に関わる儀礼の階層差について詳しく述べていきたい。

老人が自然死した場合，すぐにその死が子や孫などの親族に連絡される。死者の家族はすぐに1羽の鶏を供犠し祖先の霊アニトを招待して共食する。それから死者を水浴させ，男性には褌を，女性には褌とタピスを身に付けさせるが，この死装束については次のような階層による区分がみられる。

① カルゴ／チノルオス *dinol-os*：インカラワや，結婚していない，あるいは孫のいないすべての階層の人々によって身に付けられるもの。白地の両端に約5cm幅の黒い2本の横縞模様があり，死者を包む布や，女性用のタピスとして使われる。真っ白のファンチャラ *bandala* も同じ用途で使われる。

② ファヤオン：結婚し，すでに孫のある中間層の人々によって身に付け

られるもの。紺地の中央に約5cm幅の白い2本の横縞模様があり，死者を包む布や女性用のタピスとして使われる。

③　ギナワエン *ginawa-en* ／セネクウェット：結婚し，すでに孫のあるカチャンギャンの人々によって身に付けられるもの。赤地で黒の数本のデザインされた模様が横に織り込まれている。死者を包む布や女性用のタピスとして使われる。赤地で白のラインの入ったピナグパグも同じ用途で使われる。

④　ファアン *ba-an*：インカラワや，結婚していない，あるいは孫のいないすべての階層の人々によって身に付けられるもの。白地で縦に織り込んだ模様（10本の縞）があり，男女の褌として使われる。

⑤　ラグテブ：結婚し，すでに孫のある中間層やカチャンギャンの人々によって身に付けられるもの。ファアンよりも幅の広い，より複雑な12本の縞模様を縦に織り込んだ白い布で，男女の褌用として使われる。

　以上のように死装束には5種類の織りや色のパターンがみられるが，これらはたいへん高価なものであると同時に，その死者の帰属する階層や地位によって明確に区分されていることがわかる。ただし，カチャンギャンであっても孫をもたずして死亡した場合には「異常死」とみなされ，通常の衣装を身に付けることはできない。

　さて，こうした一連の準備が終了すると，死者を死の椅子サンガチル *sangadil* に座らせる。サンガチルは，通常，梯子のような2本の棒に座面をつけたものであるが，これもまた，死者の社会的地位に応じて作られる。すなわち，死者の頭を乗せる位置の梯子段にあたる部分を2本まとめたもので段にすることができるのはカチャンギャンだけで，これは，死者の家族が1回の供犠につき，通常の2倍の動物を供犠するということを約束するものでもある。そのため，経済的な豊かさを伴わなければ，こうした装飾は現実にも不可能である。

　その後，このサンガチルを家の中に設置し，訪れる人々から死者がよく見えるように家の壁を取り払って，数日間展示する「展示葬」を行う[9]。この展示葬には参加者全員による共食が伴われるが，その期間は死者の経済状況や階層によって異なってくる。これがまた，社会階層が明確に現れる場面で

ある。この期間，死者の家族は大量の米を搗き，カラバオや豚，鶏を供犠し調理して，儀礼に参加する人々全員にそれらを供し続けなければならないことになっている。インカラワの場合，展示葬を行う（エン・アチョッグ in-adog）期間はたいてい1日ないし2日である。この間，死者の家族は食事ごとに1匹の豚か犬を供犠しなければならないとされる。一方，死者が中間層の場合には2日ないし3日続けられる。ここでは，死者の家族が食事ごとに1頭のカラバオ，あるいは牛と豚か犬を供犠しなければならない。これらに対して，死者がカチャンギャンの場合には展示される期間がさらに長くなり通常，3日から5日続けられる。そして，食事ごとに1頭のカラバオの他，牛や豚を併せて供犠しなければならない。このように，展示葬の期間に消費される動物の数は相当な量になるが，これら供犠動物の経済的な価値はかなり高いため，残された家族にとっては大きな負担となる。しかも，葬儀にあたって適当な動物を所有していない場合には，水田を売却してでもこれを準備しなければならない[10]。とりわけ，まだ葬送儀礼のための準備が十分に調っていないうちに家族の長を突然，失ってしまったようなときには深刻で，カチャンギャンの場合，残された家族は高いお金を払ってでも供犠に必要なたくさんの動物や死者の衣裳を他から購入しなければならない。そこで，しばしば一番大きな水田さえも手放してしまわなければならなくなることがあるという。そうすることによって彼らはカチャンギャンとしての名誉や地位を保つことはできるが，その代わりに経済的な富を失ってしまうことにもなりかねないわけである。

(2) 婚姻儀礼 dono

婚姻をめぐる儀礼には大きく3つの段階があり，第一の段階がカラン kalang，第二の段階がロピス lopis，そして最終的な段階の，もっとも大きな儀礼がチョノ dono とよばれている。ただし，カチャンギャンでは幼児婚約を行うことも多く，この場合は，これらの婚姻儀礼にさきがけて婚約の儀礼が行われる。こうした儀礼の中では，社会的な階層差がその際に供犠される動物の多寡によって現れるが，とりわけイリ全体で実修される最大規模のチョノは，カチャンギャンとして一生のうちで何回か必ず参加しなければな

らないとされる重要な儀礼である。しかも，そのリーダーとしての役割がカチャンギャンのみに制約されている。

　上述したように，婚約の儀礼を除けば，婚姻に関わる儀礼の最初の段階はカランである。これはイリに対する最初の公の宣言であり，夫婦をスポンサーとする共食にイリ内の人々を招待することで，2人が夫となり妻となったということを社会的に認めてもらうための儀礼であると考えられる。ここで消費される動物の量は双方の両親の経済的状況によっても異なってくるが，比較的豊かな家族の場合はこの儀礼のために1頭のカラバオと豚を供犠し，これを干肉と一緒に調理して，サトウキビ酒（ファヤス bayas）やタバコなどとともに皆にふるまう。これに対して，貧しい層の家族の場合，1頭動物を供犠するだけの余裕はなく，この儀礼で用意されるのは，キロ単位で購入したわずかの豚肉や鶏を保存肉と合わせて調理したものであることが多い。なお，この儀礼は，サダンガでは主として新婦側の両親の家で実修されているが，双方の経済状況によって新郎側の両親の家で実修されることもある。また，双方の経済力がかなり違うような場合には，裕福な方の家族にかなりの経済的な負担がかかることになる。

　カランが無事に終了すると，次に行われるべき儀礼はロピスである。このロピスはカランよりも経済的負担がずっと大きくなるため，実際に結婚生活が始まった何ヵ月か後，あるいは数年後の経済的な準備が十分に調った時期に実修される。また，いくつかの夫婦が共同で行うこともある。このロピス儀礼には通常，2日間にわたる祭宴が伴われるが，比較的裕福な家族では少なくとも2～5頭のカラバオが供犠され，この他に何匹かの豚とたくさんの鶏の肉も加えられて調理される。またそれと同時に2～3籠（キマット kimat：籠1杯で約150束の稲穂）もの米が消費される。

　ロピスの次の段階はチョノであるが，チョノとは，その夫婦にとって婚姻に関わる最終段階の，最大規模の儀礼である。しかし婚姻儀礼といっても実際には，すでに夫婦として数ヵ月，あるいは数年，仲むつまじく過ごしてきた多くの夫婦が参加する。しかも経済的にはこれらの夫婦がスポンサーとなって共同で実修するものであるが，実際には，ほとんどイリ全体を巻きこんで行われる。この儀礼の過程はロピスと共通するところが多いが，とりわ

けチョノでは他のイリからもたくさんの人が招待され，個々の夫婦が何年もかかって蓄えた富が一気に放出されることになる。サダンガでは，チョノはほぼ5年から10年おきに実修されており，これらのうち，もっとも近年に行われたのは1987年である。儀礼の中心となるイリ外からの招待日は9月15日で，大規模な祭宴がこの日から2日間にわたって実修された。この儀礼には59組の夫婦が参加してその主催者となったが，全体で153頭ものカラバオが供犠されている。また，イリ内の人々はもちろんのこと，主催者の親族（4親等ぐらいまで）が遠くのイリからも招待され，さらに近隣のイリの人々や親しい友人もこれに加わって，最終的な招待客はのべ約300人にも及んだという。

　チョノが開催されるには，まず1組のカチャンギャンの夫婦がその開催を他のカチャンギャンの夫婦に提案することから始まる。そこで彼らの意思が一致すればその開催はほとんど決定的となり，それに下層の人々が追随する形になる。先にも述べた通り，チョノはかなりの経済的負担を伴うものであるが，サダンガでは一生のうち少なくとも1回はこれを実修することが要求され，またカチャンギャンの夫婦については，少なくとも3回は参加することが社会的に期待されるという。カチャンギャンにとっては，その回数が自慢の種であり，名誉でもある。

　チョノが実修されるためには，初めにこの儀礼をリードするチョノリーダーが決められなければならない。この大役は，第一チョノリーダー（スムブファット *somob-bat*）と第二チョノリーダー（スモクノブ *somok-nob*）の2組の夫婦によって構成されており[11]，このリーダーになることはイリの人々にとって最大の名誉であると考えられている。しかしその一方で，その名誉と引き替えに，彼らには他の夫婦よりもかなり多くのカラバオを供犠することが義務づけられる。ただし，たとえ経済力があろうともインカラワの夫婦はこの役につくことができない[12]。1987年のチョノで第一チョノリーダーを務めたのはRoger Farcanaoとその妻で，チョノを実修するのはこれが初めてであった。Rogerは1987年当時34歳で，この時すでに結婚してから12年がたっており，4人の子供があった（1993年現在は5人）。彼は第二子であるが長男で，幼児婚約はしていなかったが双方の両親とも裕福な家

族である。この時のチョノに必要な経費は双方が等しく負担し，7頭のカラバオを供犠している。また，第二チョノリーダーを務めたのは Primo Sumilao とその妻であった。彼らもチョノを実修するのは初めてであり，1987年当時32歳で，1980年に結婚し，すでに2人の子供があった（1993年現在は3人）。彼は第一子の長男であり，双方の両親とも裕福な家族であったため，その費用は双方で等しく負担している。この夫婦はここで5頭のカラバオを供犠している[13]。

　このようにして儀礼の日程やチョノリーダーが定まると，来たるべきチョノに備え，これに参加する人々は何ヵ月も前からその準備を始める。儀礼に必要なさまざまなものを買い集め，たくさんの米を搗き，薪を集めて当日に備えるのである。そして，いよいよ本番では2日間にわたるイリ外からの招待日を中心としてたくさんの動物が供犠され，何度も共食が繰り返される。ここで消費される動物の量は相当な数に及ぶが，とくにカラバオは彼らにとってもっとも高価な動物であると考えられているため，供犠されたカラバオの首を特別に家の前に作られた壇（ファンサー *bansal*）に吊るして数日間展示し，人々に披露する。これによって招待された人々や同じイリの人々にその主催者である夫婦が何頭のカラバオを供犠したかが示され，これによってカチャンギャンはカチャンギャンとしての富を誇示し，地位や名声を再確認することになる。次の日，イリは忌休日に入り，チョノリーダーたちによって最後の儀礼が実修され，イリ全体の繁栄と次回のチョノの成功を願ってこの盛大な儀礼は静かに幕を閉じる。

5．カチャンギャンと首狩

　かつて，ボントック族は勇敢な首狩族として人々に恐れられていた。首狩とは儀礼的殺人の一種であるが，ボントック語で「首を狩ること」はナマカ *namaka*，「戦うこと」はインファロクネット *in-baloknet* といい，これらは同義語であって，戦いと首狩は直接的に結びついているという［Jenks 1905：172］。

　山下によれば，首狩の動機は以下のように分類される。すなわち①農作物の豊作を期して，②共同体の幸福一般を願って，③悪霊，疫病の予防お

よび駆除，④男子小屋もしくはコミュニティ・ハウスの新築に際して，⑤男子のイニシェーション儀礼もしくは結婚の前提として，⑥勇敢さを示し，勲功・威信を得るため，⑦戦争の一形態，血讐として，⑧死後他界での幸福を期して，⑨喪明けに関連した儀礼としてである（『文化人類学事典』弘文堂）。ボントック族では，首狩の多くは主として血讐のために行われるが，それ以外に豊穣の獲得や個人の名誉・威信の獲得のためにも行われている[14]。社会階層と首狩が密接な関係にあるのは後者で，スペイン占領以前，首狩がかつて公に，定期的に行われていた頃には，首狩の遠征においてもカチャンギャンが重要な役割を担っていた。首狩の遠征は通常，イリを取り囲む草地などで，収穫後などの男性が暇になる時期にグループを作って行われていたという。しかし，血讐のための首狩とは異なり，これらの目的は主として男らしさや勇気を人々に示すことであった[15]。そのため，敵の首や身体の一部を持ち帰った首狩の勝者（ナマルフェグ namalbeg）は，まさに英雄であり，家族はその名誉を祝って盛大なる祝宴を開かなければならなかった。首狩の遠征が成功した際，あるいはさまざまな危険な出来事から無事に生還したときに課せられる忌休日をトモ tomo，それにともなう首狩の祭宴をママルカイ mamalokay という。トモは3日間にわたるが，そのママルカイでは当事者の家族がカラバオないしは豚をパパタイで供犠しなければならなかった。現在では誰かを傷つけたり，事故に遭ったり，死者を運ぶのを手伝ったときなどにもトモが実修されている。また，兵士や警察官として人を殺したときも同様で，そのような場合にはイリへ戻ってこの儀礼を実修しなければならないとされている。

　首狩の遠征隊がイリの境界に辿り着くと，ファルカイ balokay とよばれる特別な儀礼歌[16]が歌われ始める。こうすることによって，イリ内の人々は彼らが首狩に成功したことを知る。それから狩った敵の首を自分のアトに持っていき，そこに立てられている柱（サポンゴル sapongol）に結びつけられた首入籠（サコラン sakolang）に入れ，そこで豚を1頭供犠する。そしてイリ内の人々を集め，敵の首を籠から下ろしてアトの中央に置き，儀礼的共食と舞踏を行う。祭宴は夜遅くまで続き，一方で，男性たちは首を犬に持っていかれないよう夜通し見張る。そして次の朝，首を川へ運び敵の魂に

祈りを捧げて穢れを払い，川岸で自らの身体とその敵の首を洗う。それから古老が再び祈りを捧げる。この祈りのなかで「おまえの妻をここへ呼べ！我々のところで一緒に暮らすように」といった内容のことが語られることがあるが，これは「おまえの妻も殺してやる」ということを示唆しているという。それが済んでからイリに戻り，再び豚を1頭供犠して調理する。そこで集まった人々で歌を歌い，共食をする。そして2日目の夜，アトに敵の首が埋葬される。次の日の朝，最後に忌休日がイリ全体に課せられ，イリの出入りや田畑での労働が禁止される。この忌休日は，当事者が殺された人の魂に，あるいはその関係者から復讐されるのを守るための意味もあるという。

　こうした当事者たちの象徴的な意味づけは別として，この忌休日には祭宴が催されるため周囲の人々にとっては楽しみのときでもある。既婚男性たちは，祭宴で用いられる豚を7～8匹イリ内に調達しに行き，それをアトで調理する。一方，若い男女のグループはファルカイを掛け合いで歌うなどして楽しむ[17]。料理ができあがる頃，今度は女性たちもアトに呼ばれ皆で食事を楽しんだ後，それぞれの家に戻っていく。さらに家では鶏が供犠される。その際，鶏は棒で叩いて殺され（ナルパル *nalpal*），これを調理する竈は家の戸口に設けられる。鶏は彼らの力の象徴であると考えられており，鶏を供犠するこの祭宴では，戦士たちのさらなる力の強化が祈られる。個々の家での共食が終了すると，こんどは若い男女がアトへと集まり，それぞれ1列ずつに並んでチャエン *da-eng* を詠唱する。チャエンはいくつかのフレーズからなるが，その内容は首狩の新たな犠牲者を求めるといったもので，まず犠牲者の魂に「お前の残された家族をここへ連れてこい」と呼びかけ，それを受けて「もし家族がやって来たら，ごちそうして酒を飲ませ，殺してしまえ」といったフレーズが単調なメロディーで詠唱される。

　このように，首狩の祭宴には大量の消費が伴われるため，現実には富裕層の者にしかこれを開催することができない。そのため，首狩の遠征に出かける際，最初に槍（ファンカウ *bangkao*）を投げたり，首狩斧[18]（カマン *kaman*）で敵の首を実際に狩ったりするのはきまってそうした祝宴を開くことのできるカチャンギャンの若者であり，もし別の戦士が敵を殺しても，自分で敵の首を狩ることはしないでカチャンギャンを探すという。こうして

英雄となった若者は勇敢な戦士として人々に迎えられ，さらにイリ内から選抜された優秀な戦闘士グループの一員として迎えられる。少数者どうしのグループでの戦いと異なり，イリ間の戦争になる場合，女性や子供たちは集落を離れ森などの安全な場所へ身の回りの必要なものだけを持って避難する。一方，すべての男性は戦闘準備に入り，これを年長者が指揮することになるが，実際の戦闘行為の中心となるのはこのグループであるという。こうした首狩の勇者としての地位は，刺青（ファテック *batek*）という形で視覚的にも表現される。刺青にはいくつかの種類があるが，首狩の戦闘の勇者ぶりによって刺青が施される場所や模様も異なってくる[19]。もっとも名誉ある刺青はチャクラグ *daklag* とよばれる胸の刺青で，3人以上の首を狩った，あるいは敵を殺すのを手伝った者のみに許されるものであって，こうした刺青が施されることによってもその男性の社会的な地位が確固たるものとなる。

6. おわりに

ボントック社会では，貨幣経済の流入や教育の普及などによって社会階層の明確な区分が失われつつあるといわれる。しかし実際には，潜在的であるにしろ，その階層区分は依然として存在しており，これまでも，さまざまな儀礼を通して再確認されてきた。

経済的豊かさだけにその要因を求めるのなら，出稼ぎや商業活動によって富を蓄えたインカラワがそのイリ内で高い地位を得ることができる。しかしながら実際には，彼らはカチャンギャンにはなり得ず，それとは異なったことばのバクナン *baknang* として表現されるに留まる。カチャンギャンということばが羨望と尊敬の意味を込めて使われるのに対して，バクナンは多少の侮蔑を含んで使われることが多い。最近ではこうしたバクナンが増加しつつあり，出稼ぎで得た現金を元手にカリンガなどに土地を求め，新しく水田を造成する人々もでてきた。しかしこういった人々の流れも，実際にはまだイリ内の社会階層や社会的評価を脅かすまでには至っていないといえる。そればかりか，むしろ，こういったカチャンギャンとしての地位と名声を再確認するような儀礼は依然として盛んに実修されている。現実にはたとえ経済的余裕がなくても，カチャンギャンは水田を売ってでもカチャンギャンとし

てふるまうことが社会的に要求されており，さまざまな儀礼の機会にたくさんの動物を供犠し，大量の富を放出することによってその地位を確固たるものとしている。このようにして，人々はさまざまな儀礼を通してカチャンギャンとしての社会的地位を再確認してきた。もちろんたとえカチャンギャンであっても，指導力をもっていなければイリ全体の事項（とくに，かつての首狩の戦闘など）について，影響力を及ぼすことはできない。自分の生まれながらの地位にどっかりとあぐらをかき，努力しないカチャンギャン出身者が真のカチャンギャンとして認められることはない。実際，たとえカチャンギャンであっても普段から実によく働く。しかも，カチャンギャンがイリのリーダーとして人々に要求されるのは富だけではなく，豊富な経験と豊かな知識であり，以前には，とりわけ首狩の戦闘における勇者であることが望まれた。無能なカチャンギャンが台頭し，権勢をふるうことに対する抑制として，とくに首狩の戦闘は重要な位置を占めていたという。しかしながら近年，首狩の戦闘が激減したことによって[20]，人々の価値の基準が戦闘における勇気よりも富そのものに向けられるようになってきており［Eggan 1963：354-355］，サダンガにおいても，郡や行政村の運営に決定的な影響力をもつ政府の職員は，これらカチャンギャン出身の有力者によって占められている。また，子供の世界においてさえ，学校ではカチャンギャン出身の子供が他のクラスメイトたちに一種の羨望のまなざしでみられ尊敬されているという。つまり，これまで公に宣言されることがなく，潜在していたカチャンギャンとしての地位と名誉は，かえって近代化の流れの中で顕在化しつつあるといえるだろう。

あるインフォーマントによれば，そもそもチョノとは夫婦やイリ全体の繁栄を願う婚姻儀礼ではなく，富や繁栄に対する妬みや争いの種を取り除くために行われていたという。これもまたチョノの一つの側面であり，つまりは，蓄えられた富がこうしたチョノや葬送儀礼を通じて一時的に大量消費されることで，定期的に経済的な格差が平等化されるといった機能をも備えていることがわかる［大崎 1987：205-206］。ただしサダンガにおいては，たとえインカラワでも少なくとも一生に一度はこのチョノに参加することが期待されており，インカラワにとってもその経済的負担はかなりのものであるといえ

る。彼らもまた長い間に蓄えたわずかな富をすべてこうした機会に放出しなければならないのである。

　ボントック族の多くのイリでは，チョノは大変な浪費であり貧しさの元凶であるとして，だんだんと行われなくなってきている。一方でサダンガでは，いくら貨幣経済が浸透しても一向に改善されない自分たちの生活を憂い，少しでもこれを良い方向へ向けることができるようにと，かえってこういった「伝統的」な儀礼に固執する傾向にあり，これらの儀礼がますます盛大に行われている。

[註]
1) プリル゠ブレットによれば，トゥクカンではカチャンギャンとラワの階層をさらに，それぞれ3つの階層に区分しているという。つまり，カチャンギャンの中でも一番上の階層は，カチャンギャンの長子たちの家族によって構成されるもっとも豊かな家族たち，マティングロ matinglo である。これはボントック族の財産の相続規範に従って長子相続をする場合，多くの財産が両親から彼らに相続されるためである。次の中間の階層はミスネッド misned とよばれるが，これはカチャンギャンの次子以下の家族にみられる。さらに一番下の階層はイトロ・アイ・カチャンギャン itlo ay kachangyan であり，カチャンギャンのイトコなどがそれにあたる。彼らは比較的貧しいにもかかわらず，カチャンギャンとしてふるまうことが社会的に期待されている。これらに対し，ラワもまた次の3つに区分されているが，その第一はカチャンギャン・シ・ラワ kachangyan si lawa で，ラワの中ではかなり豊かな人々である。彼らがカチャンギャンの中間層の人々よりもずっと多くの財産を所有しているということもある。第二はファンファニン fanfaning で，これは自分たちが消費する分をやっと賄うことができる程度の，ごく少ない水田しか所有していない人々である。最後に，これらの最下層に位置づけられる人々はカティアン katit'an，あるいはエンサンサヌオン ensansanu-ong とよばれている。これは水田をまったく所有しない人々であり，主にカチャンギャンの下で働いたり，出稼ぎに行ったりすることで生計を立てている [Prill-Brett 1975：45-46]。一方，プリル゠ブレットの1982年の統計によれば，トゥクカンにはそれぞれ大きさの異なる4,424区画の水田があるが，そのうち1,358はカチャンギャンが，残りの3,066はカチャンギャン以外の家族が所有しているという [Prill-Brett 1983：19]。
2) サダンガでは，d音はch音として発音される傾向にある。そのため，サダンガの富裕層について述べるとき，kadangyan は筆者の聞きとったままに，そのまま「カチャンギャン」と表記している。本文では報告者や地域の違いによって，カダンギャン，カダングャンなどと異なる表記が用いられているが，これはすべて富裕層としての kadangyan を意味している。

3) すでに経済的な豊かさを失い，明確にカチャンギャンであるということが認識されていない家族もあるので，際立って裕福な家族を除いては，周囲の人々の記憶の違いによってその家族がカチャンギャンであるかどうかの判断が曖昧である。そのため正確な数は把握できていない。
4) 現在，娘宿そのものは失われているが，サダンガでは空き家などがその代替物として使われている（第2章第4節参照）。
5) 先祖伝来のビーズや青銅のゴングは小さな水田1区画に相当する価値があるとされている。
6) しかしながら，サダンガでは灌漑可能な土地の不足から新しい棚田は1850～1870年以降，あまり造成されていない［Drucker 1977：5］。
7) このことについては村武，大崎も報告している。村武はボントック郡のイリのひとつであるサモキについて，川の上流は伝統的な家筋の富裕層が住み，中部地区は上流地区の出自を含む人々，下流地区は水田をもたざる者の住む地帯であり，富裕層カチャンギャンの人々は下流地区に住む人々を蔑視し，ほとんど通婚関係をもたないという事実を指摘し，これは，ときにはカーストの原初的・萌芽的形態を想起させると述べている。さらに，この上流：下流という関係は単に地理的区分に留まらず，固有の宗教的意味をもった世界をも内在させているという。つまり，上流が文化英雄神ルマウィの出現する幸と豊穣の源であるのに対し，下流は不幸をもたらすアニト霊の源郷である。そこでこの象徴的な上流：下流という対立が，社会的にも優位：劣位として現れるというのである［村武 1984（1980）：134-137］。一方，大崎は，サモキにかつてみられた素焼き造りに専業した下流側に住む下層の人々と，水田をもつ上流側の人々との生業の二重構造を報告しているが，これは，今日ではあまり明瞭でなくなってきており，住民たち自身も両者の地区的格差が「ミックスしている」というまでに至っていると述べている。出稼ぎや移住といった近代的現象によって下流側の人からナバクナン（成り上がり者）が現れ，そのなかから水田を買い入れる人々も出てきており，新しい近代的階層化の胎動がみられるというのである［大崎 1987：217］。
8) これらの織りのパターンについては後述。
9) 合田によれば，展示される方向も社会階層によって異なり，マリコンでは自然死した富裕層の死者は，優越した方位に向けて展示されるという［合田 1989a（1986）：319］。
10) その大きさによっても異なるが，カラバオの大きいもので約10,000ペソ，豚の大きいものは約6,000ペソ，鶏については100ペソ位の価値がある。これらの動物が1区画の水田と交換される場合には，1頭のカラバオと1匹の豚，およびドラムカン1罐分のサトウキビ酒の価値に相当するといわれている。
11) 場合によっては，第三リーダーまで定められる場合もある。一方，合田によると，マリコンではこのリーダーは1人だけで，カラン儀礼におけるリーダーと同じくポモオ *pomo-o* とよばれる。この大役は富者の階層の長男で，父親がポモオを経験している者にのみ許されるという［合田 1989a：259, 262］。
12) チョノリーダーになれるのは，代々この役目を担ってきた系譜のカチャンギャンに限られ，そうでないとイリ全体の米が不作になると考えられている。
13) チョノ自体は主催者夫婦たちの婚姻儀礼であるが，かなりの経済的負担を伴うため，

実際にそれにかかる費用は双方の，ないしは片方の両親に大きく依存している。両親は自分たちの子供のためにこのチョノに参加することを強く望むという。

14) スコットは首狩の意味について「首狩は，しばしば宗教的な意味において解釈されるが，法や近代的な戦闘方法，教会の教えなどにそぐわない伝統的な首狩慣行は，現実に，イリに持ち返った敵の首が豊穣をもたらすとか，個人の地位や名声を獲得するためといった観念だけではもはや説明することができない」と指摘する。つまり，こうした慣行の本質にあるのはそういったものではなく，むしろ人間を「我々」と「他者」に分けようとする二元論的な世界観にあり，敵の首はそうした観念に付随してもたらされるものに過ぎないという [Scott 1988：142]。そういった意味では，血讐はまさに我々意識の表現であるといえるだろう。

15) 勇敢さを示すといっても，彼らにとって首狩はきわめて恐怖に満ちた行為であり，出発の前にはさまざまな儀礼が実修される。首狩遠征の吉凶を占うのもそのひとつであり，たとえば胆嚢占いでは，そこで供犠された鶏か豚の胆嚢の大きさ，色，表面のきめ，向き，肝臓との位置関係によって占われる。胆嚢がふっくらして，黒く滑らかな表面で，わずかに肝臓から突き出ている場合，このサインが最初に出れば，敵は簡単に見つかり，その首を狩ることができるということを示唆している。一方，次の占いで胆嚢が小さくしぼんでいて，完全に肝臓に隠れている場合も吉兆で，これは自分たち戦闘集団が「隠れている」ことを象徴しており，首を狩った後も敵には見つからない。つまり，敵の地へ向かう，あるいはそこから帰る道が安全であるということを示唆している。ただし，このサインが最初に出ると，敵が隠れていて見つからず，自分たちが敵にたやすく殺されるということを意味することになり，凶兆であると解釈される。

16) ファルカイは，首を狩った者の家やその勇者が帰属するアトで個人または集団で歌われる。歌の旋律は，通常のアクセントを無視したひじょうに強い音をともなった抑揚で拍子がとられる。歌の内容自体は単純で「私は首を狩った」「あのイリの勇者だ」とか，「川の向こうに隠れて戦いに参加しなかった者は誰だ？ そいつには着古した褌（ワニス wanes：戦士に与えられるもの）を与えよ！」「どこかへ行っていて首狩に参加しなかった者は誰だ？ そいつにはごちそうの肉を与えずに塩だけを与えよ！」などといったもので，歌の最初と最後に「アー，アー，ファロカイ（aaaa aaa balo-kay）」というフレーズがつけられる。

17) この掛け合いは，男女のグループがお互いにどちらが優れているかを競い合うもので，勝負は相手を打ち負かすまで続けられる。その際，負けた側は勝った側に薪拾いなどの労働を提供することになっている。また，女性たちが勝った場合，男性の帽子やパイプを取り上げたり，逆に男性が勝った場合には，女性が籠や褌をプレゼントしたりすることもある。内容は以下のようなものである。
　女性：おまえたちがいつものらくら過ごしている時，あなたたちの母親は薪を集めている。
　男性：おまえたちがいつものらくら過ごしている時，畑は雑草だらけになっている。
　女性：朝日が昇るまで，この掛け合いはやめない。私は遠くまでタバコを買いに行くのに，おまえはアトへタバコをもってくるだけだ。
　男性：おまえは肉を欲張って一人占めし，母親に分けてやらない。自分だけ祝宴を

楽しんでいる。
このように男女が相互に歌を返していき，最終的には古老男性がその勝敗を判定する。
18) 首狩の武器にはさまざまなものがある。攻撃する際に用いられるものとしては，槍（遠投用のファンカウ bangkao，接近戦用の楯に結びつけるシミマアン simima-an），首狩斧カマン（接近戦用，褌に差し込んで括り付ける），スガ soga（先を尖らせた竹で，片手に20本ほど持ち逃げる敵を後ろからねらったり，逃げ道に置いて相手を傷つけたり，接近戦ではナイフのように用いたりする），護身用の武器としては，楯（カラサグ kalasag）などがある。しかしこれらの武器も首狩の減少によってだんだんと使われなくなってきており，武器としてよりも狩猟や農作業の際の道具として，あるいは社会的地位を誇示する装飾として用いられるようになってきている。
19) 刺青の模様にはシダの葉や人間を模ったもの，幾何学模様などがあるが，それ自体には意味がないという。むしろ意味があるのはそれが施される場所で，たとえば二の腕に入れる刺青はティナクライ tinaklay とよばれ，敵を1人殺すのを手伝った場合に施される。顎の刺青はピナンガル pinangal とよばれ，敵を1人殺すのを手伝ったが，それが致命傷には至らなかった場合に施される。鼻と両頬に×のマークを記す刺青はティニクティク tiniktik とよばれ，犠牲者に切りつけた，あるいは矢を刺した場合に施される。一方，女性も刺青をすることがあるが，これは自分の父親，あるいは親族の帰属するアトが首狩成功の儀礼トモを実修したときに入れられる。しかし，どちらかというえば名誉のしるしというよりも装飾的意味合いが強い。
20) 表面上，首狩慣行は禁止されているが，実際には現在でもしばしば行われており，合田は過去15年間で確認しただけでも6件の首狩事件があったと報告している［合田 1989a：2］。

第3章

空間と霊的世界

第1節　生活空間

1．はじめに

　人間が定住して集落や共同体を形成するという行為自体は，世界中に広くみいだすことができる。しかし，これらの性格については気候や地勢的条件，生業形態などによってさまざまな差異を生じており，しかも，その生活空間の多くはただデタラメに配置されているのではなく，村武のいうように「それらをとりまく自然や宇宙をそれぞれ独自の祭祀的世界の中に組み込んで生き続けてきた」のであって，それを，その形成の過程で「集落内部や外部の地理的範囲の中に可視的にきざみつけてきた」ことがわかる［村武 1984：78］。

　クローバーは，フィリピンの生活空間について「散在集落が一般的であり，共同体が存在しない」と指摘したが［Krober 1919：83］，この指摘は明らかに誤りであり，少なくともボントック族の現在の集落形態については，これを「共同体」とみなすべきである。これについては合田が詳細な検討を試みているが［合田 1989 a（1970）：27-30］，共同体をマードックのいうような「対面的な関係の中で共住する人々の最大の集団」［マードック 1986（1949）］と定義するなら，本書でとりあげるボントック族は，社会的に一定の地域に結び付けられた定住稲作農耕民であり，単なる家々の固まりとしての集落だけでなく，対面的な関係の中で明らかに村落共同体を形成している。そして，ここには成員間の互恵的な関係と共通の文化による特定の共同体への強い連

帯が生じている。ボントック族において、彼らがもっとも強い帰属意識をもつのはこうした地域的なまとまりとしての村落共同体であり、ボントック族としての一体感は稀薄であるからである［村武 1984：123, 合田 1989 a (1970)：33-34]。

したがって本説では、彼らがもっとも強い帰属意識をもつ生活空間としての村落共同体の性格を明らかにするとともに、その内部にいったいどのように彼らの世界観が反映され、象徴的秩序が形成されているのか、またその中で女性原理がどのように位置づけられてきたかについて考察したい。なお、ここでいう生活空間とは、合田のいうところの「人々が意識している地理的・経済的・政治的・神話的世界」全体を指している［合田 1989（1970）a：53-54]。

2．村落共同体としてのイリと象徴性

(1) イリ

ホカノは、フィリピンの少数民族とよばれる人々の地縁集団の形態を5つに分類した。すなわち、ピサン *pisan* (campsite)、プロ *puro* (settlement)、イリ *ili* (village)、マガニ *magani* (district)、バンワ *banwa* (domain) の5つである。このうち、ボントック族はイリタイプに分類されるが、これには他にイバロイ、イフガオ、カンカナイ、ティンギャン、サガダ、南カリンガ、およびパラワン島のタグバヌワ、ミンダナオ島のアルマネン・マノボの諸族が分類されている。もともと「イリ」は、ボントック族が自分たちの帰属する共住集団をさして用いることばであるが、このイリがまさしく、ホカノによる同タイプの他の共住集団を代表する名称となっている。

ホカノはこのタイプの特徴として、

① 焼畑耕作と棚田による灌漑水田稲作農耕を組み合わせた生産的な農業形態の存在
② 専従の職人、技術者の存在
③ 協定に基づく広範な交易関係の存在
④ 明確に定められた社会階層制度
⑤ 年長者の合議にもとづく中央集権的な権力の存在

⑥　卓越した法制度
⑦　共同体レベルでの年周の呪術・宗教的祭宴の存在
⑧　専従の宗教的職能者の存在
⑨　組織化された戦闘形態

の9つをあげている［Jocano 1998：99-128］。これらのすべてがホカノのあげた社会のいずれにも存在するかは別として，ボントック族の場合には，ほぼあてはまっている。たとえば，農業形態については，ボントック族は高度な灌漑設備をもった水田稲作農耕民で，それを補う形で焼畑耕作も行われている。社会全体は古老男性たちの合議によって運営されるが，一方では，富裕層が大きな影響力をもっている。とりわけ共同体レベルでの供犠祭宴はこうした人々を中心として運営される。

　ボントック族の村落共同体については，ジェンクスがプエブロ *puebro* ［Jenks 1905］，バートンが "town" ［Barton 1949］，ウィルソンがイリ *ili* ［Wilson 1952］というように，研究者によって，異なることばで表現されている。イリという名称をめぐっては，キージングが「本来はボントック語ではなくイロカノ語からの借用である」と述べているが［Keesing 1949：580］，これに対しリードは「確かにイロカノの間で村落共同体に対しイリという用語が用いられているが，このことが必ずしもボントック族にはもともと村落共同体を表す単語がなく，イロカノ語から借用したということを証明することにはならない」と指摘している［Reid 1972：532］。一方，バートンは，カリンガでもこうした共住集団に対しイリ（town）という用語を用いるが，これはイロカノ語の借用であり，本来，彼らにこうした集団に対する用語は存在しなかったと指摘している。ただし，カリンガ族のイリはボントック族のものとはだいぶ異なっており，バートンはこれに，"home region"という用語を当てている［Barton 1949：137］。本書では，こうした論争は別として，ボントック族が自ら強い帰属意識をもつ村落共同体をイリ，同じ村落共同体に帰属する人々をシンパンイリ *sin-pangili* とよぶ事実から，ここではイリという用語を用いることとする。

　各イリは，全体としてボントック族としての共通の文化をもちながらも社会的・政治的にはある程度自律した存在であり，それぞれ一定の間隔をおい

た，独立した村落共同体として社会生活を行っている。内部の空間的配置は，地勢的条件や歴史的背景によって若干の地域的変差がみられるものの，その多くは共通して景観的に集落を取り囲むように棚田が作られており，さらにその周囲は山林に囲まれている[1]。この山林が他のイリや共同体との境界を形成しており，これが，人々を厳しい自然環境や外敵の攻撃から守ってくれる。この境界は，かつての隣接するイリや共同体との戦闘の結果，定められたものである。一方，集落内部には通常，聖樹パパタイと男子集会所（アト），娘宿といった公共の建物の他，個人の家屋，倉などがそれぞれ配置されており，これらのうち倉は集落内部だけでなく棚田周辺部にも作られている。

　先に，ボントック族がもっとも強い帰属意識をもつのはこうした地域的なまとまりとしてのイリであると述べたが，個々のイリの成員権は両親がそのイリの出身者か，両親ないしは祖父母のどちらかがそのイリの出身者，あるいは婚入後，そのイリのアトへ加入が認められた者に限って獲得することができる。そして，この成員権をもつ者は，自由にイリ領域内の共有の森林地で樹木を伐採したり，狩猟をしたり，牧草地にカラバオを放したり，水源を利用したり，焼畑を造成したりすることができる[2]。こうしたイリの成員権が婚出や転出によって失われることはないが，遠くに住んでいれば，これらの用益権を実際に行使することは不可能であり，行使されないまま世代を経るにしたがって，やがて記憶のなかから忘れ去られていく。一方，転出先からそのイリに戻ってくれば，使われないまま放置されていたさまざまな用益権も復活することになる。

(2) イリ領域

　上述したような地理的景観としての空間配置や境界とは無関係に，イリの領域の大きさが象徴的に変化することがある。すなわち，他のイリとの明確な可視的境界である尾根の稜線や河川，樹木などといったものとは別に，その境界が移動することで日常とは異なる「内」と「外」が定められるというのである。一方，その内部においても一時的に「内」と「外」とを区別する領域が発生し，これらの内なる領域は儀礼的に一定期間，閉鎖される。合田が述べるように「本来連続的な地理的空間は，文化的に設定された多くの境

界によって一連の諸範疇に分類され，儀礼の文脈にしたがって特定の境界が顕在化する」ことがわかる［合田 1989 a (1977)：53-87］。こうした境界の変化は主として，霊的存在であるアニトが人々に幸や不幸を，あるいは彼らの作物に豊穣や不作をもたらすと信じられているからであり，それに対抗する儀礼の目的に応じて閉鎖される領域も変化するという。

　これらの変化のなかでも，とりわけ儀礼的に閉鎖される領域が最大になるのは，イリ全体を「内」とし，外の世界との間に境界を引き両者を分かつものである。これは農耕儀礼や，災害，疫病の流行などのイリ「全体」に関わる重大事が生じた時にしばしばみられる。その際，イリ全体に忌休日が宣言されるが，ひとたび忌休日が宣言されると他のイリや町との行来がすべて禁止され，イリ全体が儀礼的に閉鎖される。なぜならボントック社会では，そうすることでイリ内の悪霊を外へ追い払い，それと同時にイリに出入りする人々が悪霊を持ち込むことを避けることができると考えられているためである。実際に何年か前，サダンガで多くの子供が病気に罹った時，儀礼的にイリを閉鎖したところ，たちまち子供たちの病気が治ったという。イリの入り口とされる数ヵ所には余所者が自分たちのイリへ侵入しないよう「禁止」を表すマーカー（ファルエン *bal-en*）を立て，それに加えて入り口付近では，これに違反して出入りする人々がいないか厳しく観察される。サダンガでは通常，ボントック郡の中心部からサダンガのマニシパル・ホールまでジプニー（乗り合いジープ）が定期的に運行されているが，忌休日の際には外部の人がこうしたジプニー発着場からイリ内に入ることはできず，忌休日を知らずに訪れた人は近くの小学校に連れていかれる。この小学校はいわば外からもたらされた近代的制度としての「学校教育」の場であり，忌休日といったようなイリの伝統的慣習と近代行政との境界部分として機能していて，余所者は儀礼的閉鎖が解かれるまでそこで過ごすことになる。

　これに対し，閉鎖される領域の規模が最小のものは個々の家族のレベルのもので，象徴的にその「内」なる領域である「家屋」と「外」が明確に境界づけられる時である。たとえば，出産の際にカルチャキッド *kalodakid* とよばれる侵入禁止を示すマーカー（上部を接触させた2本の細長く煤けた黒い棒）を家の入り口に立てるが，これはこの家族が今，出産儀礼を実修してい

る最中であるということを意味するものであり，この儀礼の最中，アニトによって家の中に不幸が持ち込まれることがないよう，家族以外の者はここに立ち入ることができない。さらに農耕儀礼においても，こうした目に見えない境界が象徴的に設定されることがある。たとえば，田植え後に行われるチャンタイ儀礼 dantey（本来の意味は「バリア」）は，家屋の中に悪い霊が入ってくることがないよう家のまわりにバリアを築き，家族の健康と稲の豊穣を祈願するために行われる。ここでは家族のなかの男性成員1人が鶏か塩漬けの豚肉を戸口のすぐ外側で調理し，その間，他の家族が家屋から2〜3m離れた所に並んで立ち，家の前を通りぬけようとする動物や人々を追い払う。そして肉がある程度煮えたところで鍋を今度は家の中へ持ち込み，そこでさらに調理する。そして調理された鍋の横に禁止を表すプチョン podong を立て，サトウキビ酒（ファヤス）をこれにかける。さらに，稲の収穫儀礼に際しても家屋の前と裏の庭部分に上部を交差させた2本の棒からなるプチョンが侵入禁止のマーカーとして立てられ，バリアが築かれる。これは，水田での最初の収穫儀礼が行われる前に家に誰かが出入りしたり，家の前後を通り抜けたりした場合，収穫量が減ってしまうと考えられているためであり，収穫する水田の持ち主の家族が1人だけ家に残り，他の者たちが水田に辿り着き収穫を始めた頃を見計らってプチョンを立てる。さらに，収穫儀礼の行われる水田でも水田の畦の両端と中央部分にプチョンが立てられ，中央のプチョンには最初に収穫された稲の束を置いて，誰かが収穫中の水田の前を通過することのないように注意を促す。この水田のプチョンは家屋の裏庭に立てられたものと対をなしていると考えられているが，家の前後に建てられたプチョンが収穫された稲が最初に家に運び込まれる頃に取り除かれるのに対し，水田に立てられたプチョンはその区画の収穫が終了するまで立てておかれる。ただし，水田で示された「通過の禁止」は，最初の10束の稲が収穫された時に解除され，10束の稲を5束ずつに分けて畦の両端に置き，そこを通ってもいいことを示しておく。

　一方，こうした家の周辺や水田が儀礼的に閉鎖されるのに対し，逆に家屋のような私的空間が公的な空間として開放される場合もある。ボントック族にとって家屋の内部はもっとも私的な空間であり，通常，他人が勝手に入り

込むことはない。しかし，後述するように葬送儀礼や婚姻儀礼の際には，訪問客を迎えるための空間として外部の人々にも開放される。

3. 村落共同体「サダンガ」としての全体性

サダンガ郡は現在，8つの行政村によって構成されているが，近年，行政的に独立したデマン村は，儀礼的にはサダンガと同一の村落共同体とみなされるため，実際に彼らが帰属を認識する村落共同体としてのイリは7つである。このうちサクリットは，サダンガ郡の中でもっとも北に位置しており，地理的・文化的にもボントック族とカリンガ族との狭間にあるといえるだろう。実際にカリンガの人々との通婚や交易も頻繁にみられるし，伝統的にもサダンガとサクリットは敵対関係にあって，今日でもしばしば紛争が生じている。そのため，サクリットはサダンガ郡のなかでも異質である。サクリットを除いた残りの6つのイリには文化的共通性が指摘できるが，これらはさらに，それぞれ地理的に隣接している3つの対のグループ，すなわち①ベトワガンとアナベル，②ベルワンとベキガン，③サダンガとサカサカンとに分けることが可能である。これら3つの対のうち一方は他方の分派であるといわれている。

これらの対のなかで，①のベトワガンとアナベルは，チコ川沿いの東部に隣り合って位置している。比較的規模の大きいイリであるベトワガンに対し，アナベルはサダンガ郡の中でもっとも気候が温暖であるにもかかわらず，人口は一番少ない。このアナベルはベトワガンからの移住者によって造られたといわれており，移住の過程は伝承によっても語り継がれているし，系譜の上からも実際に確認することができるという[3]。また，③のサダンガとサカサカンの対についても，サダンガはサカサカンからの移住者によって造られたといわれており，サダンガへの最初の移住者はサカサカンから来たと神話に語られている[4]。しかし，これについては神話以外に証明するものはない。これらに対し，②のベルワンとベキガンの対は，お互いに自分たちが根源であることを主張してゆずらないが，実際にこれを裏付けるものは存在せず，神話・伝承も系譜上の認識もない。いずれにせよ，これら3つの対はそれぞれに同じ方言の使用と文化的類似性によって特徴づけられるだけでな

く，実際にもかなりの通婚関係にあるという。一般に，1は基本的には不可分であるが，2を発生させることができる。すなわちそこから他を生みだす根源である。こうして1は2や2個1組を生みだすが，やがて最初の統一は失われ，そこに相対性や依存関係，対立などが生じることになるという。ボントック族においても，個々のイリは確かに政治的・儀礼的に自律しているが，2を発生させたり，あるいはこのような「2個1組」の原理をいくつかの側面で出現させたりすることになる。

3月中旬，田植えが終了した時に行われるアプアポイ儀礼 *ap-apoy* の3日後にメンメン *meng-meng* /アンガンガオ *angangao* が実修される。これはサダンガとサカサカンの間で行われる一種のゲームで，この時期に植えつけられる焼畑のカモテ（サツマイモ）が大きく育つように祈って行われる。双方のイリを代表する少年たちは，サカサカンの下方の，両イリの境界付近のアフュウ（Abew）とよばれる急な丘陵地の頂上付近に集まって，お互いに「*aka yo!*（こっちへ来い！）」と叫びながら石を投げ合う[5]。これは，実はカモテの成長を願う農耕儀礼でありながら，あたかも実際の戦闘のように闘う儀礼的戦闘であり，ここに潜在的な敵対関係が表象されていることがわかる。しかしその一方で，実際の社会生活においては，頻繁に通婚したり，婚姻儀礼やイリ全体の豊穣を祈る儀礼などに招待し合ったりすることによって，潜在的な敵対関係が緩和されている。すなわち，サダンガとサカサカンは，本来，自律した集団として政治的，儀礼的に「分離」しているが，こうした儀礼的過程や神話や伝承上の認識を通して「接合」されることになる。そういった意味では，行政村としてのポブラシオンとデマン村は「分離」の過程にあるかもしれないが，実際に儀礼的場の中心となるアトのほとんどや聖樹はデマンにあり，またポブラシオンに住む人々の多くが学校教育を受け，現金収入を得ることのできる，いわば「近代化された人々」であり，伝統的な慣行を遵守する儀礼的に独立した単位としてイリを構成し得るかについては疑問である。

一方，経済的な側面においてもイリとイリとの間には密接な関係がある。先に地理的に隣接しているイリが対をなしていると述べたが，実際に，これらの隣接したイリ間で通婚が頻繁に行われれば，その子供が両親から相続す

る耕作地も隣接することになるのはいうまでもない。その結果，やがてはそれぞれのイリの水田も混じり合って，ここに，いくつかのイリ成員によって構成される経済的単位としての，ひとつの領域が確立されることになる[6]。サダンガ郡の場合，前述の3つの対のうち，③のサダンガとサカサカンの対と②のベルワンとベキガンの2つは近接しており，文化的にも類似していて通婚圏である。さらに，それぞれの水田は同じ分水界によって囲まれているため，他のイリへ婚出しても自分の相続する水田を日常的に世話することが可能であり，経済的な効率からみても通婚可能な範囲にあるといえる[7]。すなわち，サダンガではこの②と③の対から構成される4つのイリによってひとつの経済領域としての農業域が構成されていることになる。実際にもこれまでサダンガの人々は，この領域内の人と結婚することが絶対的な条件とされてきたのであり，この範囲を越えれば，首狩の対象となる「敵」の地であると認識されてきた。これに対し，同じ領域内でのイリ間の境界をめぐる土地争いや傷害事件，殺人などといったものは，双方の親族関係にあるものが仲介者として機能することによって，イリ規模の戦闘に発展しないよう慎重に扱われている[8]。

4．イリ内部の配置

(1) 宇宙観

かつてサダンガの人々は，宇宙はサダンガで始まりサダンガで終わると信じ，天空が山に接するところが宇宙の終わりであると信じていた。また地下には何もなく，空は死者の肉体が自分たちの集落に埋葬されるまでの間，その魂が浮游する場所であると考えられていた。埋葬される瞬間，魂は空から舞い降り，集落を取り囲む山々へと旅立ち，やがてそこで生活するといわれている。こうした死者の魂は，その肉体が自分たちの生まれた集落に埋葬されないかぎり死後の安寧した生活を送ることができず，死者の親族にその復讐をしようとするという。そのため死者の肉体が集落に戻ると，人々は肉体が無事に帰ったことを魂に知らせるために大声で叫ぶ。これに対し，彼らの肉体は死後，大地に還元すると考えられているため，埋葬後に特別な関心が払われることはない。一方，死後の世界は生前の生活とあまり変わらないと

いわれており，また，死霊たちは自分たちの子孫に強い関心を示して常にイリ内部やその付近を徘徊し，彼らを傷付けたり，反対に加護したりするという。

(2) 日常世界

地理的景観として，サダンガは南北に流れる主要な河川（マラナス川 Malanas River）に沿って山側に居住地オマフォンガン *omabongan* が位置し，その内部には418の家屋（うち空き家24），98ヵ所の倉（そのうちの多くは2～3の棟続き），10個のアトと数個の娘宿（現在では空き家で代替），2本の聖樹パパタイ（上流域と下流域に各1）が空間的に配置されている。かつては，その上流域（現在のデマン）がカチャンギャンとよばれる富裕層の居住域であり，インカラワとよばれる貧しい人々は下流域に住むことで住み分けがなされていたという。しかし現在では，居住可能な土地の不足と貨幣経済の浸透により，さらに傾斜の急な土地へと居住地は広がっていき，また富裕層にとっても，近代的な大家屋をより広い土地に建てる場合が多くなった。そのため，かつてのような厳密な居住域は現在ではみられず，それぞれの階層の家族は分散して居住している。ただし現在でも，彼らの社会生活の中心地となるアトのほとんどは，この上流域に集中している。

いうまでもなく，現在ではサダンガにおいても外部の世界との接触が頻繁に行われている。しかしサダンガと外部の世界とを定期的につなぐものは，朝2便のボントック・ポブラシオン行きのジプニーと，ボントック・ポブラシオンからサダンガへと戻る午後2便のジプニーの運行のみである。実際には，これ以外の移動のほとんどは徒歩によっているため，きわめて困難を伴う。これらの便の発着場となっているのは郡庁や郵便局，教会などの集まる郡の中心部（サダンガ・ポブラシオン）であり，ここにはポブラシオンで唯一のアトも位置している。日常の生活においては，この場がサダンガと「外的世界」との接点となっているが，儀礼的に閉鎖されるイリの主たる入り口は居住地の外れに位置する小学校となり，イリ全体の忌休日[9]にはこの小学校にジプニーが到着する。先にも述べたように，原則として忌休日にはイリの外へでかけたり，外部の者がイリ内へ入ったりすることができないため，儀礼的閉鎖は学校へと向かう道路の入り口にファヤフォイ *bayaboy* とよば

れる禁止を表すマーカーを目に見える形で示す。そこで外部者はイリ内へ入れないことを知り，こうした外的世界との境界部分である小学校で寝ることになる。

一方，こうした日常世界の生活領域のなかには公的な領域と私的な領域があるが，これらについて次に詳しく説明してみたい。

① 公的領域

サダンガの公的な領域としては，まず，パパタイがあげられる。現在サダンガには2本のパパタイが存在しているが，1本は上流域に，他方は下流域にあって，これらのうち日常の儀礼に使用されるのは下流域にあるパパタイである。これに対し，上流のものは，殺人があったときなどの特別な機会にのみ使用されている。このパパタイは，かつて竹林であったというが，現在ではアラウェヤウ alaweyaw とよばれる古い大樹（sabrang tree）が生えている。この樹は戦闘用の楯を作るのに最適な種類であるという。サダンガの人々は，他のボントック族と同じように，彼らの世界や人類を創造し，人類にあらゆる文化をもたらした全知全能の神ルマウィ Lomawig を信仰しているが，このパパタイもルマウィと密接に関係している。これは神話によれば，ルマウィの子供たちがカネオ[10]の人々に殺されてしまい，それを知った人々が彼らの死体を捜しにいき，自分たちのイリに持ち帰った。そしてイリの西と西北に埋葬したところ，やがてここに大樹が育った。人々はこの大樹をルマウィの子供たちの化身と考え，この場を聖なる地として崇拝したという。この大樹が彼らのいうところのパパタイである。そのため現在でも，パパタイは聖地として崇められており，人々はたとえどんなに細い枝であっても切り取ってはならず，もしこれを破ると命が奪われると信じられている。このルマウィは創造神として人間の行動に関心と責任をもっていて，人々に罰を与えたり，逆に加護を与えたりするといわれるが，常にパパタイに住んでいるというわけではなく，また，個人的に直接，人間に干渉するということもない。人々は，その加護を願ったり，豊穣を感謝したりする際に儀礼を通しルマウィに呼びかけるが，実際のルマウィの意思のほとんどは霊的存在であるアニトを通して伝えられる。すべてのイリにはこうしたルマウィと人間とを仲介するアニトが存在すると考えられており，また，これらのアニト

には多くの種類があって，その性質の違いによってイリ内の川や田畑，特定の区域など，さまざまな場所に宿るとされている。一方，イリはいくつかの地区に分けられていて，そこにそれぞれの地区に直接責任をもつアニトがおり，さらにこれらのアニトを統括し「ルマウィの代理人」として機能する指導者としてのアニトが存在しているという。この指導者たるアニトはパパタイを棲家としているが，実際にはさまざまな場所に現れ得る。しかしパパタイ以外の場所でその超自然的な力を発揮することはないといわれている。サダンガの場合，それぞれのパパタイに住むアニトは個別の名前をもっており，上流域に住むアニトはチャルグ Dalug，下流域に住むアニトはファギアン Bagian，チョゴオン Dogo-on，フォティオン Botion などとよばれているが，後者の名前に関しては人々の間で多少混乱がみられるようである。

　パパタイは，このようなアニトの拠り所であると同時に，儀礼的供犠が行われる場でもある。通常，パパタイでの動物供犠は午前中，プマパタイとよばれる司祭の指導のもとに行われる。儀礼自体はプマパタイによる祈禱と供犠された動物の血ないしは肉の一部を捧げることで構成されており，供犠動物となるのは鶏あるいは豚である。ただし，供犠動物の違いによって実際に動物が屠殺されるのはパパタイであったり，家であったり，あるいはパパタイで儀礼的な供犠を行った後に，家に持ち帰って解体したりすることもある。また，こうした動物供犠には共食がともなわれるため，パパタイにはたいてい，竈が設えてある。一般に，鶏はパパタイで屠殺され，この竈で調理してから皆で食べるが，豚については生きたままパパタイに連れて行き，そこで耳を切ってこれを枝に差し，血を竈の周囲に撒いて捧げるだけで，実際にこれを解体し皆で食するのは家屋に持って帰ってからになる。こうした儀礼で唱えられる祈りもパパタイか家のどちらかで唱えられる場合もあれば，双方で唱えられる場合もある。一方，個々の家にはパパタイの小型化とでもいうべき聖なる籠パリガタン *paligatan* が備え付けられている。これは，一本の棒にいくつかの小さな籠を横に並べて掛けたもので，この中に，さまざまな儀礼で供犠された肉の一部がアニト霊への分け前として供えられる。彼らの日常的な儀礼の目的は，全知全能の神ルマウィや，こうしたイリに棲むアニトや祖霊アニトの加護を得たり，怒りを鎮めたりすることにあり，そういっ

た意味では、パパタイはボントック族の儀礼生活を支える上で、きわめて重要な場を提供しているといえよう。

さらに、公共の建物としてはアトと娘宿があるが、これらもパパタイと同じくボントックの社会生活に欠かせないものとなっている。

通常、伝統的な形態としてのアトは寝所となる舎屋部分と、その前面に作られる庭とで構成されている。このうち、舎屋は約2.5×3mの長四角形で、その高さは1～1.5m程である。草葺きの屋根（インナテップ in-natep）と小さな石を土で塗り固めた壁とで作られているが、その多くは、壁の一部が前庭を取り囲むように伸びている。人々が住む家屋の屋根の多くが伝統的な草葺きから手軽なトタン屋根に変わっているのに対し、アトに関してはアニトがトタン屋根の金属音を嫌うと考えられているため、依然として草葺の屋根をもつ場合が多い。ただし、トゥクカンでは11個のアトのうち、ひとつを除いて、すべてトタン屋根に代わっていた。もっとも古い草分けアトはコンクリート造りで、中には儀礼具などが保管されているため、入り口には鍵がかけられており、こういった所にも近代化の影響が見られる。また舎屋の入り口部分にはカラバオの角や鶏の羽、犬や豚の頭骨などが飾られており、屋根の下には儀礼で使われる食器などが保存されている。この舎屋は主としてそれぞれのアトに帰属する未婚男性や古老たちの寝所となるが、外来者のための宿泊所としても利用される。前庭部分のアレンジは個々のアトで異なってくるが、大きさは舎屋とほぼ同じくらいで、そこには木が植えられていたり、かつて首狩の戦利品である敵の首を飾ったとされる柱などが立てられていたりする。ここでは古老たちによって会議や争いごとの仲裁が行われたり、共同で儀礼が実修されたりするが、日常的には男性たちの社交場として利用されており、女性が立ち入ることはほとんどなく、一般に男性領域として認識される。

これに対して娘宿は、アトと異なり、主として男性の訪問を受けるための寝宿や社交場としての機能が強調されるため、女性のみの領域とはいいがたい。サダンガではこれをオログないしはパンギスとよんでいるが、その建物は男子舎屋とほぼ同じで、小さな石を土で塗り固めた壁と草葺きの屋根とで作られており、高さも大人が腰をかがめなければ入れないほどしかない。入

り口はひとつで小さく，内部の床面は地面から約 30 cm の高さにとりつけられた寝台がその大部分を占めており，アトのように前庭をもたず，寝所としての機能が強調される。しかしサダンガでは，娘宿のためにつくられた建物そのものは現在ほとんど残っていず，その機能は未亡人の家や空き家などで代替されている。

② 私的領域

こうした公的な空間としてのパパタイやアト，娘宿に対し，家屋や倉は私的な空間である。ボントック社会の場合，家屋は原則として1組の夫婦とその未婚の子供たちからなる，いわゆる核家族がそこで寝食をともにする。家屋はアフォン *abong*，カチュフォン *kadobong*，あるいはファレ *baley* などとよばれるが，これらのうちのファレということばは，地域によってさまざまなバリエーションがあるにせよ，ほぼコルディリエラ地方に共通して使用されている[11]。これに対しアフォンは地域によってその使われ方が異なってくる [Scott 1969 (1961)：175-219]。

ボントック族ではアフォンが家屋に対する一般的な用語として広く用いられているが，ファレは，とくにボントックに伝統的な，中心部に倉をもつ家屋の形態に対して言及される。このボントック族に伝統的な家屋とは，一間で窓がなく，高く荘重な屋根が低く伸び壁が雨風にさらされるのを防ぐような形態をしているのが特徴的である[12]。低く，外に向かって伸びた大きな屋根は中央の4本の支柱とともに，その外側に立てられた8本の補助柱に据え付けられ，これら8本の柱の間は腰位の高さまでの木の壁で囲われている。この壁で囲われた地面の部分が人々の作業場であるとともに食事や睡眠をとるための場として機能している。家屋全体は，あたかも3階の層をもつようになっているが，階段を上がった部屋や屋根裏は，主として倉として使われるものであって，日常の生活の場ではない。しかしこのようなボントック族の家屋は，低い屋根と外壁とのすき間が寒さを凌ぐのに不便であり，こうした欠点を解消するため，高地になるにつれ，すき間を防ぐための高い壁が使用されるようになっている [ibid.：182-183]。こうしたファレはボントック族に伝統的なスタイルであるが，実際にはボントック族の家屋の一形態にすぎず，いくつかの異なる形態もみられる。一般にボントック社会では階層化

第1節 生活空間

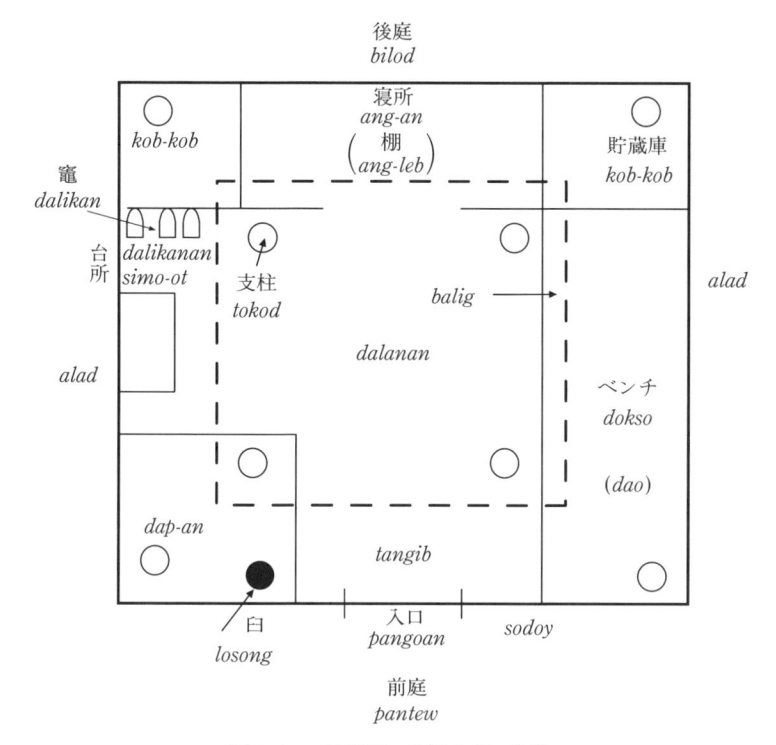

図 3.1.1　富裕層の家屋内部の構造

(図中ラベル)
- 後庭 bilod
- 寝所 ang-an
- 棚 ang-leb
- 貯蔵庫 kob-kob
- kob-kob
- 竈 dalikan
- dalikanan simo-ot
- 台所
- 支柱 tokod
- balig
- alad
- alad
- dalanan
- ベンチ dokso (dao)
- dap-an
- 臼 losong
- tangib
- 入口 pangoan
- sodoy
- 前庭 pantew

　がみられ，同じイリ内に，多くの水田をもち倉一杯に収穫物を保存できるほどの富裕層の家族がいれば，所有する土地も収穫物も少なく自分たちの日常の食事もままならないといった家族も多く存在する。また，そんなに貧しいわけではないが，だからといって裕福でもないような中間層も存在している。こうした階層がボントック社会では重要な意味をもっており，その差異は，彼らの居住する家屋の形態にも反映されている。

　先に述べたボントック族に特徴的なファレスタイルの家屋とは，富裕層が居住するもので，その中央部の倉と外に飾られたカラバオの角の装飾が所有者の富と過去の戦闘における勇者たることを象徴している。その内部構造についてみてみると，「一間の構造」とはいいながらも実はその用途によって内部が明確に区分されていることに気づく（図3.1.1）。入り口を入った中央

の地面部分はチャラナン *dalanan* とよばれており，これには倉の床下部分も含まれる。ボントック族にとって日常生活の中心となるのは床のある倉ではなくこの地面の部分である。入り口の左側部分（チャプアン *dap-an*）は地面より30cmほど低くなっており，家の中でもっとも涼しいスペースで，米を搗くための臼（ルソン *losong*）が埋め込まれている。その向こう側の，倉の左側にあたる2本の支柱（トコッド *tokod*）と横壁（アラッド *alad*）との間の部分は小さな壁で仕切られた台所（チャリカナン・シモオット *dalikanan simo-ot*）となっており，そこには竈（チャリカン *dalikan*）が3つ設けられ，さらに壺などを置くための棚も作られる。入り口の右側は約30cmの高さで長さ3.6m，広さ1.2m位の，籠や家財を乗せるベンチ（チュクソー *dokso*）が，前壁（スチョイ *sodoy*）から仕切りの壁に向かって備え付けられていて，その下（チャオ *dao*）には鶏の籠などが置いてある。また後方部分は寝所（アンアン *ang-an*）となっており，四方を高さ150cm位の壁で囲まれた長さ3m，幅2mほどのアンアンの内部には寝台としての板が敷かれている。さらに，その上には板が渡されていて蓋のような役割を担い，棚（アンレブ *ang-leb*）としても利用されている。アンアンのこのような構造は，寝るときに小さな入り口をしめると夜間の冷たい空気が入ってこないというだけでなく，夜に徘徊するアニトが入り込むのを防ぐ役割をも果たすという。梯子（テイテイ *teytey*）を上がった倉の床部分はファリグ *balig* とよばれ，左後方には炉がみられるが，そこでは収穫儀礼チャペン *dapen* で供犠される鶏が調理される以外，日常的に利用されることはない。通常，豆や塩漬の肉などは垂木とファリグの壁との間に渡された狭い棚に，稲は屋根裏に貯蔵されている。これが典型的なファレスタイルであり，家屋によっては左右が逆向きの場合もあるが，だいたいが同じような構造をしている。このようにボントック族の家屋は，その階と区画によって使用目的が区別されているだけでなく，それぞれの空間が別々の特別な語彙で言い表わされていることがわかる。また一般に，こうした空間とは別に家屋に隣接して豚小屋（ファリントオグ *baling-to-og*）が作られるが，これは家族の便所（ゴンゴ *gon-ngo*）ともなり，田畑に肥料を供給する。

　これに対し中間層の家屋はフィナラワン *binallawang* とよばれ，ファレ

第1節 生活空間

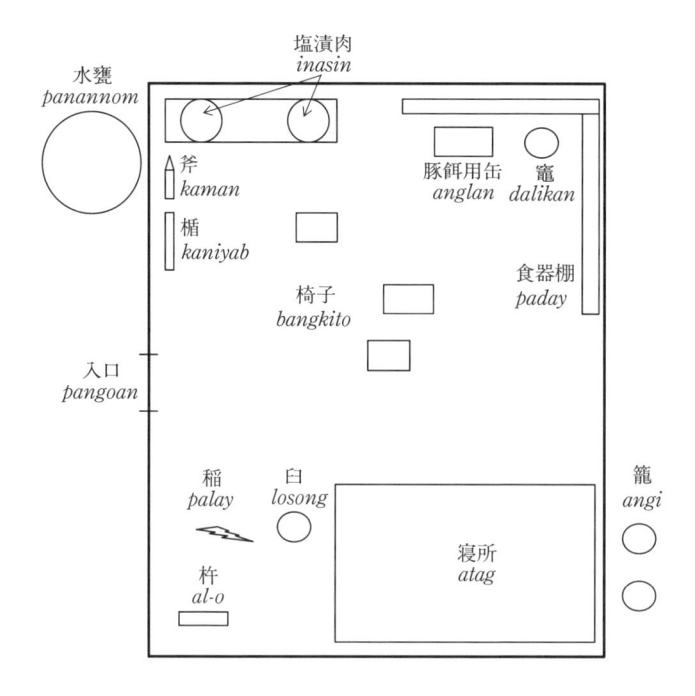

図3.1.2 一般の家屋内部

を少し小型にしたものである。一方，貧しい人々や未亡人などの家屋は別にカチュフォン *kadobong* とよばれており，前者のような3層の構造はもたず平屋で，地面を直接床として建てられている。そのうちのいくつかは少し複雑な構造の物もあり，寝台が据えられるとともに数部屋に区切られ，棚などが作られている場合もあるが（図3.1.2，写真3.1.1），これらは一般に富裕層たちの家屋と違って粗雑な造りであり，永久的ものではない［Jenks 1905：58］。

　いずれの構造にせよ，これらの家屋を新しく建てるには個々の家族の労働力だけでは十分でない。そこで，こうした作業はたいてい共同労働で行われることになる。その際，実際の現場での作業に先立って2～3ヵ月前から森へ行って松を斧で丸太や板にし，柱や床，壁，梁などといった各パーツに加工して乾燥させ準備しておく。その後，これらを建築予定地まで運び，2～4人のグループでいっせいに組み立てていく。比較的大きな1軒の家を建

てるのに，多い時で1日約200人の人手を使い，全体で10日ほどかかるといわれるが，この間，建築主は作業を手伝ってくれた人々すべてに食事をふるまわなければならない。とりわけ屋根葺の作業はイリ全体の共同作業であり，これらの食事の準備には20〜30人の女性が手伝うことになる。

　ただしサダンガでは，伝統的なファレスタイルの家屋は現在，あまり残っておらず，とりわけ富裕層の間ではトタン屋根（シニシム sinisim）やコンクリートを用いた近代的な家屋が主流となっている。そのような家屋の場合，たいていは2階建てで全体の部屋数も多くなるため，大家族を形成しやすく，また，より快適な自分の家で夜をすごすことを好む若者たちが，かつてのようにアトや娘宿に泊まりにいくこともなくなってきた。つまり，こうした近代的家屋の普及がだんだんと社会生活に大きな影響を及ぼすようになってきており，その結果，拡大家族の増加や，娘宿の寝宿としての機能の衰退などといった現象がみられるようになってきている。

　ボントック族の私的な領域としては，上記した家屋のほかに倉がある。倉はアガマン agaman ないしはアラン allan とよばれているが，コルディリエラ諸族では後者のほうがより一般的である[13]。この倉に貯蔵されるのは稲だけで，その他の収穫物は家屋内に保管されることが多い。ただし日常に消費される稲は倉ではなく，家屋へと運ばれる。すなわち倉は稲を長期間保存するためのものであり，新たにその年に収穫された稲を追加する以外に開けられることはほとんどない。ボントック族の倉の構造はたいていが約2.5×3mの一間で，床面が地上から約30cmの高さにある高床式であるが，なかにはそれより小さい場合もある。壁，床，天井部分は丸太を切った堅い平板で作られており，最近ではトタン屋根もみられるようになった。しかし，伝統的なスタイルはコゴンの葉で葺いた重く厚い，地面に届くほどの屋根をもつ。通常，こうした倉が単独で建てられることは少なく，雨風に耐え得るよう2つないしはそれ以上が1ヵ所に集められていることが多い（写真3.1.2，3.1.3）。ボントック族の倉は集落の外の小高いところか，あるいは下流域のやや平らな場所に群倉の形態をとる場合もあるが［村武 1984：110-111］，サダンガの場合，その多くはむしろ数棟を単位として，居住区と水田の境部分に分散して建てられている。

5. 象徴的・儀礼的空間

　こうしたボントック族の家屋には，単なる家族生活の場としての「建物」としてだけでなく，社会的・象徴的にもさまざまな意味づけが与えられている。たとえばサダンガでは，家屋はそこに住む家族だけを守るためのものではなく，その訪問者をも保護するものであると考えられている。つまり，誰かが敵や危害を加えようとする者から逃れ，自分の家屋に助けを求めて逃げ込んできたのなら（もちろん主人がそれを承知しなければならないが），その家の主人はたとえどんな人であってもその人を保護しなければならない。そのため，その人物を追ってきた者は，たとえどんな理由があろうとも，逃げ込んだ先の家屋の主人から何らかの妨害を受けることになるということを予期しなければならない。なぜなら自分たちの所有する家屋の中で誰かが危害を加えられたり，殺されたりするなどということはその家に住む人々にとってきわめて不名誉なことであり，もし自分たちを訪ねてきた友人や助けを求めにやってきた人に不幸が降りかかれば，家屋の所有者は，たとえそれが見ず知らずの人であっても，そうした人々のために復讐を遂げるべきであると考えられている。そして，その血讐は古老たちによって社会的にも認められている[14]。

　一方，個々のイリによっても若干異なるが，家屋を建築する際には儀礼的にいくつかの禁忌や規制がみられる。たとえばボントック・イリでは聖樹パパタイの近くに家屋を建ててはならないとされており，またトゥクカンでは家屋の戸口はカリンガに向けてはならないとされている。また，トゥクカンの場合，アトがイリ内の中心部の小高い場所に集っているため[15]，周辺の家屋はこれを取り囲むように建てられなければならない。このように，いくつかの規制がみられるわけだが，とくにボントック族に共通してみられるのは，家屋の建築に際して，その前後にいくつかの儀礼が実修されなければならないということである。とりわけサダンガの場合，新しい家屋を建てる場所の選択に関しては，その場所でかつて誰かが殺されたことがあるかどうかが重要な問題であり，もしそこで過去に死者がでたような場合には，その場所に2年間，サトウキビを植え，土地を穢れた状態から回復しなければならない

とされる。家屋が建てられる場所が定まったら，こんどはタラオン tala-ong とよばれる儀礼を実修し，新居の持ち主となる人が用意した塩漬の肉を建築予定地の真ん中で調理し，そこでトグポプ tog-pop という祈りを唱え，調理した肉を鍋から取りだし，アニトに捧げなければならない。それが終わって初めてその土地に支柱を建てることができるとされている。さらに，建築資材となる木を採ってきた場所へ行き，そこでもカラディン kalading という儀礼を実修し，持参した肉を調理するか，持っていった鶏をそこで供犠する。主要な支柱がすべて建てられると，今度は支柱の外で建築に参加する人々全員で先ほどの肉を食する。やがて屋根が据え付けられると，今度は鶏や小豚が供犠され，さらに壁やその他の物が据え付けられると，もう1匹の小豚が供犠される。最後に，完成した家屋に入居する家族は自分たちの幸福な生活をより確かなものとするため，さらにいくつかの段階の儀礼を実修しなければならず，そこでケメッグ kemeg の祈りが捧げられる。これらの儀礼では，とくに家屋とそこに住む家族が火事や災害に遭うことのないようアニトにその加護を祈ることになるが，この祈りは家が完成したときだけでなく，家を移動する際にも唱えられるものである。ただし，先にも述べたように，現在ではこれまでの伝統的な家屋よりもトタン屋根をもつ，より快適な近代的家屋が好まれるようになってきている。しかし，そういった家屋を建てるにはかなりの経費がかかるため，実際の所有者は富裕層や高所得者に限られており，その結果，かつてのファレスタイルに代わり，こうした近代的家屋に富と地位の象徴としての高い価値が与えられるようになってきている。しかし，たとえ近代的な家屋であっても新築の儀礼は依然として伝統的な方法で実修されなければならない。

　そうした儀礼を行ったにもかかわらず，運悪く家が火災にあってしまった場合には，特定の儀礼を実修することによってこれを正常な状態に戻さなければならない。まず，火災にあった夜のうちに，油の少ない干したカラバオの肉をその場所に持っていって供え，シギブ sigib の祈りを唱える[16]。次に，イリ全体に3日間の忌休日が課せられ，イリの入り口には侵入の禁止を示すマーカーとして，長老たちによって集められた肉を刺した籐の棒（ファルエン）が立てられる。こうしてイリ全体が儀礼的に封鎖されることになり，部

第1節 生活空間

外者は誰もイリに立ち入ることが許されなくなる[17]。この忌休日はサリワsaliwa とよばれるが，もっとも規制の厳しい忌休日とは異なり，イリ内に死者がでたり，虹が出現したりしても無効とされることはない。死者があれば，この忌休日が終わるまで埋葬が延期されるだけである。3日間の忌休日のうち初日は休日とされており，誰も田畑へ働きに行くことができない。なぜなら，たとえこの日に植物を植えても，燃えてしまった家屋と同じようにそれらも燃えてしまうと考えられているためである。また，この期間に新しい家が建てられることもない。一方，この日，火災がでた場所には小さな小屋が建てられ，その後の忌休日の3日間，古老男性か老女がここに籠もって，ほとんど食事をせずに過ごす。これはアニトが老人をかわいそうに思って同情し，これ以上この土地に危害を加えることがないようにと願って行われるエンエチョグ儀礼 in-edong である。一方，2日目には，イリ内の人々が総出で建築資材を調達し，火災で家をなくした人のために仮の家を建てる。3日目，この新しい家に人々が集まり，家の持ち主はイリの人々の労働提供に対して一回の食事をふるまう。そして夜に，鶏ないしは豚をパパタイで供犠して祈りが捧げられ，忌休日は終わる[18]。

一方，これらの生活空間は，ボントック族にとって宗教生活における儀礼を実践する「舞台」ともなり，その舞台は儀礼の目的に応じ，聖樹パパタイや水田，倉，イリの入り口，墓地，川などさまざまに選択される。こうした儀礼において，とりわけパパタイとアトがその中心的役割を果たしているが，一般に，イリ全体あるいは公の幸福を願う場合にはアトで始められ，個々の家族成員の幸福を願う場合には個々の家屋で儀礼が始められることになっている。しかしながら，これらの関係は「パパタイはアトの配偶者であり，アトは家のもう一つの半分である」，とも表現されるように [Botengan 1976: vi]，3つがバラバラに存在しているのではなく，密接に関連しあっている[19]。たとえば，一連の儀礼の過程に伴われる動物供犠はいずれの場合でもパパタイで行われる。パパタイで実修される儀礼はパタイ patay とよばれるが，これは鶏や豚といった動物をそこで供犠することで，自分たちの生産物の一部をアニト霊に捧げることを意図している。そうすることで人々はアニトに自分たちの望みを伝え，また，その加護を祈るのである。これに対し，

アニトは供犠された動物の胆嚢の形でその意志を伝えるが，その形態や位置によって古老がそれを判断し，儀礼の吉凶を占うことになる。そこで吉兆がでれば儀礼は成功するものとみなされ，そのまま続けられるが，凶兆がでれば儀礼は延期されなければならない。一方，家屋で実修される儀礼の場合，その舞台となるのは主として家屋の地面部分のチャプアンとチャラナン，家屋を取り囲む庭（ファアガン）と前庭部分（パンテウ），そして倉のファリグである（図3.1.1）。とりわけファリグは収穫儀礼を行うのがその主たる機能であり，日常の生活空間としてはほとんど利用されていない。

　個々の家族成員にかかわる儀礼としては治病儀礼や農耕儀礼の一部，人生儀礼などがあるが，とくにその中でも家屋を儀礼の場として盛大に実修されるのが婚姻儀礼と葬送儀礼である。婚姻儀礼の場合，前庭部分を中心として，さまざまな装置がそれぞれの家族の都合や儀礼の段階に応じて設置される。通常，ボントック族の婚姻儀礼は大きく3つの段階に分かれるが，なかでも第二，第三の段階であるロピスやチョノはきわめて規模が大きくなる。この儀礼段階において必要なものは，レブカン *leb-kan* とよばれる長い臼とチャラテイ *dalatey* とよばれる大鍋のスタンドで，これらは家の前庭部分に置かれる。前者は儀礼の際，女性たちが儀礼的な米搗きを行うためのもので，後者は祭宴で供される料理を調理する大鍋を置くためのものである。またこの時，婚姻儀礼に欠かせない供犠動物であるカラバオの首を飾るファンサーも立てられる。とくに婚姻儀礼の場合，儀礼の中心的な舞台となるのはこの前庭部分であり，ここで皆にふるまわれる肉や米が調理されたり，ともに食事をしたり，儀礼の招待者や親族によって儀礼的舞踏が披露されたりする。一方，屋内のチャラナンではこうした賑やかさとは対照に，古老たちが主催者夫婦の幸福を願って交替で祭文を詠唱する。

　これに対し，葬送儀礼の場合では前庭とともに家屋の内部が重要になってくる。ボントック族の場合，死者をサンガチル *sangadil* とよばれる椅子に座らせて一定期間展示する「展示葬」を行うが，この死者を乗せた椅子は，一般に家屋内のチャラナンの奥部分に置かれる。そのため，死者の周りに立つ親族や弔問客たちのための場を確保するために，チャパンからは臼が外へ運び出される。また，場合によっては前壁の一部が取り外され，家屋のなか

の物をほとんど取りはずして外に運びだし，広い空間を作り出すこともある。しかしながら，敵に殺された死者についてはサンガチルを屋内に持ち込むことはせず，入り口の外に設置しなければならないことになっている。また，前庭部分では婚姻儀礼と同じように弔問客や親族にふるまうための料理が調理される。

　一方，家屋内の倉の部分は特別な空間で，先にも述べた通り，農耕儀礼などでその供物が供えられる場所となっている。

6．おわりに

　ボントック族にとって，彼らの社会生活は政治的，経済的，宗教的に，あらゆる面でイリと密接にかかわって営まれている。そのため，家屋は単なる彼らの生活空間の一部を占めるに過ぎず，実は，家屋を超えたイリ内のさまざまな空間が集まることによって人々の「生活空間」全体が構成されていることがわかる。

　イリ内の生活空間は主として聖樹パパタイやアト，娘宿などといった公的な領域と，私的な空間領域としての家屋，そして倉，豚小屋といった生業に関わるものの3つのカテゴリーに分けることができるだろう。また，アトや娘宿をアトが男性領域，娘宿が女性領域として区別することもできる。しかし現実には，これらの領域が社会生活を行う上で明確に〈公的：私的〉，〈男性：女性〉という分類のもとに対置されているとはいいがたい。たとえばアトはイリ全体の運営において必要不可欠な公的なものであり，他方，家屋は家族生活を営む私的空間としてそれぞれに重要であるといえようが，これらはまったく別々のものとして存在しているのではない。とりわけボントック族の宗教生活のほとんどは，各家族で，そしてまたアトやパパタイを通してイリ全体が関わる。そのため，これら3つの領域は彼らにとって不可分なものであり，さまざまな儀礼において，それぞれが重要な儀礼の場を提供することで，役割を分担しつつ相互に関連し合っていることがわかる。また本来，女性の領域であるはずの娘宿も，配偶者の選択に欠かすことのできない男女の社交場として機能する。一方，男性領域としてのアトはそこに帰属する男性の家族の幸福や，ひいてはイリ全体の幸福を願って運営されてい

る。私的空間であるはずの家屋は，すでに親のもとを離れ公共のアトや娘宿で寝る子供たちとその両親が一緒に食事する場を提供し，さまざまな儀礼では他のイリからやってきた人々を歓待する場ともなる。さらに，こうした「家族が食事をする場」としての家屋の機能も，時として水田での，あるいは儀礼での共食へと拡大される。

　ボントック族のイリは慣習的に首長のような特定の政治的，社会的リーダーをもたず，そのほとんどが長老たちの合議によって運営される。個々の家族はイリ内のいくつかのアトに別々に帰属するため，イリが全体としてアトを単位とするいくつかのグループに分けられてはいるが，それらがばらばらに存在するのではなく，地理的な景観としての集落はひとつの地域集団としてのまとまりをもった村落共同体を形成している。そして，それらがさまざまな場面において象徴的に分離されたり，統合されたりしていることがわかる。ボントック社会では，こうした象徴的な空間構成において，ほとんどの現象に関係づけられるのは死霊アニトであり，こうした解釈が強調されることから公的と私的，男性と女性といった明確な対立は表現されにくく，結果として，イリ全体の統一が保たれるといえよう。

[註]

1）実際には，地域によって集落の形態上の変差があるが，こうした変差について村武は①チコ川沿いの諸集落，②チコ川より東側のイフガオに近い地方の諸集落，③チコ川より西側の諸集落といった3つの集落デザインに分類し，整理している。そして，この3つのデザインのなかで②の例としてあげたカネオの集落デザインをその祖型としてとらえている。一方，①と②の集落のデザイン軸は，それぞれ上流：下流および山：谷・川の交差を基礎としているとし，それぞれの方位・空間に次のようなシンボルを読みとることができるという。

〈上流〉	〈下流〉	〈山〉	〈谷・川〉
文化英雄神	：死霊	浄	：不浄
創世	：滅亡	天界	：地下界
生	：死	聖樹（男性神）	：水浴場（とくに女性）
浄	：不浄		
吉	：凶		
男性	：？（女性）		
昼	：夜		

これに対し，③のタイプは，地形による制約から上流：下流のシンボリズムが十分に生成されておらず，単純化されたもので，社会的・象徴的秩序において未熟化の傾向にあるものである［村武 1984（1980）：135-137］。
2）同じイリの成員であるという事実は，出生，婚入，転入の3つの要素によって確認される。これらは皆，同じシンパンイリの成員であるが，実際には明確に区別されているという。プリル=ブレットの報告によると，婚姻で他のイリから移り住んだ場合，ナガイリ nanga-ili とよばれ，自分の生まれたイリと婚入先のイリに二重の帰属をもつことになる。そうした二重帰属は子孫にも継承されるため，その子孫たちもまたイナナック inanak として，祖先に他のイリからの婚入者をもたない純粋な人々であるネンイリ nen-ili とは区別される。トゥクカンでは，たとえ同じシンパンイリの成員であると認められていても，ナガイリにはさまざまな制約があるという。たとえば，トゥクカンの草分けアトには立ち入ることができないし，儀礼的舞踏をリードすることや，たとえ富裕層の出身であってもチョノ儀礼のリーダーになることはできないという［Prill-Brett 1975：35-37］。
3）アナベルの最初の居住者は19世紀末ごろにベトワガンからやって来たと伝えられている。伝承によると，かつてベトワガンに疫病がはやったとき多くの家族が近くの山へと逃げた。数年たって，ほとんどの家族はもといた土地に帰ったが，一家族だけ道に迷って戻ることができなかった。結局その家族はカムオル Kam-ol とよばれる丘の頂きに家を建てた。その男の名前はモヨモイ Moyomoy というが，さらにモヨモイがその地で成功して裕福になっているのを知った別の10の家族がベトワガンから移り住んできたため，やがてその土地は水田でいっぱいになったという。ベトワガンの人々はここが周りの土地よりもずっと早く稲が実ることを知り，この土地を「早く実る」という意味のマソナ masona ということばからとってマソン Masson と名づけた。ベトワガンの人はよくマソンの人々と冗談を交わしたが，こうしたマソンの人々の冗談好きな性質（アフォル abol）が，やがてマソンの人々や場所そのものをも言い表すようになったという。その後，外国人がやってきてこの集落の名前を尋ねたが，彼らは「アフォル」とうまく発音することができなかったため，アナベルに名を変えたという。
4）神話によると，現在サダンガとよばれているこの土地には，かつて，高い樹木や草が生い茂り，野生の動物もたくさんいた。そこから数百メートル離れたサカサカンとよばれる土地以外，この付近には人がほとんど住んでいなかったという。このサダンガに人が最初に訪れたのは，妊娠した豚が出産に適した場所を見つけようとこの地に入り込んだときで，豚の持ち主がその足跡を追って捜しまわっているうちに偶然，人が住むのに適した場所（マゴロン Magolon とよばれている場所で，現在，富裕層家族がサトウキビを栽培している）を見つけ出したのがきっかけであった。豚の持ち主はサカサカンに住むアンカビガット Amkabigat の甥たちで，孤児であったが，豚とその生まれたばかりの子豚の居場所をつきとめると，急いで豚を連れ戻すための道具を取りに家に戻った。しかしその話を聞いたアンカビガットは，豚を連れ戻すよりもそこで豚に餌を与え育てるように指示し，さらに，十分人間が住める場所に違いないから，そこに家を建てるようにと勧めた。甥たちは叔父の勧めにしたがってそこに家を建てて生活したが，やがて家の数も増えていき森林は切り開かれ，集落ができあ

がったという。
　　なおアンカビガットは，サダンガでは，ボントック族に広く知られる全知全能の神ルマウィの弟として語られている。また，このような妊娠した豚を偶然発見した場所をそのイリの起源の場所と伝える伝説はベキガンにもみられるものである。
5) メンメンはカモテの成長を願う農耕儀礼としてカモテの植付けが終わった時期に行われるが，この戦闘で石にあたった人は，自分の頭が腫れて膨らむように畑のカモテも大きく育つと考えられている。同じように，ボントック・イリとサモキとのあいだで行われる儀礼的戦闘は，ファグファグト *bagbagto* とよばれ，収穫後の儀礼の際に行われていた。この戦いで傷ついた者は，次の年の豊穣が約束されるという。
6) 一般に水田は父方のものは長男へ，母方のものは長女へと相続されるが，遠い村落の出身者と結婚する場合，現実問題として，婚入先で自ら相続した水田を耕作することは不可能である。しかし地理的に隣接したイリどうしの婚姻であれば，たとえ婚出しても自分が相続した水田で日常的に作業することができるし，やがてこれらの水田がその子供たちへと相続されても，十分耕作は可能である。
7) 1990年の筆者のサダンガ（デマン含む）の調査では，両者とも生存中の夫婦317組のうち大半は村内婚であった。また，村外婚（54例）のなかでも配偶者の出身地が一番多かったのはサカサカン（夫7例，妻5例）である。
8) 通婚関係にある同じ経済領域内であれば，隣接するイリ間で何か争いが生じても双方の親族が仲介者となって平和裡に解決される。一方，こうした範囲を越えたイリや村落共同体とは常に敵対関係にあり，ちょっとした争いでも首狩といった村落共同体規模での戦いへと発展しかねない。事実，経済領域外にあるサクリットとサダンガは依然として敵対関係にあり，しばしば両者の関係は悪化している。
9) 忌休日は農業に関するもの，個々の家族に関するものなどさまざまで，その目的によって課せられる期間や規模（イリやアト，各家族を単位とするもの），禁忌の内容も異なってくる。こうした禁忌を破ると忌休日は無効になると考えられており，これを破った者は誰でも罰金が科せられることになる。
10) カネオはボントック郡を構成するイリのひとつであるが，神話によると，カネオが現在でもまったく人口が増えず栄えないのは，かつてカネオの人々がルマウィの子供を殺してしまったためで，カネオの子供にはすぐに死んでしまうような呪いがかけられているという。
11) キージングによれば，アフォンはファレよりも古い用語でネグリートの言語に由来するものであるという。ボントック族では，中心部に倉をもつファレスタイルではなく，アフォン，つまり地面に直接建てられる長四角形の家屋がかつては一般的だったのであって，その名残が現在のアトや貧しい層の人，未亡人の家屋の形態にみられるという [Keesing 1934：51-52]。
12) コルディリエラ諸族の伝統的家屋は，一般にボントック族と同じような一間の構造で，窓はなく，高く荘重な低く伸びた屋根によって壁が雨風にさらされるのを防ぐような形態をしている。これは構造的特徴から2つに分類されるが，ひとつは屋根と壁がそれぞれ独立した支柱に支えられるものであり，イフガオ族やボントック族，カンカナイ族などを含む南部地域にみられる。これらのうち，イフガオ族の家屋が，とくに南部地域にみられるその他の家屋の祖型であると考えられており，四角い床面が肩

の高さ位までの4本の支柱によって支えられ，さらに個々の支柱では2本の桁構えが交差し，根太を支えている。この家屋は主に家族が食事をしたり，寝泊まりしたりする場所として用いられているが，実際，寝所としては家族全員が寝泊りするには狭い。しかし，伝統的に，幼い子供を除いてその家の夫婦が子供たちと寝所をともにすることはないため，さして問題ではない。ただ，屋根裏に家財や食物を保存したり，高床の下で日常的な作業をしたりする場合には，きわめて狭いスペースしか確保できないため不便である［Scott 1969（1961）：177-178，181］。ボントック族の家屋は，一般にイフガオ族のものよりも規模が大きく，イフガオにみられる欠点が克服された形態である。つまり，より低く，外に向かって伸びた大きな屋根が，その軒下に日常の作業の場を確保する役目をしている。この屋根は，中央の4本の支柱と，その外側に立てられた8本の補助柱に据え付けられており，これら8本の柱の間は腰位の高さまでの木の壁で囲われていてドアもある。一方，もうひとつの形態は主として北部地域にみられるもので，アパヤオ族や北部カリンガ族に特徴的な，地面まで伸びた柱に支えられる根太の上に作られた四角い箱のような壁面の上に屋根が乗せられる形をとっている。

13) イフガオでは，アガマンは男女の寝宿として利用されている家屋に対する用語であり，これについてスコットは，アガマンとはもともと倉の一種であるが，イフガオではやがてこれを寝所として用いるようになって，その後，倉よりも家屋としての機能が発達していったために，こうした倉から発達した家屋に対しても一般的な家屋を表すファレということばが代わって用いられるようになった。そしてかつての「寝所」としての意味のみが「アガマン」ということばに付与されたのではないか，と推察している［Scott 1969（1961）：212-213］。

14) 自分たちの客人に対する保護の対象の範囲は家屋のなかだけでなく，イリ全体にまで及ぶ。しかし，ひとたび客人がサダンガを離れてしまえばもうその義務はなくなる。こうした考えの下に，サダンガに滞在中，筆者を公私に渡って面倒みてくれた家族は常に筆者が1人になるのを好まず，その行動のすべてを把握していた。

15) 筆者の1986年の調査では，全部で11のアトと2つのパパタイが存在していた（トゥックカン略図）。そのうちもっとも古い「草分けアト（Palew）」を中心としてその周りに4つのアト（Dal-lip, Baneng, Saklang, Patongao）が山側の小高い場所に集まって建てられており，残り6つのうち4つ（Sig-idan：現在は放棄，Ma-akob, Kus-sad, Tangad）は国道に近い低い場所，2つ（Witiwit, Ikowab）は山側のもっとも高い場所にそれぞれ分散している。

16) シギブの祭文の内容は次のようなものである。
　　あるとき，孤児の2人兄弟が火事に遭い，家は跡形もなく焼け尽くされてしまった。そこで彼らは「狩りに行こう」と誘い合い，山へ出かけていった。そこで野豚をみつけたが，同時にカブニアンが鹿狩りに来ているのに出くわした。孤児たちは豚を捕まえ，カブニアンは川の所で鹿を捕まえたが，それをみたカブニアンは，孤児たちに「それぞれ捕まえた動物を交換しよう。野豚の肉はシギブ儀礼のために使うには脂肪が多すぎる。脂肪が調理した時に流れてしまうから，代わりに脂肪が流れない鹿の肉を焼いてシギブ儀礼に用いたほうがよい」といった。

17) 家屋や倉に降りかかる災難や火災は，悪い霊によってもたらされると信じられてお

り，そうした霊が入ってくるのを防ぐために侵入の禁止を表すプチョンが立てられる場合がある。これは畑地などに立てられるプチョンと異なり，泥棒には効力を発しないという。
18) この祈りは，火災があった場所で籠もりをした古老の男性，または女性が捧げる。
19) たとえばトゥッカンではロピス儀礼の際にたくさんの豚が供犠されるが，その際，これらの豚のうち1頭はパパタイへもっていき，そこで供犠をする。一方，残りの豚は2等分され，一方は花婿側のアトへ，もう一方は花嫁側のアトへともっていき，そこで供犠されなければならないという。ただし，供犠するといっても，実際には耳の一部が切り取られるだけで，生きたままの豚は儀礼が実修される家へもって行き解体される。この時，そのうちの1頭はもう一方の相手の家に運ばれ，そこで屠殺し，喉から血をとった後で，儀礼を実修する家へと戻されなければならない。このことは，もう一方の家も儀礼の場こそ提供していないが，儀礼の一部を成しているということを確認するものであるという。

第2節　霊的存在

1．はじめに

　多くの民族，社会で，霊的存在（spiritual being）というものは，さまざまな性格や役割をもって存在している。タイラーは，「死・病気・恍惚・夢・幻想などにおける経験を反省した未開人は，身体から自由に離脱し得る非物質的な霊魂の存在を確認し，この霊魂観念を類推的に動植物や自然物におよぼし，これら霊的存在への信仰を成立させた」と考え，このことから「精霊（spirit）は人間以外の諸存在にみいだされた霊魂である」と定義した。これらの霊魂は宿っているものが滅びても，なお，それを越えて存在し続けるもので超自然的存在（supernatural being）ともよばれるが，タイラーはこれらを一括して霊的存在と名づけている［Tylor 1920］。

　霊的存在にはさまざまな種類があり，存在する社会によっても異なった性格をもつが，これらは喜怒哀楽をもった人間と同じ性格を備えていることが多い。我々はこれを死霊や祖霊，悪霊などと，それぞれの性格によってよび分けているのであるが，その一方で，これら霊的存在が常に一定の性格によって特徴づけられるわけではなく，たとえば人々に幸や豊穣をもたらしてくれる霊も，一度その不興をかえばたちまちにして不幸を取り付けてしまう悪霊にもなりかねないといった両義的側面をもつこともある。また社会によってはひとつの名称でさまざまな性格の霊的存在が包括的に表される場合もある。

　霊的存在はその超自然的力ゆえに，人間にとっては畏怖と崇拝の対象となるが，人間的性格をもつために人間との交流が可能であると考える社会も多くある。しかし，常にすべての人間がこうした霊たちと直接交流できるわけではなく，社会によっては特別の資質をもつ霊的職能者たちにその能力が限られる場合もある。この霊的職能者もまた，霊的存在と同じように，存在する社会によってさまざまな性格や役割をもつため，その定義はきわめて困難

である。

　これまで霊的存在や霊的職能者に関して多くの民族学的報告がなされてきたが，とりわけ霊的存在と社会生活とが密接に結びついている社会，たとえば災害や災いの原因を霊的存在に求める社会での霊的職能者の果たす役割はきわめて大きく，彼らがその社会で多大な影響力をもつということはいうまでもないだろう。したがって本説では，表面上はキリスト教化されながらも，今なお，「伝統的」な霊的存在に対する信仰が強く維持されているボントック社会での霊的存在および霊的職能者についてその性格を明らかにし，これらを中心とした認識と行動の体系について女性との関連のなかで考察していきたい。

2．フィリピン土着の霊的存在に対する信仰

　フィリピンのキリスト教人口は統計上全人口の90％を上回り，そのうちカトリックが全信徒の約9割を占めるといわれている。もちろん，これらのすべてが敬虔なカトリックというわけではない。フィリピン全体を見渡せば，ボントック族と同じように，表面上はキリスト教化され生活のさまざまな面にキリスト教的な要素がみられることはあっても，その意識の根底には異なった信仰体系が依然として根強く維持されているという社会も多い。ここですべてをあげることはできないが，常に霊的存在を意識し，これらを畏怖の対象としている社会も数多くあるということを忘れてはならないであろう。キリスト教徒ではなくアッラーを唯一神としているようなイスラーム教徒においてすら，一部の社会では日常生活の関心はアッラーではなく，土着のさまざまな霊的存在に向けられているという。たとえば，バシランに住むヤカン族などはイスラーム教徒であるが，実際には天界に住む精霊を良い精霊と悪い精霊とにわけ，それらが常に地上を徘徊していると信じている。良い精霊は地上の人間たちを監督し悪い精霊たちから自分たちを守ってくれる。ここでいう悪い精霊とはカミに背いた人間のすべての過ちの根源であるが，ヤカン族にはその他にも無名の霊的存在が多数存在しており，事故や病気などの災害の多くはこれらがもたらすと信じられている。これらのなかでも，とりわけヤカン族はジンとよばれる霊的存在に強い関心をもっているが，この

ジンは，普段は人間に役立つ霊であるけれども，ひとたびその不興をかえばたちまち人間に危害を加えてしまうといった両義的性格をもっている [Sherfan 1976：107-171]。

このような土着の霊的存在に対するさまざまな信仰は，多くの場合，地理的に低地民からの文化的影響を受けにくい山地民の間に多く残されている。これは，いわゆる少数民族とよばれる人々で，その伝統的な生業の多くは焼畑農耕であるが，ネグリトなどの採集狩猟民や，ボントック族のような水田稲作農耕民にも同様の信仰がみられる。しかし，たとえ同じ水田稲作農耕民であっても社会によってかなりの変差がみられるため，ここではその社会による変差の大きさを示す例として，同じ水田稲作農耕民であるイフガオ族の信仰体系について簡単に記述しておきたい。

ボントック族が主として居住するマウンテン州のほぼ南隣に位置するイフガオ州にはイフガオ族とよばれる人々が住んでいる。イフガオ族は同じイゴロット諸族として隣接する社会といくつかの文化的共通性をみいだすこともできるが，彼らの信仰体系はボントック族に比べると著しく複雑である。イフガオ族の宇宙は5つの世界から成るが，このうち生存する人間が現実に生活している世界をルタ（地上界）といい，このルタを囲むように4つの超自然的世界が存在している。ここでいう4つの超自然的世界とは天空のカブニアン（天上界），地底のダロム（地下界），日の出の方向に川を上ったダヤ（川上の世界），日没の方向に川を下ったラグッド（川下の世界）で，このダヤをさらに上ると天上界に通じ，ラグッドをさらに下ると地下界があるといわれている。地上の世界だけでなく，この5つの世界すべてに神々や精霊がたくさん住んでおり，世界を自由に飛び回っては地上界の人々に恵みや災いをもたらすという[菊地京子 1986：299]。病気の原因には，個人の魂が体から脱落すること，霊的存在アニトの障り，フニ *funi* とよばれる超自然的な力によるものの3種類があるが，とりわけフニには多くの種類があるという。フニとは個人が持つ力で，すべてが最初にその力を得た祖先の名にちなんで命名されており，その力が発動されると他者に病気をもたらす，しかもこのような力は，その人が意図しなくても他人に災厄をもたらすと考えられている。これらの病気に対しては，霊的職能者であるムンパイ *munpyay* が病気

の原因を卜占（ハポセン haposeng／ポハン pohan）などによって解明し，供犠，祭宴，祭文の詠唱，憑霊（ムンアムラグ mun-amlag）からなる治病儀礼（ママハン mamahang）を実修することによって治療するという。この霊的職能者はこうした病因の卜占の方法や，さまざまなアニトを慰撫する祭文とともに，フニの種類，由来，所有者，フニがもたらす病気の詳細と治療のための祭文の知識をももっている［合田：1989b］。

3. ボントック社会における霊的存在

300年余りにわたるスペイン統治によってフィリピン全体にカトリック信仰が浸透していったが，さらにアメリカの支配が始まった1902年以降には，北部ルソンの山岳地帯においてもプロテスタントの伝道が開始された。こうした過程で多くの北部ルソン諸族が改宗を余儀なくされていったが，それはボントック社会においても例外ではなく，今日では電気も通わない小さなイリでさえ立派な教会をみることができる。しかし，実際に彼らの意識の根底にあるのは依然として「伝統的」な霊的存在に対する信仰であり，それが社会生活と密接に結びついている。そういった意味では，ボントック族の宗教は表面上はキリスト教化されながらも，キリスト教と伝統的な土着の宗教とが共存する形で成り立っているといえる。

ボントック族の社会生活においては，日常の行動のほとんどが直接的にさまざまな信仰や儀礼と結び付けられている。これらの儀礼やその際に唱えられる祈りは，全知全能の神ルマウィと，霊的存在アニトに対して向けられるものの2つに大きく分けることができるが，日常的に行う儀礼や祈りの多くはルマウィよりもむしろアニトに対するものである。

ボントック族が常に畏敬するこのアニトには，実はさまざまな種類があり，人々はこれらを総称してアニトとよんでいるにすぎない。リードは「アニトとは祖霊（spirit of ancestor），またはあらゆる精霊（spirit）の総称である」と定義しているが，それに含まれる個々の例としては次のようなものがある［Reid 1976］。

アラン allan：男性の精霊で，昼間，女性と一緒に寝て妊娠させてしまう。
ビンギビンギル bingibingil：燃える石炭のような口をもった精霊で，暗

第2節　霊的存在

い家に現れる。

ボラヤウ *bollayaw*：流れ星のことだが，これも精霊であると信じられている。

ボタテウ *botattew*：夜に輝く光で，これは精霊が放つ炎であると考えられている。

パクデル *pakdel*：動物供犠を実修する場に住む精霊

パナッド *panad*：牧草地，あるいは沼地に住んでいる精霊

ピンテン *pinteng*：家に住んでいる精霊

ダンワウ *dangwaw*：山の精霊で，崖崩れを引き起こすといわれている。

ワサワサ *wassawassa*：家を破壊してしまう火事を引き起こすといわれる精霊

キトガン *kitongan*：燃えている家を鎮火する能力をもつ精霊

ダモワガン *dammowangan*：神話上の大きな人食鬼で，子供を驚かす場合などにしばしば使われる。

ボコタン *bokotan*：美しい女性の精霊で，若い男性のところに現れる。

モモッド *momod*：腕のない精霊で，日本でいう「お化け」のようなもの。子供を怖がらせるのに使う。

サドサダイヤン *sadsadayyan*：ギナアンの近くに住んでいる男性の精霊で，女性を追いかけたり，乱暴したりする。

アココエン *akokoyen*, アココー *akokook*, ガティンガン *gadingan*, カルウィンガン *kalwingan*：アバット儀礼 *abat*[1] で詠唱される祭文の中で呼びかけられる4つの精霊

このように「アニト」ということば自体は，上述したように死者の霊や精霊，鬼，妖怪，お化けなどといった，あらゆる性格をもった霊的存在を一括して示すことばであることがわかる。この霊的存在は常にあちらこちらを徘徊しており，その他にも，生者の口真似をするアンタン *angtan*, 全身が赤いコランガウ *korangaw*, 肌が白く長身のパチェン *padeng* など，いずれも人間の形をもちながらその由来がはっきりしないさまざまなアニトが報告されている。とくに，居住区の外である森や棚田のある場所ではたくさんの霊

的存在が徘徊すると考えられており，人さらいをするナギヤウ *nangiyaw* や，山に住むマナタビン *manavtaving* などもみられるという［合田1989 a（1986）：313-314］。また，金縛りを引き起こすのもリマン *liman* という巨人のアニトである。一方，サダンガでは，イリ内を徘徊し人々に病気をもたらす危険なフォナファッグ *bonabag* という名前のアニトをたいへん恐れている。

　これら人間を起源としない霊的存在に対して，ボントックではいわゆる死者の霊であるアニトも多数存在している。他のアニトと違って，彼らは善や悪に対するあらゆる力をもっていて，時には人間の死にも関与するという。そのため，ボントック族の日常の関心の多くは常にこれら死霊アニトたちの怒りを鎮め，その加護を願うことにあり，日々，アニトたちに祈りや動物供犠を行い，生産物の一部を捧げることで，その意志を良い方向へと向かわせようとする。もちろん，火や水，植物などといった自然のものに宿る精霊についても彼らにとっては重要な存在であろうが，死霊アニトと比べると直接的な利害とあまり結びつかないため，日常的には，ほとんど言及されることがない。一方，こうした人間に起源をもつ霊については，常に関心をよせられるだけでなく，概念上，さまざまな民俗語彙によって区別して言い表される。たとえば，生者の魂そのものはタコ *tako* とよばれており，死亡した場合，その性質は変わることはないが，今度は総称して死霊アニトとよばれる。ただし，これは一般的な名称であって，特別な死に方をしたアニトにはさらに別の名称が与えられている。たとえば首を狩られた人のアニトはピンテン *pinteng*，発狂した人のアニトはウォンオン *wong-ong*，耳や口が不自由であった人のアニトはウルウル *wolwol* とよばれている。さらにフタトゥ *botato* というのは悪いアニト，もしくはアニトの世界から追放されたアニトに対して使用される名称である。一方，合田の報告によれば，これら以外にもアニトに対する多くの区分がみられ，たとえば聖樹パパタイに住むアニトはとくに生前の個人名で言及されるという。また特定の地区に住むアニトはその地名を冠して「～のアニト」などとよばれる。さらにアニトは，既婚・未婚の別，孫の有無，儀礼的地位などといった生前の社会的地位，死の原因，死んだ場所などの特徴によっても，それを冠した語彙によって区分されてい

るという [合田 1989 a (1986)：311]。

　これらのアニトたちは人間たちのすぐ周りに住んでいるという。そして，彼らは自分たちの世界で独自の生活を営んでおり，死んだときの状況に応じて裕福であったり貧しかったり，年をとっていたり若かったりするが，ずっと死んだときのままというわけではなく，結婚したり，年をとったり，再び死んだりすると考えられている。そして，近くの山などに集落や水田を作り，子供まで生むといわれている。一方，彼らは自分たちの親族にたいへん興味をもっていて，しばしば子孫に危害を加えたり，反対に，豊作や長寿などの加護を与えたりすることがあるという。ただし，これらのアニトが自分たちの親族以外の人々を悩ませることはない。ボントック族は，アニトたちがどれくらい生きるのか知らないし，いつ死ぬのかもわからないが，死んだあとは他のものに姿を変えると信じられており，蛇になるとか，ボントックの北方に位置する山の岩になるという説もあるが，一般には山にある死んだ木の中で燐光を発するリファ *liba* になるという。しかし実際には，誰もその理由や，どのように変化するのか知らない [Jenks 1905：196-198]。さらに，こうした死霊たちとは別に，死んだ後の「人間の肉体」そのものが存在し続けることもある。これはリヌン *linom* とよばれる肉体そのものの超自然的存在であり，居住地域や家屋内に出現するというが，他のアニトのように病気や災害などを引き起こすことはないと考えられている。そういった意味では，リヌンは人間起源ではあるが妖怪やお化けといった範疇に入るといえるだろう。

　サダンガでは，アニトは死者の霊と，そうでないものの大きく2つに分類されている。このうち後者はイリに存在するアニトで，それぞれの特徴や性質に応じて川や田畑，森，居住区などのさまざまな場所に住んでいる。人々は彼らが徘徊する場所に近づくと，何ともいえない，体が麻痺してしまうような恐怖を感じるという。彼らは，肉体はもたないが人間の姿で現れて，人間と同じように行動したり，話しをしたりすることができる。また人間と同じように感情をもち，家族をもったりもするが，他のイリのアニトと通婚することはない。むしろそれらとは敵対関係にあるという。すべての家族が必ずいずれかのアトへ帰属することで，サダンガのイリ全体は，個々のアトを

単位とするいくつかの集団に分けられているが，それぞれのアトには直接的な責任をもつアニトがいるという。さらにこれらのアニトを統括し，全知全能の神ルマウィの代理人としてその意思を人々に伝える「仲介者」としての機能を担うアニトもいる。このアニトは通常，聖樹パパタイに住んでおり，ときおり，他の場所に現れることもあるが，パパタイ以外ではそうした本来の役割を果たすことはないといわれる。

　次に，これらに対して向けられる儀礼についてはどうであろうか。先にアニトは死霊であるアニトとそうでないアニトがあると述べたが，その違いについてみると，前者に対する儀礼が細かく規定されていず，どちらかというと即興的であるのに比べ，後者に対する儀礼は公的な側面が強く，その過程も厳密に規定されているといった違いがある。しかし，いずれにせよ，ボントック族のほとんどの宗教行為や儀礼がこうしたアニトの怒りを鎮め，彼らの加護を得ることに向けられているといった点では共通している。いくつかの儀礼の過程でその祭文にルマウィが語られることはあっても，そのほとんどはアニトに対して直接，呼びかけるものである。もちろん，これらがアニトに呼びかけられるといっても，最終的には彼らの懇願や感謝がアニトを通しルマウィに届けられることが意図されているといえようが，いずれにせよ人々にとってもっとも重要なことは，儀礼の過程や動物供犠で観察される吉兆，凶兆を通してアニトの意思を知ることであり，それに応じて彼らを慰め，不興をかうことがないよう歓待することである。

4．災因としてのアニト

　以上述べてきたように，アニトにはさまざまな種類があって，さらに人間を起源とするアニトについては，その住んでいる場所や死んだ状態によって色々な範疇区分があるということがわかる。ボントック族はこれらのアニトたちを，さまざまな儀礼の宴に招待し歓待するわけであるが，その大きな理由のひとつとして，病気（サキット *sakit*/ナムテッグ *namoteg*）や怪我，死というものの多くが直接的にアニトによってもたらされると考えられているためである[2]。ボントック族は痛み（エンサキット *in-sakit*）や気分が悪い（ナサキット *nasakit*）のを感じると，自分の身体が正常な状態でないと

悟り，その理由をこうした霊的存在に求める。たとえば天然痘の流行でたくさんの人が死んでも，それはアニトによるものと考えられ，道を歩いていて石が崩れ落ちてきても，それはアニトが足下に潜んでいるためであるとされる。こうした場合には，回復が可能なうちにアニトを追い払わなければならない。ボントック族の間では他人に嫉妬したり，恨んだりして人を病気にしたり，狂わせたり，殺したりしてしまうような邪術はほとんどみられないため[3]，これらのすべての不幸の原因は，執念深い悪いアニトによるものであると理解されるのである。しばしば，病気にかかると「最近どこへ行ったか」ということが問題とされるが，それは，病気の原因となったアニトの正体を知るためである。たとえば，霊が徘徊している場所で何か霊を侮辱するようなことや，霊が気に障ることを言ったりすると，怒ってその人に仕返しをする，その結果として病気になるというのである。また，霊が住み処とする土地を荒らしたり，むやみに木を切ったりすることも霊の怒りをかう。森などで野生の動物を獲り過ぎてもいけない。さらに，当然行うべき儀礼を実修しなかった者もアニトの不興をかうことになる。これに対し，とくに何か霊の気に障るようなことをしなくても，知らないうちに友達や親族の霊に言い寄られたとか，あるいは無関係な霊であるにもかかわらず，一方的に気に入られてしまって話しかけられたために病気になるということもある。この他，居住区の外へ出たときに魂をアニトに盗まれた場合，その場所に住むアニトが人間の魂にそこにとどまって一緒に暮らすよう誘惑した場合などが病気の原因となることもある。

　実際に，ボントック社会の病気にはさまざまな種類があるが，病死の最大の原因は熱病であるといわれている。麻疹や水疱瘡，発疹チフス，腸チフス，ライスコレラなどがこれに含まれるが，そのいくつかはほとんど致命的であるという。とくに，麻疹や水疱瘡は子供にとってたいへん危険な病気であり，発疹チフス，腸チフスもほとんど助からない。新米の出始めの頃によく発生するライスコレラは倉に貯蔵してあった米が醗酵し，それが十分に醗酵する前に食べたときにかかるもので，しばしば下痢と嘔吐の症状を伴って衰弱するという重いコレラである。人々はこうした病気にかかった人を隔離することで感染を防ぐが，これら以外にも原因のよくわからない致命的な病気に

よって数多くの人が死んでいる。一般にボントック族は、これらの痛みによく耐えるという。多くの場合、精神力がその回復に役立つと考えられているために、近代医学によって治療すれば完治するような病気でさえも伝統的な考え方によってその犠牲となってしまう場合が多い。致命的といわれるような病気でさえほとんど医学的な治療を施さないのである。

　これに対し、一般的で軽い病気には次のようなものがある。とくに多くの人々が悩んでいるのは皮膚病で、そのうちもっとも多い疥癬は赤ん坊の腕などにしばしば見られる。2～3日続く下痢（チョオック do-ok）も頻繁におこるが、これによって死ぬようなことはほとんどない。また頭痛、かぜ、結膜炎、潰瘍、歯痛などもよくみられる。その他、結核やリューマチなどもあるにはあるが、患者はごくわずかであるという。これらの病気や怪我に対しては古くから、簡単な傷や病気であれば薬草などを使って治療が行われている。たとえば、切り傷であればラライヤ lalay-ya とよばれる実をすり潰して傷口にぬったり、火傷の場合にはタクンファオ takombao とよばれる木の樹皮で傷口を覆ったりする。頭痛の場合にはカイユブ kay-yab とよばれる実（グァバ）を額にこすりつける。おできや腫物の場合ではオクオクオンアン okok-ong-an という薬草をすり潰して湿布する。疥癬にはトウモロコシと豚の脂肪を混ぜた物が軟膏として使用され、潰瘍や炎症にはアクム akom とよばれる薬草をすり潰して湿布する。天然痘についてはカイヤム kay-yam という木の葉を煎じたもので入浴させるなどの治療法がある。

　ボントック族にとって、人間の死というものはアニトが人間の魂を制した、あるいは人間の魂が弱体化したために起こると考えられている。一方、一度死んだ人物が生き返る場合もあるが、これは死者の魂が巫医やアニトの働きで肉体に呼び戻されたために起きたと考える。また、一旦は肉体を離れた魂が、すでに亡くなっている自分の家族の命令で生者の世界に戻されることもあるという。ボントック社会では、たとえ肉体が滅んでも魂は死者の世界で生き続ける。死後の生活は生前の生活とさほど変わりがないというが、生者と比べると少し良くないので死にたくないとも説明される。しかし、死後の世界がたとえどうであれ、彼らにとってもっとも大きな問題は死因であり、死はその死因によって「良い死」と「異常死」の2つに分けられてしまう。

良い死とは老衰など，霊的存在が関わったりせずに衰弱する「自然死」のことであるが，しかしこうした場合であっても死者に孫がなければ良い死とは考えない。また，たとえ良い死であっても，死者の生前の社会的地位によって死霊アニトとしての住む場所が違ってくる。孫のいる貧しい人が死亡した場合，アニトは北の山を経て天に昇るが，富者のアニトはアトに住むアニトになるといわれている。また，生前に多くの人から尊敬を受けていた人のアニトは聖樹パパタイに住むとされている。いずれにせよ，これら良い死によるアニトは生者たる人々が伝統を遵守し，儀礼ごとに正しく彼らを招きさえすればその子孫を守ってくれるという。

　人々にとって「異常死」と考えられるのは，首狩の戦闘による死，怪我や疫病による死，邪術や妖術による死，産褥死，妊娠中の死，事故や自然の災害による死，および孫のいない者の死などである。妊娠中に死亡，あるいは産褥死した女性，自殺した人のアニトは居住地域と水田の境辺りを徘徊している。また生前，非社交的で周囲から嫌われていた人のアニトは死後もアニトの社会から排斥されるため，同じように居住地域と水田の境を徘徊し，人々に腹痛や熱病，不眠症をもたらすと信じられている。自然災害や不慮の事故などによって自分のイリ以外の場所で死亡した人々のアニトは，イリの人々に敵意をもっているため，疫病や崖崩れ，旱魃などの災いを引き起こそうと常にイリに侵入する機会を狙っていると考えられている。ボントック族は，こうした穢れた死がでるとイリ自体も「穢れた」と考えるため，婚姻儀礼などの儀礼は，こうした死者の葬送儀礼以降，半年間は実修できないとされている。

　いずれにしても死者がでた場合，ボントック社会ではそれが良い死であろうが，異常死であろうが，必ず葬送儀礼が実修されなければならないのはいうまでもない。それを怠れば死者の家族に病気や死といった不幸がふりかかると考えられている。その規模は死者の生前の社会的地位によってまちまちであるが，家族は年長者の指示によって，その期間に供犠される動物の数や死装束，死者を座らせる椅子などについて，その階層に見合った儀礼を実修しなければならないとされている。

5．ボントック社会における霊的職能者

　これまで，ボントック社会におけるさまざまな霊的存在とそれらに対する人々の畏敬や信仰についてみてきた。ボントック族にとって彼らの生活がアニトと密接に結びついている以上，このアニトとどうやってうまく付き合っていくかはたいへんな関心事であり，人間と霊的存在の仲介者となる霊的職能者の役割がきわめて重要であるのはいうまでもない。アニトの意思は，さまざまな儀礼や動物供犠の過程で観察される予兆でしばしば伝えられるが，それ以外に，霊と直接交渉することのできる霊的職能者を通して示されることもある。こうした職能者は古老女性であることが多いが，実際には男性や若者でもよく，アニトと交流する際，トランス状態に陥って気絶したり，泡をふいたり，床を転がったり，恍惚として大声で意味不明なことを叫んだり，歌を歌ったりするという点では共通している。多くの場合，こうしたことが2～3時間続いた後で昏睡状態に入るが，長老たちがこの霊的職能者の行動やことばからアニトの意思を解釈し，忌休日や儀礼の実修を決定することになる。

(1)　プマパタイ *pomapatay*

　先にサダンガでは，アニトは大きく死者の霊とイリの霊の2つに分けられていると述べたが，死者の霊に関わる儀礼の場合には古老男性であればだれでも実修することができるが，イリの霊に関わる場合では，特別に選ばれた司祭でなければこれを実修することはできないとされている。この司祭をプマパタイとよぶが，これは「供物」を意味するパタイ *patay* の派生語であって，プマパタイは「パタイをささげる人」という意味であるという。その役割は大きく3つに分かれており，第一はイリ全体の儀礼や忌休日を定め皆に伝えること，第二はそれぞれの儀礼に与えられた意味や性格について人々に説明を与えること，そして第三は公的儀礼における聖樹パパタイでの動物供犠を実際に主導することである。いずれにしろプマパタイには，アニトと人々の仲介者として機能し，あらゆる災害の原因やアニトが気分を害した理由について儀礼を通して探り，これをなだめることが要求される。またプマ

パタイは，プマパタイとしての特別な白い褌を身につけることが定められており，その地位は外見的にも他者から区別される。このプマパタイになることができるのは富裕層出身の古老男性で，人望が厚く，儀礼や祭文の知識に長けた人でなければならないとされており，一生涯の役職である。長老たちによっていったんプマパタイに推薦されると拒否することは難しく，また一度引き受けたらやめることができないとされている。ただし，身体的な理由などで任務を遂行することができない場合には，死ぬまでその子供が代行することになっている。こうしたプマパタイとしての役職は，詳細にわたって厳密に後継者に伝えられていくといった性質のものではなく，それまで経験した儀礼の観察を通して自然と学習されていくものであって，プマパタイとなる人は，すでにこうした複雑な儀礼の過程や祭文の知識を経験上，習得している者に限られる。しかし，そうはいっても実際には儀礼の大まかな過程を知っていればさほど問題はなく，その詳細はプマパタイの裁量に委ねられており，即興的に作られることも多いという。こうして選ばれたプマパタイは，イリのさまざまな危機的状況において，他の古老たちの助言をもとにその原因を探り，アニトの怒りを鎮めるためにさまざまな儀礼を実修し，関連する忌休日を課す。あるいはイリ全体の幸福と豊穣を祈願して，儀礼を執り行う。そして，この忌休日の間に観察されるさまざまな兆によって，これが有効か，無効かが判断される。

　プマパタイとしての仕事は忌休日が始まったときから，ないしは忌休日が始まる前日の夜から始まる。プマパタイは，忌休日が課せられることが決定すると，イリの中で中心的役割を果たすもっとも主要なアトへと行き，その前庭に立って忌休日に関する決定をイリ全体に向かって大声で叫ぶ。これを聞いた人はさらにアトからアトへと伝言式にこれを送っていく。その後，プマパタイは忌休日を静かに過ごし，最終日の朝にパパタイへ行ってパタイ儀礼を実修して豚か鶏を供犠する[4]。この儀礼は，主にカピヤ *kapya* とよばれる祈りと動物供犠からなっており，パパタイには供犠された動物の肉の一部が供えられる。ただし，カピヤはパパタイでなく各家で唱えられたり，パパタイと各家の双方の場所で唱えられたりする場合もある。

　パタイ儀礼で鶏が供犠される場合，プマパタイは朝早くに鶏と水，飯，サ

トウキビ酒（ファヤス）などを持って家を出るが，パパタイへ行く途中，さまざまな凶兆が観察されるため，凶兆となるものを事前に同行者が取り除いておかなければならない。プマパタイが出発する前に家の中の物が落ちるのは凶兆，またパパタイへ向かう途中で犬や猫，鳥などの動物が横切ってもいけない。石を蹴飛ばしたり，持っている物を落としたりしてもいけない。これらはすべて凶兆とみなされるので，プマパタイが通る前に片付けたり，追い払ったりしておき，それがすべて済んでからプマパタイはパパタイへと向かう。パパタイへ辿り着いたら，持ってきた物を石の上へ置き，竈に火を起こして鍋をかける。それから鶏を叩いて殺し，羽を火で焦がして除く。次に，斧で首と足を落とし，鍋の中に入れる。そこで肝臓を取り出して儀礼の成功を占うが，この際，肝臓がまっすぐであれば成功であるという。その後，内臓を取って籠に入れ，残りはさばいてから鍋に入れる。少し煮てから鍋をおろし，胸肉を取り出して持ってきた飯の上に置き，次のようなカピヤを唱える。

Nay tay kawis nan ipataymi ya dakayo ay intetengao isna ya pateten-gnimenyo nan ili ta nan tako ya inkakawisda nan onganga ya komed-seda, sika ay moteg ya omakakka ta engka ad entona ta adi omawang nan onganga. Nan et megmeg-an nan omili ya nan dag ananda ya masikenda ya ma-adadada. Nan et isamada ya mik-akda isnan enkik-iwi ya mik-akda isnan enkik-iwi ya ta et enlowebda ya bomgasda ta nan tako isnan ili ya ompa-an et si leng-agda.

（今，我々の供犠は「良し」と出た。あなたがた霊はここにいて，このイリを健全なものにしてください。そうすれば人々は健康に暮らせる。子供が強くなりますように。病気よ，ここからいなくなり，どこかへ行ってください。そうすれば子供たちは病むことがない。人々の鶏や豚が健康でありますように，たくさん子供を生みますように。植えた作物がネズミや虫や鳥に荒らされませんように。作物が健康でたくさん実りますように。そうすれば人々の魂が休まります。）

それから竈の3つ石の上に少量の飯を置き，バシを木の穴に注いだら儀礼は終了となり，家へと帰って行く。ただし実際にアニトに捧げられるものはこの飯と，供犠した鶏を調理したときに生じた匂いだけであり，鶏肉はプマパタイが持ち帰り，自分の家で消費することになる。さらに，パパタイから帰る際も行きと同様の凶兆が観察され，何事もなく家に辿り着いたら同行者たちとそこで食事をとる。その後，プマパタイはイリ内のアトをみまわるが，とくに夜があけるまでに死者が出るとパタイ儀礼は無効とされるので，プマパタイがそれを朝まで観察しなければならない。こうしたプマパタイとしての儀礼に対する報酬は，この儀礼で供犠された動物の肉の特別な部分で支払われることになる[5]。

次に，プマパタイが重要な役割を果たすイリ全体に関わる儀礼について，2つ例をあげておこう。

① ソカイチャン sokaidan

ボントック族にはさまざまな種類の忌休日や儀礼があるが，サダンガではとくにイリ全体の災疫を取り除き繁栄を願うためのソカイチャンが大規模に行われる。これは日常の農耕に関わる儀礼とは異なり1週間から10日という長期間にわたって行われるもので，通常は10年に一度行われるが，飢饉や疫病の流行，台風による被害などイリが危機的状況にみまわれたときにはいつでも実修することができる。この儀礼で行われるさまざまな行為のなかで，その中心となるのは10人から12人の男性グループによる頌歌の詠唱である。ソカイチャンではこの詠唱こそがきわめて大切で，グループの成員として選ばれるのは富裕層の出身でイリ内の有力者であり，なおかつ，この特別な儀礼グループの厳しい試練に耐え得るだけの強靱な体力の持ち主でなければならないとされている。イリではソカイチャンに先立ち，このメンバーのなかの3人が最初に各家族から卵や乾燥肉といった食糧を調達する。これらは主に彼らの食事として使われるが，実際には儀礼期間中，少ししか食べ物を口にすることは許されていない。一方，数人の古老女性たちも同じく皆から米を徴収し，子供たちに手伝わせて倉の近くで米搗きをする。この一部は他の食材と同様に儀礼グループが消費するが，そのほとんどは全員が参加する最後の祭宴のために使われる。こうして準備がすべて整うとソカイチャ

ンが始められる。初日の朝，この儀礼グループはサダンガのはずれのチャカラン（Dakalan）[6]とよばれる場所へ行き，そこで頌歌を詠唱して儀礼的舞踏を行う。チャカランはサダンガではもっとも神聖な場所で，とくに強力な祈りによってアニトに語りかける儀礼が実修されるとき，これに参加するためにアニトが集まってくる場所であると考えられている。ここにやってくるアニトたちはその姿を見ることができるといわれており，彼らの話では，少し赤ら顔のハンサムな若い男性であるという。また，ここで歌われる歌は，この儀礼のためだけの特別なものでアニトを称える頌歌であるが，特定のアニトあるいはアニト全体について言及されることはなく，まわりの景観や首狩の英雄の話など一般的なことが歌い込まれている。また通常の儀礼と異なり，青銅のゴングも用いられない。すなわち，この儀礼で重要なのは歌や踊りに込められた象徴的な意味ではなく，人々が座ったり休んだりすることなく歌い，踊り続けることでアニトに敬意を示すことであり，ひとたび誰かがこのグループから離れて歌をやめたりすれば，その人はたちまち死んでしまうと考えられている。そのため，グループの中の誰も脱落することのないよう全員で腕を組み，輪を作って儀礼的舞踏が行われる。一方，その他の人々も彼らの歌を聞くためにこの場所に集まってくるが，見物人たちはアニトたちのための特別な場所に近づいたり，これを横切ったりしてアニトの気分を害してしまわないよう，とくに気をつけなければならない。これを犯した人はアニトによって腕を捻られたり，殴られたり，体をねじ曲げられたりされ，時には死んでしまうこともあるという。こうして見物人が見守る中，歌と踊りによる儀礼が朝から続けられるが，昼には一時，中断される。そこで，見物人たちは昼食をとるためにそれぞれの家に帰っていき，儀礼グループとアニトだけがそこに残って儀礼的共食を行う。ここで調理された飯とファヤス，タポイがアニトに捧げられるが，その際，アニトたちはこれらの供物が入れられるジャーにとりわけ執着をもっており，この儀礼には必ずアニトたちのお気にいりである特定のジャーを供物の入れ物として用いなければならないとされている[7]。これは個人の所有物で，サダンガの富裕層の家族が所有しており，それほど大きくはないがきわめて高価なものであるという。その後，歌と踊りが再開され，夜になって人々は一旦，家に帰る。そしてまた翌日，

朝から同じことが繰り返される。これが数日間続き，最後の日の午後にイリの全成員がこの場所に集まり，隣接するサカサカンの人々もこれに招待されて，全員で共食を行う[8]。この宴で，最初の日に集められた米の半分が消費され，残りの半分は次の日にパパタイで供犠する豚を購入するために充てられる。食事の後，個々の家族は「アニトの恵み」の分け前としてこの飯を少しずつ受け取り，家に持ち帰る。

② ファルエン *bal-en*

後述するように，治病は個人的な儀礼であるが，一度にたくさんの人が同じような病気にかかったり，疫病が流行ったりした場合はイリ全体の問題とされ，治病儀礼として全体に忌休日が課せられる。このような，イリが危機的状況に陥ったとき課せられる忌休日はファルエンとよばれ，3日間にわたって実修されるが，この期間の部外者の侵入や虹の出現，雷，イリ内の死者などは凶兆とみなされる。最終日の夜に，各アトで長老が祭文を詠唱した後，イリのはずれの4つの方角にそれぞれその先が外に向かうよう，斜めに棒を立てておく。この棒が立てられる前に，人々は家に帰っていなければならず，そうでないと死んでしまうという。これは悪しきアニトがイリ内に入ってこないように祈るためのもので，その1本には小さな肉片が取り付けられている。次の日の朝，その肉片が乾いていれば忌休日は効果があったことを意味する。ただし，肉片が乾いていなかったり，その肉の上に蜘蛛がいたりしたら忌休日は無効とされ，再び忌休日が課せられることになる。ただし，これが2回繰り返されたにもかかわらず，同じ結果となった場合には，忌休日の効果もなく，やがてイリにたくさんの死者が出るということを予言するものであるという。肉の瑞々しさは死者の葬儀で流される涙を象徴しており，蜘蛛はたくさんの死者が棒に括りつけられて運ばれる様子を象徴しているという。一方，犬が棒を倒して肉を食べてしまった場合も忌休日は無効となるが，この場合には翌々日に再度，忌休日が課せられることになる。

(2) 巫医

イリ全体の儀礼に関わるプマパタイに対し，個人的なレベルでの霊的職能者の役割ももちろん重要である。とくにボントック族においては，ほとんど

の病気の原因がアニトによると考えられているため，治病に際しては医学的な治療を行うことよりも，このアニトを追い払うことに注意が払われる。一般に，この儀礼を実修できるのは特別な知識と能力をもち，不可視なアニトと交渉することができるメンソプオク mensop-ok やインソプオク insop-ok，ソモソプオク somosop-ok などとよばれる巫医である。これは古老女性である場合が多いが，古老男性や若者の場合もある[9]。この名称は本来，「吹き消す」「吹き飛ばす」などという意味のソプオク sop-ok からきており，また同時にソプオクは「災いや病に悩んでいる人に息を吹きかけることによって，その原因を占う」ことをも意味している。このソプオクから派生したインソプオクやソモソプオクは「ソプオク儀礼が実修できる人」という意味である。

サダンガでも同様に，巫医はソプオクの派生語であるインソソポク insosop-ok とよばれている。もちろん近代的な医学の知識がサダンガでも浸透してきてはいるが，重病にかかると両親や親族がこの巫医をよび，治病儀礼を行うことが多い[10]。たとえば巫医は，患者に向かって「Sino nan nan-gyo ken sika? Sobokak sika is nan soyag nan akyo!（誰がおまえを病気にさせているのだ。日の光に吹き飛ばしてやる！）」などと言いながら，痛みの場所に息を吹きかけ，病気を引き起こす悪い霊を吹き飛ばす。

巫医になるには，夢見によってアニトから治病の能力を与えられなければならないが，アルビーノなど，普通とは異なった状態で生まれた場合などにもこのような力が与えられることがある[11]。また，男性よりも女性のほうが巫医になる可能性が高いが，これは女性の出産能力とも密接な関わりをもっており，女性はその能力ゆえ生者の世界とまだこの世に生まれる前の世界とを媒介することができ，霊的存在とも交流できるのだと説明される。このように巫医になる経緯はほぼ共通しているが，治病儀礼の過程そのものにはかなり差異がみられる。たとえば儀礼の際，多くはトランス状態に陥って気絶したり，泡をふいたり，床を転がったり，歌を歌ったり，あるいは恍惚とした表情で大声で意味不明なことを叫んだりするが，まったく通常と意識が変わらない場合もある。

先にも述べたように，アニトが原因とされる病気は，アニトの憑依，あるいは復讐が原因とされる場合と，魂を喪失した場合の2つに大別される。治

病儀礼の初めに巫医が病人に「最近どこに行ったか」を質問するのは，病気の原因がその場所のアニトと密接に関わっているからであり，巫医はその原因を探り，アニトの望みをかなえ，これを慰撫するための儀礼を実修しなければならない。たとえばアニトの憑依または復讐が原因とされる場合には，巫医によって一定の動物供犠と祭文の詠唱が行われる。それによってアニトが満足すれば，病気が回復する。他方，魂の喪失が原因の場合には魂を取り戻すための儀礼が実修されなければならないが，ここでは一定の動物供犠とともに失われた魂との対話が必要であり，祭文の形で語りかけられる。またこうした儀礼の際に，別のアニトに語りかけ病気を追い払う手助けを頼むこともしばしばある。一般にアニトには良いアニトと悪いアニトがいると考えられているが，死霊のアニトは他のアニトとの仲裁や悪いアニトからの保護，失われた魂を取り戻す手伝いなどをしてくれると考えられている。一方，アニトは人間を手助けするだけでなく，アニトの住む環境を破壊したり，悪い行いをしたりした場合には，病気などの罰を与えることで人間の行いを正すという。

現在では近代医学や専門的知識の普及によって巫医の数が減少してきており，とりわけ州都に近い，近代化の影響を強く受けた人々の間では，これを「いんちき医者（quack doctor）」などとよんで揶揄している場合がある。しかしその一方で，イリでは依然として，こうした巫医の果たす役割がきわめて重要である。そこで以下に，筆者が調査した2つのイリの巫医による具体的な治病儀礼について記述しておく。

① トゥッカン

ボントックの中心部から比較的近いトゥッカンでさえ，現在でも900人余りの人口に対し4人のインソプオクが実際に治病儀礼を行っていた（1987年）。そのうちの1人の老女（当時70歳）は，表面上は洗礼名をもつクリスチャンであるが，老年に達した頃，ある日突然，夢の中に見知らぬ老婆が現れ，彼女に巫医としての職能とアグアグコファン *ag-agkoban* という薬草を与えたという。ただし，夢見によって巫医としての能力が与えられたといっても，彼女の母も，その母もかつて巫医であったので，そういった能力を得やすい環境にあったし，側で母のすることを観察するうちにいつのまにか薬

草の知識や治病の技術を得ることができたというのも事実であろう。

彼女が行うことができるのはトランスをともなう祈禱とその薬草を使った病気の治療のみであり，不慮の事故を引き起こすアニトには力が及ばないという。その薬はトゥクカンのどこにでも生えている植物（ハーブの一種）であるが，通常，彼女はその草を取ってきて手のひらで丸め，それを病人の悪いところに塗って祈禱する。彼女は，病人に取りつく悪い霊のアニトを見ることができるが，他の人には見えない。悪い霊を追い払う時，一種のトランス状態に陥り失神するが，その間のことは何も覚えていないという。普通，悪いアニトを祓ってあげても何の報酬も受け取らないが，依頼者がどうしてもお礼をしたいという時には1束のタバコ，マッチ，1kgの砂糖，わずかな現金などを受け取ることもあるという。

アニトの憑依が原因とされる場合，その憑依落としの方法はいたって単純であり，巫医が病人の側へ行き，薬草を使って悪いところを撫でるか，そこに触れる。そして低い声で「この人間に取りついているアニトよ，立ち去れ」と何度も繰り返し唱え，アニトが病人の体から出ていくのを助けるかのように口を大きく開け息を吹き出すだけでよい。たとえば隣のイリへ出掛けた帰り道に石でけがをした少年は，巫医によってアニトが原因であると判断され治病儀礼が実修されたが，その際も，彼女は少年の傷付いた足を膝の上に乗せて撫でながら「アニトよ，立ち去れ」と唱え，跪いて多くの唾液を吐いた。それは彼女がアニトを吸い込んで，あとでそれを吐き出しているかのようであった。1時間半後，彼女はアニトを追い払うことに成功し，少年の傷はその4日後に完治した。

② サダンガ

サダンガではこうした巫医は女性が多く，インソソポク *insosop-ok* とよばれ，エンアアナップ *in-a-anap*（*anap* の本来の意味は「捜す」）いう治病儀礼を実修する。その際，彼女は病人の体に息を吹きかけ，祭文を唱えてイリ中のアニトを呼び寄せ，どのアニトがこの人物に病気をもたらしたかをつきとめる。そして，病気を治すにはどうすればいいかを両親に告げる。一方，インソソポクが病気の原因や病状を把握する際に，別の手段，たとえばフレス *boles* という木の葉を用いて病人の症状を把握することもある。この場合，

病人の胸か腰の辺りにこれを置き，その変化で判断するが，これらがすぐに乾いてしわくちゃになれば病気は回復に向かっていると考え，それが湿ったままであれば，もはやこの病気は巫医の手に負えないということを意味しているという。こうして原因がわかれば，次に具体的な治病儀礼として儀礼的籠もりと祈禱，動物供犠を行うのが一般的であるが[12]，その詳細においては病気の原因によっても若干異なってくる。たとえばその人の病気が，ある特定地域のアニトの仕業である場合，両親は白い布と鶏の足を持ってそのアニトが潜む場所に行き，病人の健康を返してくれるよう「ヤウィッド　モ Yawid mo（返して）」と祈りながら，これらの物を振ればよいという。一方，障りとなるアニトが病人の家の周りに潜むアニトならば，直ちに両親は病人を連れてその場所を離れなければならない。その際，しばしば両親は子供を連れて家々を渡り歩かなければならなくなるという。そうでなければ，両親はその代わりに鶏か豚を供犠しなければならない。さらに，病気の原因が田畑や道などに魂を忘れてきた（タギ tagi）ためと判断された場合，儀礼的な籠もりと祈禱，動物供犠が行われる。あるいは，プチョンを破って畑の果物などを盗んだために呪い（アロット）がかかった場合，犯人の腕や腹に2～3日痛みが襲うことがあるが[13]，これを治すには，犯人がその持ち主の家へ行って罪を告白し，痛みの部分に特定の葉を貼って祈りを捧げるしかない。

　こうした巫医たちの努力にもかかわらず一向に病気が回復しない場合には，こんどは別の巫医がよばれ，さらに儀礼が実修されることになる。ただし一度に大量の病人が出たり，疫病が流行ったりした場合には，もはやこれはインソソポクの能力を超えるものであり，イリ全体に忌休日が課せられ，前述したファルエン儀礼が実修されなければならない[14]。

6．女性巫医の社会的役割

　サダンガでは，女性巫医だけが執り行う治病儀礼として，妊娠・出産に関わるものがある。たとえば，妊婦の陣痛が長引いて出産が困難であるようなときには，妊婦の近親の女性である巫医が呼ばれてその原因がつきとめられる。難産の原因がアニトであることがわかると，彼女は妊婦のもっとも近い

親族である祖先の霊をよびだし，自分たちの子孫である赤ん坊の出産がうまくいくよう助力を依頼する。それでもまだ出産が長引く場合には，この祈りを聞きいれず，悪いアニトが家の周りに潜んだままでいると判断され，そうした場合にはこのアニトを強制的にでも追い払わなければならない。そこで巫医は，妊婦の母や近隣の人々の助けをかりてボロ布やもみ殻を集めて燃やし，この煙の匂いでアニトを追い払う。この儀礼を行うことができるのは先にも述べた通り，妊婦の近親の女性であるが，アニト祓いに失敗して妊婦が死亡したような場合，二度とその女性はこの儀礼を実修することができないとされている。また赤ん坊が仮死状態で生まれてきたような場合は，母親が妊娠中に滑ったり，倒れたりしたときどこかに赤ん坊の魂を忘れてきたことが原因と考えられるため，女性巫医がその魂を忘れてきたと思われる場所へ行き儀礼を実修する。その他，母乳が出にくい場合などもこの女性巫医の助けをかりる。巫医は母乳がよく出るように祈りながら特別な植物の葉を使って彼女の胸を打ち，さらに母親の祖先の霊を呼んで自分たちの子孫を守ってくれるように懇願する。

　近代科学が発達したといっても，このような治病儀礼は依然として彼らにとってきわめて有効な治療方法であると考えられており，その方法は，患者の肉体を消耗させたり，心を乱れさせたり，神経を苦しめたりするようなことがなく，静かに執り行われるという。巫医は，アニトを追い払うことで苦しんでいる人々の心を安らかにさせ，撫でたり触ったりすることで精神的な苦痛を取り除いてくれる。これに加え，たとえ近代医学に頼ろうと思っても，実際には病院へ行ったり，薬を買ったりするお金が無く，結局のところこうした巫医に頼らざるを得ないという現状もある。巫医による治病儀礼に対して支払われる報酬はタバコやマッチ，わずかの米や現金など微々たるものであり，あくまでも感謝の気持ちであって義務ではない。巫医たちはこれを職業として専門にしているのではなく，日常は皆と同じように農業を行って生活しており，他の人との区別はこれといってみられない。

　もちろん，治病儀礼以外にも霊的職能者が関わる儀礼は多くあるが，ここで最後に，女性の霊的職能者に限られる農耕儀礼について取り上げてみたい。ボントック社会では家族を単位とするものであれ，より大きな規模の儀礼で

あれ，ほとんどの共食儀礼に自分たちの祖先の霊が招待される。そこでこうした際にもアニトと交信できる霊的職能者の役割が期待されるが，とりわけ彼らにとってもっとも大きな関心のひとつである豊穣の祈願においては，女性の霊的職能者に重要な役割が与えられている。たとえば農作業の開始を示す田起こしの儀礼では，女性の霊的職能者たちが田の持ち主の家に招待され，そこで鶏をアニトに供犠する。彼女はまず家の入り口を開いて2階部分に梯子を掛け，その家の祖先の霊を家に招待するために呼びかけを行う。2階部分にタポイと飯，調理された供犠鶏の肉が入った椀を置いておくと，アニトはこの招待に応じて家の入り口から入って2階部分にあがり，儀礼の間中そこに留まるといわれている。また，収穫後の感謝の儀礼においても新米の飯や供犠された鶏の肉が入った皿が供えられ，近親の老女である霊的職能者がよばれて，アニト霊に対し共食へ招待するための呼びかけを行う。ここでも前述の儀礼と同じように，家の戸口を開いて2階部分に梯子をかけておくと，ここからアニトが2階へ上がっていくという。

　このように，霊的職能者がアニトに対して呼びかけを行う場合，とりわけ個人や家族のレベルでその加護を願う際は，病人やその家族などといった当事者の死者親族に対して向けられることがわかる。しかもアニトは，その当事者の名前が自分の名前と似ているようなときに進んで助けてくれるといわれている。つまり，彼らにとって名前は自分たちがそのアニトたちの子孫であるということを証明するのに必要とされるものであって，アニトは子孫が自分と同じ名前をもっているような場合，いっそう親しみを感じて助けてくれるというのである。そのため，ボントック族は子供に命名する時，しばしば祖父母の名前や祖先の名前を好んで選ぶという。仮に病人などの当事者がそうした伝統的な名前をもたない場合，巫医は，その人を治療し助けることが困難になると考えられている。

　一方，ジェンダーについてみると，儀礼の内容が豊穣性などと結び付けられる場合，その職能者は女性に限定される。このことは，婚姻に関わる儀礼などでもみられ，たとえば両親どうしによる婚約の話し合いで合意が成立したときには，双方の親族が一堂に会して，前述した農耕儀礼と同じように，鶏を供犠してタポイとともに供え，家の戸口を開いて2階部分に梯子をかけ

ておき，ここでも女性巫医がアニトを共食へ招待する。この儀礼においてもアニトに呼びかけをする場合，その対象となるのは当事者と関係の深い死者親族である。

　将来，近代的な医学の知識が伝統的な知識や解決方法に完全に取って代わるかもしれない。しかし今のところ，実際に病気になって医者にかかりたくても十分な知識やつてもなく，また，イリには病院もないのがほとんどであって，たとえ医者の治療を受けることができたとしても治療費や薬品はきわめて高く，その家族を膨大な借金へと追い込むことになる[15]。だとするならば，今のところ，彼らはこうした「伝統的」な方法に依然として頼るしかない。

7．おわりに

　以上述べてきたように，ボントック社会にはさまざまな霊的存在が徘徊しており，人々にとっては，病気をはじめとするほとんどの災難の原因が，この霊的存在の障りによるものであると考えられてきた。そのため，彼らの関心が全知全能の神であるルマウィに向けられることは少なく，むしろ，いかにしてこうしたアニトとうまく共存していくかということに向けられていた。そのため日常行われる儀礼のほとんどは，こうしたアニトの怒りを鎮めたり，これを追い払ったり，あるいは儀礼に招待して歓待し，自分たちを保護してもらうために行われている。その儀礼の単位については，イリ全体の幸福を願う場合と，男子集会所のメンバーを単位とする場合，家族を単位とする場合とまちまちであるが，とりわけ農耕儀礼や婚姻儀礼はイリに幸や豊穣をもたらす重要な儀礼のひとつであり，そこでアニトを歓待することでその加護を願う必要があった。これに対し，病気や不慮の事故，災いなどといった災難に関しては，逆にアニトは畏怖の対象となってくる。なぜならアニトは，常に正しく儀礼を実修し歓待しさえすれば人々に幸福をもたらしてくれるが，その不興をかえばたちまちにして不幸をとりつけてしまうといった両義的性格をもつ存在だからである。また，病気の原因が単なる偶然の不幸だけでなく，人間の自然環境を破壊するような行為に対しても求められるように，アニトはボントック族の社会秩序を守る役割をも果たしている。

しかし病気や不慮の事故は，いつでも誰にでも起こりうる。いわば日常的なことであるが，本人にとっては不安や苦痛，時には死をももたらすかもしれないほどの重大事であって，周囲の人々にもさまざまな影響を与える。ボントック社会では，病気の治療方法はその病気が何によって起こったかを判断し，その原因を取り除くことにある。たとえばその原因がアニトの障りによるものであるなら，そのアニトを祓う方法が取られなければならない。それと同じように，不慮の事故や災害もまたアニトの障りによるものであるから，アニトに何らかの対処をすればよい。つまり，彼らにとっては怪我もまた病気と同じカテゴリーに括られるのであって，実際の原因がどうであれ，病気と同じ不幸な出来事のひとつに過ぎないと考えられていることがわかる。

当然のことながら，病気や怪我で苦しんでいる人々は，「なぜ」自分が苦しんでいるのかを知りたいと思うだろう。人々はこの理由の説明を何かに求めなければならないが，たとえば邪術信仰などによって説明することもできるだろう。つまり，他人に対する恨みや嫉妬が病気や死の原因となるというのである。しかしながら，ボントック社会にはこのような邪術信仰はほとんどみられず，不幸の原因のほとんどは霊的存在アニトによって説明されている。そこで，さまざまな不幸の原因を取り除き，自分たちを保護してもらうためにこのアニトと交流することが不可欠となるのであるが，こういった能力は誰にでも備わっているわけではない。そのため，専門家である霊的職能者の存在が必要となってくる。依然としてボントック社会では，こうした霊的職能者の存在が，人々と霊的存在との媒介者として，非日常的世界と日常的世界とを取り結ぶ重要な役割を果たしているといえよう。

[註]

1) 精霊に遭遇してしまった人のための儀礼で，通常はイリの入り口付近で実修される。この儀礼を行うための特別な場所は，サダンガではアアバタン *a-abatan* とよばれている。
2) ただし，歯痛はアニトの仕業であるとは考えられておらず，歯の中で小さな虫が暴れるために起こると信じられている。
3) ボントック社会では妖術や邪術はほとんどない。合田の報告によれば，もともと邪術はカリンガやアパヤオなどの他地民に多い慣習であると考えられており，マリコン

にはないという。また妖術師がマリコンに3人いるが，いずれも他村からの婚入者である［合田 1989 a (1986)：308］。
4）供犠動物としては豚と鶏があるが，豚の場合は，供犠のためにパパタイに運び，そこで耳を切り取って木の枝に刺し血を撒くだけで，実際の解体作業やそれに伴われる共食は各家で行うのが普通である。それに対し，鶏の場合はパパタイで解体まで行われ，そこで調理される。パパタイには通常，こうした肉を調理する竈が設けられているが，この竈はパパタイと同様，全知全能の神ルマウィに由来するものであり，そこはルマウィが最初に調理をした場所と考えられていて，パパタイそれ自体とともに神聖なものである。この竈には3つの石がおかれており，近くの木には飯やライスワインを供えるための穴が開けられている。
5）供犠動物が鶏の場合にはその頭と背（テンゴ *teng-ngo*）の部分，豚の場合には胸肉（パラグパク *palagpag*）の部分が与えられる。また，パパタイでの供犠儀礼以外でプマパタイが祭文を詠唱する場合も同様に，カラバオの肉2kgや3切れの豚のあばら肉ないしはモモ肉，ライスワイン（タポイ *tapoy*）などが報酬として支払われる。
6）チャラカンは，サクリット方面のイリの外れに流れる川の近くの倉が密集している場所で，アニトに対するもっとも神聖な祭場であると考えられている。
7）ソカイチャン儀礼では，アニトに対し決められたジャーで飯や酒が供えられる。アニトはこのジャーにことのほか執心しているため，毎回このお気にいりのジャーを使わなければならないとされている。しかしサダンガでは，このジャーの持ち主がキリスト教に改宗してしまったために使用することができなくなり，その結果，ソカイチャン儀礼が何年も行われないままであるという。
8）サダンガへの最初の移住者はサカサカンから来たと考えられており，サカサカンはいわばサダンガの起源である。そのため通婚も頻繁に行われており，両イリはさまざまな儀礼に常に，招待し合う関係でもある。
9）合田によれば，マリコンの霊的職能者には，さまざまな儀礼ごとに①アニトに対して短い唱え言であるトトヤ *totoya* やファアグ *fa-ag* を行うコマカピヤ *komakapya*，②怪我や病気を神話（カエブ *ka-ev*）を詠唱することで治療するコマガエブ *komaga-ev*，③病気の原因のト占を行うとともに椰子油などを使って治療を行うオマアプロス *oma-apros*，④アニトが原因とされる病気を，病人から自分に憑依させることによって治療するメンソプオク *mensop-ok* などがいるという。そのうち，コマガエブは主として古老男性が，メンソプオクは古老女性が多く，またメンソプオクはコマカプヤやオマアプロスを兼ねていることが多い。ただしメンソプオクは夢見によってアニトから憑霊落としと治病の力を与えられなければならないため，必ずしもコマカプヤやオマアプロスがメンソプオクとは限らない［合田 1986：296］。
10）巫医でなくても，子供が病気になった場合には，その両親が治病儀礼を実修することができる。この儀礼はエンティアー・シ・ファファレイ *inte-el si babaley*（*te-el* は「働きに行かずに，家に留まる」，*baley* は「家」）とよばれ，両親が10日間（長い時には1ヵ月に及ぶ場合もある），家に籠もって病気の回復を祈るというものである。この間，最初と最後の日にはとくに鶏が供犠され，その一部をパリガタンに入れて，アニトに供える。
11）夢見や巫病を経験すればだれでも巫医になる可能性があるわけだが，実際には社会

階層との関係で，富裕層の女性は巫医になれないといわれている。
12) 病気を引き起こすアニトに向けて行われる儀礼は，マンアスワック *mang-aswak* とよばれるマンマン *mang-mang* である。マンマンは鶏，ないしは鶏と豚を供犠する通常の儀礼の総称で，比較的大規模な祭宴では豚が供犠されるのに対し，鶏と塩付け肉だけが用いられる小規模なものもある。この場合は，とくにマンマノック *mang-manok* とよばれる。通常，動物供犠は，悪しきアニトが徘徊する午前の中間（フィクフィカット *bikbikat*）になされるため，マンマンは午後か夜に実修されることになり，共食には近隣の者だけが招待される。なおマンマンは，上記したような治病儀礼以外に，不治の病から快復するために個人名を変更する際のチャオエス儀礼 *dao-es*，家を新築した際のサンフォ儀礼 *sangbo* のなかでも行われる。
13) ただし，この呪いは誰でもかけることができるというわけではなく，その能力は親から受け継がれるものであるという。本来，プチョンはこうした個人的な呪いというよりも超自然的力として理解されており，葉で結び目を作った植物を守りたい物の側や場所に刺しておき，祭文を唱えたり，儀礼を行ったりすることで，その場に存在する「力」にそれを守ってくれるよう依頼する。すると，たとえ所有者がその場を離れても，その力によって盗まれることがない，あるいはその安全が守られるといった性質のものである。
14) さらにイリ全体に病気が蔓延し，死者が何人も出たようなとき課せられる忌休日はパアン *pa-ang* とよばれる。この期間，アトでは古老たちが舎屋に結び付けておいた豚の骨をはずし道端で燃やす。一方，他の人々も自分の家の軒につるしてあった豚の骨を取り，身の回りの汚い物と一緒に近くで燃やす。そして煙が上空へ上がっていくときに「*Ken ka anmot nan moteg ta eyey mo ad lagod ya ad loko*（病気を追い払え，そしてイロカノの土地まで連れて行け）」と唱える。そうすることによって，イリ全体の穢れが祓われると考えられている。
15) たとえば，熱用のシロップ1本は彼らの1日分の労働賃金に相当するという。こうした治療にかかる膨大な費用は現金収入のほとんどない人々には大きな負担であり，しばしば水田を抵当に入れて借金をすることになる。

第3節　全知全能の神ルマウィ

1．はじめに

　多くの社会で,「神聖で真実である」とみなされている物語が多数存在している。これらは時と場合によって「神話 (mythology)」,「昔話 (folk-tale)」あるいは「伝説 (legend)」といったことばで言い表され,区別されるが,実際には,しばしば混同して用いられている。松村の定義にしたがってこれらを区別するなら,神話とは「世界や人間や文化の起源を語り,そうすることによって今の世界の在り方を基礎づけ,人々には生き方のモデルを提供する神聖な物語」である。一方,神話と伝説は,それが起こったとされる時代と現在との関係における違いによって区別でき,「神話においては太古の出来事と現実の今の生活とが密接に関係し,それを規定しているがゆえに神聖視されるが,伝説は歴史上のある時に具体的な事物に結びついて語られ,その中には社会や人間の存在を基礎づけるような重要なメッセージを含んでいない」と指摘している。これに対し,昔話は「娯楽のために語られるものであって,特定の時代や具体的な場所といった拘束はなく,神聖性や事実性は問題とされない」という［松村 1987：2, 12-15］。
　実際にはそれが神話であるか,昔話であるか,伝説であるかといった区分はそれが語られる社会の中では不明瞭であることが多いが,社会によっては,それを語るとき,ある物語がその神聖性ゆえに儀礼の中でしか語られないとか,女性や子供の前では語ってはならないなどといった一定の禁忌をもっていることも多い。こうした場合,彼らの社会生活のなかで宗教というものが重要な部分を占めており,その物語が儀礼と密接な関係をもつものであるということがわかる。しかし,これらの神聖なる物語以外にも日常に語られるたくさんの太古の出来事を語る物語が存在しており,それが神話であるのか伝説であるのか判断がつきかねるものも多くある。これらを考え合わせると,「伝統的」な社会において語られるさまざまな物語を,一概に上記したよう

な分類規定に当てはめることは難しいだろう。したがってここでは，このような分類にこだわらず，彼らが「神聖で真実である」と信じる物語を広い意味での「神話」として扱うこととしたい。

いずれにせよ，しばしば人間は自分たちの知識や理解を越えた「超自然的存在」に心の拠り所を求めるが，そうした人々の超自然観を表現する神話が，個々の社会の宗教生活できわめて重要な役割を担っていることが多い。そういった意味で，神話研究はその社会の世界観を知る上での大きな手掛かりを与えてくれるものとなるだろう。したがって本節では，ボントック社会の神話[1]にたびたび登場する全知全能の神ルマウィに注目し，それを分析することで，ボントック社会におけるルマウィの位置づけ，およびその神的性格を明らかにし，ボントック族の象徴的世界を考察したい。なお，ここでいう神ないし神的存在とは，前節で取り上げた霊的存在と区別して「世界を創造し，それを支える，あるいは自分たちが作ったものを支配し，これらから崇拝を受ける創造神」をさすものとする。ただし，北部ルソンの人々の間では神と過去に存在していたとされる神話上の文化英雄との間にしばしば混乱がみられる。しかし彼らにとっては両者とも神的性格を帯びていることから，ここでは若干この定義から外れるものをも含め，北部ルソンの人々にとって「神とみなされうるもの」を記述していきたい。

2．北部ルソンにみられる神々

北部ルソンの人々に全知全能の神とみなされるものは，大きくルマウィ Lomawig とカブニアン Kabonian に分けることができる。これら2つは，一般に異なるものであると考えられているが，地域によっては同一視される場合もある。カブニアンは，霊や強力な力を意味する *boni* に，接頭辞 *ka* と接尾辞 *an* がついたものであり，「もっとも強力な霊」ないしは「全能の存在」と説明される [Benn & Khensay 1998：109]。ルマウィの語源は明らかでないが，世界を意味する *lawag* に，接中辞 *um* がついたもの "lumawag" が変化したものではないかという。一方，祭文の中でルマウィにつけられる冠詞についてみると，普通名詞につける *nan*, *san* であったり固有名詞につけられる *si* であったりと，しばしば混同して用いられていること

がわかる。

　その分布については地域ごとで異なり，主としてベンゲットやカリンガにおいてはカブニアンが，ボントック社会ではルマウィが崇拝されているが，ベンゲットやカリンガの人々によれば，ボントック族がカブニアンのことをルマウィとよんでいるのにすぎず，実際は，同一のものであるという。さらに，カブニアンが広く北部ルソン全体に知られる至高神的存在であるのに対し，ルマウィはボントック以外でも知られてはいるが，ベンゲットやイフガオにおいては単にたくさんいる神的存在，あるいは半神のうちのひとつにすぎない［Scott 1969（1960）：124-125］。事実，バートンの報告によれば，イフガオには神とよばれるものが多数存在しており，そこにはルマウィも含まれている。しかし，これらは同じイフガオ族のなかでさえ，しばしばその詳細に不一致がみられるという［Barton 1946：13-15］。さらに地域によっては，ルマウィはカブニアンの息子であると説明されることもある[2]［Wilson 1965：273］。これに対しジェンクスは，ボントック社会で語られるルマウィについて，その儀礼的側面から「ルマウィはボントックのすべての人々にとって唯一の神である。なぜなら人口の増加，家畜の多産，穀物の豊穣などを願う儀礼や，自然災害からの救済を願う儀礼はすべてこのルマウィにむけられている」として，その唯一神としての性格を強調している［Jenks 1905：200-201］。それにもかかわらず，ルマウィは他にラウィガン Lawigan とかララウィガン Lalawigan，ラマウィガン Lamawigan などと，さまざまなバリエーションの名前でもって語られたり，またベンゲットにおいては神たちや祖霊の1人として，またイフガオでは半神が登場する神話において現れたりもする［Scott 1969（1960）：134］。また，キリスト教の布教過程で，キリスト教の「神」と伝統的な神的存在であるルマウィが同一のものであるとする教えが持ち込まれたといわれており，その結果，同じイリの人々の間でもしばしば全知全能の神に対する観念に混乱がみられるようになったという。このようにルマウィは社会によってさまざまなとらえ方がなされるが，いずれにせよ，全般的な傾向として北部ルソンでは，カブニアンは神全般を表すことばとして，ルマウィはそのうちの1人の固有名詞として認識されているということができよう。

第3節　全知全能の神ルマウィ　　　　　　　　　　　　　　　241

　こうしたルマウィやカブニアンの神的性格については，多くの社会で宇宙の創造神とみなされている。しかし，実際に神話をみた限りにおいては宇宙自体を創造しているものはほとんどない。むしろ創造者としてよりも，ルマウィやカブニアンは人々に文化や恩恵を与えるものとして語られている。実際に祭文などで語られるルマウィやカブニアンが登場する創造神話では，すでにそこに宇宙が存在しており，その世界の上でルマウィやカブニアンが自分自身の創造を行っている。たとえばC. モスが採集したカンカナイの神話では，「昔，地上に神 (Kabunian) がやってきたが，そこにはまだ人間がいなかった。そこで神たちは話し合って男と女を造った」と語られている [Moss, C. 1920b：384]。またルマウィに関する創造神話においても同様で，すでに造られていた地上に天から降りてきて，すでに造られていたものを修正するといった内容のものが多い。たとえばE. モスが採集したアラブの神話では，「地上がまだ平らだった頃，人間たちは自分たちの生活が困難であるのをルマウィのせいにし，彼に対して不平ばかり言っていた。これを聞いたルマウィはたいへんに怒り，大洪水を起こしてしまった」と語られており，社会を修正するが [Moss, E. 1974 (1954)：15]，同様な洪水神話はボントック族においてもみられるものである [Cawed 1972：56-58]。

3．全知全能の神ルマウィ

(1)　ボントック社会にみられるルマウィ

　ボントック語では，神に相当することばとしてナン・イントトンチョ *nan intotong-do*（文字通りの意味は「上空にいる人」：上に（いる）を意味する *totong-do* に，その行為をする人を意味する接頭辞 *in* がついたもの）がある。あるいは，ナン・マギパワッドア *nan mangipawad-a*（文字通りの意味は「創造する人」）ともよばれる。このイントトンチョやマギパワッドアは，しばしばカブニアンとして言及され，ルマウィはこのカブニアンの息子であるという。ボントックでは，カブニアンは天にいるが，ルマウィは天にいる至高神というよりも，人間界に現れボントック族の女性と結婚する身近な存在であるとともに，彼らにさまざまな技術や知識をもたらした文化英雄神として神話の中で語られている。

ボントック族のイリにはすべて，アトとよばれるいくつかの男子集会所があり，また，パパタイとよばれる聖樹が1ヵ所ないし数ヵ所に存在する。パパタイはルマウィに由来する聖地であると同時にアニトの拠り所でもあり，イリ全体の幸福を願う際の動物供犠を実修する場であるとされている。儀礼的，象徴的にこれらのアトとパパタイは優越した場所であると考えられており，パパタイの枝をむやみに切ったりするとたちまち死んでしまうという。これらに日常的な場面で女性が立ち入るということはほとんどなく，また，アトにむやみに女性が立ち入ると，イリに災難が降りかかると信じられている場合もある（写真1.2.3，1.2.4）。ボントック族の宗教生活は，こうした聖的に優越した場所や個々の家庭を舞台として展開され，その信仰の対象となるのは不可視で，いつも地上をさまよっている霊的存在アニト[3]と，全知全能の神ルマウィである。このうち，後者のルマウィがボントック社会に古くから伝えられるさまざまな知識や技術を伝えた「文化英雄神」であり，イリに幸や豊穣をもたらしてくれると考えられているのに対し，ボントック族にとって前者のアニトは畏怖の対象であって，その不興をかえば，たちまちにして不幸を取り付けてしまうような悪しき霊ともなる両義的存在と考えられている。そのため，常に人々はこのアニトに対し，供犠をともなうさまざまな儀礼を実修することでその怒りを鎮め，また十分な代償を払うことで自分たちを不幸から守ってもらう必要があると考える。このことから，一般にボントック族の日々の関心はルマウィよりもアニトに向けられることが多く，また日常的におこなう儀礼や祈りもルマウィよりむしろこのアニトに対してなされるものである。一方，ルマウィが直接人間に働きかけることはなく，その意思はアニトを通して伝えられるといわれており，アニトはルマウィと人々との仲介者としての役割をも果たす。このことからも，アニトの方が人々にとってより身近な存在であるということがわかるだろう。

しかしながら，このことが，ルマウィに対する信仰が人々に蔑ろにされているということを同時に意味するわけではない。ボントック族ではアトやパパタイのように，日常生活や宗教生活の中心となるものの起源はすべてこのルマウィに由来するといわれており，直接呼びかけられることは少なくとも，やはりイリに幸や豊穣をもたらすのはこのルマウィであることが多い。また，

第 3 節　全知全能の神ルマウィ

ほとんどのイリで文化英雄神ルマウィに関する神話が数多く伝承されている。こうした神話にはイリごとでかなりの地域的変差がみられるが，共通した部分も多い。そこで，ここではそれらをいくつか例にとりながらルマウィの神的性格について考察してみたい。ただし以下に掲げる神話の内容は，便宜上，筆者が一部修正している。なお，ルマウィ神話の全体像を理解するために，節末にサイデナデルの採集したルマウィ神話（「人類の創造」，「ルマウィの結婚」）とその翻訳を収録している。これも参照しつつ，ルマウィの神話のバリエーションを分析していく。

村武によれば，ボントックに伝わるルマウィ神話の全体の構成はほぼ次のようになっている［村武 1984（1980）：125］。

　太古，まだ地上に起伏がない頃，男性神ルマウィは右手を振り下ろして大地を大きく裂いた。こうして谷と山ができ，水が流れた。ルマウィはその流れを下っていき，人々を住まわせるのにふさわしい山の斜面をみつけ，その岸に上陸した。そして周囲を見渡し，少し登った程よい高さの位置に，石を敷きつめたアトをつくった。それが《草分けアト》となるのであるが，そこに，男女の人間の種と稲，その他の作物の種を残し，聖樹となったパパタイを経て山に登り，天界へと去っていった。やがて男女の種が成長して人間となり，結婚してその集落の人々が栄え，稲や，その他の作物を植えて，耕作地を広げることができた。

これに対し，ジェンクスが採集したものはいくぶん違った内容であり，いわゆるルマウィの生涯を語った神話である。ここではすでに大地や人間は存在しており[4]，そこで彼が新たな創造をするといった，いわゆる創造の修正が行われる［Jenks 1905：200-204］。

　太古，ボントックは洪水にあった。ルマウィは，ボントックの北にあるポキス山（Mt. Pokis）の頂きに 2 人の若者，ファタンガ Fatanga とその妹フォカン Fukan をみつけた。このときボントック中の火が洪水によって消され，なくなってしまっていた。そこでルマウィは彼らを山頂に待たせておいて，カロウィタン山（Mt. Karowitan）まで火を取りにいった。ルマウィが戻ってみる

と，フォカンは身ごもっていて，しばらくして子供が誕生した。やがてボントック中の水が引き，ファタンガとフォカンとその子供たちはイリに戻り，そしてさらに子供がふえ，また結婚し，人口が増加した。

ここで注意したいのは，この神話によると現在のボントック族の始祖は，ファタンガとフォカンという2人の兄妹であり[5]，したがってルマウィは大地と人間の創造には関わっていないことがわかる。この後，ルマウィはボントック族の娘と結婚し，ボントック族にさまざまな文化を伝えることになる。

ルマウィはボントック族の働き者の娘と結婚した。そして稲の栽培や家畜の飼育に驚くべき力を発揮した。またルマウィはボントック族に，最良の農業の方法や灌漑の設備を伝えた。そしてアトをつくり，その目的と使い方，儀礼の仕方について教えた。さまざまな物に名前をつけ，さらに，いろいろな場所やアトにも名前をつけた。さまざまな禁忌や生活の規範についても教えた[6]。

これ以外に，籠の作り方や，樹皮から衣類を作る方法，鍛冶の仕方，狩猟や漁の仕方なども教えている。しかしながらルマウィは，こうしたボントック族の社会生活に役立つすばらしいものばかりでなく，戦闘や首狩，殺人などといったことも同時に教えたとされている。さらに，本来，ボントック社会では好ましくないこととされる，子供をもつ夫婦の離婚というものを教えたのもルマウィであるという。ボントック族によれば「彼が教えるまでは，こんなことはボントック社会では起きなかった」という。こうして，ルマウィの教えた「よくない行為」を批判することで，自分たちの誤った行動を弁明することもある。

やがてルマウィの妻は何人かの子供を生み，2人は幸せに暮らしていた。しかしある日のこと妻が暴言をはいたため，ルマウィは怒って大きな棺の中に妻と2人の子供を入れて蓋をし，川に流してしまった。棺は下流にあるティングラヤン（Tynglayan）まで流れていき，そこでこれを発見した人が斧で割ろうとしたところ，棺の中で叫ぶ声がしたので驚いて蓋を開けたら，中にフォカンと子供たちがいた。そこでフォカンは助けてもらった男の妻となり，ティング

ラヤンで幸せに暮らした。暫くして，2人の子供は自分たちの父親に会うためボントック・イリへ帰ることにした。母は子供たちが間違えないようにと詳しく行き方を教えたが，それにもかかわらず川の支流のところで間違って違う方向へ行ってしまい，やがてカネオ（Caneo）に到着した。そこで子供たちは「父のルマウィを知らないか」と尋ねたが，カネオの人たちはこの子供たちを殺し切り刻んでしまった。しかし，彼らはすぐに生き返り，以前よりも大きくなった。そこでカネオの人たちは何度も何度も繰り返し彼らを殺した。だが，その度に子供たちは生き返り，7回殺したときに生き返った子供たちは，すでに十分な大人に成長していた。しかし8度目に殺したときには，もう生き返ることはなかった。これを知ったボントック・イリの人々は，カネオまでその死体を捜しに行き，カネオの人々に「おまえたちはルマウィの子供を殺してしまったから，これから先，おまえたちの子供も彼らと同じように，元気に育つことはないし，すぐに死んでしまうだろう」と伝え，死体をボントック・イリまで持ち帰った。現在，カネオの人口が増えず，ムラが栄えないのはそのせいであるという。ボントック・イリの人々が持ち帰った死体はイリの西と北西に埋葬されたが，やがてその周りに大きな樹が生えた。これらはルマウィの子供たちの化身であると信じられており，今でも聖地として崇められ，ここで毎月儀礼が実修されているという。

ここではルマウィがボントックで暮らしていたときに引き起こしたさまざまな不思議なできごとについて語られており，またカネオの人口がなぜ増えずに少ないままなのかという謎に答え，それとの関連で聖樹パパタイの起源についても述べられている。

　ルマウィは，彼の妻だったフォカンが他の男と結婚してしまったので，たいへん怒り，嫉妬した。そして，ティングラヤンの家からフォカンが外に出ることを禁じてしまった。このときイリの男たちはちょうど首狩の遠征から帰ってきたところだった。外ではゴングの音が鳴り響き，イリ中の人々がダンスをしていた。これを知ったフォカンは家の中で1人ダンスをしていたが，外にいた人々は地面やフォカンのいる家が揺れ動いているのに気づいた。そこで女たちがフォカンを家の外へと連れ出したが，ルマウィの命令に背いた彼女は不幸にもすぐに死んでしまった。ルマウィの仕事はこれで終わった。彼は（5人の子

どものうち）3人をポキス山に連れて行き，そこから鳥のように天に昇っていった。残りの2人の子供もルマウィと一緒に行きたがったが，ルマウィがこれを拒んだためボントックに残った。しかし，ボントックに留まっているとそのうち死んでしまうと言われたので，2人はやがて旅にでた。この2人の子供がその後どうなってしまったのか，生きているのかさえもわからない。しかしルマウィは今でも天に生きているのであって，今なおイゴロットたち（北部ルソン諸族）の親しい神であり，ルマウィが彼らにもたらしたすべての事柄に対し，今でも偉大な力をもっているという。

　ジェンクスの採集したこの神話のなかでも述べられているように，ルマウィはイゴロットたちの唯一の神であるという。しかも，ボントック族の多くが，ルマウィはかつてボントックに実際に住んでいたのだと言い，実際にそれを証明するような多くの事物が今も残っている。ルマウィは全知全能であって永遠であり，すべてのことの始まりである。また，ボントックのイリが洪水にあったときには，人々を助け，イリを永続させた。これらの神話からもルマウィが，すべての人々が幸や豊穣を願って祈願する対象としての「文化英雄神」であることがわかる。そしてボントック族は，これらの願いをパパタイで儀礼を実修することでルマウィに伝えるのである。

　前述した通り，ルマウィに関する神話は，それが採集された場所によって少しずつ内容が違っており，さまざまな変差がみられる。たとえば，ここで取り上げたジェンクスの報告は，彼がボントック・イリにおいて記録したものであるため，ボントック・イリを中心に話が展開されている。この場合，ルマウィが結婚したのはボントック・イリの女性であるが，たとえばマリコンで語られる神話の中ではルマウィはマリコンの女性と結婚している。つまり「ルマウィは天上からマリコンの女性ルガイ Lugay を見初めて結婚し，地上に住んだ。そして，かつてはイモの栽培が主流であったボントック族に最初に種籾をもたらし，稲の栽培を伝えた」とされている。また，合田が指摘するように，同じイリ内でさえ，その詠唱者によって異伝版が多く伝えられているという。以下に述べるのは，合田がマリコンで記録したもので，実際の婚姻儀礼などで詠唱される祭文である。ここでのルマウィはボントッ

ク・イリの女性と結婚しているが，内容の中心は求婚と，姻族との対立，チョノとよばれる婚姻儀礼に関するものである。ただし，本節に不必要と思われる部分については省略している［合田　1989 a：302-304］。

　さて，ルマウィは，天から地上を見下ろし「どこで自分の妻を得ようか」と言った。彼はいろいろなイリをまわって捜したが，最後にボントック・イリの山につき，そこでフォカンが黒豆を集めているのをみて，彼女と結婚しようと決めた。そこでルマウィは彼女を手伝って，たちまちに黒豆を籠いっぱいに集めた。それから，求婚するために一緒にフォカンの父ファタンガ Fatanger の家に行った。ルマウィは家の入り口に座って待ち，フォカンは家に入って今日あったことを父に告げた。外を覗いたファタンガはルマウィに「ここにきた目的は何か」と訪ね，ルマウィが「あなたの娘を愛しています」と答えたので，ファタンガは「2 人は結婚して家をもちなさい」と言った。それから，ルマウィは鶏や豚に餌をやった。すると，それらはたちまち大きく成長した。またルマウィは，（アニトは生姜を嫌うので）生姜の生えている場所ではチョノの儀礼を実修してはいけないと言った。ルマウィはやがてボントック・イリに家を建て，チョノ儀礼を実修することにした。するとフォカンの兄弟のコマナブ Komanav がルマウィに対抗して，「あなたがルマウィだというのは嘘だろう」と挑戦してきた。ルマウィは，彼に婚姻儀礼に使う太い木を切ってくるように言ったが，彼はわざと細い木を持ってきた。これを見たルマウィは「大鍋を乗せたら焼け落ちてしまうだろう」と言ったが，彼は「どこで大鍋に入れるほどの食糧を手にいれるのか」と尋ねた。これを聞いてルマウィは「この細い木はあなたの挑戦ですね」と言って，斧を持って山へ出かけて行った。ルマウィは杭と炉のための薪，家の前に立てる柱に使う木を切り倒して家へ持ち帰り，それから炉の上に 2 つの大きな鍋を置き，そこに米を一摑みいれると鍋はたちまち米飯でいっぱいになった。さらにルマウィは別に 2 つの大鍋をかけ，2 切れの肉をもらってその中にいれると，鍋は肉でいっぱいになり，イリの人々に分配してもまだ，たくさん残っていた。それが終わると，ルマウィは皆を野豚狩りに誘い，山へ出かけていった。ルマウィはフォカンの兄，コマナブに一方の豚を指してそれを捕らえるように言った。彼はチコ川の川岸まで追いかけていったが，捕らえることができなかった。他方，ほかの人たちは簡単に野豚を捕まえることができた。ルマウィは「彼はわがままだから 1 人で野豚を捕まえさせよう」と

言い，彼に向かって「どうして自分の豚が捕らえられないのか」と言った。それからルマウィは立ち上がって豚を呼び，すぐにこれを捕え，彼にこの野豚を取るように言った。彼は「私を疲れさせるためにだけ，野豚をとりに行かせたのですね」と文句を言ったが，ルマウィは「それはあなたがわがままだからだ」と答えた。さて，それから夜になって実修すべき儀礼を終え，チョノ儀礼を終えた。

一方，筆者の調査したトゥクカンにおいてもルマウィに関する神話が多く語られているが，ここではルマウィは全知全能の神カブニアンの息子であり，地上に降りてきてボントック族の娘と結婚し，そこで，ボントック族に現在も伝えられるさまざまな知識や技術を与えたと伝えられている。たとえばさまざまな儀礼や農耕，灌漑設備の知識・技術，戦闘，首狩などの起源はすべてこのルマウィに由来している。このような事物の起源については，とくにカウィドの記録した神話に詳しいので次に述べることにしたい。カウィドによれば，全知全能の神ルマウィにはたくさんの子供があり，そのなかの息子の1人が地上へ降りて人間と結婚し，さまざまな冒険をする。彼の名もまたルマウィであり，その父としばしば同一視される。このルマウィの冒険物語での結婚の部分は，すべての婚姻儀礼の中で祭文として語られるという [Cawed 1972：56-82]。ここにも多くの点で，ジェンクスや合田の採集したものとは異なる点がみいだされる。なお，これはボントック・イリで採集されたものであり，いくつかの点でジェンクスの報告と重なる部分があるので，その部分については省略してある。神話は，ボントックに洪水が起こる前から始まるが，

　昔，ボントックがまだ平らだった頃，ある貧しい家族がルマウィに自分たちを救ってくれるようにお願いした。それを聞いたルマウィはその息子に夢で，河口に石を積み上げるように命じた。次の日，息子たちが言われたように石を積み上げたところ，その晩に大洪水が起こってボントック中のすべてが滅んでしまった[7]。

ルマウィは大洪水を引き起こし，そのあとポキス山に残った男女を助ける

のであるが,洪水が引いた後のボントックは平坦だった土地が険しい山地に変わり,一方,ボントック・イリとサモキの間を割るようにチコ川が流れるようになったという。そこへやって来たルマウィは,ボントック族の娘であるフォカンと結婚し,そこで家畜の飼育や作物の栽培に不思議な力をふるう。しかし,このようなルマウィの素晴らしい力に嫉妬した義理の父親が彼に嫌がらせをする。

　ある日,ルマウィは他の男たちとティングラヤンに平和協定を結ぶために出かけていった。帰り道にルマウィは男が1人足りないのに気づき皆に尋ねたところ,1人だけティングラヤンに残ったと言った。ルマウィはこれを聞いて怒り,すぐに全員で戻ったが,男はすでに殺され首を狩られていた。ルマウィはティングラヤンの人々に復讐することを決心して家に戻った。帰り道,男たちは喉が乾いたのでそれをルマウィに言うと,彼がその不思議な力で岩の壁を打ち砕いた。すると,そこから水が噴き出してきた。その時,義理の父であるファタンガが順番を無視して我先に飲もうとしたのでルマウィは順番を待つように言ったが,彼はこれを聞いて激怒し,結局,他の人を押しやって自分が先に水を飲んだ。これを見たルマウィは,ファタンガは本当に悪い人間だと思い,彼を石に変えてしまった。すると彼の肛門から水が噴き出した。
　次の日,祭日が宣言され,ルマウィは一日中何か考え込んでいた。そしてその次の日の朝,山へ行き,丸太を切ってきて奇妙なものを作った。それができあがると,こんどは妻を呼び,その中に彼女をいれてすばやく蓋をしてしまった。それは棺であった。ルマウィは,その先と後ろに鶏と犬を結びつけ,川に流した。その棺は下流のティングラヤンに流れ着き,そこで,それを見つけたイリの指導者が近づいて斧で壊そうとした。しかし中から声が聞こえてきたので開けてみたところ,とても美しい女性のフォカンが入っていた。それで家へ連れて帰り,彼女と結婚することにした。フォカンはこのイリに喜びや楽しみとともに美しさをももたらした。それから婚姻儀礼が執り行われ,人々は夜遅くまで踊り続けた。イリの人々がフォカンにも踊ってほしいと頼んだので,ゴングのリズムに合わせて手を上げたり下げたりして踊ったところ,イリの人々もそれに合わせ跳んだりはねたりし,地面も上がったり下がったりした。これを見た人々は彼女の不思議な力をたいへん恐れたが,彼女が涙を浮かべてティングラヤンへやって来た理由を語ると,彼女を心から受け入れてくれた。それ

からというもの，こうして新しく誕生した夫婦は幸福に暮らし，2人が一緒に暮らし始めてから2年後には，2人の美しい娘が生まれた。娘たちは母のように美しく育ったが，ある日，祖母を助けにボントック・イリへ行かなければならないと言いだした。母は娘たちに行き方を詳しく教えたが，結局，まちがってカネオに着いてしまった。その場所は教えられたボントック・イリではないようだったので，そこにいた男に目的の家までの道のりを尋ねたところ，その男は見知らぬ人間がイリに立ち入るのを好ましくないと思い，持っていた斧で殺し，首を狩ってしまった。しかし彼女たちは死なず何度でも生き返ったので，こんどはたくさんイリの人々がやってきて姉妹を殺すのを手伝った。そして，とうとうこの娘たちを殺してしまい，小さく切り刻んでしまった。しかし，彼女たちは死ぬ直前に「今後，このイリは決して発展しないだろう。そして，あなたがたは皆，若くして死んでしまい，長生きしないだろう」という呪いを残した。現在でもこの呪いは解けていないという。ボントック・イリの勇士たちは，この話を聞いてカネオまで死体を取りに行き，木の椅子に乗せて運び，パパタイの山に埋めた。不思議にも，この椅子を造っていた木の枝が大樹に成長し，2人の娘たちの墓を取り囲んだ。この場所は今でも神聖な場所であると考えられており，偉大なる魂が住んでいる。

　ここでとりあげたカウィドの報告は，大まかなストーリーにおいてはジェンクスや合田のものと違っていないが，登場者についてはその姿を変えている。たとえば合田のマリコンの神話で登場するルマウィと対立する姻族は義理の兄だがカウィドの報告では義理の父へ，ジェンクスのカネオで殺された兄弟はカウィドでは姉妹へと代わっている。しかもここでは前者がルマウィの子であるのに対し，後者はルマウィの前の妻と再婚相手とのあいだにできた子供で，ルマウィの子ではない。また，ボントック・イリへ行く理由も，父親に会いに行くのではなく，祖母を助けるためとなっており，ジェンクスのものとはだいぶ異なっている。また，ジェンクスの神話では妻がルマウィの怒りを買って川に流されるのに対し，カウィドの場合，妻は何も悪いことをしていない。神話のなかでルマウィが妻を棺に入れて川に流した理由について直接触れられてはいないが，その前にフォカンの父，つまりルマウィの義理の父親との確執があり，父親を石に変えてしまったという記述があるか

ら，それが原因と推測することもできるだろう。しかし，ウィルソンの報告では，ルマウィが妻を川へ流すのは，ルマウィの地上でやるべきことがすべて済んだからであり，天に帰るために妻と離婚し，妻が他の男性と再婚できるようにアレンジした。これは妻も納得の上でのことだ，ということになっている [Wilson 1965：282-283]。これらの異伝は別の視点から分析することも可能であろうが，それは本節の主旨ではないので，ここでは立ち入らない。ただ，地域や詠唱者によってこれだけの変差がみられるのだという程度にとどめておく。

　一方，ここで注意しておきたいのは，ボントック族の儀礼活動に大きく関連する聖樹パパタイの起源が述べられているということである。先にも述べた通り，現在でも，このパパタイにあるすべてのものは神聖であると考えられており，枝を切ったり，落ちている葉を拾ったりすることすら許されていない。神聖なるパパタイの司祭者だけが，その場所を守るルマウィに動物を供犠し，彼に祈ることができるのである。

　さらにこの神話では，ボントック族の男性の日常生活だけでなく，宗教生活にもきわめて重要な役割を担うアトの起源についても語られている。なお，現在ボントック・イリには17のアトが存在しているが，そのうちシグイチャン Sig-ichan とよばれるものがもっとも古い。このアトはルマウィが造ったと考えられていて，まだ首狩が盛んに行われていた頃には，狩った首の数がボントック・イリのなかでもっとも多かったといわれている。これは，このアトに帰属する人々にとってたいへんな誇りでもあった。一方，現在でもこのアトが，ボントック・イリのアトの草分け的存在として，あらゆる宗教活動やその他の行動の中心となっている。

　　ルマウィは地上にやってきてボントックの娘と結婚した。彼はボントック族
　に人として生きる道を教えようとしたが，彼がここにやってきたときは，まだ
　混乱状態であった。人々は孤立して生活し，近隣の人々と戦い，強い者だけが
　生き残っていく。これをルマウィは好ましくないと思った。そこでルマウィは
　妻に大きな酒を入れる瓶に水をいっぱいに汲んでくるように命じ，それに酒を
　造って1本の木の下に置いた。それからルマウィはそこに人々を呼び集め，そ

の秘密の酒を皆にふるまった。その酒を飲んで酔っ払った人々は，近隣のいつも争っている人々なのに，彼らとまるで初めて会ったかのように和やかに話をした。そしてお互い，明日もまた集まることを約束して別れた。それから毎晩，人々はこの木の下に集まって談笑するようになったが，この酒瓶はいつもここにおいてあって決して空になることはなかった。

　ある日，人々は話し合ってこの場所を永遠の集会場にしようと決め，皆でこの木の周りに囲いをして庭を造った。それから人々はここで談笑するだけでなく，政治や儀礼のことについても話し合い，イリ全体の法律を作るようになった。やがてルマウィがこの地を去ってからも，人々はずっとこの場所に集まって話し合っている。その後，家族の人数が増えて寝る場所に困るようになると，この場所に寝宿を付け加え，ここで青年や古老男性たちが眠るようになり，現在のような形になった。

　一方ルマウィは，彼らにさまざまなものを与えるだけでなく，これらのものに対しても責任をもっている。そこで，彼が与えた恩恵のために堕落しきってしまった人々を更生させるため，地上に害虫を送り反省を促すこともしている。なお，ここでは霊的存在であるアニトがルマウィ信仰に対する仲介的役割を果たしていることにも注意したい。

　ルマウィがボントック族にたくさんの恩恵を与えてしまったために地上には物があふれるようになった。人々は堕落しきってしまって働かず，怠け者になって，ルマウィに感謝することも忘れてしまった。これに失望したルマウィはボントック族を反省させるために地上に害虫を送った。すると，ネズミやイナゴ，鳥などの害虫がすべての米を食べ尽くし，すべての作物を食い荒らした。やがて，いたるところで飢えと死が氾濫した。ボントック族は恐ろしくなり，自分たちがまちがっていたことに気づいた。そこで年長者たちがアトに集まって会議を開いた。すると年配の賢明な指導者が「これはルマウィの仕業にちがいない。我々がルマウィを忘れ，怠惰になってしまったからだ。悪い心を入れ替えてルマウィのために儀礼を実修しよう」と述べた。そこで1人の老女が呼ばれ，彼女がアニト霊と話をして「害虫を追い払うにはどうしたらいいのか」と尋ねたところ，アニトは「イリ全体でルマウィにカナオの儀礼 canao を実修しなさい」とアドバイスした。この儀礼が，現在，収穫の前に行われている儀

礼の起源である。

(2) サダンガにおけるルマウィ

サダンガにおいても，ボントック族の他のイリと同様，ルマウィは全知全能の神として神話や儀礼などのさまざまな場面に現れる。ルマウィは人間を含むすべての物を創造した神で，常に人間の行動に関心をもっており，地上にやってきては人間を懲らしめたり，褒美を与えたりするという。ルマウィは定まった居所をもっていず，不可視であるが突然，自分たちと同じようにフンドシをして高価な刀（ガヤン *gayang*）を腰に挿した巨大な男性として人々の前に現れることがあるという。しかしルマウィが人間社会に直接，干渉するということはなく，彼の意思はすべてのイリにいる地域のアニトを仲介として，儀礼を通し伝えられるという。

サダンガで語られるルマウィ神話の中では，サダンガの人々の祖先はルマウィによって葦から造られたことになっている。ボントックでは，彼らの子孫は洪水で生き残った2人の兄弟姉妹であるが，村武が採集した神話の中で「稲が成長して人間になった」という記述がある以外［村武 1984：125］，それ以前のことについてはあまり語られていない。しかし，サダンガでは次のような神話がある。

　ルマウィはたくさんの葦を引き抜いて，その2本に向かって「口を利きなさい」と言った。すると葦はギナンの方言を話し始めた。ルマウィはさらに他の2本の葦にマリコンの方言を話すように命じ，さらに他の2本の葦にサダンガの方言を話すように命じた。そしてルマウィはそれらを結婚させ，マリコンの2人はマリコンで子孫を生み増やし，ギナンの人はギナンで，サダンガの人々はサダンガでそれぞれ子孫を生み増やしていった。

同様に，ベルワンの人々の祖先もこの過程で葦から生まれている。一方，サダンガにおけるルマウィとその妻フォガン Bogan の生涯の神話については，次のようになっている。

私はこの話を老人から伝え聞いたのであるが、かつてルマウィは人間の女性と結婚しようと思い、地上にやってきた。彼が選んだ女性はフォガンといい、彼女との間に3人の子供をもうけた。3人の子供が生まれた後、ルマウィは妻を棺の中に鶏と一緒に閉じ込めて釘で打ち、川へ流してしまった。棺は川を下ってティングラヤンまで流れ着き、そこで止まった。すると、棺の中で鶏が鳴きだしたので、そこにいた人々がこれを開けてみると、中にフォガンが入っていた。彼女はやがてティングラヤンの若い男性と結婚し、2人の息子を生んだ。ルマウィは、近所の人が飼っている豚の糞で病気になったので、天に帰ることを決意した。彼は自分の槍を地面に突き立てて梯子にし、息子たちが天に登ることができるよう手伝った。3人のうち2人の息子は登り着くことができたが、長男のウァウェル Wawel だけは槍の矢じりをこわがってうまく登ることができなかった。そのため、ルマウィは彼の首をちょん切って首だけを天に持っていき、体はボントックに残していった。その後、2ヵ月たってもボントックの人々がウァウェルの体を埋葬しないので、ルマウィは再び地上に戻り、ウァウェルをボントックの指導者（オコム *okom*）にした[8]。そしてルマウィは、ボントック族は、指導者である彼が必要とするすべてのことに従わなければならないと言った。なぜなら彼は指導者であるからである。

　この場合、内容的には他の地域の神話とあまり変わりがない。ここでいうオコムは、サダンガでは「規則」とか「政府」「権威」といった意味をもつことばであり、すなわちルマウィの息子がボントック族に秩序と規則を与えたことが読み取れる。
　一方、サダンガ郡のイリの多くでは、そのイリの起源にルマウィや彼の兄弟が深く関わっている。たとえばベキガンという名前の由来は、ベキガンに最初に住んだと伝えられるパグラカヤン Paglakayan という人物の名前からきているが、このパグラカヤンというのはルマウィの弟として知られている。それによると、長男のルマウィはボントックに留まり、次男のアンカビガット Amkabigat はサカサカンにやって来た。そして、三男のパグラカヤンは現在のベキガンに住み着いたのだという。サカサカンという名前はこのアンカビガットによって名づけられたもので、風が強いという意味のスイスヤン *soysoyan* からきているという。また、ベルワンという名前の由来は、

その神話によると,

　昔,ある農夫が自分の水田の稲を食べている豚をみつけて腹をたて,たちまち殺してしまった。農夫は,豚の持ち主が怒って仕返ししてこないよう川に死体を投げ捨てて隠してしまったが,誰もそれを見ていなかったので持ち主に知られずにすんだ。ある日,ルマウィがたまたまその川を渡ろうとしたとき,そこに数本の髪が浮かんでいるのに気づいた。驚いて上流まで行ってみると,そこにころがっている豚の死体が水をはね返しているのを発見した。ルマウィは石の上に座って休みあたりを見回したが,遠くに人がいるのを見つけ,大きな声で「イヤワン iyawang (「川の側の人」の意味)」と怒鳴った。この声はまわりの人々にも響いて聞こえ,これが代々語り継がれていき,このあたりの場所の呼び名となったという。やがてスペイン統治時代に,どこかボントックの西部あたりの土地の人間がやってきて,この場所の名前である Iyawang を自分たちが発音しやすいように Belwang に変えてしまったという。

実際にはベルワンの人々はb音をもたないので,自分たちの村の名をフェルワンと発音している。

ベトワガンの起源に関する神話では,

　洪水の後,ベトワガンとサクリットの中間点のマヌフォ (Manubo) という場所からやってきた1人の男がそこに立っていた。やがて,彼は現在のベトワガンの中心地であるフィノン (Binnong) という所へ辿り着き,座って煙草に火をつけた。すると驚いたことに,そこへ1人の女がやってきて彼の煙草をひったくって吸い始めた。この女はベトワガンの南西にあるカラウィタン山 (Mt. Kalawitan) からやってきて,ここで男性が煙草を吸っているのをみかけたのである。そこで2人はお互いに自己紹介し,1本の煙草を交互に仲良く吸い出した。ルマウィは,小高い山の上からフィノンあたりで火花が散るのをみつけた。彼は,何でそこで火花が散っているのか確かめるため猫を使いにだし,猫はそこで男と女が交互に煙草を吸っていたと報告した。そこでルマウィはフィノンまで降りていき,2人になぜそこにいるのかと尋ねた。2人はそれぞれどのようにして2人が出会ったかを説明したが,ルマウィは2人が愛し合っていることに気づき,彼らを結婚させた。2人は1年後にルマウィの力によって3

人の子供をもうけ，それは毎年，毎年，フィノンとその隣のカルワ (Kalwa) が彼らの子孫の家で一杯になるまで続いた。その後何年かして，カルワに住む人々は灌漑の可能な山の斜面に水田を作るため，その近くに引っ越すことにした。現在，山の斜面のあちこちに家が建てられているのはそのためで，これらの場所が集まって現在のベトワガンを構成しているという。ただし，フィノンはベトワガンの最初の住人が結婚し子供を生んだ場所であるため，そこに住んでいる人々は勝手に引っ越してはいけないことになっている。フィノンがベトワガンの中心部となり，また，その一部が現在も共有地であるのは，そのためであるという。

以上のように，サダンガではルマウィとその兄弟たちの活躍がみられるが，カブニアンに関しては一般的でないことがわかる。

4．儀礼との関わりにみられるルマウィ

日常生活で直接，ボントック族に関わるのはアニトであり，ルマウィではないといわれる。確かにアニトは人々にとって，常に畏怖の対象であり，彼らの機嫌をそこなえばたちまち悪霊となるが，正しく儀礼を実修し歓待しさえすれば，自分たちを不幸から守ってくれたり，幸福を与えてくれたりする存在でもある。これに対してルマウィは文化英雄神であり，人々に不幸をもたらすことはあまりない。そう考えると，人々のもっとも大きな関心が日常の生活の安定にあるとすれば，ルマウィを崇拝することよりも身近なアニトを常に畏怖しなければならないのは当然のことであるだろう。

しかしその一方で，これがイリ全体の幸福や豊穣を願う場合になると状況も異なり，ルマウィが大きく関わってくる。しかも，アニト霊に対して儀礼を実修したり，祈ったりする知識や能力はボントック族の成人のほぼ全員がもっているのに比べ，ルマウィに対してイリ全体の儀礼を行うことができるのは選ばれた一部の人間だけである。この選ばれた司祭者たちはプマパタイとよばれ，巫医のように特別な能力は要求されないが[9]，富裕層出身で，人間的にも優秀でなければならないとされている。彼らの仕事に対しては儀礼ごとにいくらかの報酬も支払われるが，これを専門職とするほどのものでは

なく，単なる名誉職でしかない。しかも，その職は代々父から子へ世襲されることが多く，また，一度，司祭に選ばれるとそれを途中で放棄することはできない。プマパタイの役割は全体として3つに分かれるが，第一の役割はイリ全体の祭日と儀礼を行う日を決め皆にそれを伝えること，第二の役割はそれぞれの儀礼に与えられた意味や性格について人々に説明を与えること，そして第三の役割は実際に儀礼を司ることである。サダンガではこの儀礼の目的を豊穣祈願と，大雨や嵐を鎮め冷気を追い払うなどといった気象に関わるものとの2つに分けており，それぞれが別のプマパタイによって実修されている。なお，カウィドによれば，自然災害に対する救済をルマウィに願う儀礼は，次の神話に由来するという［Cawed 1972：65-66］。

　　昔，神の息子ルマウィが地上にやってきて，ボントックで妻にしたい女性をみつけた。ルマウィは，美しい娘フォカンに求婚するために彼女が住んでいるイリへ行く途中，川の土手に灰色に輝く美しい石を見つけた。彼はそれを力強く肩にかついで，それを現在の場所にまで運んできた。それからルマウィはその石の上に座って，フォカンが彼を家に招き入れてくれるのを待った。だが，ルマウィとフォカンが結婚した後に，この石のことは忘れ去られてしまい，やがて，彼がその場所を離れるときにつけた尻の跡や，その時，持っていた武器でつけられた傷跡は石の中に埋め込まれてしまった。ある日のこと，ボントックに大きな嵐がきて猛威をふるった。ルマウィはこの天災からボントックの人々を救うため，この大きな石の側で火をおこし天国にいる父に祈った。すると突然，あたりは何もなかったように静かになった。ボントック族は，このような不思議な現象をおこしたルマウィを畏敬した。このことがあってから，強風や豪雨，台風などがイリを襲ったときはいつもこの巨大な石の上に古老たちが集まり，彼らの神としてルマウィを崇め，彼に救いを求めるようになったという。それからというもの，この石は神聖な場所と考えられるようになり，女性が近寄ることは禁じられた。

この石は，今では大きなひびが入って割れてしまっている。ある古老の話によれば，これは1人の好奇心旺盛な女性が原因で，ある時，その女性が禁じられている場所に行きたくてたまらなくなり，禁忌を破って近寄ったとこ

ろ，突然，雷がその石の上に落ちて割れてしまったのだという。

　ルマウィはイリ全体の幸福や豊穣を祈る場合に関わるとすでに述べたが，主としてルマウィを語った神話は婚姻儀礼[10]や家屋を新築する際の棟上げ後の儀礼などにおいてしばしば詠唱されている。さらに，人口の増加，家畜の多産，穀物の豊穣などを願う儀礼もルマウィに対して実修されている。これはルマウィが自分の創造したものに対して，今でも多大な影響力をもっているからであると説明される。とりわけマリコンでは，ルマウィが人々に稲の栽培を教えたと伝えられていることから，毎年，種籾を小さな籐の籠に入れて屋内の梁に吊り下げて保存し，婚姻儀礼の際にはこれを屋外に展示し，新夫婦に種籾を分与するという［合田　1989 a （1976）：102］。

5．おわりに

　ジェンクスやバートンは，ルマウィは文化英雄神であり，ボントック族の唯一神であるとみなした。唯一の神であるかどうかについては地域的な変差もあり，若干問題があるが，村武もまたこれを文化英雄神と考え，その英雄性と神性を認めている。さらに村武はこれをアニトとの関係において，ルマウィが〈上流〉から現れ，人々に善と豊穣を与えるのに比べ，〈下流〉はアニト霊の原郷であるとして，上流を宗教的・社会的にプラスの世界，下流を霊的・呪的にマイナスの世界ととらえるボントック族の集落デザインをえがき，その世界観を考察している［村武　1984 （1980）：135-137］。これに対し，マリコンで集約的な調査を行った大崎は，アニトについて「ルマウィがそれより上級神とみるのは，少なくともマリコン村の場合，うなずきがたい」と否定している。その理由として大崎は，ルマウィへの祈禱の語り口が人間どうしの対話とあまりかわらないこと，パパタイがルマウィの独占的神域ではなく，歴代のアニトの住処であると考えられていること，アニト霊は人間に病気や死をもたらすが，ルマウィはそうしない。その意味で，強いて住民に問いつめれば「アニトのほうがルマウィよりもちょっと悪い」と答えるということ，ルマウィがマリコンに住む前にすでに人間が住んでいたのであり，ルマウィが草分け的存在なのではない，ということなどをあげている［大崎　1987：212-219］。

しかしながらマリコンにおいても，儀礼で詠唱される祭文の中にこのルマウィの英雄性が語られていること，ルマウィが過去にマリコンに住んでいたという事実を証明するものが今も存在していること，ルマウィに対して儀礼を行う特定の家系が存在しているということ，ルマウィに祈るケースがイリレベルのものであり，台風や疫病からの救済や婚姻儀礼など，つねにプラスの対象であるのに対し，アニト霊は時として人々に不幸をとりつける畏怖の対象でマイナスの対象でもあるということなど，これらのことを考え合わせればマリコンで語られるルマウィにおいても十分にその神的性格がうかがえるであろう。もちろん，ここでルマウィとアニトを比較して単純に上位，下位を決定することはできない。しかし，大崎の指摘するように「ルマウィの神的性格が，キリスト教の流布とともにいっそう天上神化しつつあること，原初的にはアニトはルマウィに対して決して劣っていなかっただけでなく，むしろ本来的神観念であったと考えたほうがよい」とするのには疑問が残る。確かに，キリスト教布教の過程における「神（God）＝ルマウィ」という教えの影響がみられるようであり，その神的性格にも地域的変差が大きい[11]。しかしながら，ルマウィがマリコンに文化をもたらした英雄として神話のなかで語られ，人々に信仰され，さらに，こうしたルマウィ神話が儀礼のなかで語られることで象徴的な力をもつというのも事実である。

　常に神話は変化するものであって，個々の社会のさまざまな要因がその姿を変えていく。たとえば，ウィルソンの報告した神話の中に次のような興味深いものがある。ルマウィの冒険の最後に「ルマウィはアメリカを訪ね，その社会の様子を観察した。そこで，ルマウィはアメリカ人の誠実さと民主主義的な生活様式に感銘を受け，ボントック族を導いてもらうためにアメリカ人を数人連れてきた。ボントック族は，その白人がもたらした規範に満足した」とある［Wilson 1965：285］。これは明らかに，アメリカによるフィリピンないしはボントック族支配を正当化するために，新たに作り出されたものであるといえるだろう。

　しかしその根本にあるのは，ボントック族にとって，人々が生きていく上での規範やその存在の意味を与えるものが神話のなかで語られる必要があるということである。また，それが儀礼のなかで繰り返し語られることによっ

て，今でも人々の前にルマウィが生きていることが確認されるという事実である。たとえルマウィが大地や人間を創造しなかったとしても，時に人間に悪いことを教えるトリックスターを演じることがあったとしても，ルマウィはボントック社会に文化をもたらした文化英雄神として語られており，人間の生を取り巻くさまざまな事象の起源がルマウィ神話に語られる。文化英雄神は人間の，文化の力のイメージであって，神話のなかではその文化の力によって自然が治められる。文化は人間の人間たる所以であり，それらの文化がどのようにもたらされたかを神話で語ることで，自分たちの存在基盤を明らかにすることができるのである。そういった意味でルマウィは，依然として彼らの社会生活においてきわめて重要な役割を果たしているのであり，いわばボントック族は，ルマウィとアニトを優劣で論じることよりも，むしろ両者に異なった性格づけを行うことで，自分たちの世界を秩序づけているといえよう。

［註］

1) ボントック社会では，さまざまな儀礼において祭文（カピヤ）を詠唱し，それによって人々の幸福を願ったり，災厄を取り除いたり，病気を治療したりする。合田によれば，カピヤはトトヤ totoya とファアグ fá-ag，カエブ ká-ev の3種類に分けることができるが，そのうちトトヤとファアグはアニトに対して呼びかける，あるいはアニトを呼び寄せるものであり，もうひとつのカエブには全部で24の長い物語が含まれる。それらにはルマウィに関わるもの，儀礼の由来を伝えるものなど，創造的な原始の時代の神聖なできごとを伝えるという意味で，神話とよぶべき物語がいくつか含まれているという［合田 1989 a：194-195］。そういった意味では，筆者のいう神話とは儀礼で詠唱される祭文のカエブである。
2) ウィルソンの採集した神話によれば，天に住むカブニアンには3人の息子があり，毎日，父親の水田で働いていたが，ある日，次男が地上を覗き，人間と結婚して地上で暮らしたいと言ったという。それがこのルマウィである［Wilson 1965：273-274］。
3) アニトに対する信仰と儀礼の体系については第3章第2節参照。
4) ウィルソンの採集した神話では，村武の記述と同じように［村武 1984 (1980)：125]，人間の創造に関する記述がみられる。それによれば，ルマウィが大地の槍を突き刺して，そこから男性の人間が生まれたことになっている。ルマウィはその男性，フォガン Bogan にナイフを与え「それがおまえを助けてくれる」と告げて消える。そこで男性がそのナイフで竹を切ると女性が現れ，もう一度竹を切ると米が，さらに切ると豚，鶏，猫，犬が続いて現れた。そして，その後に洪水が起こり，この2人が

洪水の後も生き残って，やがて結婚して子孫を増やしていったという［Wilson 1965：271-272］。
5) カウィドの採集した神話によれば，洪水によって生き残った男女は兄弟姉妹ではなく，神に感謝の祈りを捧げた1組の男女である。しかし，生き残った男性の1人は，新しくできた山を探検している途中で別の女性を見つけ，その人との間に子供をもうけてしまう。そして，その妊娠した女性を生き残った女性が待つ山へ連れて帰って，一緒に暮らし始める［Cawed 1972：56-58］。このように採集された地域によって登場する人物の関係が異なるが，いずれにしろボントック社会では，兄弟姉妹婚もこのような複婚も現実には禁止されている。
6) ルマウィが人間に教えた規範については，ウィルソンが次のように整理している。すなわち①盗みを働いてはいけない，②噂話をしてはいけない，③姦通してはいけない，④節度をもって飲食しなければならない，⑤質素に暮らし，勤勉でなければならないの5つである［Wilson 1965：285］。
7) 実はルマウィは，最初に自分たちを助けてくれるように懇願した家族も洪水で一緒に滅ぼしてしまっており助けていない。そういった面では，ルマウィが慈悲深い神とはいいがたい。
8)「オコム」ということばは「賢者」と訳されるが，「役人」という意味も併せもっている。したがって，ここでは「指導者」となる。
9) 巫医はアニトと直接交渉して治病儀礼を行うので，夢見によってアニトから治病の能力を与えられなければならない。一方，パパタイで儀礼を行うプマパタイとしての知識や技術は，学習によって獲得される。
10) ボントック族の最大規模の婚姻儀礼であるチョノはルマウィに由来するものであり，神話のなかでもルマウィがそれを始めたと語られている。
11) キリスト教の神に相当する訳語としてアポディオス *apo-dios* があるが，スコットは，このアポディオスに相当するものとしてカブニアンとルマウィをあげている。そして，北部ルソン全体のこれらにまつわる信仰や観念を比較し，本来，カブニアンは神たちのひとつの分類ないしは地位であり，ルマウィは文化英雄神であったのが，文化変容を通してアポディオス観念に基づく神的性格へと変化した，と述べている［Scott 1969（1960）：123-142］。

付録　ルマウィ神話

ボントック語によるテキストは，Carl Seidenadel の *The First Grammer of the Language Spoken by the Bontoc Igorot*（1909）から転載した。ただし，表記の仕方については筆者によって，変更されている。

1．人類の創造

Woday nan sin-aki ay manganop ay anak si Lomawig.
ルマウィの2人の息子が狩りに出かけた。

Nan batawa maid bilig, data nan batawa, et mo manganobda, ya maid kaisadtan nan laman ya nan ogsa.
世界にはまだ山もなく平らで，狩りに出かけても野生の豚や鹿を狩る場所がなかった。

Isaet kanan nan yon-a en, "Posngentad nan batawa, ta makolod nan bilig."
そこで兄が言った。「世界を水浸しにしてでこぼこの山にしよう。」

Isadat en posngen ad Mapotpotopot. Ketdeng napsong nan batawa.
そこで彼らは Mapotpotopot（ボントックの北部にある場所）で洪水を起こした。世界は水浸しになった。

Isaet kanan nan yon-a en, "Entad manalokong." Isadat den isalokong nan sangi ad Mapotpotopot.
それから兄が「罠を仕掛けに行こう」と言った。そこで彼らは Mapotpotopot で，首を入れる籠を使って罠を仕掛けた。

Isadat bengaen nan sangi ya angsan nan nakna ay laman yanan ogsa ya nan tako.
そこで彼らは罠を持ち上げると，バスケットは野豚，鹿，人間などの獲物でいっぱいになった。

Kedeng nalobog amin nan tako. Woday nan sin-aki ay natako ad Pokis.
そこで人間はみんな滅ぼされた。しかしポキス山に兄と妹が生き残っていた。

Kedeng in-osdong si Lomawig ya osdonganad Pokis ya kedeng is iga kalineb.
ルマウィはポキス山を見下ろした。そこだけ水が達していなかった。

Et siya nan natakoan nan sin-aki. Isded lomay-ok si Lomawig ya kanana en, "Ket dakayo sya!"
そこには兄と妹の家があった。そこでルマウィは下へ降りていき「あぁ，お前たちがいたのか」と言った。

Isaet kanan san lalaki en, "Dakami na ya nay naskao kami!"
すると兄が「私たちはここにいます。ここで私たちは動けない」と言った。

Isaed baalen Lomawig nan aso na ad Kalaowitan ya nan ogsa.

第3節 全知全能の神ルマウィ

そこでルマウィは，彼の犬と鹿を Kalaowitan（ボントック東部の山）へ使いにやった。

Isaed inkyat nan ogsa ya nan aso ay omoy ad Kalaowitan ya omaada is nan apoy.
そして，鹿と犬は泳いで Kalaowitan へ行き火を手に入れた。

Isaed isigdan nan Lomawig dayda. Kanana en, "Taddo adida omali." Isaed omoy si Lomawig ad Kalaowitan.
ルマウィは彼らを待っていたが「なんて遅いんだ」と言って，ルマウィも Kalaowitan へ行った。

Isana'd kanan is nan aso na ya nan ogsa en, "Nangko kayo domongao is baalen is apoy."
そして彼は，犬と鹿に「なぜだ！ 火を持ってくるのが遅い」と言った。

Isana'd kanan en, "Ayed! yooy-yo nan apoty ad Pokis, ta iilak dakayo!"
そして彼は「準備ができた。火をポキス山へ持っていけ。お前たちを見ているからな！」と言った。

Kedeng omoyda'si san kaowana nan posong ya madoy san apoy ay inaada ad Kalaowitan.
そこで彼らは，洪水のなかに入っていったが，彼らが持っていった火は Kalaowitan に着くと消えていた。

Isana'd kanan en, "Nangko kayo domongao si baalen. Kasinyo'd yoi, ta iilak od dakayo!"
すると彼は「なぜだ！ 火を持ってくるのが遅い。もう一度お前は持ってこなければならない。お前たちを見ているからな！」と言った。

Kedeng iilaena ya nadoy san koan nan ogsa. Isaed kanan Lomawig en, "Adpay akis madoy nan iniignan nan aso'y dui."
そして彼が見ていると，鹿の持っていた火が消えた。そこで彼は「あそこで犬が持っている火も消えそうだ」と言った。

Isaed inkyat nan Lomawig, omdan ya pinbanisna nan apoy inignan san asona.
そこでルマウィは泳いでいき，犬が持ってきた火をすばやく取った。

Isana'd id-an ad Pokis. Isana'd idnet nan apoy ya induena nan sinaki.
そこで彼はそれをポキス山へ持って行った。それから彼は火を起こし，兄と妹を暖めた。

Kedeng masdok nan denom. Isaed kanan Lomawg en, "Dakayo ay sinaki inasaowa kayo!"
そして水を蒸発させた。それからルマウィは「おまえたち，兄と妹は結婚しなさい」と言った。

Isaed kanan nan babayi en, "Sia ma ngen, siadnay nangko kakaiso, tay sinaki kami."
すると女性が「多分それは正しいのでしょう。でもなぜ？ 私たちは兄妹だから嫌だ」と言った。

Kedeng si Lomawig inasaowona daida. Ket malidon nan babayi. Kedeng makanakda.
そこでルマウィは彼らを結婚させた。見よ！　女性が妊娠した。彼らはたくさんの子供をもうけた。

Isaed potlongen Lomawig nan angsan ay tanob. Isana'd kanan is nan tanob, is nan dyowa'n, "Engkali kayo'd ay dyoya ay tanob."
それからルマウィはたくさんの葦を切り，その葦の2本に向かって「おまえたち2本よ，話しなさい」といった。

Ya nengkalita's kalin si iKinaang. Inpakaliena daida ay dyoa is kalin si imMaligkong.
すると，彼らは Kinaang-men（ギナアンの人）の方言を話した。彼は，他の2本の葦に話をするように命じた。それは Maligkong-men（マリコンの人）の方言だった。

San dyoa pakaliena daida is kalin si iSadsanga.
彼は，他の2本の葦に話をするように命じた。それは Sadanga-men（サダンガの人）の方言だった。

Isana'd da inasaowen daida. San dyoa ay imMaligkong nakanakda'd Maligkong.
それから彼らは，彼らを結婚させ続けた。Maligkong-men の2人は Maligkong で子孫を生んだ。

San dyoa ay iKinaang nakanakda at Kinaang. Kedeng da maangsan nan tako.
Kinaang-men の2人は Kinaang で子孫を生んだ。それから彼らは人々を増やし続けた。

Kedeng daida nan omili is nan bataowa. Kedeng pakaliena san dyoa ay tanob akis is kalin si iMinid. Kedeng makanakda.
そして彼らは地上の住人となった。それから，再び彼は他の2本の葦に話をするように命じた。それは Mayinit-men（マイニットの人）の方言だった。そして彼らは子孫を生んだ。

Kedeng daida nan omili is nan bataowada. Isaed woda nan iniBiwang, iniTokokan, iniKanou, iniTobeng, iniBalig.
そして彼らはその地域の住人となった。さらに Baliwang-men（ベルワンの人），Tucucan-men（トゥックカンの人），Kanou-man（カネオの人），Tulubin-men（タルビンの人），Barlig-men（バリグの人）が生まれた。

Kedeng mawalasan nan bataowa is tako. Kedeng dama'y angsan nan tako.
そして土地が人々に分け与えられた。そして人間がたくさんに増えた。

Keding isana'd patoboen san asin ad Lakangao. Isana'd kanan en, "Inaboyo kayo'd!" Ya naoto san asin.
そして彼は Lakangao（ボントック・イリの近く）で塩を増やした。そして彼は「お前たちはそれを煮詰めなさい」と言った。すると塩ができた。

Isana'd kanan en, "Inilago kayo'd!" Ya adida kekken ay mangilago is nan asin, tay indadaowis nan kalitako.

第3節　全知全能の神ルマウィ　　　　　　　　　　265

そこで彼は「お前たちはそれを売りなさい」と言った。しかし（ボントック・イリの）ことばは婉曲的でない単刀直入なものだったので，彼らはどうやって売っていいかわからなかった。

Isana'd atonen ad Minid et tomobo nan asin. Isana'd kanan en, "Inilago kayo'd."
そこでルマウィは塩をマイニットへ移し，そこで塩を増やした。そして彼は「お前たちはそれを売りなさい」と言った。

Isana'd kanan en, "Nangko, kasisid nan engkalianyn, et isna ed nan toktdon nan asin ay nay. Dakayo nan minkoa is nan asin, tay nannayda'y iBontok, ya indadaowis nan kalida. Laglago nget nan koan datona."
そして彼は「お前たちはそれを売りなさい。なぜか！　お前たちの言葉はすてきでやさしい。だからここが塩の中心地だ。お前たちが塩の所有者だ。なぜならボントック・イリの人々のことばは荒々しい。（ボントック・イリの人々は）この財産を購入しなさい」と言った。

Kedeng isana'd kanan akis on, "Engkayo'd omala, ay iBontok, is bida, ta kapenyo is banga." Kedeng kapenda ya adi masayog.
それから彼は，再び「ボントック・イリの者たちよ，お前たちが壺を作る粘土を取りなさい」と言った。彼らは壺を作ったが，形がうまくできなかった。

Isana'd kanan en, "Nangko, baken dakayo is inkaib si banga. Laglago nget nan koayo, tay adiy kekken nan dak ibbakabaka ken dakayo."
すると彼は「なぜだ？　お前たちは壺作りにむいていない。この財を購入したほうがいい。なぜならお前たちは私がしばしば言っていることを気にとめていない」と言った。

Isana'd atonen ad Samoki nan banga. Isana'd kanan en, "Engkayo'd omala, ay iSamoki, is bita, ta kapenyo is banga."
それから彼は壺をサモキへ持って行った。そして彼は「お前たちサモキの者たちが壺を作る粘土を得なさい」と言った。そこで彼らはそれを得て壺を作ったが，とても上手だった。

Isada'd en omala ya kapenda ya masayog nan banga. Isada'd kinaeb, ya kanan san Lomawig en, "Enkayo'd ilago nan kinaepyo ay banga." Enda pay ilago ilago ya mal-an.
そして彼らは壺を作った。そこでルマウィは「おまえたちは自分たちが作った物である壺を売りに行きなさい」と言った。彼らは実際にたくさんの壺を売った。

Isana'd kanan is nan iSamoki'n, "Dakayo'si minkoa is nan banga."
そこで彼はサモキの人々に「お前たちは壺の所有者にふさわしい」と言った。

Isana'd kanan en, "Dakayo ay iBontok! Nan lagon nan koayo, tay nadaowis nan kaliyo."
それから彼は「お前たち，ボントック・イリの者よ！　お前たちの財を購入しなさい。なぜならお前たちのことばは荒々しすぎる」と言った。

Kedeng di's okokod.
これで話は終わり。

2．ルマウィの結婚

Woda san sinaki ay bababayi'y enda mamaladong ad Lanao. Ya woda s' Lomawig ay inosdong at Patongalo.
Lanaoで豆を集めている2人の姉妹がいた。するとルマウィがPatongaloでそれを見下ろしていた。

Isana'd kano, kanan en, "Dek od ilaen daida." Isaed omadan ya kanan'n, "Ko dakayo sya ay ?"
そこで彼は「彼女たちを見に行ってみよう」と言った。そして彼は辿り着くと「なぜ？お前たちは何だ？」と言った。

"Dakami man na ay mamaladong ya nai adi kadakob nan balaton genmi." "Adi man kadakob tay sika'y yon-a ya engka omiomis."
「私たちはまさに豆を集めています。ここは私たちが豆を集めるのに十分ではありません」
「十分集まらないのは、姉のお前がいつも水浴に行っているからだ」

Isaed kanan san yon-a ay mangango on, "Ngag kan aykoka omoos-dong?"
すると姉が笑って「なぜあなたは見ていたの？」と言った。

Isaed kanan Lomawig on, "Inadka'd si isyang is sinloi is nan balatong!" Kedeng aktan san inodi, kedeng ipagpag san Lomiwig san sinloi ay balatong is nan tayaan. Keden ya mapno.
するとルマウィは「豆を1鞘、渡しなさい」と言った。そこで妹が1つ渡すと、ルマウィは鞘をむいて、それを籠に入れた。すると籠が一杯になった。

Kedeng yaket inangango san inodi. Kedeng kasin kanan nan Lomawig en, "Inaka's isya's tayaan, ta isaaka'd kasin omaktan is sinloi."
そこで妹は実に笑った。するとルマウィが再び「もうひとつの籠を渡しなさい。もう1回、豆をよこしなさい」と言った。

Kedeng ipagpagna is nan katayyaan ya mapno akis.
そこで彼は鞘をむいて豆をバスケットに入れた。するとバスケットはまた一杯になった。

Isadad entotoya san sinaki ya kananda en, "Nangko nay ninkapno nan dyowa'y tayaan."
そこで彼女ら2人の姉妹は話し合い「なぜ？ ここに2つのバスケットが一杯になった」と言った。

Kedeng kanan nan Lomawig en, "Somaaka'y inodi ta engka omala's tolo's tayaan."
するとルマウィが「妹よ、家へ帰ってバスケットを3つ取ってきなさい」と言った。

Kedeng somaa san inodi ay omaa's tayaan. Kedeng kanan san inodi ken inana'n, "Omalaak is tlo's tayaan."
そこで妹はバスケットを取りに家へ帰って、母親に「私は3つバスケットが欲しい」と言った。

第 3 節　全知全能の神ルマウィ　　　267

Isaed kanan inana'n, "Into man la mangalanyn's sit di? Nangko akiakit san balatong."
すると母親は「どこでそれが必要なのだ？　なぜ！　豆はあそこにほとんどないのに」といった。

Isaed kanan san inodi en, "Doi man si babaloan ay alaena nan sinloi, ipagpagna is nan tayaan ya inkakapno." Isaed kanan inaen en, "Ayko laowadi? Yam-mo alaem nan tolo'y tayaan!"
すると妹は「まさに，鞘をむいて豆をバスケットに入れるとそれが一杯になる若い男性がそこにいる」と答えた。すると母親が「間違っていない？　それなら 3 つバスケットを持ちなさい」と言った。

Isa'd kanan amana'n, "Sino nan katakon tosya?" Kedeng id-an nan anodi san tolo'y tayaan.
すると父親が「その人は誰だ？」と言った。それから妹は 3 つ籠を担いだ。

Kedeng alaen kis nan Lomawig nan tolo'y loi ya dana pinigakdeng ay mangipagpag is san tolo'y tayaan.
そしてルマウィは 3 つの鞘を受け取り，すばやく 3 つの籠に鞘をむいて分けた。

Kedeng ninkapnoda akis. Isaed kanan nan Lomawig is nan sinaki en, "Isaayo'd nan dyowa'y tayaan ay nay."
すると籠はまた一杯になり，ルマウィは姉妹に「2 つバスケットを持って帰りなさい」と言った。

Kedeng isaan nan sinaki san dyowa'y tayaan. Isaed kanan da amada ken inada en, "Aykoyo pinayan amin?" Kananda en, "Pinayanmi tay dyui mam pay si lalaki ay bumadang ken dakami ay sinaki ay inoak."
そこで姉妹は 2 つのバスケットを持って帰った。すると父親と母親が「お前たちは全部一杯にさせたのか？」と言った。彼女らは「私たちは全部一杯にした。なぜなら私たち姉妹が豆を取るのを助けてくれる人が確かにいるから」と言った。

Isaed kanan nan amada en, "Ay! Engkayo'd ta alaenyo nan ib-ana, ta issakayo'd somaa ay tolo." Kedeng omoyda ya mabobwog ay somaa.
すると父親が「あぁ！　お前たちはもう 1 人の（手伝ってくれた）その人を連れて，3 人で家へ帰ってきなさい」と言った。そこで彼女たちは（ルマウィのところへ）行き，一緒に歩いて家へ帰ってきた。

Kedeng somaobda paya. Isaad san lalaki nan aowidna ad Ip-ippit. Isaed kanan nan Lomawig en, "Engkayo'd ta kananyo ken amayo, mo makisaaak et is abongyo."
そして彼らは，確かに家へ着いた。男性は Ipippit で荷物を降ろした。そしてルマウィは「おまえは父親に，私が一緒に家に入ったほうがいいか聞いてきなさい」と言った。

Isada'd ibbaka is nan ken amada en, "Ayko makisa't nan bobballo'y dui?"
そこで彼女たちは父親に「あそこの若い男性は我々と一緒に来るべきですか？」と尋ねた。

Isaed kanan amada en, "Ya ayko ngag ta adi makisaa?" Isaed somakong san inodi ya

ona ayakan san lalaki ya enboeda ya soma-obtas is abongda.
すると彼女たちの父親は「なぜお前たちと一緒に来ないのだ」と言った。そこで妹は戻ってその男性を呼び，一緒に歩いて家に辿り着いた。

Isaed tomokdo san bobballo ya enisoysoy is nan aowidsan. Isa'd kanan nan aman nantodida y sinaki en, "Somkepka!"
それから男性は屋根の下で一休みした。すると彼女たち姉妹の父親が「入りなさい」と言った。

Isaed somkep san Lomawig ya panaousyana san denom ay mangibbaka. Kedeng kanan amada en, "Sana kay nan denom!"
するとルマウィは家に入り，すぐに水を頼んだ。そこで父親は「はい，水！」と言った。

Isad omda san Lomawig is nan denom ya sonsongena ya kanana'n, "Mo makiiliak isna, ed kumidiak ya makanakak."
ルマウィは水をもらって匂いを嗅ぎ，「もし私があなたと一緒にここで住むのなら，私はもっと強くなって，たくさんの子供の父親になる」と言った。

Kedeng maowiid paya. Patekwabna sa kolong. Kedeng bumalada pay nan monok ya san impas ya kaoana'n, "Ngagkan, ayko kedeng na's monokyo?" Isaed kanan san amada en, "Kedeng pay sa's pasiksikpenmi."
そして朝がきた。彼は鶏小屋を開けるよう命じた。すると，まさに鶏と若い鶏が出てきた。「なぜ，これがお前の鶏全部か？」すると父親は，「確かに，我々が飼育しているのはそれですべてです」と言った。

Isaed kanan nan Lomawig en, "Inyaikayo'd si moting ay, ta mikmikak daida." Kedeng mikmikana nan impas, koyda'd mangmangalak ya kakaowitan.
そこでルマウィは「えさのご飯を持ってきなさい。私がえさを与える」と言った。そして彼が若い鶏にえさを与えると，見よ！ 若い鶏がたちまち立派な雌鶏と雄鶏に成長した。

Isana'd akis kanan en, "Ya kad nan botogyo's na?" Isaed kanan san amada en, "Ya kedeng pay nan isang ay kananak ay doko is dami dokdokanan."
それから，彼はまた「ここには何匹豚がいるか」と言った。すると父親は「そう，我々が飼育しているのは，ちょうど出産したばかりのメス豚が1匹だけです」と言った。

Isa'd kanan san Lomawig en, "Payanyo'd san kakwan is ango, ta ek taloan." Kedeng taloana san amomok ya koida'd akis masangoyen ay nasiken nan butog yaket boboy ay dakdagoag yaket nan bai ay oko ya dakdaki.
するとルマウィは「バケツをサツマイモの葉で一杯にしなさい。私がえさを与える」と言った。そこで彼が若い豚にえさをやると，見よ！ それらは急速に成長し，大きかったメス豚もさらに大きくなった。

Isaed kanan san amada en, "Ya! Omabong kayo man ed is nan yon-a." Isaed kanan san Lomawig en, "Nan pay inodi's inasaowak." Isaed kanan amada en, "Nangko kawis mo asaowaim nan yon-a, tay nangko kawis nan maikabkab is nan yon-a."

第 3 節　全知全能の神ルマウィ

そこで父親は「そう！　あなたは私の上の娘と結婚しなさい」と言った。するとルマウィは「若い方を私の妻にしたい」と言った。すると父親は「なぜだ？　もしお前が結婚するのなら年取ったほうだ。なぜなら、年取ったほうを先に取ったほうがよいから」と言った。

Isaed kanan san Lomawig on, "Nan inodi's inasaowak. Ket kedeng!" Isaed kanan san Lomawig en, "Domno tako man ed."
するとルマウィは「若い方を私の妻にしたい。それだけだ！」と言った。そしてルマウィは「祭宴を開かなければならない」と言った。

Isaed kanan san kasodna en, "Dakalas sa! Into nan omalam si idnom? Nangko pako ed ma-id, noang ed ma-id, butog ed ma-id, monok ed ma-id."
すると彼の義理の兄弟が「お前が？　ばかげたことだ。どこで婚姻の祭宴を開くのだ。米も牛肉もない。豚肉もない。鶏肉もない」と言った。

Ya isaed kanan Lomawig en, "Adikadak si idnotako." Isaed kanan san kas-odna en, "Into man la nan umalaam si idnom? Mid asiasim ay mangwani en'domno tako?"
するとルマウィは「私が自分の婚姻の祭宴は自分で用意する」と言った。すると義理の兄弟は「どこで婚姻の祭宴がもてるよう祈るのだ？　婚姻の祭宴を開こうと言うなんて、恥ずかしくないのか？」と言った。

Isaed kanan Lomawig ken kasodna en, "Nangko mid nongnong mo, tay dadama nan omipaaslam ken sak-en!" Isana'd kanan ken asowana en, "Enta'd ad Lanao tay sia ay omabonganta, tay daadaama'y omipaasi s' kasod ken sak-en."
そこでルマウィは「なぜあなたたちは価値がない（人間な）のだ。あなたたちは十分に私を辱めた！」と言った。そして彼は妻に「2人で Lanao へ行こう。そこは我々の祭宴にふさわしい場所だ。なぜなら義理の兄弟は私を大変辱めた」と言った。

Kedeng inmoyda'd Lanao ya isada'd entotoya ay sinasaowa, kanan nan Lomawig en, "Domnota man ed!" Kedeng domnoda.
それから彼らは Lanao へ行き、夫と妻として話をした。ルマウィは「我々は祭宴をもつべきである」と言って、そこで彼らは祭宴を催すことにした。

Isaed bibikat, isaed en minpaala is daladoy, isaed omoy nan tako ay omala is daladoy ya banabbananig nan inaada ay daladoy.
そして朝になった。そこで彼は人々に木の幹を探しに行かせた。人々は木の幹を採りに出かけたが、彼らが持ってきたのはとても細い物だった。

Isaed kanan san Lomawig en, "Bakon sa's daladoy. Tay banabbananig, ta kay sak-en ya is en omala's dasaladoy."
そこでルマウィは「これらの幹は細すぎて正しいサイズではない。私に採りに行かせてくれ」と言った。

Isaed omoy ad Kadkad san Lomawig. Siboena nan dakdako ay badang ay dyowa. Intedee'd Kadkad ya bekasina nan batang ad Lanao.
そこでルマウィは Kadkad へ行き、大きな松の木を2本切った。彼は Kadkad に残り、

Lanao へ（採った）木を投げつけた。

Isana'd kanan is nan tako'n, "Sya ma adi sa nan daladoy ay nay kay! Engkayo umala ya banab-bananig."
そして彼は人々に「これらがまさに正しい物だ。まったくお前たちが採ってきたのは小さすぎる」と言った。

Isana'd kanan en, "Ikaibyo'd sa nan daladoy, ta engkayo'd omala's bayog." Isada'd inyai nan sinpo o'y y bayog, ya kedeng isugida ya danomanda nan bayog.
それから彼は「これらの木を使う準備ができた。湯を沸かす鍋を持ってきなさい」と言った。そこで彼らは10の鍋を持ってきて，水を一杯にして火にかけた。

Isaed kanan nan kas-odna'n, "Ya! Into ma ddi nan binayo! Nangko linomag nan denom ya adimpaad nongnongen nan binayo!"
すると義理の兄弟が「そう！ まさに米はどこにあるのだ？ なぜだ，お湯だけ沸かして，お前は米の心配をしない！」と言った。

Kedeng kanan san Lomawig en, "Sak-en nan mangikad ay omala's binayo." Dana'd da italonton san isa'y kolog ay binayo is san lima ay bayog. Kedeng ya ninkapno san lima ay bayog.
そこでルマウィは「私が米を手に入れるのだ」と言った。そして彼は，籠から米を5つの湯を沸かす鍋に何回も移し入れた。すると5つの鍋は飯で一杯になった。

Isaed kanan nan kasodna en, "Ya, nongnongim ma addi nan idnotako." Isaed kanan san Lomawig en, "Sak-en man is ikad."
すると義理の兄弟は「そう！ お前はまさに我々の婚姻の祭宴を自分で整えた」と言った。そこでルマウィは「私が用意した」と言った。

Isana'd yisidaen ya mangonona'd san ogsa. Iana'd kanan en, "Bakonkayo's omali tay binolias na."
それからルマウィは「*yisidao!*」と呼んだ。最初に来たのは鹿だった。彼は「お前が来るべきでない。これは豚を供犠する婚姻の祭宴だから」と言った。

Isaed kasin enyisida ya omali nan butig. Isana'd kanan is nan tako en, "Wasdin dompat si kodna!"
そこで彼は再び呼んだ。すると豚がやってきた。そこで彼は人々に「お前達はそれぞれ自分の豚を捕まえなさい」と言った。

Isana'd kanan is san kasodna en, "Nandoi dakdaki's dipapem!" Dinpab nan tako nan koada ya iga makatpap san kasodna.
そして義理の兄弟に「あの大きいのがお前の捕まえるやつだ！」と言った。人々はそれぞれ自分の豚を捕まえたが，義理の兄弟は捕まえることができなかった。

Inbiinboyna ad Pabalid, isana'd akis panlongen ad Kadok. Isaed ya nalinglinget.
彼はそれを Pabalid まで追いかけ，そこで再び Kadok まで引き返してきた。それで大変汗をかいた。

Isaed angangoen san kasodna'y Lomawig. Kanan nan Lomawig en, "Taddo adim paad dipapen nan koam? Nangko nakatpaban nan tako ya kedengka's adi paad makatpap is nan koam, nangkom ampon inpainosh! Ta kay sak-en ya is manpap!"
そこでルマウィは義理の兄弟を笑った。ルマウィは「どれぐらいお前はまったく自分の物を捕まえられないのだ？ なぜだ！ （他の）人々は捕まえられたのに、お前だけがまったく自分の物を捕まえられない。なぜお前はやせるまで追いかけるのだ！ 私に捕まえさせてごらん！」と言った。

Isaed dipapen san Lomawig ya pinsikyana nan odidi ya pinisibleyna. Isana'd kanan en, "Into pan, nangko mamatpat ya adika paad makatpap, nangko, nakatpaban nan tako ya adim paad dipapen nan koam."
そこでルマウィは、後ろ足をすばやく掴み、抱き上げた。そして彼は「それはどこだ，なぜ，簡単に捕まえられるのに，お前はまったく捕まえられない。なぜ，（他の）人々は捕まえることができたのに，お前はまったくお前の物を捕まえることができない」と言った。

Isaed kanan nan kasodna'n, "Mo ko man tay binleyko una, issam dipapen." Isaed kanan nan Lomawig en, "Nay, sagbatim!" Kedeng sagbaten san kasodna ya impoligwed ya kasin lomayao.
そこで義理の兄弟は「もちろん私が最初にそれを疲れさせたので，お前が捕まえたのだ」と言った。そこでルマウィは「ほら，それを担ぎなさい！」と言った。そこで義理の兄弟が肩に担ぐと、豚はもがき，再び逃げていってしまった。

Kedeng kanan Lomawig ken kasodna, "Nangko, mid nongnongmo! Doi kasim ed dipapen!"
するとルマウィは義理の兄弟に「なぜ！ お前の用意する物が何もない！ もう一度お前はそれを捕まえなければならない！」

Isana'd dipapen ya pangosaowona akis. Kedeng kasina akis panlongen. Isaed kanan san kasodna ay Lomawig en, "Into man, mo makatpapka?" Nalingilinget san kasodna.
そこで彼は豚を捕まえに、駆り立てて小川まで降りていき、再び小川の土手まで追いかけて登ってきた。そこでルマウィは義理の兄弟に「それなら，どこでお前はそれを捕まえられるのだ？」と言った。義理の兄弟はたくさん汗をかいていた。

Isaed kasin omoy san kasodna'y Lomawig ya pinsikyana. Isanad kanan en, "Alaem ed na, ta yo-oita, tay doi naksip nan talon."
そこでルマウィは再び義理の兄弟のところへ行き、豚の足をすばやく捕まえた。そして彼は「お前がそれを取らなければならない。そして2人でそれを運ぶ。なぜならもう，午後の（祭宴の）時間だ」と言った。

Isada'd id-an ya kanan san Lomawig en, "Nay pay na-oto nan ib-ana." Kedeng pay inbilagda.
そこで2人は豚を担いで運んだ。そしてルマウィが「ここがまさに，この仲間たち（豚）が調理される場所だ」と言った。そして彼らは祭宴を催した。

Kedeng wasdina yo-oy is ababongna nan wadwadna. Isada'd kasin maamong is san

dinnomno ay mangan. Kedeng isada'd tosangbo. Isada'd mangayayeng nan amam-ma.
それから彼らは，それぞれ自分たちの取り分を持ち帰った。そして再び祭宴で食事をするために集まった。そこで彼らは動物を供犠した。それから古老が歌を歌った。

Isada'd nakasangboan ya boknakona. Isaed nakaboknakan ya isaed kanan san si Lomawig is san pangatona'n, "Mangayo tako'd!"
それから供犠を終えると，ルマウィは（山で作業をするために）出発した。出発し，そしてルマウィは自分のアト仲間に「森へ行こう！（吉凶を占うため）」と言った。

Isada'd mangayo ya kayowenda nan Ilakod. Isada'd ya mangayo ya iga kakaib nan idoda.
そこで彼らは森へ行き，北部の少数民族に関して占った。そして兆をまったが，結果は望ましいものではなかった。

Isada'd tomoli, tay ngaag nan idoda. Isae'd kanan nan kasodna en, "Omipatoboka's denom, tay dadama nan akyo ya nao-oo amin nan. tako!" Kedeng kanan Lomawig en, "Nangko, nan denom nan ib-bakab-ba kayo ay?" Kedeg kanan'n, "Ta omoy tako una' sdi! Issak omipatobo's denom."
そこで彼らは，占いの結果が凶だったので帰った。すると義理の兄弟が「水をだしてくれ。なぜなら太陽が強すぎて，すべての人々ののどが渇いている」と言った。するとルマウィは「なぜそんなにお前は水を欲しがるのか」と言った。そして「最初にあそこへ行こう。私はすぐに水をだそう」と言った。

Kedeng madmadanda, ya kasin kanan san kasodna'n, "Ya, patoboem man nan denom, ya ngag man, mo Lomawig ka?" Kedeng kanan nan si Lomawig en, "Nangkoka omipaasi ay ken sak-en?" Kedeng inongaongada ay sinkasod.
そこで少し歩くと，義理の兄弟が再び「さあ！ 水をだせ。まったく，お前はルマウィか？」と言った。するとルマウィは「なぜお前は私を辱めるのだ？」と言った。そして義理の兄弟と口論を始めた。

Kedeng omoyda'd tongdo. Isaed kanan akis nan kasodna'n, "Nangko, mid nongnongmo, tay nao-oo nan tako ya adika paad omipatobo is denom ay."
そして，彼らは上のほうへ上がっていった。すると義理の兄弟が再び「なぜだ。お前は人々ののどが渇いているというのに何も世話しない。お前はまったく水をだそうとしない」と言った。

Isaed kanan san Lomawig en, "Intokdo tako ay tako, ta omileng tako!" Isana'd tobayen nan dipas ya inbot-botok nan denom. Isana'd kanan is nan tako'n, "Ikayo'd ta ominom kayo!"
するとルマウィは「人々よ，座って休憩しよう！」と言った。そして彼の槍を岩に打ち付けた。すると水が湧き出してきた。彼は人々に「ここに来て水を飲みなさい！」と言った。

Lomasi san kasodna ay ominom, isaed kanan san Lomawig on, "Adika ominom, ta issata mangododidi ay ominom, ta nan tako's ominom."
義理の兄弟が水を飲もうとして前へ進むと，ルマウィは「飲んではいけない，我々は最後

に飲もう。人々を先に飲ませなさい」と言った。

Kedeng naboas nan tako ay inminom. Isaed ominom san Lomawig. Isana'd kanan is nan kasodna on, "Alika'd, ta ominom ka!"
そして人々が飲み終わった。そしてルマウィが飲んだ。そして彼は義理の兄弟に「来て飲みなさい！」と言った。

Isaed ominom nan kasodna ya dakasna ay mangidookos is nan kadipas. Kedeng bomala nan denom is nan bolangagna. Kedeng kanan Lomawig on, "Isnaka! Tay inmipaayoka ken sak-en." Isada'd engadnen dui, "Ad Isik."
そこで義理の兄弟が水を飲むと、たちまち岩の中に押し込まれてしまった。すると彼の体から水が噴出してきた。そこでルマウィは「お前はここにずっと居なさい。なぜならお前は私を怒らせた」と言った。そこで彼らはその場所を"Isik"と名づけた。

Kedeng somaada san tako kedeng kanan san kababbayiana'n, "Nangkom inlotak san kasodmo ay?" Kedeng kanan san Lomawig on, "Mo ko man tay inmipa-isik ken sak-en."
そこで人々は家へ帰った。すると彼の妹が「なぜ、あなたは自分の義理の兄弟を岩に押し込めたのですか？」と言った。そこでルマウィは「まったく、まさに彼が私を怒らせたからだ」と言った。

Kedeng inananitot-da. Kedeng insangboda. Kedeng nakasangboanda.
それから彼らはアニト儀礼を実修した。そして動物を供犠し、儀礼を終了した。

Isad'd intotoya ay sinasaowa, kanana'n, "Inkaibak ed si alongan." Kedeng sinotena s' asaowana is nan kaalongan.
それから彼らは夫婦として話をした。彼は「私は棺を作らなければならない」と言った。そして彼は自分の妻をその中へ入れた。

Kedeng alaena san aso ya ipoiyona's kadapana Bokan, Bokan nan ngadyan nan asaowan Lomawig. Kedeng alana san kaowitan ya ipoyona is kaolon Bokan, tay leyden Lomawig ay omoy ad daya. Malidon pay si asaowana.
それから彼は犬を持ってきてフォカンの足元に置いた。フォカンはルマウィの妻の名前である。それから彼は鶏を取ってきて、フォカンの頭の先に置いた。なぜならルマウィは天へ行きたかった。彼の妻は妊娠していた。

Isana'd anoden san alongan, isa'd kanan Lomawig en, "Mo mitoknog nan sikiadenim, en-ngongo nan aso, mo mitoknog is kaoloana, inkokookka'y kaowitan! Adi ka pay ma-isalald mo! Ka-isalaam ad Tenglayan."
そして彼は、棺を水に浮かべた。そしてルマウィは「もし足元を打たれたら、犬が吠えなければならない。もし頭を打たれたら、鶏よ、お前が鳴かなければならない！ 確かに、止まるなよ！ 最終的な目的地はティングラヤンだ」と言った。

Kedeng naisala ad Tenglayan. Woda et san naamasangan ay da mama lid is san ilid nan wanga kedeng alaowasen san am-ama nan kaalongan. Kedeng alinona. Adi ed

makaalin. Isaed soma-a ya ona ayakan san tolo'y bob-ball.
そしてそれはティングラヤンで止まった。そこには河岸で斧を研いでいる男やもめの古老がいた。そしてその古老が棺を引き上げた。そこで彼はそれを転がそうとしたが，できなかった。そこで彼は家に帰り，3人の若い男性を呼んだ。

Isada'd alinen ya padakalenda. Kedeng paskona ya kedeng engkali si Bokan ya kanana' n, "Adim pay patanen nan pasek, tay nayak sina!" Kedeng inboegda ay soma-a ad bob-boy. Kedeng daodaosenda is abongda.
そこで，彼らはそれを転がして岸に置いた。そして楔を打ち込んだ。するとフォカンが「私がここに居るから，楔を深く打ち込まないで」と言った。そこで彼女は一緒に彼らの町に帰った。そしてまっすぐ彼の家へ行った。

Kedeng isaed kanan san babayi en, "Ayki way asaowam?" Isaed kanan san naamasangan en, "Mid pay asaowak, naamasanganak pay." Kedeng inasaowada.
そこでその女性は「あなたは妻がいますか？」と聞いた。すると「私は妻がいない。確かに私は男やもめだ」と言った。そこで彼らは結婚した。

Kedeng mamakada san pangaton san asaowana. Kedeng kanan san asaowana'n, "Ta nay adi ka bomala ay managni, is abong nan managniam."
そして彼女の夫はアト仲間と首狩に出かけることにした。そこで彼女の夫は「ここから外に出て踊りをしてはいけない。家の中が，お前の踊りの場所だ」と言った。

Kedeng managni's abong ya. Kedeng matiking nan lota. Kedeng omoy san mamamagkid ya enda kedeng ay managni. Kananda on, "Ibalam nan sagnim." Kedeng adi.
そこで彼女は実際に，家の中で踊った。すると地面が傾いた。そこで少女たちが彼女のところへ来て，彼女が外で踊るように引っ張り出そうとした。そして「踊りは外でしなさい」と言った。しかし彼女は拒んだ。

Kedeng konoyotkoda. Ibalana nan sagnina. Kedeng matiking nan bataowa.
そこで彼女たちは力ずくで引っ張り出そうとした。それで彼女の踊りとともに引っ張り出された。すると世界が傾いた。

Kedeng olik ya ket inmanak. Kedeng naenganda nan ananakna ay inyapona'd Bontok. Kedeng olik ya kasin akis omanak san naamasangan.
やがて時が流れ，彼女は息子を産んだ。やがて彼女がボントック・イリから連れてきた息子たちは成長した。そして，それからまた，男やもめだった彼も自分の子供をもった。

Kedeng kanan san inada on, "Mo madoyak ket mo omoy kayo ilaen nan nalpaket adiyn wandin nan nalilenganan, nan nakibo is wandenyn!"
すると母親は「私が死んだら，私の生まれた場所を見に行きなさい。あなた方はきれいな流れに沿って行ってはいけない。汚い流れに沿って行きなさい！」と言った。

Kedeng nakibo nan mabo'd Kanoo, nalienganan nan mabo'd Bontok. Kedeng san nakikibo nan wandenda.
汚い流れはカネオから，きれいな流れはボントック・イリから来ていた。そこで彼らは汚

い流れに沿って進んだ。

Kedeng padanenda ad Kanoo. Kananda'n, "Sino kayo?" Adida sombad, ya padoyenda daida. Kedeng nadoyda. Koman san iKanoo.
それで彼らはカネオで迎え入れられた。(カネオの)人々は「お前たちは誰だ?」と聞いた。しかし彼らは答えなかった。すると人々は彼らを殺してしまった。彼らが死んでしまうと、カネオの人々は立ち去った。

Kedeng ilaenda'd ya kasida binmangon. Kedeng kasida padoyen daida. Kedeng onpayangyangda ay mangwani en, "Si pay Bokan nan ninanak ken da kami."
すると人々は、彼らが再び生き返ったのを見た。そこで人々はもう一度、彼らを殺した。すると彼らは「まさに、我々を生んだのはフォカンだぞ」と言って彼らを非難した。

Isada'd kanan on, "Dakayo pay, ay iKanoo, et adi kayo madako man tay pinmadoy kadyo ken dakami."
そして「お前たち、カネオの者よ、(これからも)お前たちは人口が増えて栄えることがないだろう。なぜならお前たちが我々を殺したから」と言った。

Isaed maptad nan iBontok ya enda alaen daida, et iyatangda nan bilay, bilay nan atangda.
それからボントック・イリの人々がやってきて、彼らを連れて帰った。彼らは(死体を)運ぶポールとしてbilay-treeを使った。bilay-treeは彼らの担架だった。

Yo-oida daida ad Bontok. Kedeng ika-opda daida ad Bontok ad Dipes. Nan atangda woda'd papat-tay, san takida ay waka woda'd papat-tay.
人々は彼らをボントック・イリへ連れて行った。そして彼らをボントック・イリのDipesへ埋めた。今でも彼らのポールはパパタイにあり、結んだロープはパパタイにある。

Kedeng pay doi.
これでおしまい。

第4節　婚姻儀礼と葬送儀礼

1. はじめに

　ボントック族にとって，社会生活を営む上でのもっとも重要な関心のひとつは，いかに自分たちの生産物を増加させるかということと，いかに自分たちの名声を獲得するかということである。とりわけ，毎日の生活に追われる貧しい人々とは異なり，たくさんの富を所有し，日常の食糧の確保に悩まなくてもいいような人々にとっては，こうした名声を獲得することが最大の関心事であるといえる。

　ボントック社会において，そのための最善の方法は，人生最大のイベントである婚姻儀礼と葬送儀礼を盛大に執り行うことであり，とくに，これらの儀礼には，そうした社会的地位を高める，あるいは確かなものとする手段としての性格が顕著に表れている。たとえば婚姻儀礼は社会生活において欠かすことのできない通過儀礼であるだけでなく，この儀礼でいかに大量の富を消費したかがその後の自分たちの社会でのプレステージを高めることにつながる。あるいは，これまで維持してきたイリ内での社会的地位を守ることにもなる。近年，若者たちのあいだでは，こうした儀礼での大量の出費をむだだと考えて避ける傾向もみられるが，その両親は，依然として一生に一度でいいから自分たちの子供のために最大の婚姻儀礼であるチョノに参加して死んでいきたいと望むという。つまりそれは，本人たち新夫婦だけでなく，両親にとっても最大の関心事であることがわかる。一方，葬送儀礼は死者の社会的地位に応じ，子供たちがその地位に恥じないよう，やはり盛大に行わなければならないことになっている。それが子供たちにとっての両親に対する最大の義務でもあるという。一見，まったく異なるようにみえるこの2つの儀礼も，宗教的な意味は別として，ボントック社会では，人々の社会的地位を確保するのにきわめて重要な意味をもっていることがわかる。

　もちろん，富裕層だけでなく貧しい人々にとってもこれらの儀礼が重要で

あるのはいうまでもない。たとえ貧しくても，それぞれが自分たちの経済的状況に応じ，この機会にそれまで蓄えた富を一斉に放出する。いわば彼らの財は，こうした儀礼で消費されるために蓄えられているようなものである。したがってここでは，これら人生最大の儀礼である婚姻儀礼と葬送儀礼の過程について詳述することで，これらがボントックの人々にとっていったいどのような意味をもっているのか，そして，その際にどれだけ大量の富がどのように消費されるのかを女性との関連の中で論じていく。なお，同じボントック族であってもその儀礼の細部に関してはイリごとにかなりの変差がみられる。そのため，ここでは，とくにサダンガでの婚姻と葬儀に関わる儀礼について詳述していく。なお，ボントックにおける儀礼過程の意味と象徴の体系については合田の詳細な報告［合田 1989 a］があるので，ここではそうしたことには立ち入らず，社会戦略としての儀礼のありかたに注目する[1]。

2．儀礼の分類

ボントック社会にはさまざまな儀礼があるが，それらは供犠動物の種類や儀礼の過程，形態によって大きく次の2つに分類することができる。

(1) カナオ *kanao*

鶏や豚ないしはカラバオ（水牛）が供犠される儀礼で，祭宴を伴う。家族の死や婚姻，田植えや収穫といった農耕に関わるものなどの儀礼複合の過程で実修される。儀礼の場は個人の家，アト，聖樹パパタイなどであるが，特定のアトで行われてもアトの成員のために行われる場合と，イリ全体のために行われる場合とがある。

個人の家で執り行われる場合，通常は，自分たちの帰属するアトの古老男性たちがその儀礼を取り仕切るために招待される。儀礼はアイイェン *ayyeng* の歌で始まり，供犠動物となる豚が前庭で屠殺され，火で毛を焼いてから家の中に持ち込まれ，内臓を取り出し，胆嚢で儀礼の吉凶を占う。この胆嚢占いは鶏でも行われるが，いずれにおいてもその大きさ，色，表面のきめの細かさ，向き，肝臓との位置関係によって占われるもので，病気や，戦闘，長旅に出発する前などにも行われている。その後，供犠された肉を細か

く切って調理し，飯と肉の一部を祭宴に招待されたアニトに捧げ，祭文が唱えられる。また，肉の残りは招待された長老たちや親族，その他の招待客などに分配される。

(2) マンマン *mang-mang*

鶏が供犠される儀礼で，祭宴は伴われない。また，アニトに対し祭文が唱えられるだけで，儀礼歌はない。子供の誕生や臍の緒が落ちたとき，農耕儀礼の一部，巫医による治病，その他，アニトの怒りを鎮める，悪い霊が関与する不幸を取り除くために祖霊のアニトに仲介や手助けを依頼する場合などの儀礼複合の過程で行われる。儀礼を実修するのは通常，老女で，アニトをその場に呼び出し，この儀礼が何のために実修されているかを説明する。鶏は足を持って逆さにし，棒で叩いて殺してから羽を焼いて取り除く。そして，豚と同じように胆嚢で儀礼の吉凶を占う。その後，鶏の肉が調理され，その肉の一部をアニトに捧げ，祭文が唱えられる。また，残りの肉はその儀礼に参加した人々に分配される。

これらの儀礼に共通するのは動物供犠であるが，前者が祭宴といった娯楽的要素を含むのに対して，後者は特定の目的を遂げるための純粋な儀礼であるため，歌もなく，おごそかに祭文が詠唱されるのみである。また，前者が男性中心の儀礼であるのに対して，後者は古老女性の手で行われることが多い。

3．婚姻儀礼

サダンガでは，カチャンギャンどうしによる幼児婚約（イドマン）を除いては，慣習的に，娘宿オログでの自由な交際によって配偶者の選択が行われている。サダンガでは第一イトコまでの婚姻は禁忌とされるが，第二イトコとの婚姻も稀であり，以前には階層を越えての婚姻も禁止されていた。通常，未婚の男性はこうしたインセスト・タブーの対象となる女性のいるところを避け，イリ内の数ヵ所の娘宿を訪問する。そうした訪問の過程での自由な交際を通し，親しい関係へと発展した男女はやがて娘宿のなかで一緒に寝るこ

とが許されるようになる。そこで結婚への合意が成立すると，2人は次の段階へと進んでいく。まず女性側の両親が男性側の両親と交渉するための仲介者を選択する。この仲介者はイリの中でも人望の厚い既婚者で，子供があり健康でなければならないとされている。この仲介者が最初に男性の両親の家へ行き，ここでその女性との結婚に同意が得られれば，双方の両親はさっそく婚姻儀礼のための準備を始めることになる。またこの時，男性側から女性側にパランガ palanga とよばれる斧が，女性側から男性側にはサンガップ sang-gap とよばれる移植ごてが贈られる。この贈物の交換によって正式に婚約が成立したとみなされる。

　婚姻をめぐる儀礼には大きく分けて3つの段階があり，一般に第一の段階がカラン kalang，第二の段階がロピス lopis，そして最終段階で，もっとも大きな儀礼がチョノ dono（本来の意味は「働く」[2]）とよばれている。チョノとは婚姻に関わるすべての儀礼を総称する包括的な語彙であるが，狭義にはとくにカラバオ供犠の儀礼ファヤス bayas を意味することばであるという［合田 1989a：256］。そのため，第二の段階をロピス・チョノ，第三の段階をファヤス・チョノなどとよぶ場合もある。しかし，サダンガの人々によれば「婚姻に関わる儀礼はカラン，ロピス，チョノの大きく3つに分けられ，そのうちもっとも規模が大きい最終段階のものがチョノである」と説明される。そこで，ここでは彼らの説明にしたがって，この最終段階のもっとも規模の大きい儀礼をチョノとよんでおく。ただしカラン以降は，すべての夫婦に義務付けられているものではない。また，ロピスやチョノは個人的な儀礼というよりもイリ全体で執り行われるものであるが，そのスポンサーであり主催者が新夫婦であるといった点では，まさしく婚姻儀礼である。

　一方，サダンガの婚姻に関わる儀礼はこれら3つ以外に，さらにいくつかの小さな儀礼が加わり，全体として次の8つの段階で構成される。ただし，これらのなかには，いわゆる「結婚式」といったような儀式的なものとはほど遠いものもいくつかある。そこで，ここではとくに，婚姻儀礼を「一人前の夫婦として社会的に認められるための一連の儀礼複合」と定義することとしたい。

(1) テルファ *telba*

　テルファはサダンガの一連の婚姻に関わる儀礼の最初の段階であり，これによって婚約が正式に成立する。娘宿の中で2人が親しく時を過ごしたり，性的関係をもったりしていることがわかると，まわりからこのテルファを早くやるようにと勧められる。通常，この儀礼を主催するのは新しく夫婦となる男女であるが，2人がまだ若い場合（14～15歳未満）には両親が代理を務めることもある。これは次の段階の儀礼であるカランが行われる1～2日前頃に実修されるもので，富裕層の人々のなかには2日間にわたって行うこともあるが，たいていは1日で終了する簡単なものである。儀礼の過程は，まず新婦となる女性とその仲間の1人が朝早く，調理した飯と菜をもって夫となる男性の家へ行き，彼とその友達の1人と一緒にそこで4人で朝食をとり，その後，彼の両親とともに結婚に向けての話し合いをする。このテルファ儀礼の中心は，その後の男性側の家で催される共食であるが，この食事に必要な食べ物はすべて女性の側から持ち寄られる。そして，男性側の家で彼女がそれらを，彼やその両親も手伝って調理する。このように「自分たちの食べ物を相手の男性の家に持ち込むこと」でこの結婚に対する女性側の両親の同意が示されるが，反対に，必ずしも男性側の両親がこの婚姻を好ましく思っていない，あるいは当事者の男性があまり乗り気でないといった場合には，テルファの初日の夕食後に断ることもできるという。ただし，直接的に「嫌だ」というのではなく，たとえば「今は時期がよくないので，収穫後にしよう」とか，「自分たちはあなたの家ほど豊かではない」などといった婉曲的な表現で自分たちの意志を表明する必要がある。

　双方の同意が得られれば，さらに次の段階に儀礼が進められる。また，男性側の両親はこの期間，儀礼的籠もりに入り家から出ることを許されなくなるが，その際，家の中の物が落ちたり，イリ内で死者がでたりしたような場合，凶兆であると判断されテルファは中止される。

(2) カラン

　双方の両親の合意が得られると，すぐにカランのための準備が始められる。これはイリに対する初めての公式の宣言であり，これによって2人の「夫

婦」としての地位がイリ内で正式に認められる。この儀礼を終了することで初めて2人は夫婦としての共同生活をスタートすることができるようになるのである。通常，双方の両親をスポンサーとし，新婦側の家で行われるが，新婦側により多くの経済的負担がかかるため，経済状況によっては新郎側の家で開催される場合もある。また，双方の経済力がかなり違うような場合には裕福な方の家族にかなりの経済的負担がかかることになる。

　カランは，イリ内のほとんどの人々が招待される祭宴部分と，双方の近親者だけが参加する共食・儀礼部分の2つの段階からなっており，夕方から執り行われる。(1)で述べた最初の段階のテルファが双方の両親の意志確認であるのに対し，カランはイリ内への御披露目的性格をも併せもっているため，この祭宴にはイリ内のほとんどの人が招待される。

　儀礼の当日には，朝早くから娘宿仲間や近隣の年配の女性たちが手伝って，共食に必要なだけの大量の米が搗かれる。またアト仲間たちによって薪が集められる。こうして準備が整う頃，夫となる男性は数人の仲間や仲介者と一緒に1ガロンのファヤス（サトウキビ酒）や5束（脱穀した状態で約2.3kg）の稲，タバコ，褌，豚などを持って新婦の家を訪れ，そこで動物を供犠する。褌は通常，彼女の兄弟に贈られるが，もし兄弟がいなければその親族の誰かに贈られる。その後，新婦の両親は，新夫婦と双方の母親がウェストに巻く赤いビーズ（フェドフェド *bedbed*）を用意する[3]。なかでも新郎の母親はこのビーズを大切に保存しておき，やがて新夫婦に子供が誕生したときに鶏供犠の儀礼（マンマン）を行い，そこで生まれてきた子供へと手渡すという。ここで消費される肉の量は双方の両親の経済的状況によっても異なるが，一般の人々は豚や鶏だけでよいのに対し，比較的豊かな家族の場合はこの儀礼のために1頭のカラバオと豚を供犠しなければならないことになっている。通常，カラバオの場合には昼間，豚の場合には夕方になってから供犠が行われる。そして供犠された肉は乾燥肉とともに調理され，夕方の食事の準備が整う頃，だんだんと集まってきたイリ内の人々にふるまわれる。このとき参加者が多くて肉がまわりきらない場合には，豚のレバーが用いられることもあるという。また，食事の前後にはファヤスやタバコなどもふるまわれ，楽しく共食が行われる。一方，招待客は，パランガ *palanga* とよば

れるお祝い（酒やタバコ，米，現金など）を持参する。ただし，この間，新夫婦は祭宴で出された食事をいっさい口にしてはならないことになっている。一方，こうした共食とは別に，この儀礼の過程で調理された肉をタカッド *takad* とよばれる木ないしは籐製の大皿に入れてカランが行われている家の中に設置し，儀礼が行われる。これには新夫婦と双方の両親，古老たちが参加するが，古老の中の1人が戸口の所に立って新夫婦の繁栄と幸福を願って祭文を詠唱し（マンガピヤ *mangapya*），全員でその肉を食べる。ただし，この儀礼で使った肉の残りと皿は次の日の朝，新婦の家族と新夫婦が食事をするときのためにとっておく。このようにして新婦側での共食の儀礼が終わりかける頃，こんどは数人の男性が残っている肉や1罐（1カファ：稲約50束）の米を持って新郎側の両親を訪れ，そこで同じように調理して食事をする。また新婦側に残された人々も，もう一度食事をし，やがて三々五々帰って行く。

　このようにしてイリレベルでの儀礼は終了するが，その後，今度は親族たちだけでパタイ儀礼を執り行い，別の共食をもつ。これは双方が親族としての新たな関係を確認するための儀礼的分与行為であり，妻方の親族から提供された鶏がここで供犠され，人望の厚い古老男性（ラカイ *lakay*）によって祭文が唱えられたあと，その肉を皆で分かち各々家に持ち帰る。また，遠方に住んでいるなどといった理由でこの儀礼に参加できなかった親族についても，その肉の一部が届けられなければならない。とりわけ第一イトコまでは，必ずその分与が届けられなければならないとされている。またこの際に，カロン *kalon* とよばれる儀礼的贈与に関する話し合いが両親や古老たちとともに行われることがある。カロンとは夫側の両親から自分の息子の妻となる女性に対して儀礼的に贈られる水田であり，小さくても土壌の肥えた，居住地からほど近い「良い水田」でなければならない。贈与された水田は彼女自身のものとなり，彼女が若くして死んだ場合には両親に渡されるか，夫とその両親にわずかな料金で買い戻されることになっており，夫方から妻方に支払われる「花嫁代償」とは若干，性格が異なっている。ただし，たとえ妻側から買い戻したとしても，夫側は自分たちの親族以外にこれを転売してはならない。

通常，このカランは1日で終了するが，この儀礼を境として2人は初めて「1組の夫婦（シンアサワ sin-asawa）」として正式に認められることになり，両親から水田を継承し，共同生活をスタートする。これ以降2人は夫として妻としてふるまうことが社会的にも要求されることになる。

次の日，新夫婦はカラン儀礼を開催した家に一日中籠もらなければならず，両親や未婚の兄弟姉妹は空き家やアトなどに寝所を移す。この間，家の入り口には侵入禁止を示すプチョンが置かれ，誰も家に立ち入ることができなくなる。さらにその次の日，夫は他の数人の男性たちとともに儀礼的遠征ファグファゴ bagbago を行う。儀礼的遠征といっても実際には山に薪を取りにいくというものであるが，この主たる目的は，薪を持ち帰るということよりもイチェウ idew とよばれる鳥の凶兆を観察することにあり，凶兆がみられれば2人の婚姻は望ましくないものと判断され，婚姻関係が解消される。

(3) コムグノッド komognod

カランの約1週間後，忙しいカランの最中に観察することのできなかったアニト霊の意思を再確認し，新夫婦の婚姻結合が強化されることを願って行われる。ただし，このことによって婚姻関係が無効になるということはない。

コムグノッドの期間，新夫婦が男性側の両親の家にいる場合には妻が，女性側の家にいる場合には夫がそれぞれの両親の家に戻りコムグノッドを行う。彼らは約1週間，双方の実家で離れて生活し[4]，その後，元の家へと戻るが，その戻る際にみられる現象が彼らの婚姻が成功するかどうかを知らせるアニトの意思であると考えられており，さまざまな凶兆が注意深く観察される。たとえば，この日にイリ内に死者がでたり，家の中の物が何か落ちたり，誰かがくしゃみをしたり，帰る途中で鶏や豚，犬，蛇，鼠などが目の前を横切ったりしたような場合は凶兆であり，帰宅を2日間延期しなければならないとされる。もし何事もなく家に辿り着くことができたら，それは死霊アニトの祝福を意味していると考えられ，再び鶏を供犠して他の干し肉とともに調理してパパタイで儀礼を行い，双方の両親や兄弟姉妹と共食する。そしてカランと同様，他の親族にも肉の一部が配られる。

(4) ロピス

ロピスはイリを単位とする比較的大規模な供犠祭宴である。カランに比べ，主催者側にかなりの経済的負担が課せられるために，必ずしもカランのすぐあとに行われなくてもよいとされている。通常，カランが行われた1年後ぐらいに実修されることが多いが，とくに決まりはなく，十分にその準備が整った時期に実施される。そのため，それぞれの夫婦の経済的事情によっても異なり，また，1組の夫婦だけでは招待客すべての費用を賄うことができないため，いくつかの夫婦が共同で行うことになる。ただし，時期が遅くなり過ぎるとその夫婦に不幸が降りかかると信じられているため，実際にはあまり遅くならないよう，しばしば古老たちからアドバイスされる。とくに富裕層の家族では，早ければカランの約1ヵ月後に行うこともある。ロピスでは，イリ内の人々だけが招待される1回限りの祭宴からなるカランと異なり，儀礼の中心となる祭宴にイリ内の人々に加え，近隣の友人や遠方の親戚など多数の人々が招待される。そして，全体で2日ないしは3日間にわたって行われる儀礼の中で[5]，昼間に3回（1回目の食事はパナットアラン *panat-alan*，2回目の食事はアピッド *apid*，3回目の食事はキナピア *kinapia* とよばれる），夜に3回の食事（レナス *lenas*）が招待者たちに盛大にふるまわれ，大量の米や肉が消費されることになる。この間，提供される肉は，双方の両親がスポンサーとなって事前に用意されており，比較的裕福な家族では少なくとも双方の両親から合計で3〜5頭，中間層でも1〜2頭のカラバオが供犠され，その他に毎回の食事のために数匹の豚が供犠される。またそれと同時に2〜3籠（キマット *kimat*：籠1杯で約150束の稲穂）もの米が消費される。

ロピスはこうした招待者を招く祭宴だけでなく，主催者にとっては，いくつかの段階を追った儀礼によって構成される儀礼複合である。祭宴に先立つロピスの最初の段階は，イリ内の古老たち（ラカイ）を招待しての共食（パナットアラウ *panat-alaw*）である。ロピスの初日，朝早くに主催者となる夫婦が古老たちを自分たちの家へ招き，調理した干し肉の食事をふるまい，この儀礼で何頭のカラバオを供犠するかを報告する。そしてこれがすむと，近隣のイリに住むすべての親族にロピスが開催されることを知らせにメッセ

ンジャーを送る。ただし，友人たちにこのようなメッセンジャーを送ることはない。また，毎回の食事のために豚が供犠されるが，これは後述するカラバオの供犠とは異なり，昼間，生きたままの豚をパパタイに連れて行ってその耳を切り取り，竃用の石の所に棒に刺して供え，再び豚を家に連れ返って解体するといった作業が毎回，繰り返される。豚の頭と足は儀礼での共食に用いられるが，残りの部分は親族やイリの古老たちに分け与えられる。また午後には，親族たちが森にカラバオを供犠しにいく。この供犠の儀礼にはカラバオ1頭ごとに一瓶のサトウキビ酒が準備されるが，この儀礼に用いられる酒は特別にフェンアグ ben-ag とよばれている。このフェンアグは儀礼に必要な肉が十分たりるように祈る際に用いられるもので，1本目の足を切り取った後でその約4分の1をカラバオの上に振りかけて「マソフラカ masobolaka（「十分な」の意）」と唱え，残りの酒は自分たちで消費する。続けて全部のカラバオを解体し，豚と同じように頭と足はロピスで使用されるので新夫婦の家へ持ち帰り，残りの部分は親族たちで分配する。ただし，首の部分は特別に新夫婦の兄弟姉妹に与えられなければならない[6]。

　また，主催者の家の入り口にはラタワン latawan とよばれる，先の部分だけに枝と葉を残した細長い松の木が立てられ，これに1羽の鶏を供犠して皆から見える位置に括り付け，アニトに捧げる[7]。これは屋根を越えるほどの高さがあり，この家がロピスの最中であるということを皆に示すためのものである。またチャラタイとよばれる2本の長い松の木が家の前に臨時の竃[8]として設置され，そこに大きな鍋をかけ，儀礼に必要な料理を調理する。解体された肉の調理が済むとその一部が皿の上に並べられ，古老男性たちによって新夫婦とその家族の幸福を願う祈り（マンガピヤ）が唱えられる。

　このような儀礼の準備はすべて招待者がやってくる最初の食事の前に準備されていなければならないが，それにはたくさんの人出が必要となる。そのため，こうした儀礼に関わるさまざまな労働を手伝う人々のグループが特別に組織されており，これをインアモアット in-ammo-at とよぶ。インアモアットは作業別にいくつかのグループに分けられており，たとえば豚を供犠するためにパパタイに運んだり，水を汲んだり，薪を集めたりする人は男女2人ずつの4人組で，テルファ儀礼を手伝ったものがこれにあたる。また，

ラタワンや竈などの準備をするため森に松の木を切りに行く2～3人の男性グループや，肉を管理，分配する手伝いをする人などがおり，彼らはたいてい，そうした労働に対する返礼として肉や米をもらうことになっている。

2日目は招待者がやってくる日である。この日の共食にはイリ内の人々はもちろん，他のイリに住む親族なども招待される。儀礼のために調理された肉は細かく刻んで箕の上におかれ，数切れずつ，飯と，肉を調理したスープとともに参加者に配られる。通常，招待者はアチャン *adang*，あるいはソルポン *solpon* などとよばれるお祝いを持ってくることになっているが，これらは酒やタバコ，米，現金などさまざまな形で渡される。そして，人々はこのお返しとして，帰る際に約1kgの肉の分配を主催者から受け取ることになっている。ここで招待者たちは，次の日の朝まで主催者たちの家々を個々にまわって食事をしたり，酒を飲んだりして楽しみ，一方，古老男性たちのグループはアイイェン *ay-yeng* とよばれる歌を歌ったり[9]，儀礼的舞踏を踊ったりして過ごす。

この祭宴の最中に，新夫婦の幸福を願ってカブアロブ *kab-alob* とよばれる儀礼が行われることもある。ここでは，前もってバナナの葉で覆いをした5つの小さなジャーを部屋の隅に置いておき，2回目の食事のあとで双方の親族の成人男性が，「新夫婦に男の子が生まれますように」とか（新婦側の親族であれば「女の子が生まれますように」と祈ることが多い），あるいは「赤ん坊の耳から脳が流れ出ますように」などと，その場を和ませ笑いを誘うような冗談を言いながら手で覆いの葉に穴を開けてさまざまな祈願をする。ただし，2回目の食事の前に覆いの葉が破れてしまった場合は凶兆であり，この婚姻は望ましくないものと判断される。このような凶兆が出れば，もはや双方の両親は2人の関係を続けることを許さなくなるため，この儀礼は万が一婚姻が解消されてもだいじょうぶなよう，新婦がまだ妊娠していない場合にのみ行われる。2回目の食事の後には，カラバオの頭から調理して取り除いておいた角と顎の部分を家の外の屋根部分に飾り付ける。その日の最後の食事はとくにケルイッド *kel-id* とよばれるが，通常，この頃までにはほとんどの招待者が家に帰っていき，後に残っていたイリ内の，あるいは近隣に住む近い親族だけがこれに参加することになる。この際，ラタワンに取り

付けられた鶏を外して調理し，古老男性と古老女性が食べるが，これをタットアヨン tat-ayon という。こうしてイリレベルでの儀礼がすべて修了すると，最後に，近い親族だけで鶏を供犠して全員で共食する儀礼（パスケップ paskep）を行い，ロピス儀礼は終わる。そして，この食事の後に，これまで飾られていたラタワンとチャラタイがはずされる。

次の朝，新夫婦はカランの時と同じように儀礼的籠もりに入る。再び家の前には侵入禁止を示すプチョンが立てられ，新夫婦は外に働きに出ることが許されなくなり，次の日の朝まで一日中家にとどまる。その日の夜，2回目の食事の後に飾り付けたカラバオの角と顎を取り外し，家のなかに入れる。

(5) トゥトゥクラッド teteklad

これは，新夫婦が，かつての独身時代の友人たちと結婚後もその友情関係が続くよう確認するためのもので，ロピス終了後で，なおかつチョノが実修される前に開かれる。トゥトゥクラッドが開かれることが決まると，夫とその友人の男性たちは川へ魚を，妻とその友人の女性たちは田へ貝やドジョウなどを捕りに行き，午後にはそれらをもって娘宿へと集まる。新夫婦がそこで彼らのために飯を用意し，自分たちで捕ってきた魚介類を調理して食事をしながら思い出話をしたり，冗談を言い合ったりして楽しい一時を過ごす。

(6) チョノ

チョノは婚姻に関わる儀礼の中でも最終の最大規模のもので，原則として過去10年以内に結婚し，カラン，ロピスをすでに済ませたがまだチョノには主催者として参加したことのないすべての夫婦によって，共同で開催されるものである。また，結婚して何年かたっても子供が生まれない夫婦も，その対象となる。夫婦によっては一生のうち2～3回，これに参加する場合もあるという。婚姻儀礼とはいいながら結婚後，すぐに実施されないのは，かなりの経済的負担があることと，夫婦の絆が固まったと客観的に評価されることが必要であるからとされる。イリごとで開催される年はさまざまだが，イリ全体の話し合いによって5年ごと，7年ごとなどというように定期的に実修される。

チョノの儀礼の過程は，大まかにいえばロピスの規模がさらに大きくなったものであるが，ロピスの供犠動物の中心が豚であるのに対し，チョノではカラバオがその中心となる。期間も，全体として 8 日〜10 日間にわたって行われ，たくさんの人々が招待されるが，とくに，イリを出て他の地域で暮らしている人や婚出した人々も必ずこれに参加するために戻ってこなくてはならないとされている。供犠されるカラバオの数もイリ全体で 100 頭，招待者も 1,000 人を上回ることがあって，実際には，儀礼の主催者たちだけでなくイリ全体にも相当な経済的負担が伴われることになる[10]。その結果，イリ内に一時的な食糧不足が起こる場合すらあるという。なお，村外婚の場合には，原則として，自分の出身のイリに子供とともに戻って実施し，それにかかる経費はその両親が負担しなければならないことになっている。

　チョノの本来の目的は「夫婦に子供が恵まれるように」ないしは「子供の数が増えるように」と願うものであり，厳密には婚姻儀礼というよりも夫婦の繁栄や幸福を願うものであるが，それは同時にイリ全体の豊穣をも願うものであるという。しかしチョノの開催にあたっては，イリ全体の話し合いというよりもそれを発案するのは富裕層のなかの 1 人で，実際には，他の富裕層の同意が得られればほぼ開催は決定したことになり，貧しい階層の関係者たちはそれに追従する形をとる。チョノにはだいたい 10〜15 夫婦，多いときで 30 夫婦ぐらいが主催者として参加するが，全参加者（チョムノ domno）の中から第一リーダー（スムブファット somob-bat/パゴ pango/プマトパット pomatpat），第二リーダー（スモクノブ somok-nob/スマグファット somog-bat），第三リーダーが選ばれる[11]。このリーダーたちが儀礼の主導者となるが，夫婦にとってはこのリーダーになることが最大の名誉であるとされる。とりわけ第一リーダーに限っては代々この役目を担ってきた富裕層（カチャンギャン）の系譜でなければならないとされており，たとえ経済的に豊かであっても富裕層でなければ第一リーダーになることはできず，逆に経済的に豊かでなくても富裕層であればこの役目を担うことができる。万が一，富裕層でない者が第一リーダーを務めれば，たとえどんなにたくさんのカラバオを供犠してもイリ全体が不作になると考えられており，富裕層でない者が第一リーダーになりたいなどと主張すればイリ中の人々に軽

蔑される。ただし第二リーダー，第三リーダーについてはその限りでなく，中間層の者でもかまわないが，第二リーダーについてはできれば富裕層が望ましいとされる。しかし，この期間，第一リーダーは少なくとも10頭以上，第二リーダーは5～7頭，第三リーダーは3～5頭のカラバオを供犠しなければならないとされており，実質的にも富裕層でなければこの役目を務めるのは不可能である。これに対し一般の主催者は1～3頭のカラバオを供犠すればよい。チョノでは，この第一リーダーがすべての過程で儀礼を最初に執り行い，同じ儀礼が他の夫婦によって繰り返されるという形をとる。また，チョノは一生に1回だけ主催者として参加すればいいというものではなく，チョノを何回実修したかということが人々にとって自慢のひとつともなっており，この回数の多寡がチョノリーダーになることと加え，その夫婦の社会的地位や名声をさらに高めることになる。いずれにせよ，チョノはきわめて大規模な供犠祭宴となるのでイリ全体の調整と相当の準備が必要であり，これらリーダーの果たす役割がたいへん重要となるのはいうまでもない。そのため，リーダーとよばれながらも実際にチョノをリードするのはこうした若い夫婦ではなく，結局，彼らと親族関係にある古老の世話役たちということになる。

　チョノ全体は，チョムノとイリ全体が関わる儀礼とが交錯する儀礼複合であり，チョノが無事に終了するためにさまざまな忌休日が課せられ，凶兆が観察される。一方，パパタイではイリの安寧と豊穣が祈願される。

　最初は3日間の忌休日（フィデル *bidel*）から始まる[12]。まず，第一リーダーが忌休日を宣言するよう古老たちに申し入れる。そして，この期間にチョノの実施にあたってのさまざまな計画が話し合われ，準備がすすめられる。また，2日目の夜にはチョノに主催者として参加するすべての夫婦（チョムノ）と関係者がリーダーの家に集まって共食の儀礼を開き，第一リーダーが皆に豚を1匹提供する。最初に祈りが捧げられてから豚は解体されるが，この肉はチョノの主催者全員に分けられ（この分け前をインマンマノック *in-mang-manok* とよぶ），さらに，肉の一部を調理して皆で食し，残った肉は古老たちがそれぞれ持ち帰る。次の日，供犠した豚の頭をパパタイにもっていき，司祭（プマパタイ）が儀礼を実修する。しかしここでは特

別な祈りはなく，持って行った豚の頭を調理して古老たちで食べるのみである。またこの期間は，死霊アニトがこの大祭を後援してくれるか，そしてまた，すべての参加者に十分な食糧が供給できるかどうかを占ってさまざまな凶兆を観察する時でもある。たとえば，この間，イリ内に死者がでたり，虹が現れたりすればそれは悪い兆しであると考えられ，忌休日は中止される。ただし，部外者のイリ内への侵入は凶兆とはみなされない。中止された場合，人々は通常の労働に戻り，その1日後，再び忌休日が課されなければならない。一方，何事もなく忌休日が終了すれば，大祭での十分な食糧の供給がアニトによって保証されたことになる。

　こうして忌休日があけるとサラグ salag とよばれる最初のカラバオ供犠の儀礼がイリはずれの草地で行われる。サラグの本来の意味は「皆のために」であり，文字通り，イリ内の希望するすべての人がこれに参加できるため，多い時には参加者が200～300人にも及ぶという。ここでは第一リーダーによって1頭のカラバオが用意される。最初に「マソフラカ（十分に）」と祈って足が切り取られた後，一斉に参加者たちはカラバオに駆け寄り，頭と足を除いて，全員が好きな分だけ肉を切り取る。つまり皆が平等にその分け前を享受することができるとされている。これは，その後の，たくさんの招待客が訪れる祭宴で消費される肉が十分にあるかどうかを占うために行われるものであり，この時，もし1人でも肉の分け前を得ることができなければ，続くチョノの祭宴においても肉が人々に十分に行き渡らず，不足してしまうということを象徴しているという。そのため，このような時には本来，儀礼用に取り置かれる足の一部でさえ与えられなければならない。彼らにとってチョノで肉が不足する（フイシット bowisit）ということはきわめて不名誉なことであって，もしそのようなことが起きれば，他のイリからやってきた招待客に「十分な肉も準備できないのにチョノを開催した」として非難されることとなる。これは主催者側にとって大変な恥であり，またイリ全体にとっても最大の恥となる。そこで，こうしたサラグ以外でも，さまざまな場面でチョノで肉が不足することのないよう確認される。とくにリーダーたちには祭宴で十分に食糧が供給され，チョノを成功させることができるようにさまざまな禁忌が課せられる。たとえばリーダーはこの日から水浴びをした

り，食器や調理器具を洗ったりしてはいけないとされる。もしこれを破れば，チョノでふるまわれる食糧自体が不足するだけでなく，イリ内のあらゆる作物がダメージを受け不作になると考えられている。

　第一リーダーはこのサラグの日から毎日1頭ずつ，第二リーダーはその次の日に最初の1頭を供犠し，その次の日からさらに1頭ずつ，そして第三リーダーは3日目に最初の1頭を，同じくその次の日から1頭ずつ順番にカラバオを供犠していき，その他の参加者は4日目から供犠を始めていく。これをケチャッグ kedag という。この最初の3日間の供犠が終了した時点でリーダーたちが集まって，何日間この供犠を続けるかを相談する。通常，5日目か6日目ぐらいが供犠の最終日（チャウィス dawis）となり，最後のカラバオ（サフライ sablay）が供犠されると，その日にイリ外の人々にチョノの開催と招待が告げられる。またこの日には，シワグ儀礼 siwag が実修される。この儀礼に参加するのは10人前後の男性によるグループで，すでにチョノに参加する義務をすべて果たした者たちによって構成されている。シワグの過程は，まず青銅のゴングを使っての儀礼的舞踏（フィアル bial）で始まる。これは同じ場所に立ったままゴングを左右に揺らして鳴らすもので，その後に古老男性の一人が新夫婦の幸福と繁栄を願ってパラウィット palawit とよばれる祭文を詠唱し，まわりの人々はこのパラウィットにイヤグ iyag とよばれる高いピッチの叫びで応える。このフィアル，パラウィット，イヤグの一連の流れが3回繰り返され，2回目のパラウィットでは全知全能の神ルマウィの物語が語られる。このシワグ儀礼では，最初にリーダーたちの家でこの一連の過程を行ったあと，すべての主催者夫婦の家を順番に巡っていき，そこで同じことを繰り返すという形をとっている。そして，その返礼としてそれぞれの家の夫婦からカラバオの足を受け取るが，その家族が1頭のカラバオしか供犠しない場合には，代わりに6kgの肉とタバコを返礼としてもらい，それを皆で分配する。

　シワグの後，イリの外に準備しておいた儀礼に必要な材木や薪が家に運ばれ，チヤンファ dangba の段階へと移る。ここではロピスの時と同じように，ラタワンとチャラタイが家の前に設置され，さらにファンサーとよばれるカラバオの頭を吊るすための4本柱の高台が作られる。原則として，サダンガ

とベルワンでは，カラバオの頭は，まだ子供がいない夫婦は屋内に，子供のいる夫婦は屋外に飾ることになっている。チョノによって供犠され，消費される動物の量は相当な数に及ぶが，とくにカラバオは，彼らにとってもっとも高価な供犠動物であると考えられているため，そこで供犠したカラバオの首をファンサーに吊るし数日間展示することで，招待者やイリ内の人々に自分たちが何頭のカラバオを供犠したかを披露し，その富や名声を誇示する（写真 3.4.1，3.4.2，3.4.3）。次に，長い臼（レブカン）が家の外に持ち出され，ここで女性たちによって儀礼的な米搗き（レベック *lebek*）が披露される。通常，新夫婦の双方の親族である老女が 1 人ずつグループのリーダーとなり，この 2 人が最初に一束の稲穂を臼の中におき，全員で頌歌ソルウェエイ *solwe-ey* を歌いながら 2 列になって交互に杵で搗くまねをし，踊る[13]（イポスオン *ipos-ong*）。このレベックのリーダーにも返礼として主催者夫婦から肉がワトワット *wat-wat*（儀礼で手土産として渡される肉）として 2 kg，稲 5 束が与えられる。そして，この歌の後にリーダーが花のついた小枝を新婦の髪に花が後ろになるように挿す。これは彼女が新婦であるということを皆に知らせるためのものであり，これをサガンガ *sanganga* とよぶ[14]。それから，新婦の母親は貴重なビーズの装飾品で新婦の頭や腕を飾り立てる。その他の人々もこの時，晴れの衣裳に着替えに行く[15]。こうして大方の準備が整ったことになり，この夜，参加者のすべての家では，祭文が詠唱された後で，2 人の男性が招待客の数に応じて肉を小さく切る最後の作業を進める。この労働に対しても 4 kg の肉が返礼として渡される。

　チャウィスの次の日は，いよいよイリ外からの招待者がやってくる日で，祭宴の頂点である。招待されるのは，通婚関係にある 2～3 のイリおよび平和同盟を結んでいるイリで，全体で 10 前後のイリから招待客がやってくる。その中心の行事は参加者全員による共食であるが，この共食には霊的に他のイリのアニトも招待されるという。

　朝の 10 時頃から，招待に先だって古老男性たちのグループ（マニワグ *maniwag*）が，最初にチョノリーダーたちの家，次にチョノに主催者として参加しているすべての夫婦の家を順番に回って行き，そこで儀礼的舞踏（パットン *pattong*）を捧げ，その返礼として数 kg の肉をもらう。この儀礼

第4節 婚姻儀礼と葬送儀礼

的舞踏を合図に，いよいよ招待者がイリ内へ入ってくることが人々に知れわたる。

ただし，招待といっても別のイリからの招待者たちが勝手にイリの中へ入ることはできないことになっており，まず初めに，イリの入り口に集められる。ベルワンの場合は小学校の校庭で，すでに11時頃には正装した招待客やベルワンの人たちが2〜300人ぐらいごった返していた。古老男性たちは，そこへ青銅のゴングと豚の皮，松明，水をもって出向き，彼らを迎えるためのアラウィグ儀礼 alawig を実修する。そこで，最初に受入側の代表が挨拶し，招待客に「イリの規則に従い，秩序と平和を乱すことなく行動してくれるように」依頼し，「酔っ払って肉を煮ている鍋をひっくり返すと1頭のカラバオを返さなければいけない」などと説明する。続いてチョノが何事もなく無事に終わるようにと祈り，招待客の安全と健康が祈願される。それから中央に火を焚き，それを取り囲むように数人の男性（このときは9人）で輪をつくり1ヵ所に立ったまま軽くリズムをきざむタデック・スタイル tadek をとりながら青銅のゴングを叩き，そのあと，その場に座って儀礼の由来に関する全知全能の神ルマウィにまつわる祭文を詠唱する[16]（写真3.4.4）。座って祭文，立ってゴングを叩くというパターンを2回繰り返し，10分ほどで儀礼は終了する。この儀礼の目的は，主として招待者たちの穢れを祓うことにあるという。なぜなら，招待者のイリが，以前，自分たちと敵対関係にあったイリだったなどということはめずらしくなく，かつて彼らの祖先が自分たちの祖先を戦いで傷つけていたような場合がよくある。彼らにとって「敵」の食べ物を食べるということはたいへん危険なことであり，間違ってそのような危険を冒してしまうと重大な病気にかかると考えられている[17]。そこで，招待者たちはこの儀礼を受けることで自らの穢れを祓い，安全を確保することができる。そこで初めて，（かつて敵であったかもしれない）そのイリの中へ入ることができるわけである。その後，受入側の案内で招待者たちはイリの奥へと入っていく。その際，受入側の人々はチョムノであるなしにかかわらず，全員が他のイリからやってきた人々を接待しなければならない。

招待客にはこの日，3回の食事が提供され，さらに夜には別に3回の食事

が準備される。そのため，朝早くから肉と飯の調理が始められなければならない。飯は，バナナの葉を編んで作った敷物を鍋のなかに置き，その上に米と水を入れて炊く。水がなくなってきたら大きい葉を数枚重ねて蓋にし，さらに蒸す。もう一方の鍋には，水とたっぷりの塩とスライスしたカラバオの肉を入れて煮る。煮上がった肉のいくつかは，4～5片ずつ竹串に刺しておき，もらったお祝いのお返しに持って帰ってもらう。肉には名前のついたタグがつけられていて，主催者側はそれを渡し損ねないよう細心の注意を払う。誰からどのようなお祝いをもらったかはノートにもらさず記入され，次回，自分たちが招待された際の参考とされる。

　招待客はいくつかのグループにわかれてそれぞれの家を回り，稲束やバシ，鶏，パトゥパット *patopat*（モチ米と砂糖をバナナの葉で包み蒸したもの）などのお祝い品（アチャン）を渡す。男性たちのグループは青銅のゴングを叩きながら家々を巡り，女性たちはそれにあわせてサグニとよばれる踊りを踊る。そして食事をし，バシを飲み，婚姻の歌ソルウェエイや掛け合いの歌アイイェンなどを歌う（写真3.4.5）。古老たちは歌の中で，即興でお互いのイリや個人を誉めたり，からかったりする。時には，誰かの悪行を歌のなかで暴いたりもする。また，若い男女は求愛の歌を歌ったり，おしゃべりをしたりして楽しく時を過ごす。実はこれが，他のイリの者どうしが知り合う絶好の機会ともなっており，ここでの出会いがやがて恋愛へと発展することも多いという。なかには食事が済み，肉の分配が済むとさっさと帰っていく人もいるが，多くの人は一晩中食べたり，飲んだり，踊ったりを繰り返し，やがて日が昇る頃になると，散り散りに帰っていく。一方，主催者夫婦の家の内では，こうした祝宴での賑やかさとは対称的に，古老が新夫婦の幸福を願って交替で祭文を唱え，祈りを続ける。

　招待客が帰った日の最後の食事は，ロピスの時と同じくケルイッドとよばれ，その食事の後に家の前のラタワンやチャラタイ，ファンサーが片付けられる。それからカラバオの頭を調理して食し，角と顎の骨を家の外に飾る。ケルイッドの次の日，チョノに主催者として参加した夫婦はすべて儀礼的籠もりに入り，一日中外に出ることが許されなくなる。そして，その晩に鶏を1羽供犠して，近い親族や近隣の人々を招待し共食する。また，この次の日

から3日間はイリ全体もサラクモット salakmot とよばれる忌休日に入る。これは儀礼が滞りなく終了したことに対する感謝のためのもので，とくに何らかの凶兆が観察されるということはない。

(7) ロワッド lowad

これは，前述のチョノよりも規模はずっと小さくなるが，チョノの第二段階ともいうべきものである。チョノの最後の日から数えて3日後，チョノリーダーたちは再びラタワンとチャラタイ，ファンサー（チョノのファンサーが4本であるのに対し2本の柱のみ）を家の前に設置し，ラタワンには鶏を括り付ける。そして早朝に豚をパパタイに連れていって供犠し，それを持って帰って家で解体する。それから，この肉とともに3回の食事が近隣の人々や近い親族にふるまわれる。チョノで残った肉もこの機会にすべて消費される。この時に婚姻の歌が歌われることもあるが，ソルウェエイとアイィェン以外の歌を歌うことは禁止されている。また比較的貧しい人々のなかには，この機会に便乗して自分たちのロピスを行うこともあるという。この日の最後の食事も，チョノと同じでケルイッドとよばれており，その食事の後にラタワンとチャラタイ，ファンサーを片付ける。そして次の日に鶏を供犠し，外に飾ってあったカラバオの角と顎の骨を家の中にしまう。この日から再び，イリ全体に3日間の忌休日が課せられ，リーダーの提供した豚がパパタイで供犠される。

この3日間ですべての忌休日はあけるが，その後3ヵ月間はイリ全体にさまざまな禁忌が続けて課せられる。バギオやカリンガへ出稼ぎに行くなど，長期間にわたってイリを離れてはいけない，松の樹を切ってはいけない，山を焼いてはいけない，焼畑を造成してはいけないなどといったものがその禁忌で，たとえばこの期間，山を焼いたり焼畑を作ったりするとイリ全体が飢饉に襲われると考えられている。また，チョノに当然参加すべきだったのに参加しなかった人はこの先1年間，イリ内に入ってはいけないとされている。なぜなら，チョノで残った干肉を誤って口にすると死んでしまうと考えられているからである。一方，チョノを主催した夫婦は1年間，イリを離れてはいけないことになっており，人に何か物を貸すのも禁止される。誰かに何か

を貸すとチョノによってもたらされたせっかくの豊穣が無効になり，とりわけ米を貸すとイリ全体の米が不足すると考えられているからである。

(8) その他：チャンテイ *dantey*
　チョノを実修した夫婦は，その年の田植えと収穫の後に，それぞれ3日間の忌休日が特別に課せられる。そこで，家の入り口には侵入禁止を示すプチョンが置かれ，家は儀礼的に閉鎖されることになり，部外者は誰もそこに立ち入ることができなくなる。この期間，家の前に炉を作ってそこで調理するが，この時，そこで作られた料理は両親にも分配される。また小さな鶏が供犠されて，稲束と一緒に家の前に置かれる。最後の日にはチョノリーダーが豚を1匹提供し，これをパパタイで供犠して忌休日が終了する。こうしてその年，チョノに参加した新夫婦に課せられるすべての儀礼は完了することになる。

4．葬送儀礼

　ボントック族の死は，主として人々の魂が死霊アニトによって呼びよせられるために起こるといわれている。アニトの一部は彼らの祖先の魂であると考えられており，死者の魂は自分たちの親族の霊であるアニトと一緒になるためにアニトの世界へと戻っていく。そして，さまざまな儀礼の際に親族を訪ねてくるという。
　死の原因は，結婚して孫をもつ老人が老衰で死ぬことを自然なことと考える「自然死」と，首狩の戦闘や病気，不慮の事故などによる死の「異常死」の2つに大別される。とくに自然死の場合には，ボントック族では比較的悲しみの少ない，大規模な儀礼が実修される。このような葬送儀礼では，動物供犠と参加者全員の共食が伴われるのが一般的で，その際，死者の残された親族が賄うことのできる食事の延べ人数が，彼らの地位と名声に比例することになる。しかしながら，たとえカチャンギャンであっても孫をもたずに若くして死んだ場合などにはこれを自然死とは考えないため，深い悲しみを伴った小規模な儀礼が執り行われるに過ぎない。また，子供が死んだ場合には，近い親族のみが儀礼に参加する。このように，その死の原因によって異

なった規模の儀礼が行われることになるが，ここではとくにサダンガで実修されるもっとも一般的な自然死に関わる儀礼を中心に述べていく。

(1) セガ *senga*

とりわけ病人の症状が重体で，もはや助かる見込みがないような場合，病人自らが，自分のために隣人や友人を招待する最後の共食を開きたいと親族に申し出ることがある。このような供犠祭宴をセガというが，これは単に病人が人生の最後に人々を歓待し「死んでしまっても自分のことを忘れないで欲しい」と願うためのものではなく，治病儀礼として，これまで病人を苦しめてきたアニトを鎮めるという目的をもって行われるという。通常，セガには豚ないしカラバオが用意されるが，人々はこれを最初にアニトに対して供犠し，その後，調理して皆にふるまう。あくまでも治病儀礼のひとつであるから家では病人の回復を願う頌歌（アイィェン）が歌われ，祭宴の間中，動物供犠が繰り返されるが，どのくらい続けるかは個々の経済状況によっても異なり，場合によっては病人が回復するまで，あるいは亡くなるまで続けられるという。

(2) ポクソウ *pokso* とパネグテガン *panegtegan*

すでに結婚をし，孫をもった老人が自然死した場合，その死がすぐに子や孫などの親族に連絡される。周囲の人々はそれから死者の椅子サンガチルを用意し，外には共食のための炉を設置する。この死者の椅子は竹製で，梯子のような背もたれをもち，この背もたれとなる2本の長い棒の低い位置に座面を取り付けたもので，一定期間，死者を展示するために用いられる。

その後，死者の孫がそれぞれ持ち寄った，孫の数と同じだけの鶏を供犠し，これまでの準備を手伝った人と孫たちでこの肉を分配する。この鶏供犠とそのあとの共食をとくにポクソウ *pokso* とよぶが，このポクソウのすぐあとに死者の魂が肉体から離れると考えられている。それから家族は死者を水浴させ，男性には褌を，女性には褌とタピスを身に付けさせる。それから，家の中の高い位置にあるものはすべて取り除いておく。なぜなら，死者を椅子に座らせるとき家の中の物が落ちると，さらに家族の誰かを失うことになる

と考えられているためである。これらの一連の準備が終了したら，人々は死者をサンガチルに座らせ，死者が落ちないように胴や足を縛り，手は膝の上に乗せておく。それからサンガチルを家の中に設置し，さらに訪れる人々から死者がよく見えるように家の壁を取り払っておく（写真3.4.6）。ただし，死の原因が病気や事故などアニトによるもの（インアニト in-anito）と，敵の手によるもの（フィノソル binosol：bosol は「敵」）とでは展示の方法が異なり，後者の場合，サンガチルは戸口のある壁の外側に設置される。そして最後に，小さな豚を再び供犠する。これをパネグテガン panegtegan という。

(3) 展示（アチョッグ adog）

これらの過程が終わって初めて，人々は悲しみを表に現すことができるという。そして死者の周りに集まって泣いたり，家の中や外で肩を組んで立ったまま挽歌を歌い続けたりする（写真3.4.7）。また，親族の1人が死者の側に立って嘆き悲しむ際，他の親族たちはその人が倒れたりしないよう支えるため一緒にサンガチルの側に立つ。死者の霊（レンアグ leng-ag）はアニトとなるが，この展示期間はまだ肉体の側に留まっているといわれており，これらの歌の多くはこの死者の霊に向けて語りかけられるものである。

自然死の場合，埋葬されるまでの数日間，参加者全員による共食が何度も行われる。そこで，死者の家族は弔問にやってきた客や親族に十分な食事を供し続けなければならず，そこで，たくさんの米を搗き，カラバオや豚，鶏を大量に供犠し，調理してふるまう（写真3.4.8）。その際，周辺に留まっている死者の霊もまた，こうした共食を楽しむという。展示葬を行う期間は死者の残された家族の経済状況によっても異なるが，だいたい3～5日間である。しかし1日に3回，さらに夜中にも別の食事を準備し，その度ごとに豚が1匹ずつ供犠されなければならないため，貧しい家族は必然的にその期間も短くなり，1日か2日後には展示を終わり埋葬することになる。葬送儀礼で供犠される動物は総称してオテン otengとよばれ，その中心は豚か犬，裕福な家族ではカラバオが何頭も供犠されることがある。しかし，カラバオは葬送儀礼では婚姻儀礼ほど重要視されておらず，不可欠なものでもない。

たいていは，たくさんの参加者に肉を供するのに豚だけでは十分でない場合，カラバオが1頭供犠される程度である。こうして展示期間中には，イリの人々や他のイリに住む死者の親族たちのほとんどが訪れ，一緒に集まって食事をし，男性や女性たちによるチャウワッサイ daw-wassay[18]やフォラヤウ bollayaw，女性のみによるアナコ anako といったさまざまな挽歌が交互に歌われる。自然死のように，比較的悲しみの少ない死の場合，死者を悼むというよりも，むしろ残された家族の加護を死者の魂に願って盛大に共食が行われる[19]。葬送儀礼とはいえ，死者が高齢で孫や曾孫の数が多くなればなるほど悲しみの場というよりも祭宴的色彩が濃くなり，やがては宴会となって，家の前では男性たちのギャンブルも始まる。

　一方，死者の配偶者は，スマクチャル somakdel とよばれる介添人に付き添われるが，この間，死者の親族である姻族から食物を受けとってはならないことになっている。なぜなら，こうした姻族から与えられる食物は配偶者にとって「毒」となると考えられているからであり，食物をもらう場合には自分自身の血族あるいは第三者からこれを受け取らなければならないとされている。こうして展示期間が無事に終了すると，最後に豚が供犠され埋葬となる。この供犠はパンルガン pan-logan とよばれている。

　ただし死者が赤ん坊や子供の場合には展示葬は行われず，次の日，すぐに埋葬される。

(4)　埋葬

　サダンガでは，死者が自然死の場合，埋葬は正午に行われる。一方，死因が首狩や水難，あるいは産褥死などといった穢れた死の場合には，埋葬は早朝でなければならないとされている[20]。留まっていた死者の霊は埋葬の時にイリから離れ，他のアニトたちの住む山へ行くように指示されるという。埋葬の際，死体を椅子から降ろして毛布で包み，数人の男だけでこれを担いで埋葬場所に行き，2mほどに深く掘られた穴の中に横たえて埋める。この場合，ブランケットに包まれてそのまま埋葬される場合と，ヤニマツで造られた棺（アロガン alongan）に収めて埋葬される場合がある[21]。通常，埋められた跡には何も目印が残されないが，ここに墓標が立てられることもある。

その後，死者を展示していた椅子は裏手の沢に捨てられる。イリ内には数ヵ所の埋葬場所があり，自然死した成人はイリの領域の外れに，安らかな死を迎えた人はまた別の場所に，他のイリの人と結婚した人はまた別の場所，というように区別されているという。一方，赤ん坊や子供は家の側に埋葬される（写真3.4.9）。

　また，サダンガでは，たとえどこで死んだとしても，その死体は自分自身の生まれたイリに必ず戻されなければならないとされている。なぜなら死者の魂は自分の生地でなければ決して休まることができず，生きている人々に復讐すると考えられているからである。そのため，どこか余所の土地で死者がでると，イリの人々は総出でその死体を捜しにいく。たとえば誰かが川で溺れたような場合には，何キロにもわたって皆で川沿いを捜索し続けることになる。しかし，こうした努力にもかかわらず死体を見つけることができなかった場合には，その代わりに死者の服をサンガチルに着せ，通常と同じように葬送儀礼を行って，その洋服を埋葬することになる。一方，死体がイリの外から運ばれる場合，イリ中の人が家の外に出て，アニトをイリ内に呼び集めるため大声で叫ぶ。ただし，収穫期に水田を通って死体を運ぶことは許されないため，運悪くこの時期にぶつかってしまった時には，わざわざ遠回りをして死者の家まで運ばれる。そうしないと，米の収穫量が減ってしまうと考えられているためである。

　たとえば筆者がサダンガに滞在していた1990年の6月に，サダンガの青年がバギオで殺されたことがあった。このときイリ内の人々はバギオまで総出で遺体を捜しにでかけたがなかなか見つからず，結局，彼が消息をたってから3日目（6月22日）に発見された。そしてようやく5日目（6月24日）に，ジプニーに乗せられてサダンガまで運ばれている。その後，死者のアニト霊がイリ内に呼び戻され，遺体が家に戻った。しかし犯人はわからず，鶏を使った占いの結果，6月30日に，犯人を捜し出し復讐するための儀礼が実修された。この儀礼は，男性グループによる儀礼的舞踏パットンおよび共食が中心で，パットンはいくつかの男性グループによって朝8時30分頃から30分間隔で交互に続けられ，それに2〜3人の親族の女性がパットンの輪をとり囲むように踊った。このときの女性の踊りは，両手で自分の髪を

少し摑んで上に掲げたまま軽くステップをふみながら踊るというものであったが，これはその犯人が，この髪の象徴する「何か」にひっかかって転げ落ちると考えられているためであり，それで犯人に復讐するという（写真3.4.10）。

(5) レムオッド lem-od

埋葬が済むと，それを手伝った人々は死者の家に再び集まり，パパタイで豚を供犠してから胆嚢による占いを行う。もしここで凶兆が出れば，吉兆が出るまでさらに豚を供犠し続けなければならないとされている。そこで吉兆がでれば，続いて，死者の親族や古老たちと共食をする。この共食をレムオッドという。ここで調理された肉は，単に親族たちが共食を楽しむだけでなく，死者の霊が旅立つ際，その長い旅路の食糧になるとも考えられている。

また，この時に，死者の遺産の相続や負債の返済などといった問題が話し合われる。こうした問題に直接関係ない古老や共食に参加する第三者は，話し合いが公平に行われ，死者の財産が正しく相続される，あるいは負債がきちんと返済されるかどうかの審判の役目をも果たすことになる[22]。その後，この食事で使われた食器はとくに丁寧に洗われ，残った食べ物はすべて捨てられる。

(6) 服喪期間

死者の親族は家族にさらなる不幸が降りかかるのを防ぐため，一定の期間，喪に服さなければならない。また，そこではいくつかの禁忌が課せられる。死者が埋葬される際，死者の配偶者や母親はこれに参加せず，他の人々に付き添われて自分の家に戻る。そして残った男性たちが，死者の家族の家の壁の一部を壊す。さらにその家の前には臨時の竈が作られ，豚が1匹，供犠される。その晩から近くのアトの少年たちが死者の家族の家にやって来て，そこで死者の配偶者や母親と一緒に寝泊まりする。この間，死者の家族は川で水浴びをすることと田畑で働くことが禁止される。そして，その日から9日ないし10日目に，一緒に寝泊まりしていた少年たちが川で魚を捕まえ，薪を切ってきて家の中で調理し，そこで共食する。また，その日の夜中に家の

壁を再建し，次の日の朝には豚が供犠され，この少年たちと壁の再建を手伝った人々にふるまわれる。こうした段階を経ることで，初めて死者の家族に対する禁忌のいくつかが解かれるが，その際にもさまざまな凶兆が観察される。たとえば，死者の家族は家からさほど遠くない川へ，誰か1人が付き添って儀礼的水浴に行かなければならないが，その際，付添人は注意深く凶兆を観察しなければならない。水浴へ行く道筋で彼らの前を蝶や鶏，豚，犬，鼠，蛇，鳥などが横切るのは凶兆とされており，その場合には直ちに家に戻り，次の日，もういちど同じことを繰り返さなければならないとされている。水浴が無事に終われば，次の日，今度は水田へ作業に出かけるが（死者の夫であれば森へ薪を取りに行く），この時にも夕立に遭う前に家へ辿り着かなければならない。こうした過程で凶兆が観察されなくなった時，その家族はようやくそれまでの禁忌を解かれるわけであるが，なかにはまったく凶兆が観察されなくなるまでに数ヵ月から1年近くかかる場合もあるという。

　しかし，この段階で家族に対するいくつかの禁忌がなくなるといっても，死者の配偶者にとってはまだ完全に喪が明けたわけではない。そこで，その後も服喪中であることを示すために，女性は1年から2年の間，「未亡人」を表す白に紺のラインの入った巻スカート（カルゴ）を，頭には白いビーズか白い紐の飾りを身に付けなければならないとされている。女性は喪が明けた時にこれらの装束を付添人と一緒に倉の中で燃やし，その後，日常の衣裳に着替えることができる。そして，その夜にマンマンを家族のために実施して，鶏を供犠してから祈りを捧げる。これが済んで初めて完全に喪が明け，日常の生活に復帰できることとなり，再婚も許されるようになる。一方，男性の場合はこれとは異なり，期間も3年間と長くなる。この間，髪を切ってはならず，また女性と同じように，「白いもの」で，男性の場合は褌（10本の縞が織り込まれたもの）を身に付けなければならない。これは，白が目が見えなくなったり，弱ってしまったりするのを防ぐ色であると考えられているためであるという。服喪中の男性は3年が過ぎた時点で公式に髪を切ることをイリに申し入れ，その後，3日間の忌休日（ファクファカス *bak-bakas*）を過ごす。かつて首狩が盛んに行われていた頃には，男性はこの儀礼を実修する前に，誰か敵を1人殺すことで初めて再婚が許されるように

なったといわれている。忌休日の初日はこの髪切りが実修される日であり，その日の朝，彼の属するアトの成員たちと一緒に槍と楯をもってイリの外れまで行き，そこに荷物を置いて，まず，彼の喪が明けたことをイリ全体に向かい叫んで伝える。その後，彼は古老の1人と一緒にそこに残って食事の準備をし，残りの人々は川へ魚を捕りにいく。飯は彼が用意したものであるが，それを皆がとってきた魚と一緒にその場で食べる。それから古老の1人が彼の髪を切り，祭文を唱え褌を普段の赤いもの（ランカット，あるいはコンデマン kondeman）に着替え，新しい帽子を身につけ，切った髪の毛と白い褌およびこの3年間，身に付けていた衣裳や帽子すべてをそこで一緒に燃やす。その後，全員で叫びながらアトに戻り，彼の提供した犬を潰して調理し，先程の残り物とともに再び皆で食べる。そして忌休日の最後の日，鶏か豚をパパタイで供犠して祈りが捧げられると，彼の喪は完全に明けることになる。

(7) 血讐

もし死者が敵によって殺されたのであれば，彼の親族はその死に対し復讐を行うかどうかを占う。占いにはいくつかの方法があるが，たとえばハエによる占い（タラヤ talaya）は次のように行われる[23]。まず，死者の家族が鶏か豚を1匹供犠し，鶏の場合は肝臓，豚の場合は心臓を取り出して茹でる。そして犠牲者の兄弟か，兄弟がいなければもっとも近親の者が鶏の羽を手に入れ，茹でた肉の破片を羽の先に刺し，先が前になるように親指と人差し指で握り締めて持つ。床には水を入れたウンゴット ongot とよばれる椰子の実の殻でできたボウルと，飯を盛った籐の皿を置いておく。そして犠牲者のアトの成員と親族たちが集まって，羽に刺した肉片を持っている男性のそばを飛ぶハエを観察する。そのときとくに親指に注目するが，その止まり方によって復讐を決行するかどうかを判断する[24]。親指は占いにおける山を象徴しているという。仮にこの占いで凶兆が出た場合，運勢を好転させるためには，川へ行って儀礼的水浴（カウカウ kawkaw）をしてから，再びタラヤを実修すればよい。これによって人々は一緒に悪い運勢を川へ持っていき，それをそこで洗い流すことができるという。

こうした復讐の占いは，鶏で行われることもある[25]。その場合，死者の親

族が首を狩られた人の家に集まって、そこで女性たちが嘆き悲しむなか、男性たちは楯を前に持ってお互いにくっついて輪を作り、地面にしゃがむ。首を狩られた者の兄弟と父親、祖父が一番中心の輪を作り、それを取り囲むようにしてオジと双方の第一イトコ、オジの第一イトコが2つ目の輪を作る。それを取り囲むようにして、双方の第二イトコとそれ以外の父親のイトコたちが3つ目の輪を作り、さらに、4番目、5番目の輪が遠い親族たちによって作られる。ここで生きた鶏が持ち込まれ、親族の中でもっとも年長の男性がその鶏を持って、首を輪の真ん中で狩る。そして鶏を地面に置き、その跪く様子を観察する。頭のない鶏がその中の1人の方向にばたばたと向かっていった場合、その人が、跪く鶏を楯で中央へ押しやる。同様に、鶏が楯の壁を超えて輪の外へいかないように全員で見守り、鶏を中心部へ押し返す。もし鶏が首を狩ったあとすぐに死んでしまったら、彼らは死んだ親族の血讐を果たすことができないということを予知している。これに対し、首を狩ったあとも鶏が地面で長い間、跪いてそこに留まり、どこにも飛んでいかずに死んだ場合、吉兆であると判断され、必ず血讐は成功する。たとえ、親族によって血讐が果たされなくてもイリ内の誰かがそれを成し遂げる。また、首を狩られた本人が自ら血讐を果たすこともあるという。その場合、死者の霊が自分を殺した相手を何年間だろうと見張り続け、すきがあれば高いところから突き落としたり、焼き殺したり、溺れさせたりして殺す。その際、女性巫医にどのように復讐を果たすかを事前に告げるという。

5．おわりに

以上みてきたように、婚姻儀礼も葬送儀礼も個人にとっては単なる通過儀礼であるが、ボントック社会では、それがイリ全体との関わりのなかで行われていることがわかる。とりわけチョノは、これを実修した夫婦の繁栄とともにイリ全体の豊穣の獲得をも意図するものであって、イリに疫病が流行ったり、不作になったりした時にもチョノを執り行うことが古老たちから要求される。一方、チョノで供犠されたカラバオの数の多さはイリ全体の名誉として語られ、反対に招待者にふるまわれる肉が不足すれば、それはイリ全体の恥となるのであって、主催者である夫婦はイリ全体の祭宴のスポンサーと

しての意味をももつことがわかる。また、葬送儀礼の際も死者の社会的地位に見合った動物供犠が行われなければ、その家族や親族の最大の恥となる。

　もちろん、婚姻儀礼や葬送儀礼における象徴的意味が重要であるのはいうまでもないだろう。しかし人々にとって、これらの儀礼でとりわけ重要な部分を占めるのは動物供犠と共食であり、しかも、それに参加する人々の多くは婚姻儀礼や葬送儀礼における「意味」とはかけ離れた、いわば共食を「楽しむ人々」である。こうした共食は霊的世界においてアニトを歓待し、慰撫するだけでなく、儀礼の参加者たちに一体感を抱かせ、社会の統合性を高める上でもきわめて重要な機能を果たしているといえる。たとえば、普段あまり交流のない親族たちも、お互いに儀礼に招待しあうことによって忘れかけていた親族関係を再確認することができる。一方、これらの準備に必要となる膨大な労働力は、イリ全体あるいはたくさんの関係者によって賄われ、何人もの人々が一致団結してその準備にあたる。そういった意味では、これらは個人の通過儀礼であると同時に、イリ全体の強化儀礼でもあるといえるだろう。

　それは同時に、こうした機会に富裕者が大量の富を一斉に放出することでイリ全体の経済的な格差を是正させることにもなる。儀礼においては社会的な階層にかかわりなく等しくすべての人に米や肉が分配され、貧者たちもその恩恵を被ることができる。そして富裕者たちは、そうした富の放出の見返りに富裕者としての名声を獲得し、その社会的地位を再確認することができるのである。ボントック社会では、たくさんの儀礼を実修し、たくさんの肉をイリの成員に分配すればするほどいい人物であると考えられており、かくして富裕者たちは、こうした儀礼を通して自らの社会的地位を安定させ、一方、貧しい人々はそれに参加し楽しむ、あるいは労働を提供し報酬を得ることで経済的な満足を得ることができる。こうして、ボントック社会全体の経済的均衡と秩序が保たれているのであり、ここに儀礼の果たす別の側面での機能の重要性が確認される。

[註]

1）この報告は，筆者が1992年に参与観察したベルワンでのチョノとそれに関わる聞き取り，葬送儀礼については，サダンガでのいくつかの観察と聞き取り調査に基づいている。1992年のベルワンでのチョノは全体で10組の夫婦がスポンサーとなって約50頭のカラバオが供犠された。この儀礼の中心となるイリ外からの招待日は2月16日であった。

2）チョノとは本来「働く」という意味であり，この儀礼のなかでも「労働」が象徴的に演じられるという。たとえば，チョノに欠かせないカラバオ供犠におけるカラバオを追いやる際の走りや，儀礼で消費される米を全員で搗くなどといった労働がこの儀礼では重要な部分をなすという［Cawed 1972：88］。

3）ベトワガンでは，ビーズは花嫁の娘宿仲間によって用意される。そして花嫁，花婿および双方の両親の左手首に結ばれる。

4）新夫婦が女性の家にいる場合，男性は山で1週間分の薪を取って自分の両親のもとへ行き，この薪がある間，そこに留まる。反対に男性の家にいる場合，女性は水田へ行って1日中働いたあと自分の両親のもとへ行き，1週間そこに留まらなければならない。

5）富裕層の家族は3日，中間層の家族では2日間にわたって行われるのが普通である。これに対し，貧しい層の家族はロピスを主催するだけの経済的余裕はなく，それに代わるものを実修することが多い。

6）解体されたカラバオの分配はきわめて複雑であり，頭と足を除いた部分のうち，カラバオの共同所有者，カラバオを放牧する牧草地の共同使用者，兄弟，そして行政村の役職や長老などの有力者の分が先に取り除かれ，残りは解体に参加したすべての男性に分け与えられる。ただしベキガンでは，解体された肉は内臓部分を除き，すべて主催者夫婦の家へ儀礼で消費されるために運ばれるという。一方，内臓部分は親族や解体に参加した人々などで分配される。

7）ベトワガンではラタワンは2本立てられ，そのうちの1本は樹皮と葉がすべて取り除かれるが，もう1本は先端に葉を残し，下の部分の樹皮が剥がされる。

8）さまざまな儀礼で使用される竈は，その目的に応じて形態が異なる。ロピスの場合，家の外に2本の丸太を平行に並べ，そこに3つの大鍋を設置する。ひとつ目の鍋は飯を炊くため，2つ目の鍋は肉を調理するため，3つ目の鍋はスープを作るために使用される。家を新築する際の儀礼も同様に2本の丸太が用いられるが，この場合はロピスよりも規模が小さくなる。一方，チョノの場合には，松の木で作った台の下に3つの大きな石で竈を作り，そこに大鍋を置く。

9）アイイェンはサンフォ sangbo，チャウエス dawes，トモ，ロピス，チョノなどの供犠祭宴のとき，アトや，同じアトの成員の家で男性たちによって歌われる。通常，午後から歌われるが，朝早くから歌うこともある。一方，ロピスやチョノでは，最初の共食の後に家の奥まったところで歌われることが多い。アイイェンは，シウアット siw-at という導入歌を伴うが，これは，続くアイイェンの内容がどんなものであるかといったアウトラインを人々に示すものである。そのため，このシウアットより前にアイイェンが歌われることはない。通常，古老男性が単独で歌い，周りにいる他の男

性たちが彼と同じフレーズを繰り返すといった形式で，全体の長さは短く，ラインごとに最初，高い音でヨーデルのように叫んだあとメッセージを歌う。これを3回繰り返す。3回繰り返すのは，3という数字がひとつのセット，あるいは3つで完結するといった意味をもっているからであるという。こうした観念はボントック族の竈を構成する3つの石にも象徴されており，竈の石がひとつ欠けても役に立たないように，ひとつや2つでは未完成であるという。

これに続くアイイェンはシウアットよりもずっと長く，通常は30分以上続き，古老男性が順番に1人ずつこれをリードし，他の者がそれを繰り返すという形式をとる。フレーズは歌われる機会によって異なり，シウアットの中で最初に言及されるが，アイイェンをリードする男性はそれに合わせて即興的にフレーズを作っていく。次にリードする人は前の人のテーマとアイイェンの音節のパターンに合わせてことばを選び，可能な限り韻をふむようにしなければならない。そのため，これをリードするにはかなりの技量が必要であって，必ずしもすべての男性がこの役を担うことができるとは限らない。また，たとえそうした能力があったとしても，参加している他のリーダーの年齢や技量，社会的地位にみあった人物でなければリーダーを受け継ぐことは難しく，実際には50歳以下の者がこの大役を務めることはほとんどないという。そのためかリードする人たちの実力は抗しており，男性たちはお互いにその技を競い合いながらこれを繋いでいく。次のリーダーとしての役割を受け継ぐきっかけは，今歌っているリーダーがアイイェンのテーマから外れている，あるいはリーダーの歌った内容に異論がある，その内容について参加者たちにもっと詳しく説明したい，などといった場合である。こうしてリーダーが何人か交代し，ひとつのトピックが最後まで無事に終了したと思われる時には，終了を意味する「チョウワシ *dowasi*」ということばをリーダーの1人が言う。その後，古老たちは酒を飲み，タバコを吸いながら今の歌の内容について吟味する。たとえばアイイェンの最中，最初のテーマから外れた人物はアイイェンを壊したとして非難されることになる。歌の一般的なテーマは儀礼実修者や，穀物，家畜などの豊穣を願うといったものが多く，もっぱら楽しい雰囲気で歌われるものであるため，悲しみを伴う葬送儀礼で歌われることはない。とくに婚姻儀礼の場合，新夫婦や儀礼の参加者の繁栄や子供，家畜などの多産がテーマとなるという。一方，その場所にいる特定の個人や家族，アト成員などの反社会的な行動を歌の中で批判し，それを受けて非難された者がアイイェンの形式で返す，といったような争議の場としてこの歌が用いられる場合もしばしばある。時に非難は誇張して語られたりもするが，たいていは容認され，アイイェンの中で歌われたことについては誰も怒ったりしてはならないことになっている。もしも怒ったりすれば，その人物はイリ全体から非難されることになるという。アイイェンの後で，歌の中で言及されたことをむし返したり，対象とされた人を別の人が非難したりすることも許されない。そうしたルールを守らないとイリ内の争いの原因にもなりかねないという。つまり，アイイェンは，人前で自由に人を非難するといった，普段ではきわめて難しいことのできる，数少ない公の機会のひとつであるともいえる。

10) 1987年にサダンガで執り行われたチョノでは，全部で153頭のカラバオが供犠され，イリ外からの招待客は300人にものぼったという。サダンガでは1982年にもチョノが実修されているが，この時，ベルワンとベトワガンでも同時に行われた。そ

のときの様子が新聞記事にもなっているが，それによると3つのイリで供犠したカラバオの数は合計で313頭にも及び，それとともに何十匹という豚や鶏，何千kgもの米が消費されたという。そのうち，ベルワンで消費された分の経費は約390,000ペソであると推定される［*Baguio Midland Courier* May 8, 1983］．

11) イリによってはチョノのリーダーが3人選ばれるとは限らない。たとえば合田の調査したマリコンでは，儀礼のリーダー（ポモオ *pomo-o*）は1人である［合田1989a：259-287］。また，プリル=ブレットの報告をみても，第二リーダーの記述までしかみあたらない［Prill-Brett 1989：8-10］．

12) 忌休日は，一般にティアー，ないしはテンガオ *tengao* とよばれているが，それが課される場面に応じて特別な名前が与えられることもある。

13) ソルウェエイはチョノ，ないしはアトを単位とする祭宴で歌われるもので，通常，女性どうしのグループで，あるいは男女が2つのグループに分かれて儀礼的米搗きをしながら掛け合いをする。男性と女性が2列になって交互に米を搗くことをインパグパグ *in-pagpag* という。チョノではこのソルウェエイが夜に行われる催しのなかでももっとも楽しい時間のひとつと考えられているが，夜だけでなく昼間，歌われることもある。チョノで歌われる場合，内容はたいていが主催者夫婦に関するもので，彼らの幸せな婚姻生活を祈願しつつ，明け方まで歌い続けられる。これに参加する男女は，まず，準備された長い臼をはさんで両側に1列に並び，それぞれ杵（実際には杵でなくても米を搗くまねができる棒状のものであればよい）を持ち，向かい合って立つ。そして歌に合わせて杵を前後に揺り動かす。それぞれのフレーズは相手の歌に対し即興的に作られるが，男性のグループのもっとも年長の者が最初の歌をリードし，残りの男性たちがそれを繰り返す。そして女性たちはそれに対する返答を歌で返すという形をとる。それぞれのラインは同じメロディーで歌われ，最後は *ey* の韻をふむ。また，それぞれの歌の最初と最後には「ソルウェエイ」という単語がつけられるが，「ソルウェエイ」と言う時，歌い手は必ず持っている杵で臼を搗き，それに続いて全員が同じことをすることになっている。また，若い男女によって歌われるときには，その内容がしばしば掛け合いの論争となるが，これは一種の求愛行動であり，誰かが「異性の誰かと会って話がしたい」などという場合，この機会を利用して相手側にソルウェエイで挑戦し，そのなかでその人物の意思を伝えるという。たとえば，ある男性が特定の女性に関心を寄せているのに歌い手が気づいたら，歌い手たちはソルウェエイのなかでそれを告げる機会を探し，その男性が後でその女性と会って深く知り合うための手伝いをする。

　　内容は次のようなものである。

女性：*Ta lomalay tako way oe—oe, lalaki's wagsillayan oe—oe, pakoyda's tongdon ili oe—oe.*
（誰か強い男性を呼びに行こう。そうすればイリの上から彼ら（新夫婦）の米が運べる。）

男性：*Ta lomalay tako way oe—oe, babbayi's dinipayay oe—oe, ta way manga-kayokyo oe—oe, payyoda's tongdon ili oe—oe.*
（誰か脚の強い女性を呼びに行こう。そうすればイリの上の，彼らの水田で雑草が取り除ける。）

第4節　婚姻儀礼と葬送儀礼　　　　　　　　　　　　　　　309

14) サガンガの飾りは，サダンガではチョノの時のみ付けるが，ベルワンではロピスのときにも用いられる。
15) 現在では，ほとんどの若者がGパンやTシャツといった服装であるが，儀礼のときには好んで多くの人々が伝統的な衣裳，男性は褌，女性はタピス（巻スカート）と首飾りや頭飾りなどの装身具を身に付ける。富裕層が特別な機会や祭宴のとき身に付ける男性の褌はフィナリクタッド，あるいはラグテブ（12本のラインの入った白い褌）とよばれる。一方，女性のタピスはピナグパカンとよばれるもので赤に何本かの白いラインが入っている。さらに老女はこれにギナワアンというブランケットをもつ（第2章第5節参照）。
16) アラウィグの祭文は以下のようなものである。
    Da Lomawig pay ay sin-aki na kalibwatan nana.
    （ルマウィたち兄弟がこれ（チョノ）をはじめた。）
    Inmali pay si Amkabigat ad Sakasakan ay nangasawa ya naganak ad Sakasakan.
    （アンカビガットがサカサカンへやって来て結婚し，サカサカンで子供をもった。）
    Ay ba-ag na pay kano et ikagod Lomawig kano pay na dono'd kensadan anna.
    （突然，ルマウィがここ（Bontok）でチョノを始めた。）
    Ya kena et kano kanan en, "Eyak pay pa-ayag si kayong na ay Amkabigat."
    （そして，「私は兄弟のアンカビガットを（ここに）呼ぼう」と言った。）
    Omdan da kano'd Aliwes ya omleng da, omey da kanod Lengsad ya omleng da.
    （彼らはアリウェスに着き，休んだ。彼らはレンサッドに着き，休んだ。）
    Omdan da man kano'd na abong da Lomawig kano pay anna et kanan da kano'n, "Akayo pen ta mangan kayo."
    （彼らはルマウィの家に着き，そこで彼（ルマウィ）は「ここへ来て，全部食べなさい」と言った。）
    Nagabos da pen ominom, ya, "Akayo pen ta mangan kayo!" Kanano kano.
    （彼らは飲むのをやめた。そして，彼（ルマウィ）は「ここへ来て，全部食べなさい」と言った。）
    Ay mangan da man ay isigod da kano ay mangan anna et anapen da kano. San esa ay anak da ay lalaki, into man na inkakaman na esa ay lalaki's di'y anak Amkabigat anna pay.
    （彼らは食べ始め，それからそこでアンカビガットは息子がいる場所を探した。）
    Anapen da kanoy kasolisolin di abong ya ma-id indasan da.
    （彼らは家の隅々を探したが，何も見つけることができなかった。）
    "Into man na inkakaman na inkomlengan yo'y." Kanan kano Lomawig.
    （ルマウィは「あなたが休んだ場所にいる」と言った。）
    Ay inalabwat kano'd Lomawig ay mai-anap anna.
    （ルマウィは，探すのを手伝い始めた。）
    Omdan da kanod Lengsad anna et inpokakisan da man kano nan Liyasen anna et sinasakpipiyan nan Madmad-an na onga anna.
    （彼らはレンサッドに辿り着き，彼らはマドマドアンの人にすがりついている子供のリヤサンを引き離した。）

"Aye man ta patayen mi sikga." Kanan da kano. Layatan da kanok na gaman.
(彼らは「おまえを殺す」と言って，斧で脅した。)
"Ay adinak man patayan tay sak-en manna ay Madmad-an ay angan batbatog si Alawig.
(「私（ルマウィ）はマドマドアンと"アラウィグ"を分かつから，おまえを殺さない。)
Omyali kayo man mo wa'ay kosib, ya iyali yo mo wa'ay kangsa ya omala kabo'd na apoy ta dawisen yo'd man na.
(豚の皮と，ゴングがあれば持ってきなさい。そして（それを）焼くための火を得なさい。)
Tay siba na kongonak ay angan batog si Alawig." Kanana kano.
(なぜならそれが"アラウィグ"を分かつ人の割当だからです」と彼（ルマウィ）が言った。)
"Ta manag-niyag ta adi katawtawan si ananak ya amada. Adi katawtawan si inada."
(「私は踊る，そうすれば，子供や，その父親や母親を失わない。」)
Tay intodtodan nan Madmad-an na sa et mangalawig nan domno'd nan kaka-ili ay makaskaseley na Sadanga anna, Bontok ya Betwagan ya Belwang.
(それからマドマドアンは，他の場所の，近くのサダンガ，ボントック・イリ，ベトワガン，ベルワンのチョノを実修する人に（アラウィグを）教えた。)
Ka-ebdi Alawig sa.
(これがアラウィグの祭文です。)

17) 腹が膨らみ，やがては体全体がむくんでしまうという病気があるが，これは過去に殺し合いがあったイリの人と一緒に食事をしたり，あるいは先祖たちがかつて殺し合いをしたことがあるイリの人と食事をしたりしたために起こると考えられている。そのため，こうした症状が出た場合，「かつて敵対関係にあった兄弟からチョノに招待されたとき，その子供が病気になって，ルマウィがアラウィグを実修すれば治ると教えた」というアラウィグにまつわる祭文が治病儀礼のなかで詠唱される。チョノでは他のイリから多くの招待者がやってくるが，かつての敵と祭宴で食事をともにするためには，あらかじめそうした関係がアラウィグによって浄化されなければならない。

18) チャウワッサイは，数十年前にマリコンかトゥクカンを通して伝えられたといわれており，それが伝えられるまでは，その代わりに「モモッド momod」という物語が夜通しの儀礼で，眠けをさますために語られていたという。これは，葬送儀礼だけでなく，田植えなどの忙しい時期に夜なべ仕事をするときにも語られていたというが，チャウワッサイが浸透するにつれてほとんど語られなくなってしまい，現在，それを記憶しているものはいないという。

19) たとえば死者をサンガチルで展示している期間に歌われる挽歌も，死者に子供や孫がいない場合にはガルイン galoin が，成人して結婚した友人に対して歌われる歌はアナエイ ana-ey，自然死の老人の場合にはフォラヤウやチャウワッサイ，サリコヤ salikoya，などというふうに区別されている。一方，死者が子供の場合に歌われるものはアガル agal という。たとえばその内容も，チャウワッサイは自然死の老人に対

して歌われるため，死者やその家族を慰めると同時に死者の人生を謳歌し，死者が幸福であったことを伝えるようなものとなっており，歌い手が即興的に作り，それを周りにいる者が繰り返すという形をとる。一方，女性のみによって歌われるアナコは，死者の性別や年齢にかかわらず歌われる一般的な挽歌である。

20) サダンガとは逆に，ベルワンでは自然死の場合の埋葬は早朝に，穢れた死の埋葬は正午に行われる。

21) しばしば棺は生存中から自ら作って用意し，倉などにしまっておく。また，死者を包むブランケットも妻が自分と夫の分を織って用意し，必要となるまでしまっておくという。

22) 原則として水田や，その他の中国製の壺や青銅のゴングといった高価な財は，父のものは長男へ，母のものは長女へと相続されるが，長男・長女の裁量によっては次三男以下にも分与されることがある。また，長男・長女が父や母の思い出としてそれぞれ1区画ずつの水田を儀礼的に交換する場合もある。これをスモスアン *somosoan* という。これに対し，家畜はほとんど儀礼の際に消費されてしまうので相続の対象になることはないが，もしあれば兄弟姉妹で平等に分配される。一方，両親の負債も他の財産と同様に相続の対象となり，長男・長女が相続することになる。

23) タラヤは，首を狩られた人物の家で行うが，その犠牲者が帰属するアトで実修される場合もある。その際，タラヤではなくマミネエイ *mamine-ey* という別の名称でよばれ，アトの別の成員やイリ全体の将来をも一緒に占う。この占いで，ハエが指の爪か肉にとまれば凶兆であり，たとえ血讐が決行されてもさらなる犠牲者を出すことになるという。

24) ハエが指の第一関節と第二関節の間にとまった場合，血讐は大きな戦闘になり，最終的には成功する。もしハエが指の第一関節にとまってから爪のほうに移動した場合，血讐はたいへんうまくいき，敵の地に首を狩りに乗り込んでも，何の犠牲を払うこともなく復讐が遂げられる。一方，何もしなくても，犠牲者の魂（リプリプ *liplip*）が自ら復讐を遂げることもあるという。これらに対し，ハエが指の第一関節よりも上のほうにとまってから爪のほうに移動した場合，あまりうまくことが運ばず，目的を遂げるのに長い時間がかかったり，結局は実現しなかったりするという。その他，ハエが指の爪にとまっても凶兆であると判断される。この場合，親族の誰か，あるいはアトの成員の誰か，とりわけ子供が首狩で殺される。そのため，たとえ敵が襲ってきても人々は挑戦を受けるのを避けなければならない。そうしないと自分たちのなかの誰かが犠牲を払うことになり，この場合，占いの結果がよかった別のアトが敵を迎え撃たなければならない。また，ハエが指の付け根にとまり，親指と人差し指の間のくぼみへ向かって移動した場合も，ハエが人々を墓へ案内するということを意味しており，凶兆である。それにもかかわらず血讐を強行すれば，多くの人が戦闘で命を失う。敵の首を取ることはできるが，それと同時に首を敵に取られることになる。これらの凶兆が現実のものとなるのを防ぐためには，吉兆が出るまで首狩の遠征を延期すればよいという。

25) それ以外に，ネズミによる占いもある。これは首を狩られた人物の死からちょうど10日目に行われるもので，その際に，犠牲者の関係者たちが死者の家に集まって，皆で再び死を嘆き悲しみ，騒々しい音を立てる。それからキヤッグ *kiyag* とよばれる

籐製の皿に飯と肉を一杯に入れ，夜に松明を持ち，ネズミがよく現れる場所（岩壁の割れ目などに隠れている）へ行ってその皿を置く。そこでネズミが飯や肉を食べに現れたら，男性が先のとがった木の棒で捕まえる。これは血讐がうまくいく吉兆であると考えられており，もしネズミが現れなければ血讐はうまくいかないということを意味する。その場合には，次の日にまた同じことを繰り返すか，別の占いをすることになる。

第4章

性

第1節　農業と女性

1．はじめに

　「伝統的な文化」の枠組みの中では，一般に，公的側面は男性の手に委ねられ，家庭的側面は女性が支配するといった男女の性差を基準とした性的分業によって女性の地位が論じられることが多かった。しかしながら，その社会生活全体について考えてみるとき「性差による分業」といった理解だけでは，単にその社会において「男性が優位である」とか「女性が男性に優越している」とかいった問題に還元されてしまう。たとえば，ここでとりあげるボントック社会でも，男性が主として政治や公的な儀礼の運営に深く関わっている。しかし性的分業において女性が主として家庭的側面に関わるということはなく，むしろ社会の維持に不可欠な生産活動においては，男性が棚田や焼畑の造成，補修などにおいて一部，重要な役割を担うことはあっても，それ以外の田畑での日常的な作業の多くは女性が中心となって行われている。ボントック社会では，これらの作業は慣習的に女性の役割であると考えられており，特別な場合を除いては男性が関わることはほとんどなく，また，これらの余剰な生産物を売り歩くのも主として女性の仕事であると考えられてきた。このように生産活動，とりわけ農業においては女性が男性よりも大きく関わっているのであり，社会全体のなかでの生産活動という「経済的側面」においては女性は男性よりも，きわめて重要な役割を果たしているということがわかる。したがって本節では，この生産活動に焦点を当て，ボン

トック社会における女性と農業との関係について論述し，女性が農業に深く関わることで，その社会でいかに重要な地位と役割を担うことになるかを社会全体の中で考察していく。

2. 地勢的条件と農業生産

ボントック族の伝統的な生業形態は，棚田による水稲耕作である。彼らの主食である米は，この高度な灌漑設備をもつ広大な石積みの棚田によって長年にわたって耕作されてきた。そして，いうまでもなく彼らの社会生活にかかわる活動の多くがこの農業を中心として展開されている。もちろん，近代化はボントック族にもさまざまな影響をもたらした。たとえば首狩やイリ間の抗争の激減によって人々は自由に遠くへ旅行できるようになり，他の土地へ交易にでかけたり，農閑期に低地に出稼ぎにいったりすることも容易にできるようになった。またベンゲット州にある鉱山で働いたり，政府関係の役所，学校，病院などで働いたりすることで定期的に現金収入を得ることができる人もでてきた。しかし，こうしたさまざまな変化にもかかわらず実際に農業以外の職を得ることができる人はごくわずかであり，依然としてボントック族の主たる生業は農業であるといえる。また，たとえ現金収入の道を得た人であっても，まったく農業に関わっていないという人は少ない。今日では，生活に必要な物は何でも購入できるようになったが，やはり大半の人々は自分の食糧のほとんどを自分で生産しており，実際には，高価な乾物や缶詰などの商品に日常的に頼る割合は少ない。もちろんすべてのものが自給できるわけではないが，できないものについては余剰生産物や工芸品などと交換して手にいれることも依然として可能である。一方，こうした余剰生産物がすぐに消費や交換にまわされてしまうわけではなく，家の建築，土地の開拓，儀礼に用いられるカラバオの購入，労働者の雇用などの費用に当てるため貯蓄されることも多い。

サダンガ郡では，地勢的条件の違いによって若干の変差もみられるが，ほとんどの人が何らかの形で伝統的な手法に基づいた農業を営んでいる。他のボントック族と同じように水稲耕作を主とするが，副次的に焼畑耕作や狩猟，家畜の飼育も行われている[1]。その他に乾物や日用品，野菜などを扱う小売

店を経営したり，カラバオを仕入れて近所の人々に転売したり，サトウキビ酒を作って販売したりして現金収入を得ている人々もいる。なかには役所の職員や小学校・高校の教員をする人々もいるが，ごくわずかである。ただし，彼らもまた仕事のない日にはほとんどが農作業に従事する農民である。しかしその一方で，農閑期や，自分の水田をほとんどもたない家族では現金収入を求めて多くの男性が鉱山に出稼ぎにいく。

　サダンガ郡はマウンテン州の北西部に位置し，総面積は約 13,900 ha で，マウンテン州全体の 6.6 ％を占める。そのうち統計的には森林地帯（パグパグ *pagpag*）が 63.1 ％，牧草地が 24.4 ％，居住地（ウマフォンガン *omabongan*）が 0.9 ％，空地 3.0 ％，農耕地が 8.6 ％となっているが，実際，そのほとんどは急峻な山々と深い渓谷によって占められている[2]。しかも，居住地とすることができるのは農耕地や牧草地の近くに限られるため，人々の家屋はわずか 10 ha 前後のごく限られた土地に集中する。そこで，最近では傾斜 25 度を超えるような急斜面にも家が作られるようになってきている。現在，農耕地として利用されているのは全体の 8.6 ％，1,195 ha に過ぎないが，小高い丘陵と小川の間や，泉などの水源に近い地域など，水田として開墾が可能な土地は地勢的条件によってかなり制限される。そのため現実には，こうした開墾可能な土地のほとんどがすでに灌漑され，棚田として利用されている。したがって，新たに灌漑設備を設けることで棚田を造ることが可能な土地は，わずかに 256.31 ha しか残されていないという（1980 年現在）[3]。

　気候には，大きく分けて雨季（チョルオック *dol-ok*）と乾季（チャゴン *dagon*）の 2 つの季節があり，5 月から 10 月頃までが雨季，1 月から 4 月頃までが乾季で，とりわけこの時期には水が不足する。もっとも気温が高くなるのは 4〜5 月，もっとも気温が低くなるのは 12〜1 月であり，降雨量は 7〜8 月が一番多く（マウンテン州の月平均降雨量は 60.7 mm，平均気温は 25.8 ℃），とくに 7〜10 月にかけては台風の被害にみまわれることになる。しばしば台風は作物に大きなダメージを与えるため，多くの地域では稲の生育を乾季から雨季の初めにかけての 1〜6 月に集中させなければならない[4]。乾季に稲を育てるということはたいへん危険を伴うものであるため，

稲に十分な水を与えるための高度な灌漑システムが必要になってくるというのはいうまでもないだろう。また、台風の訪れる時期の収穫は迅速な作業が要求されることになる。

　サダンガ郡においても、ボントック族や隣接するイフガオ族に特徴的な、高度な灌漑（アラク alak）技術を伴った壮大な棚田（パヤウ）を見ることができる。これらの棚田のほとんどは、長年にわたって先祖から代々継承されてきたものであるが、なかには自分の代になって新たに造成したものもある[5]。サダンガでは、他の比較的豊かな地域と異なり、二期作が可能な水田が少なく、その約3分の1は1年に1回しか米を作ることができないという[Drucker 1977：3]。ただし、サダンガ郡のなかでも低いところや、比較的気温が暖かいイリ、小川沿いのごく限られた地域などでは二期作目（シナワリ sinawali）の米の栽培も可能である。一期作目の米[6]は雨季の初めごろに収穫されるが、その後、二期作に利用されない大半の土地は、排水してから盛土をし、カモテ（サツマイモ）の栽培に利用している。実は、彼らの主食に占める米の割合は全体の約半分にすぎず、残りの4分の1はこのカモテによって補われているという。その他、灌漑されていない土地の一部では陸稲[7]も栽培されているが、こうした陸稲の栽培に利用されている土地はとくにスオット so-ot とよばれ、他のものと区別される。

　棚田は、山の斜面に石の壁（トゥピン toping）を築き、そこに川や泉などの水源から灌漑によって水を引くことで造られる。ただし、その規模や石壁の高さは、造られる斜面の角度によってさまざまである。ジェンクスによれば、水田の石壁の高さはその斜度によって異なり、低いところで約30 cm、高いところでは約9 mにも達するという。一方、その幅は30 cmから50 cm程度で、通常、畦道として利用されている［Jenks 1905：90］。ボントック族は社会生活のさまざまな面で近代化の影響を受けているが、農業の面ではあまりなじまず、土地の急な傾斜はカラバオによる犂耕や機械化を拒み、収穫量の多い新しい品種はこの土地の気候に合わず、施肥もこの土地の米の品種にあまり有効でないなどといった理由で農業生産に飛躍的な変化をもたらすということがなかった。そのため、ほとんどの家族では依然として古くからの手法によって農業が営まれており、その多くが手作業によるものである[8]。

もちろん，古くからの手法といってもきわめて高度な技術をもっており，しかも新しい棚田の造成や維持，修復に投下される人々の労働量は相当なものである。たとえば，新たに棚田を造成する場合には次の過程がとられる。まず，具体的な作業に入る前に対象地を選択しなければならないが，その候補地としてはいくつかの共有地がある。サダンガでは個人から個人へと相続される土地とは別に，特定のアト集団によって共有される土地（ピナンアト）が1ヵ所，イリ全体で保有される土地（ラモラン）が1ヵ所あるが，その他の土地は，特定の開拓の始祖の全子孫によって構成される親族集団によって共有される土地として，いくつかに分割されている。ひとつの親族集団は1ヵ所ないし2ヵ所の区画を保有しているが，それぞれの土地はその土地を保有する親族集団に帰属する者によってのみ，その用益権を行使することができる。これらのなかから対象地を選択したら，最初に男性が，注意深く岩などを取り除き掘り起こす作業を行う。さらに掘棒や鋤などの道具を使って十分に掘り起こし，掘り起こした土は，他の肥沃な土と混ぜ合わせて元に戻す。傾斜の急な山の斜面では棚田を守るため，その境に大きな丸石で水平面に直角に石壁を築くが，これらの石は川床や切り立った崖などから運ばれてくるもので，なかには高さが1mに達する場合もある。新しい棚田を造成するためには，その土地が灌漑できるということが第一条件であるが，とりわけサダンガは稲が成長する時期に雨量が少ないため，定期的に水田に水を供給するために四方に念入りに張り巡らされた灌漑用水路が必要となってくる。灌漑は通常，水源である小川や泉などから木や竹のパイプで最上の棚田まで水が運ばれ，田の石壁に一時的に作られた口を通って一番上の田から一番下の田まで水が落ちるようになっており，これが5kmも離れた水源から引かれている場合もあるという。これらの灌漑設備はイリ全体で共有されるものであり，農業暦の始まりである田起こしが始まる前に全員できれいに修復されている。最近では漏れやすい木や竹のパイプに代わって金属製のものが使われるようになり，用水路を造るのにじゃまな大きな石は爆破してパイプを通すなど，さまざまな改良もみられるようになった。しかし，依然として新しく灌漑設備を整えるという作業はたいへんな困難を伴う。一方，新しい灌漑設備を増設しようと思っても，水源の近くに住む人々が自分たちの田に引く

分の水が不足してしまうのではないかと心配し，強く反対されることが多いという。実際，森林の乱伐や草地化の進行が微妙に地下水に影響するようになって，最近では，水田への水の供給量が減少しつつあるとドゥルッカーは報告している。そのため，十分な水が得られなくなってしまった水田が，今ではカモテの栽培に使用されているという例も多いという [Drucker 1977: 4-5]。

それでは，こうした棚田はいったいどれぐらいの価値があるのであろうか。

実はボントック族にとって棚田はもっとも貴重な財であるにもかかわらず，それを転売するとすればきわめて低い評価となってしまう。あるインフォーマントによれば，水田を何らかの理由で転売する場合[9]，中規模の1区画の水田は1頭のカラバオと1匹の豚，ドラム缶一杯のサトウキビ酒（バシ）と同等の価値しかないという。これは，これまでその土地に投下されてきた膨大な労働量にもかかわらず，それが経済的評価にまったくというほど反映されていないということを意味している。すなわちボントック族にとって，貴重な財であるという事実と，経済的な価値とは必ずしも一致しないことがわかる。ただし，実際には水田が他人に譲渡されるということはほとんどないため，彼らにとってはさしたる問題ではない。

水田の規模や，個人が所有する水田の多寡は各家族によって異なっており，イリ全体はそれぞれの水田の保有面積に基づく経済的格差に応じて階層化されている[10]。とりわけ，もっとも多くの水田を所有する人々はカチャンギャンとよばれる富裕層で，これらの水田から自分たちが1年間に消費するのに十分なだけの米が収穫できるのはもちろんのこと，それ以外にも多くの余剰生産物があり，いつの日か一時に大量に富を放出する婚姻儀礼で消費するために蓄えておくことが可能である。次が中間層で，これは自分たちが1年間に消費するのに十分なだけの収穫量はあるが，それ以上の余裕はない人々である。最後が貧困層で，わずかな水田しかもたず常に食糧が不足するか，まったく水田をもたない人々で，富裕層に労働を提供するなどして経済的に依存して生活することになる。通常，カチャンギャンは自分たち家族の労働力だけでは耕作しきれないほどの膨大な水田を所有しているため，それらの一部を兄弟や親族などに貸与しており，持ち主はその代わりに地代として収

穫の50％を受け取っている。一方，その他の水田に必要な労働力は，中間層や貧困層を雇って賄うことになり，その報酬として現金や米を支払っている[11]。カチャンギャンも結局のところ，こうした彼らの労働力なくして自分たちの膨大な水田を処理し切れないのであり，そういった意味ではカチャンギャンも貧しい人々に大きく依存して生活しているということができるだろう。サダンガでは，イリ全体の米の消費量のうちの不足する分を二期作の可能なボントック郡のイリなどから購入しているが，サダンガ全体に占める10％前後のわずかな富裕層を除いては，自分たちが日常消費するだけの米すら自分たちで賄うことができないという。しかも，まったく土地をもたない者も多いため，そういった人々は出稼ぎにいって現金を得，米を購入するか，カチャンギャンに労働を提供することによって米や現金を得なければならない。こうした土地の管理と労働力の調整や収穫物の扱いについては，農業の主たる担い手が女性であるために，カチャンギャンの女性が絶大なる権利をもっている。たとえ土地の所有者が男性であっても，その妻が実質的な権利を握ることになり，その土地の収穫物も女性の管理下におかれる。一方，労働を提供する側の女性も，自分たちに十分なだけの食糧を確保するためには，どのくらい米を補えばいいのかを検討し，家族の労働の割当を決定することになる。

　こうした水田として稲作に利用されている土地に対し，サダンガでは，灌漑できない土地は主に畑として利用されている。この畑地はさらに2つのカテゴリーに分けられており，ひとつは居住区内や比較的居住区に近い地域に作られる畑，もうひとつは森林や小高い丘などに作られるオマ *oma* とよばれる焼畑である。この畑作に関わるのも主として女性で，居住区の近くに作られる畑ではイモ類や豆，ナス，キャベツ，スカッシュ，粟（サプッグ *sapog*），トウモロコシ，サトウキビ，コーヒー，バナナ，パイナップル，アボガド，柑橘類などといった野菜や果物が栽培されているが，最近ではタバコやコーヒーなどの商品作物も作られるようになった。また，サダンガで作られる良質のサトウキビ酒（バシ）は有名で，ボントック郡のイリの人々にも販売されている。しかし，彼らにとってもっとも重要な作物はやはり米であり，日常の食生活にこれらの野菜や果実の占める割合がかなり高いにも

表 4.1.1 マウンテン州の作付面積 (単位：ha)

郡	総面積	米	トウモロコシ	根菜	野菜	果実	コーヒー	その他	合計
Barlig	15,418	550	5	216	23	56	13	3	866
Bauko	20,780	1,366	30	1,234	1,377	90	150	13	4,260
Besao	18,381	585	21	221	206	181	59	124	1,397
Bontoc	39,000	2,495	25	213	98	214	20	29	3,094
Natonin	27,972	837	5	7	14	58	254	37	1,212
Paracelis	53,450	1,936	1,115	20	104	238	545	96	4,054
Sabangan	10,594	940	24	132	113	230	35	15	1,489
Sadanga	13,897	892	5	121	69	63	38	38	1,226
Sagada	8,390	994	22	535	140	86	112	6	1,895
Tadian	21,349	1,371	69	450	67	146	180	14	2,297
合　計	229,231	11,966	1,321	3,149	2,211	1,362	1,406	375	21,790

(1987年州政府調査)

かかわらず，稲作が忙しい時期には，畑作に注意が払われることはほとんどない[12]。マウンテン州の1982年の作付面積は米が7,103 haであるのに対し，トウモロコシ1,032 ha，野菜866 ha（そのうち豆が128 ha），根菜730 haであった。また1987年の作付面積（表4.1.1）でも同じ様な比率である。このことからもボントック族の主要な作物は米であり，それ以外の畑で作られる野菜が副次的なものにすぎないということがわかる。しかし，このことがかえって，その間に畑を十分休ませ地味を回復させることに役立っているという。そこで，田植えが終了する頃には，放置されていた土地も再び豆[13]などを植えるため耕作される。これに対し，オマは6～10年の周期で移動するが，比較的居住区に近い所では周期的に畑を焼くことで土地を早く回復させ耕作している。水田と同じように，新しく焼畑を造るためにはまず候補となる土地を選択しなければならないが，前述した通り，森林や小高い丘などの焼畑に適する土地は各親族集団などによって共有されている。そのため，誰でも好きな土地を使用していいというわけではなく，焼畑を造る際にも，自分が帰属する集団の共有する土地でなければならないのはいうまでもない。

　焼畑の造成は，乾季の終わり頃から始められる。焼畑に選ばれた土地は，まず男性たちの手でボロや掘棒を使って切り開かれるが，最初は小さな木や下草の伐採から始められる。それがすむと2～3日間，乾燥のために放置さ

れ，その後，大きな木に取り掛かる。大きな木は切り倒しても，枝だけを切ってそのまま残してもいいが，その際に切り取られた幹や枝は薪や，豆を栽培する時の蔓の支えとしても利用される。刈られた木や草は十分乾燥するように2～3週間放置され，その後で焼き払われる。ただし十分乾燥していないと焼け残ることになり，焼け残ればその後の作業が困難になるだけでなく，これらの木や草が十分に分解されて炭になるまで焼かれることで畑はその灰や炭に覆われて肥沃になるのであるから，結局は不作の原因ともなる。また，類焼するのを防ぐためには，念入りに畑の境界部分の草や木を取り除かなければならない。こうして，あらかじめ焼いて準備しておいた畑は，雨季の始まりを待って掘棒や鋤，鍬などで掘り起こされ，最後に小さな石が取り除かれる。そして，掘棒で5～6cmの深さの穴を30cmくらいの間隔で空け，5～10粒の種を一穴ごとに播いていく。種が播かれた穴は放っておいてもやがて降る雨が土を洗い流し，塞ぐことになるのでそのままにしておく。それから収穫までは月に1～2回，雑草を抜けばよい。だいたい4～5ヵ月で野菜などは収穫できるが，収穫後の畑はその土地が再び草木に覆われるまで，たいてい1～5年放置される。

　畑で作られる作物のうちサダンガでもっとも重要なものはカモテで，粟やトウモロコシの収穫が終わる頃に，居住地の近くに作られた畑から移植される。その際，たいていは女性たちがこの畑へ行ってカモテのツルを集め，耕された焼畑に挿していく。カモテの移植は7月頃始められ，8月まで続けられる。また，サトウキビが植えられるのもこの時期の8～9月にかけてである。サトウキビは，収穫した後に残された根から毎年芽が出るが，この親株から前もって切り取り，根付けておいたものを植え付けることになる。ただし，先にも述べた通り，サダンガの人々にとってもっとも主要な作物は米であり，こうした畑や焼畑で収穫される作物のほとんどは副次的な意味しかもたないため，収穫量はあまり多くはない。したがって一部の商品作物を除いてはほとんど自分たちで消費することになる。これに対し，インゲン（カルティス *kaldis*）やバシを作るサトウキビなど，販売を目的とするものもわずかではあるが栽培されている。

　以上のような田畑での作業の他に，サダンガではカラバオや豚，鶏，犬な

どの家畜も多く飼育されている。通常，鶏は住居の周りに放し飼いにされ，1日に1回餌が与えられる。豚は放し飼いにされるか豚小屋に入れられ1日に3回，カモテの葉に野菜クズなどを混ぜて煮込み軟らかくした物が与えられる。これに対しカラバオは，普段，居住地の近くの牧草地に放し飼いにされているため，時々見回る程度である。ただし，これらの家畜を自分たちで食べるために潰すという機会はほとんどなく，たいていは，さまざまな儀礼の際の供犠に用いられ，調理されて祭宴などで消費される[14]。これらは，とくに貧しい人々にとっては，比較的豊かな人々が主催する儀礼的共食で年に何度か口にすることのできる「ごちそう」にすぎず，栄養面からみても，日常的に不足するタンパク質を補うなどといった役割はあまり期待できない。これらの動物のほとんどは，先にも述べたように，儀礼に必要な供犠動物として重要な意味をもつものであり，必要が生じたときに適当な動物がいない場合には購入するか，その持ち主に労働を提供するなど，どんなことをしてでも手に入れなければならないとされている。ただし最近では，カラバオが供犠動物としてだけでなく，男性による犂耕にも使用されるようになってきた。一方，犬は狩猟の際のパートナーとして使われるが，それと同時に特別な儀礼の機会の食糧としても用いられ，時に貴重なタンパク源となっている。

3．一年の農耕サイクルと儀礼

　サダンガの農耕技術は，ボントック族の他のイリと同じく，きわめて高度に発達しており，稲作においても常に高い生産性を維持している。古くから自然環境に影響を受けにくい品種の米を選び，苗代を作って田植えを行い，丹念に雑草をとり，間引きを行い，細心の注意を払って水の供給量を調整する。しかも，経験に富んだ長老たちの判断によってタイミングよくそれぞれの段階の作業が始められ，共同労働を巧みに利用し，それを効率よく終わらせることで高い収穫量を可能としていることがわかる。むろん，こうした作業には多くの労働時間が必要になるが，それにもかかわらず男性が植物の生育に関わる作業に直接従事するということは少なく，もっぱら水田の石壁や灌漑設備の維持・補修といった土木作業に専念している。これに対し，女性は直接的な生産に関わることになる。

サダンガの人々は1年を，それぞれの季節の特徴によって次の6つに分類している。つまり①チナメイ *dinamey*：1～3月頃，②チャグン *dagon*：4～5月頃，③アニ *ani*：6～7月頃，④タチャン *tadang*：7月頃，⑤リパス *lipas*：8～11月頃，⑥ケセップ *kessep*：12月頃である。これらは，それぞれの農作業の各段階と対応し，その節目節目に重要な農耕儀礼をはさむ農業暦であり，物理的な時間の長さとは必ずしも一致していない。

1年の始まりは，田起こしの始まるケセップの季節である。

(1) ケセップ

11月から12月にかけて，サダンガでは水田の準備（サマ *sama*）が始まる。棚田では，女性たちがグループで田や畦，石壁，およびその周辺の雑草をサンガップとよばれる移植ごてなどを使って掘り起こす（チャロス *dalos*）。とくに雑草の根をそのまま放置しておけば石壁が崩れる原因ともなるので，丁寧に取り除かねばならない。この雑草の根はしばしば鼠の穴などを塞ぐのに用いられる。一方，男性たちは石壁や畦を修復する。それから鋤やカラバオなどを使って田を起こす作業を行う。これらの作業が完成すると，次は田に水が張られ，抜き取られた雑草をそのまま田に投げ込む。これは，雑草を人やカラバオが収穫のときに残したままの藁や籾などとともに土中に踏みつけることで腐敗させ肥料にするというサダンガの主たる施肥方法であり，なかには豚の肥やしや化学肥料が用いられることもあるが，サダンガではあまり一般的でない。1～2週間こうした作業を続けた後，田を排水し耕起を行うが，これにカラバオを使う場合には男性が，そうでない場合には男女双方が自分たちの足で田を起こしていく。これが済んだら再び田に水を引き，男女のどちらかが手を使って代かきをする。

この時期はまた播種（パチョッグ *padog*）の時期でもある。播種といっても本田に直蒔きするのではなく，大きい水田の一部や小さい水田につくられた苗床（パパナラン *papanalan*）に種籾を蒔き，ある程度成長したところで植えかえをする。11月あるいは12月頃にこの地域に現れる渡り鳥（キリン *kiling*）がその始まりの時期（キリンナ *kilingna*）を告げるといわれ，キリンの出現をまって種蒔が開始されるが，播種の前には3日間の忌休日がイリ

全体に課せられ，播種儀礼が行われる。人々はこの間，田で働くことを禁止され，一方，イリの入り口には侵入の禁止をあらわすマーカーとしてのポチョンを立てる[15]。この3日間の忌休日は凶兆である余所者の侵入やイリ内の死者，虹の出現によって無効となるが，これらが観察されることなく無事に終了すれば，初めて人々は種蒔を開始することができるとされている。しかしサダンガでは，播種の時期が水田の位置する場所によって多少ずれてくるため，実際には，一斉には行われない。サダンガの水田はその居住地が密集する地域からの距離に応じて3つのカテゴリーに分類されており，それぞれ，水源となる川の土手にある田はシノナ sinona，居住地の中あるいはその近くに位置する田はファファレイ babaley，居住地からもっとも遠い場所に位置するのはフォコン bokong とよばれる。これらのなかで一番初めに田植えし，一番初めに収穫するのはシノナで，ここでは二期作も可能である。そのため，シノナに植えられる苗を作る種籾は11月の中旬から12月の最初の週にかけて蒔かれる。またファファレイは2番目に田植え・収穫が行われる水田であるため，ここに植えられる苗を作る種籾は12月に蒔かれる。一方，一番遠い場所に位置するフォコンでは最後に田植えし，最後に収穫が行われるため，ここに植えられる苗の種籾は1月頃に蒔く。ただし，満月は不作を招くと考えられており，月が満ち欠けしているときに播種を行わなければならないという。サダンガで蒔かれる種籾の種類は比較的少なく，好みに応じてだいたい2～3種類の白米を選び，その他，5～6種類の赤米と餅米がタポイとよばれるライスワインやお菓子を作るために栽培される程度である。

　こうして女性たちが水田の準備に忙しい頃，男性たちは自分たちの作業を中断し，バシを作る作業を始める。サトウキビから絞りとられた液の一部は砂糖や糖蜜，酢などに加工されるが，残りの大半はバシとよばれる酒になる。この作業はたいてい，日頃から親しい関係にあるアト集団を中心とした男性の労働グループによって行われる[16]。サトウキビは通常，居住地の近くで栽培されており，彼らはそこでサトウキビを刈り取り，外皮を剥いで小さく切り，さらに外側の乾燥した部分を剥いでからサトウキビ絞りの置いてある倉へと運んでいく。そこでこれらを絞り機に通し，液をブリキ缶などに溜めて

いく。そして,一杯になった液を大鍋に移し,量がだいたい半分くらいになるまで煮詰める。砂糖や糖蜜はさらにこれを煮詰めて作られるが,酒を作るには,この煮詰まった液を壺に入れ糖蜜と麹を加えて密封し,さらに醱酵するまで2週間ほど寝かされなければならない。

やがて苗（トネッド *toned*）が 20～30 cm 位の高さにまで成長すると,田植え前の忌休日（ティア・デ・ラプ *te-el de lapo : lapo* は「～から始める」）が再び宣言される。この期間,余所者の侵入やイリ内の死者,虹の出現が凶兆として観察される。種が蒔かれてから田植えに十分な大きさに苗が成長するまでは約3～4週間である。

(2) チナメイ

十分に苗代の苗が育つと,田植え期（アシ・サマアック *asi samaak*）に入る。本格的な田植え（マンサマアック *mang-samaak*／エン・エラグ *in-elag : elag* の本来の意味は「十分な」）に先立ち,サカサカンの近くの特定の水田で儀礼的田植え（パナル *panal*）が行われる。この水田は,この地域でもっとも早く造られたものであると考えられており,この水田の所有者の労働グループがここで最初の田植えをし,その後,家へ帰って豚を供犠して共食をする。この儀礼的田植えと共食によって,その後の田植えがスムーズにはかどり,すべての作業を素早く終わらせることができると考えられている。

これが終わるとすぐに3日間の忌休日が課せられる。そして,これが無事に終了すれば,全体の田植えが女性たちの労働グループ（オブフォ *ob-bo*）によって開始され,だいたい1月の後半から3月頃まで作業が続けられる。この労働グループは女性のみの10人位のメンバーで構成されており,田起こしや田植えを互いに手伝うために結成されたもので,メンバー全員の水田の作業が終了するまで順番に作業していく。最初に,女性たちは苗が十分に成長している苗床に行ってこれを引き抜き,水で洗ってから根元を捩じって直径 10 cm 位の束にして籠に詰める。これを頭上に乗せて準備のできた田へ運び,そこで水に浸しておく。そして一握りの苗を片手にもち,順番に一定の間隔をおいて植えていき,1区画の田が終わると,さらに次の区画へと移っていく。シノナには1月頃,ファファレイには2月頃,フォコンには2

月の後半から3月の半ばに数週間かけて田植えが行われるのが普通である。

すべての水田の田植えが終了すると、こんどはアプアポイ ap-apoy（apoy の本来の意味は「火」）の儀礼が実修される[17]（写真4.1.1）。この儀礼を実修する前日はとくにサスアリケット sas-alisket とよばれており、アプアポイのための食事（バオン）として、餅米に砂糖とピーナッツを加えたキケット kiket を調理して準備する日とされる。この儀礼はイリ全体で行われるものであり、イリ内のすべての人々が参加し、それぞれ自分の水田へ行ってそこで鶏を供犠し（ケケファン kekebang）、共食を楽しむ（後述）。アプアポイの次の日から3日間はアンアンゴ儀礼 an-ango である。この間、それぞれの家族は家で鶏を供犠して、田植えが無事に終了したことを全知全能の神ルマウィに感謝し、豊穣を祈る。また、この3日目にはメンメンとよばれるカモテの豊作を願う儀礼的戦闘ゲームが行われる。その後、親族などで集まって川へ行き、男性は魚を捕まえ、女性は貝を集めて調理し、それを皆で食する。最後に、この儀礼が終了した日から3日間、イリ全体に忌休日が宣言される。

(3) タクチャン takdang

タクチャンは本来、「低い、窪んだ場所から出る」「池から土手に上がる」を意味することばである。この時期、3月の後半から4月にかけてサダンガでは水が不足するため、女性たちは田の雑草を抜くとともに、手作業で稲に水をやらなければならない。文字通り、人々は水やりに水源へ通い、そこから何度も土手へよじ登ることになる。稲が成長するこの時期に、たとえ数日間でも十分な水が与えられなければ不作になるか、ほとんど実を結ぶことができなくなる。とりわけ旱魃の年には田の水が干上がってしまうことも多く、他人に水を盗まれたり、水が不平等に配分されたりしないよう見守るために一晩中、水田で過ごすこともあるという。家へ帰ることができるのは、水田に少なくとも3cm位の深さまで水が行きわたったときで、それぐらい水があれば1～2日はもつという。そのため、女性だけでなく男性や子供たちも水田で一日中、水やりを手伝わなければならない。

(4) チャグン（本来の意味は「乾季」）

この時期は収穫前の，一年の間でもっとも食糧が不足する時期である。そのため，多くの人が米の代わりにカモテやトウモロコシ，雑穀などを食べるか，これらを米と混ぜて食べている。したがって葬送儀礼などのやむを得ない場合を除いては，この時期，儀礼が行われることはほとんどない。男性たちが鉱山などに出稼ぎにいくのはこの時期が多く，これに対し，女性たちは豆を栽培するための焼畑を準備する。一方，この頃は稲が実り始める頃でもあり，スズメなどの米を食べる害鳥（ティリン *tilin*）やネズミ，猿，野豚などから稲を守るためにさまざまな努力がなされる（アシ・ファケッド・ヤ・フェレウ *asi baked ya belew* : *baked* は「フェンスを作る」，*belew* は「害虫から稲を守る」）。子供たちは田へ行って鳥を追い（エンフェレウチャ *in-belewda* : 語根は *belew*），その他，田に古い洋服や紙，缶，葉などを棒に結び付けた案山子（アスファケッド *asbaked*）を立てる，張り巡らしたロープに取り付けた石油缶に 2 本の棒をつけた鳴子（チュッカン *dokkang*）を設置するなど，さまざまな工夫がなされる。

こうして稲が収穫に十分なほどに実る頃，人々はこれらの作業を一切中止し，イリは忌休日を宣言する。

(5) アニ

稲が十分に実る（セチャン *sedang*）とイリ全体に忌休日が課せられ，それが終了する 3 日後にはいっせいに稲刈りが始まる。早い田では普通，5 月の終わり頃に始まり，8 月の第 1 週頃までに作業が終了する。これらの田の収穫の始めには，それぞれ収穫する 2 日前にその場所で豚を調理し共食しなければならないとされており，この共食は，とくにワギス *wagis* とよばれている。その後，男女 10 人位が参加してひとつの労働グループを組織し，メンバー全員の田の収穫が終わるまで順番に作業していく。

まず，目的の田へ着くと男性たちが食事の用意を始める。通常，その水田の持ち主が飯と肉を用意することになっており，2 つの籠が収穫された稲穂で一杯になる頃には食事の準備が整い，皆で軽く食事をする。そして，その後は男性も手伝って全員で作業が再開される。稲を刈る場合，上から約

40〜50 cm 位の所から穂刈り用の鉄製の小さな鎌（レケム lekem）で刈り取っていくが（写真4.1.2），かつてはこうした道具を用いず，手で行っていたという［Jenks 1905：104］。そして刈った穂を左手に溜めていき，直径が3 cm ぐらいになったら竹ヒゴを使って小さな束にくくる。竹ヒゴで束にされた稲穂は籠に入れられ，倉に運ばれる。ほとんどの籠が一杯になると男性はそれを倉に運び始め，やがて，ひとつの区画が終了するとすぐに次の田へと移っていく。この運搬用の籠には男性用で口が狭く深いキマタと，女性用の浅く幅の広いロワとがあるが，男性はこれを1本の棒の前後にひとつずつ括りつけて天秤棒のように肩に担ぎ，女性はこれを頭に乗せて倉まで運ぶ（写真4.1.3）。こうした収穫は，朝早くから暗くなるまで続けられ，最後に倉に運ばれた稲束は2〜3日，倉の前の広場に広げて天日で乾燥させ，その後，必要になるまで倉で保存する（写真3.1.3）。この倉はたいへん頑丈なもので，納められた米は10年間保存できるといわれている。また収穫の最中には，他の人がだれもその水田に近づくことがないよう，そこに通じる道には2本の草を使った侵入禁止のシンボルであるパチパッドを立てておく。これは誰かが収穫中に田に近づくとその収穫量が減少してしまうと考えられているためである。

　すべての田の収穫が終わると，再びイリ全体に忌休日が課せられる。

(6)　タチャン

　収穫後の忌休日はコプコポ kopkopo とよばれ，収穫が無事に終了したことを全知全能の神ルマウィに報告し，豊穣（オカヤン okkayan）を感謝するために行われる。この際，アト集団を単位とするフェグナス begnas とよばれる儀礼も行われ，これが5日間続く（後述）。この儀礼ではそれぞれのアト集団によって1頭のカラバオないし1匹の大きな豚が供犠されるが，この供犠動物は個々のアト成員全員で購入するか，その供犠動物の持ち主に労働を提供することで手にいれたものである。このような労働との交換による方法はとくにチャンアス dangas とよばれている[18]。

　先にも述べたように，生産活動におけるもっとも大きな関心事は稲作であるため，この儀礼によって農作業に関わる1年間の重要な行事はすべて終了

したとみなされる。しかしながら女性たちは，この後の二期作目の米の栽培やイモの植え付けにさらに忙しくなる。

(7) リパス

川の土手などの比較的早い時期に収穫される田（シノナ）などでは二期作が可能であるため，女性たちは 7 月の終わり頃から 8 月の第 2 週位にかけて苗床に種を蒔き，やがて田植えをする（サマ・ナン・パクアン sama nan pak-ang : pak-ang は「二期作目の米」の意）。二期作目の作業でも女性の労働グループが組織されるが，一期作目に比べるとずっと規模の小さい，どちらかといえば私的な関係に近いメンバーで構成される。また，二期作に適する種類の米は低地からもたらされたものであるため，その生産活動に関連する種々の儀礼は行われない。

これに対し，ファファレイ，フォコンなどの田では二期作が難しいので，カモテとよばれるイモが栽培されている。そこで女性たちは収穫が終わるとすぐに田を排水し，盛土をしてイモ用の区画を作る（アシ・ファリリング asi baliling）。この盛土は幅が約 50 cm，高さ約 30 cm に形作られ，平行に並べるか渦を巻くようになっており，たいていはここでイモが栽培されるが，なかには豆が植えられることもあるという。サダンガでは 6 種類の豆が作られているが，この時期に栽培されるのはテトワリスとよばれる白豆 1 種類のみで，その他は 4〜6 月頃に植えられている。サダンガのイモの消費量はきわめて多く，主食の 4 分の 1 近くはこのカモテが占めるという。そのいくらかはこうして排水した水田で収穫されるが，どちらかといえばマメやカモテは焼畑で栽培されることの方が多い。カモテは 1 年中を通して生産できる作物であるが，その大半は，主として二期作目の米が十分に実る少し前の頃，つまり 11 月の後半に収穫されている。とくに稲田に盛土をして作られるカモテは 12 月頃から稲作用に切り替えられるため，この時期（アシ・トギ asi togi : togi は「イモ，イモを集める」）に収穫するが，収穫の際のカモテ掘りは女性の仕事であるとみなされているため，朝早くから夜暗くなるまで女性だけでひたすら手でこれを掘り続けなければならない。こうして採集されたカモテは倉に納められることもあるが，たいていの場合は家屋内に保管す

る。また、マメは天日で乾燥させた後サヤから出して、籠などに入れて保存する。これらのカモテや豆、粟、トウモロコシなどの雑穀が米のように長期間にわたって保存されるというようなことはなく、収穫量もごくわずかであるため、家屋の中で保存されることが多い。最後に11月の終わりから12月（アシ・ナン・パクアン *asi nan pak-ang*）にかけて二期作目の米が収穫される。ただし、この米はあまり品質がよくないと考えられており、一期作目の米のように長期間、倉で保存されるということはない。

こうして1年間の農耕に関わるすべての行動が終了するが、女性たちは休む間もなく、すぐにまた次の田起こしを始めなければならない。

この時期、男性たちは近くのカリンガやアブラへ出稼ぎにいくことが多い。彼らの仕事のほとんどは新しい棚田の造成の手伝いであり、とりわけ低地の人々はボントック族のように優れた技術をもっていないため、彼らの労働力が必要とされる。男性たちはその報酬として現金やカラバオ、犬、米などを受け取ることができるという。

4．忌休日とその機能

こうしたボントック族の農業暦は、地域によって多少の違いはみられるものの、重要な農業行動の節目節目にイリ全体にティアーないしはテンガオとよばれる忌休日が課せられることによって統制されている。忌休日についてはすでにいくつかみてきたが、ティアーとは本来、「休む」あるいは「1ヵ所に留まる」ということを意味することばであり、文字通り、この期間、田で働いたり、イリの外へでかけたりすることが禁止される。忌休日は農業に関するもの以外にも、その種類によって期間や規模、課せられる禁忌に違いがみられるが、たいていの場合、儀礼的にその入り口が閉鎖されて外との関係が遮断される。そこで人々はイリの外に旅行したり、水田で働いたりすることが許されなくなる。また、イリの人々はこの忌休日を経て初めて新しい作業を開始することができるとされており、これによって全員が同時にその労働を始め、また同時にそれを終わらせることになる。

一方、忌休日ではその期間、それぞれの目的に応じた、さまざまな凶兆が厳しく観察される。凶兆といっても、そうした悪い知らせが出現すると忌休

日が無効となる場合と，凶兆が問題とされない場合とに分けることができるが，いずれにせよ忌休日の本来の意味はアニトを慰める，あるいはその怒りを鎮めたり，重要な行動の前に気まぐれなアニトの意思を推し量ったりすることを目的とするものである。そのため，とりわけ収穫や田植えなどの重要な農作業の前後の忌休日は，アニトや全知全能の神ルマウィの加護と豊穣を願ってイリ全体に厳密な禁忌が課せられ，それが慎重に見守られなければならない。

　重要な農業活動に関わる忌休日は2つの段階に分けられている。最初の段階の3日間は厳密にさまざまな凶兆が見守られる期間であり，次の段階の3日間はどちらかといえば単なる休みとしての意味合いが強くなる。そのため，この段階では水田での労働も許容されており，とくに罰せられることもなく，凶兆が観察されることもない。忌休日の実施が決定されると，前日の晩に若者や子供などがイリ中の人々に大声で叫んでその旨を知らせる[19]。その日から3日間，人々は水田で働くことを禁止されるが，家畜の世話や家周りの畑の手入れ，家の修理，薪割り，織物などといった簡単な日常の労働については許される。しかし人々にとっては，忌休日ということばの通り「休みの日」とすることが多く，近所の親族を訪ねて談笑したり，酒を飲んだり，転寝をしたり，ぶらぶらしたりしてのんびり過ごしている。一方，象徴的な意味においては，この期間に外部の者が知らずにイリに入ったり，虹が出現したり，内部に死者がでたり，凶を告げる鳥が鳴いたりするとイリに不作を招くと考えられており，忌休日は無効となってしまう。そのため，こうした凶兆が厳しく観察されなければならない。そこで，イリの入り口や他のイリとの境に侵入の禁止を現すマーカーとしてのファヤフォイを立て，部外者にイリ内へ入らないよう勧告する。さらに忌休日の当番に当てられたアト集団の成員たちは，イリの境界付近で人の出入りを監視し，部外者がイリ内へ入ってこないように見張る。また，ルールを無視して水田などに働きに行く人々がいないかチェックする。もしそのような行為を見かけたら，彼らは違反者の名前を大声で叫びイリ全体にそれを知らせる。さらに当番は，その夜に違反者の家に行って罰金を徴収するが，その罰金の一部は忌休日の最後に聖樹パパタイで供犠される動物を購入する費用として使われ，残りはこれらを徴

収しに行った人々の間で分配される。徴収される罰金は，違反した家族の人数，社会階層，忌休日の儀礼的重要性などによっても異なってくるが，支払われるものはマッチや薪といった軽いものから米や酒，鶏，豚などさまざまである。

　そうして何事もなく忌休日が経過すると，最後の日に，プマパタイがパパタイへ行って鶏を供犠してそこで調理し，炊いた御飯の一部とともにアニトに供える。実際には，調理された肉と御飯の大半は持ち帰って自分たちで食べてしまうのだが，パパタイに置かれた御飯と肉を調理した時に生じた匂いはアニトたちに捧げられるものであり，御飯と匂いだけでも十分，彼らの欲求が満たされるといわれている。こうして無事に最初の段階の3日間が終了すると次の段階の忌休日へと進み，それを経て，いよいよさまざまな活動が一斉にスタートされる。しかし不運にもその忌休日が無効となれば，新たに忌休日が設定されるか，これを延長しなければならない。そうでなければ，イリ全体に不作を招くと考えられている。

　このように，忌休日が儀礼的に重要な意味をもつのはいうまでもないが，これはまた別の面でたいへん重要な意味をもっている。とくに農耕に関わる忌休日は，イリ内の人々に労働の開始と終了の時期を半ば強制的に課すものであるが，この時期については，古老たちによって実に合理的に判断されていることがわかる。つまり豊穣をもたらすためには，その年の雨季・乾季の時期や状況，日照時間などの気候状態にそって苗代作りや田植え，収穫などをタイミングよくしなければならず，古老たちは，これまでの長年の経験に裏付けされた知識に基づいて天気や稲の成長具合を判断し，これを決定している。つまりイリの人々は，こうして長老たちによって定められた時期を守ることで天災などの害を逃れることができるわけであり，ひいてはイリ全体の豊穣も約束されるのであって，これに反した自分勝手な行動は罰金などの処罰をうけることになる。

　さらにまた忌休日は社会的側面においても，農作業に関わるさまざまな組織を形成するうえで重要な意味をもっている。とりわけ田植えについては，サダンガでは水の不足する時期に行われるため，十分に成長した苗が枯れてしまうことのないよう短期間に，同時に植え付けることが必要となってくる。

そこで，定められた期間に作業を終了させるためには，これを共同で行うことによって効率よく進めることが必要である。一方，収穫においてもスピードが要求される作業であり，自分たち家族だけでいくつもの水田を収穫すれば何日間もかかってしまうところ，稲の十分に実った水田から順番に共同で収穫していくことによって多くの無駄を省くことができる。さらに，少しの水田しか所有しないような貧しい人々は，自分たちの家族だけではとうてい処理しきれないほど多くの水田を所有する富裕な人々に労働を提供することで，その代償として米や儀礼に必要な動物などを手にいれることができるのである。イリ内部では，こうした互酬的な労働グループが経済的にきわめて重要な機能を果たしており，忌休日はこの労働グループを組織するための絶好の機会となっている。ふだん忙しい人々も，この期間，あちこちから集まってきて，どのようにこれからの作業を行い，どこから作業を開始し，どのように労働を分配するかを十分に話し合うことができる。また，この労働グループは永続的なものではなく，その時の状況や個人の条件，都合などによってきわめて柔軟に組織されるために，やはりここでの話し合いが重要になってくる。たいてい，労働グループを組織する場合，同じアトや娘宿に属し，日常のさまざまな活動や寝起きをともにする人々が基礎となるが，実際には，自由に好きな労働グループに参加したり，他のグループに移ったりすることができるし，1年ないし2年と同じグループで働く場合もある。また，すべての労働日程に参加できなくても，参加できなかった分だけ後で代わりの労働で返せばよいとされているため，この機会に行われる個々人の都合に合わせたさまざまな労働の調整がたいへん重要な意味をもつのである。

　こうした農業に関わる忌休日だけで年間40日以上あるというが，次に，そのうちのいくつかの忌休日について，その具体的な目的と機能および，それに伴う儀礼，祭宴についてみておく。

(1) 水稲耕作に関わる忌休日と儀礼
① ラポ *lapo*（本来の意味は「～から始める」）
　苗の無事な成長を願うための忌休日で，苗代に種籾を蒔く前の3日間にわたって課せられる。前の晩に若者が忌休日の実施をイリ全体に伝えるが，こ

の間，外部の者が知らずにイリ内に入ったり，虹が出現したり，内部に死者がでたりすると無効になると考えられており，これらの凶兆が厳しく観察される。

② サラクマット salakmet

ラポのすぐ後に課せられる3日間の忌休日で，その目的はラポと同様，苗のよりよい成長を願うことである。ただし，凶兆は観察されず，休日としての意味合いが強い。最終日（パタイ patay）の朝にはパパタイで鶏が供犠される。

③ イナナ inana（nana は田植えが完了する時期）

3日間の忌休日を含んだいくつかの段階からなる大規模な儀礼複合で，田植えの後に実修される。忌休日ではすべての凶兆が観察される。初日はリフォン libon とよばれ，イナナの始まりを決めたカチャンギャンが豚を供犠する。その家族や親族，古老たちで調理した肉を食べ，残りは後で行われるアプアポイのために残しておく。2日目はススユック sosoyok とよばれ，この日に，男性たちが父方・母方双方の親族をまわり，この儀礼で最近，豚を供犠していない家族に供犠するよう進言する。そのため，たくさんの豚がここでは供犠される。3日目，これは2日目のススユックの続きの日と考えられており，前日，豚を供犠しなかった家族はこの日にしてもよい。この2日間，豚を供犠した家族の親族は夜，その家に集まって調理した肉をごちそうになる。残ったすべての生肉は頭を除き，その後の儀礼で用いるために集まったすべての親族に等しく分配される。4日目はマンマンが行われる日で，すべての家族が鶏か豚を供犠する。最初に，それぞれの家族の代表（通常は女性）（マンワリック mang-walik）が数人のグループに分かれ，手分けしていくつかの死霊アニトの集まる場所へ行き，儀礼を実修する。彼女たちは，塩漬けの肉と飯，バシなどを背負籠（アギ angi）にいれ，右肩から左腰にかけてブランケットを纏い，鶏の雛を籠に入れて騒がしく音をたてながら歩く。籠には先祖伝来の，ロノ[20]で造った40 cmほどの輪を挿しておく。霊を呼ぶ場所（ワワリカン wawalikan）に辿り着くと，そこに竈を作って火を起こし，塩漬けの肉が入った鍋をかける。そして片手に雛の入った籠，もう一方の手にロノの輪を持って祭文[21]を唱え，共食にアニトたちを招待する。

それから下流を指差して同じことを唱え，次に上流，その次に太陽が昇る方角を指差し，同じことを繰り返す。儀礼が無事に終わり，マンワリックが家に帰り着くと，家族や招待された者たちでマンマンの祭宴が催される。ここで供犠された動物は家の前の竈で調理されて，皆で食べる。次の5日目はアプアポイの日である。早朝，水田の持ち主たちは家族の誰かを儀礼実修者とし，前日に準備しておいた黒い鶏とバシ，米，パロキとよばれるハーブを一束もって自分の水田の畦（ファネン baneng）の中央部へ行く。そこに3つの石を置いて竈を作ってサトウキビの葉と薪を用意して火をおこし，持ってきた鶏を叩いて殺し，羽をむしって焼き調理する（写真4.1.1）。このとき塩以外のものは加えてはならないとされており，それを破れば不作を招くという。やがて料理ができあがると，パロキにバシを振りかけこれを水田に挿し，祭文[22]を唱えてから料理を少しだけ食し，バシを飲む。そして，少量の飯と調理した鶏肉をそこに置き，バシを地面に撒いてアニトに捧げ，稲を害虫などから守ってくれるようにと懇願する。皆がその場を立ち去った後，アニトがやってきてそれを食するという。最後にこの竈のそばに禁止の象徴としてのプチョンを立てる。このプチョンはロノの葉の先を束ねて輪状にしたもので，この水田に触れたり，水を盗んだりした者には災いがふりかかると信じられている。この一連の過程がすべての水田で実施され，そのたびに鶏が供犠される。水田での儀礼が終わると，今度は倉へ行って同じことを繰り返して鶏を調理し，再び祭文[23]を唱える。次に豚小屋へ行き，バシをふりかけたパロキを小屋の屋根に挿して祭文[24]を唱える。そして，最後に家屋の入り口の低い桁の部分に同じようにパロキを挿して，同じような祭文を唱えれば儀礼は終了である。この時，残った肉は家に持ち帰り，両親や親族に分け与えられる。次の日と，その次の日はアムアモン am-among（amongは「集まる」）となり，親族たちがそれぞれ米などを持ち寄って，ひとつの家に集まって共食する。男性たちは魚を，女性たちは貝を捕りに川へ行き，その一部を両親に届ける。女性たちは，共食のための米を搗き，とってきた魚や貝を調理するが，これが2日間続くアムアモンの主たるご馳走となる。この後，3日間の忌休日が続くが，これらは，それぞれ1日目チャンタイ dantey，2日目マガマン mangamang，3日目パタイ patay と別々の名でよ

ばれる。パタイでは動物供犠が行われる。

④　ワチェイ *wadey*（本来の意味は「新しいフェンスを作る」）

水田に害鳥よけの案山子を立てる前に課せられる3日間の忌休日で、厳密に凶兆が観察される。その目的は害鳥から水田を守ることであり、最終日にはパパタイで動物供犠が行われる。

⑤　ペシック *pesik*

収穫の前に3日間にわたって課せられる。これは収穫に対するアニトの加護を願って行われるもので、この期間、さまざまな凶兆が厳しく観察される。またこの時、イリ内のすべての家族から稲を1束ずつ集め、共同で豚を購入する。これは、全員の寄付で購入した豚を供犠することによって全員にその恩恵が与えられると考えられているためで、プマパタイによって、供犠された肉の一部（テベック *tebek*）が彼らの受けるべき恩恵の象徴としてすべての家族に再分配される。この豚は、プマパタイによってパパタイで供犠され、祈りが唱えられた後に解体され、頭と足を除いた部分はその謝礼としてプマパタイに捧げられる。ペシックはまた、その後の収穫をどのように行うかを決めるための重要な機会でもある。そこでイリの人々は、いくつかの場所に集まって、どこの水田から収穫し始め、どのように労働を分配するかを話し合う。そして稲刈りのための労働グループ（オブフォ）がここで組織される。

⑥　サラクマット *salakmet*

ペシックのすぐ後に課せられる3日間の忌休日。この目的はペシックと同様、収穫における加護をアニトに願うもので、最終日には同じようにパパタイで豚か鶏が供犠されるが、外部の者の訪問、死者、虹の出現といった凶兆は観察されない。

⑦　カグカアット *kagka-at*

収穫の途中で課せられる3日間の忌休日で、初日にそれぞれの家族の代表者が参加してイリ内の道の掃除にあたる。この日に限って田畑に働きに行くことも許されるが、2日目からは禁止される。ただし凶兆は問題とされない。

⑧　フェグナス *begnas*

それぞれのアトを単位として収穫前と収穫後の1年に2回、3日から5日間にわたって実修される儀礼で、その年の豊穣を願い、あるいは豊穣を感謝

して新たな年を迎えるために行われるものである。すべてのアト成員はそれぞれ自分たちのアトに朝から食事を持ち寄って集まり，共食を楽しむ。ただし，この共食に実際に参加するのは男性と子供のみであり，女性は家で飯を炊きこれをそれぞれのアトに持っていく。この朝食の後，皆で川へ行き魚を捕まえ，これらを調理して再び全員で食事をし，その夜には，次の日に供犠する動物をどのように調達するか話し合う。その日から3～5日間，夜通し祭宴が開かれ，儀礼的舞踏パットンが披露される。これには女性の踊り（サグニ）を伴うが，とくに，この踊りで表現される女性の手の動きは象徴的に重要な意味をもっており，その招き入れるような所作は「他のイリの豊穣が自分たちのものとなるように，それが自分たちの収穫にさらにつけ加えられるように」という願いを表しているという。それぞれのアトに帰属する人々は皆，そこで調理された肉を享受し宴を楽しむことができるが，そこには招待されていない近隣の人々も加わってかまわないし，また，この機会に平和同盟を結んでいるイリの人々も招待される。一方，この期間，アト成員の帰属変更が正式に認められる機会が与えられる。そして最終日，イリ内のすべてのアトから寄付を徴収して得られた動物をプマパタイがパパタイで供犠し，これをルマウィやアニト霊に捧げ，その加護を祈ってフェグナス儀礼が終了する。

　また収穫前のフェグナスの期間，フェルワンでは稲を呼ぶ儀礼（アヤグ・イスナン・パライ *ayag isnan palay*：*ayag* は「誰かに呼びかける」，*palay* は稲）が実修される。これは文字通り，イリの老若男女が水田を見下ろせる草地に集まって歌を歌い，踊りを踊って稲の魂を呼び戻すというもので，彼らによれば，稲には魂があるが常に1ヵ所にとどまっていず，放っておくとタブクやカリンガといった遠いところへ行ってしまうため，こうした稲の魂を儀礼によって呼び戻すことが必要なのであるという[25]。

⑨　コプコポ *kopkopo*

　収穫後，その豊穣を感謝するために課せられるもので，3日間にわたって実修される。この期間，倉の中で鶏ないしは豚の頭を供犠する儀礼（アポイ *apoy*）を行う。これは稲の霊に供物を捧げることで，稲自体を活気づかせるものである。そこで，稲を倉に保管する際，男性または女性が倉の中で鶏

ないしは豚の頭を調理し，さらにその肉の一部を1本の棒に刺し，新しく収穫された稲の山に立てておく。これはその周りを徘徊するアニトが稲を傷付けることのないよう，アニトに与えられるものであるという。

なお，忌休日ではないが，こうした農作業の合間に開かれるチナクチャカン dinak-daken とよばれる祭宴も彼らにとって大きな楽しみのひとつである。これはアプアポイとペシック，コプコポの間の適当な時期に年3回開かれるもので，人々はこれらの儀礼で分配された肉や，家に持ち帰った肉，乾燥肉，米などをそれぞれの両親の家に持ち寄る。そうして，たくさんの食べ物が届けられた両親が祭宴を開き，これに孫たちを招待して楽しい一時を過ごすというものである。

その他，状況に応じ，稲が害虫やネズミの被害にあった場合には，それぞれティアー・シ・フィキス te-el si bikis や，ティアー・シ・オトット te-el si otot（otot は「ネズミ」）が課せられる。

(2) 生業に関わるその他の忌休日
① チャグチャグップ dagdagop（dagop は「蓄積する」）

家畜，とりわけカラバオの多産と無事な生育を願うためのものであり，3日間にわたって課せられる。この期間，個々のカラバオが放し飼いにされている牧草地（プンチャグ pondag）を利用している者のうち，一番たくさんカラバオを所有している者がリーダーとなって鶏供犠の儀礼を執り行う。そこで，皆のカラバオの数が増えるよう祈願した後でバシを地面に注ぎ，さらに乾燥肉を調理して，そのグループ全員のために食事を準備し，共食する。一方，その次の日はカラバオに関する貸借が設定される日である。これまで述べてきたように，イリの人々はさまざまな儀礼でカラバオを供犠することが要求されるが，必ずしもすべての人々が必要なだけのカラバオをいつも所有しているとは限らない。そのため，必要に応じてお互い貸借が行われている。こうしたカラバオに関する借入は，とくに，この忌休日の期間にだけ申し出ることができるとされており，カラバオの持ち主はこの日，アトに集まって古老男性の仲介のもとに借り入れたカラバオの返済方法について話し合う。

② エルチャッド eldad

バシを作るためにサトウキビを挽く前に課せられる 2 日間の忌休日で，この期間，外部のものがイリ内に入ることは許されるが，死者や虹の出現，子供の誕生は凶兆とされ，忌休日は無効となる。とりわけ虹の出現はバシを作るだけの十分なサトウキビが揃わず，また，酒の質が悪くなることを予兆するものであるとされている。最終日には他の忌休日と同じようにパパタイで動物供犠が行われる。

③ ソクト sokto

サトウキビを挽いた後に行われる 2 日間の忌休日で，これが無事に終了したことを感謝するためのものである。凶兆はとくに問題とされないが，パパタイで動物供犠が行われる。

その他，カモテの成長を願うロスコッド loskod（本来の意味は「発芽させる」）や，天候に関わるもので，台風を追い払うカロッブ kalob（本来の意味は「覆う」）や旱魃の際のティーアー・シ・ファキル te-el si bakil も農作業と関連する大変重要な忌休日である。

5．おわりに

以上みてきたように，田起こしや棚田の補修，焼畑や棚田の造成などといった作業は，主として男性領域に含まれるものであった。しかし，これらの作業は，女性によって続いて行われるさまざまな作業，たとえば田起こしの後で手やシャベルを使って土をやわらかくほぐしたり，肥料にするための雑草などを土に平均にならしたりといった丹念な作業に比べ，ほとんどが短時間の，あるいは臨時的な作業である。この他，播種や田植えなどの重要な作業や雑草取り，水やり，虫払いなどの日常的な作業，あるいは野菜・果実など，米以外の栽培に関わる畑や焼畑での作業などもほとんどが女性の手によるものである。一方，収穫された稲を倉へ運ぶのは男性の仕事であると考えられており，かつては，身近な男性がいない場合には他の親族の男性に頼んでこれを運んでもらっていたという。ただし現在では，女性もこれに参加するようになってきている。しかし，田植えに関しては，依然として女性の

みで行われなければならないという。これは,「伝統的」に田植えが女性の仕事であると考えられてきたためだけでなく,象徴的な意味においても,男性がこれに参加すると収穫量が減少してしまうと考えられているためである。最近では,徐々にこうした性的分業は緩和されつつあるが,農閑期の野菜の栽培に関しては,依然として女性だけで世話がなされていることが多い。

　このような考えは,女性の生殖能力を豊穣性と結び付けることで説明することもできようが,実際,ボントック族におけるさまざまな豊穣は,霊的存在であるアニトや全知全能の神ルマウィと直接的に結び付けて考えられている。しかも,こうした霊的存在との関わりでさえ女性だけで担われているわけではなく,むしろ豊穣を願うルマウィへの祈りや,具体的な儀礼の実修は男性の手によるものである。なぜなら,合田のいうように「ボントック族にあっては,あらゆる災いが象徴的な首狩と関連して説明され,豊穣を担うものは首狩に参加するもの=男性とされる」[26]のであって,「首狩に参加するものは,それによってムラに豊穣と新たな文化をもたらす」からである［合田 1989a：349］。このように,ボントック社会の場合,単に女性の生殖能力などといった男女の生得的な差のみによって性的分業を説明することは難しいであろう。合田の考えにしたがえば豊穣をもたらす者は女性ではなく男性であるといわなければならない。

　彼らの社会生活を支える経済活動=農耕に費やされる労働時間の多くは女性が関わっている。むしろ男性はこうした経済活動に参加することよりも首狩に参加するもの=勇者であることが望まれ,そうすることによって男性たちは社会的な威信を獲得することができた。首狩は日常的なものではないが,女性の生産活動も男性の戦闘もイリの存続のためには必要不可欠なものであって,女性の農耕に関わる性的役割は男性のイリを守るための戦いといった男性の性的役割によって補完される。

　一方,彼らの社会生活全体は,農耕のサイクルによって秩序づけられている。その際,これらの農耕に関わる作業の多くが忌休日によって統制されており,この忌休日は,儀礼的な意味においてだけでなく社会的,生態学的にもきわめて重要な意味をもつものであった。忌休日や儀礼の実修にあたって最終的な決定権をもつのは古老男性であるが,実際には,日常的に田や畑で

第1節　農業と女性

の作業に関わる女性の意見が大きく反映されるというのはいうまでもない。忌休日において，さまざまな禁忌の違反者を厳しく取り締まることを望むのは，むしろ豊穣を強く願う女性たちであるという。そのため，女性から忌休日の実施が要求されることもしばしばある。また，男性の手が足りなければ，女性であっても禁忌に反する者がいないか見張りをするし，こっそり仕事に出かけていく者があれば，厳しく取り締まるという。

　教育の普及や貨幣経済の浸透によって彼らの社会生活も徐々に変化しつつある。もちろんそれは生業においても例外ではないが，サダンガでは，依然として，今後の生産活動にさまざまな課題を残したままである。そのひとつは新たな棚田の造成についてであり，水田に適する灌漑可能な土地の不足は今後一層深刻な問題となっていくであろう。また森林の乱伐によって地下水に影響が出始めているというのも大きな問題である。これを補うために焼畑に十分な労働投下がなされればその収穫量を増やすこともできよう。しかし，実際には彼らにとってもっとも価値ある財産は水田であり，焼畑は二義的なものでしかなく，しかも，主として女性が農閑期に世話をする程度のものでしかない。この時期，男性は焼畑での作業よりもむしろ現金収入を得るために鉱山などに出稼ぎにいくことを好む傾向にある。近代化は彼らの伝統的な農法にも多くの影響を与えることになったが，さまざまな農具や肥料がもたらされ，新種の米が導入されるなど多くの改良がなされたにもかかわらず，現実には十分な収穫をあげることができないでいる。かくして彼らは，何とかして古き良き時代の豊穣を再現しようと，これまであまり成果のあがらなかった近代的な技術に頼ることよりも，かえって伝統的な儀礼を実修することを強く望むようになっている。

[註]
1) 1987年の調査では1,434世帯中，1,345世帯が専業農家であった (93.8％)。これをマウンテン州全体でみると21,416世帯中，20,405世帯で (95.3％)，サダンガ郡のほうが若干低い。
2) マウンテン州全体では，総面積209,733 haのうち居住地0.9％，牧草地11.4％，森林地帯32.8％，農耕地16.3％となっている。森林地は通常，イリを取り囲むように広がっており，材木や薪，竹，ロープや籠を作るための籐，薬草，木の実などの採

集および狩猟などに利用される。牧草地は森林地の中などに点在しており，カラバオや牛が放牧される。

3）ドゥルッカーによると，サダンガでは1850年から1870年にかけて，ほぼ現在の規模に棚田が完成されてしまっており，灌漑用水の不足により，それ以降，ほとんど新しい棚田は造られていないという［Drucker 1977：4］。

4）1998年の10月13日から15日に北部ルソンを直撃した台風エランはサダンガにも大打撃を与え，とくにサダンガ郡の行政村のひとつであるデマンの水田はほとんど壊滅状態となった。一方，この台風によってサダンガでは多くの灌漑設備が破壊されたため，田植えの準備が間に合わず，やむなく田植えの時期を遅らせることになった。

5）ボントック族にとって棚田はもっとも価値ある財であり，そのほとんどは先祖から代々受け継がれてきたものである。サダンガでは最近，新しい水田は作られていないが，これらがいったいどの位の古さをもつものであるかについては諸説ある。たとえばキージングによれば，ひとつの峡谷を一面の水田に変えるには100年もあれば十分であり，それが何千年もの時を経ているとは考えずらいという［Keesing 1962 a：323］。また，ドゥルッカーは，これまで畑作に従事していた人々の一部が，スペイン人が到来する前のある時期に水稲耕作を導入したのではないか，そしてチコ川沿いの峡谷が，水稲耕作のための豊富な水を確保する灌漑用水の設置に適した土地であったため，漸次棚田が作られるようになった。さまざまな研究者がこの地域にやってくる以前は，実は，棚田による水稲耕作が主要な生業形態ではなかったのではないか，と考える［Drucker 1974：36-37］。

6）一期作目の米（ディナコン *dinakon*）の品種としては，プダワン *podawan*，フィノカ *binoka*，ワライ *walay* などがあり，二期作目の米（パクアン *pak-ang*／イニロコ *iniloko*）の品種としてはペドペッド *pedped*，パクアン *pak-ang* などがあげられる。これらの二期作目に使用される米は，アメリカ占領時代に入植してきた低地民（イロカノ）のブラウリオ・ベルギーカ Braulio Belgica によって20世紀の初めにもたらされたものであるという。この品種は初め，ボントック病院の近くの水田で実験的に栽培されていたが，そこで成功を収めたために近隣に住む人々もだんだんと栽培するようになり，やがて日本の占領下で多くの食料を供給する必要が生じて，急速に普及したという。

7）註6で述べた一期作目で栽培される米の品種のうち，プダワンとワライは陸稲でも栽培される。

8）実際，農作業に用いられる道具はきわめてシンプルで種類も少ない。たとえば，さまざまなものを切る作業に用いられる斧（ワサイ *wasay*）とボロ（フェネン *beneng*：フィリピンで用いられる片刃の大型ナイフ），耕したり，掘ったりする移植ごて（サンガップ），土を掘るための跨鍬（カイカイ *kaykay*），鋤（ソクソク *soksok*），カラバオに引かせて土を掘り起こす犂（サクアッド *sak-ad*），女性が焼畑で豆を栽培する際に用いる金梃子（スワン *sowan*），男性が棚田の石壁を造成する際に使用するシャベル（パラ *pala*），大きな金梃子（ファルリタ *ballita*），女性がこれらの道具や収穫物を入れ，頭に乗せて持ち運ぶ四角ないしは丸い籐製の籠（ロワ *lowa*／ラブファ *lab-ba*），主として男性が肩に担ぐ，長い棒にラブファを前後にひとつずつぶら下げて結び付けたキマタ *kimata*，男性の背負い籠（パシキン *pasiking*）などがある。

第1節　農業と女性　　　　　　　　　　　　　　　　343

9) 葬送儀礼で用いられる供犠動物を購入するなど，やむを得ない場合を除き先祖伝来の水田を譲渡することは許されない。また，譲渡するにしても相手は血族に限られている。
10) ドゥルッカーによれば，1haあたりの収穫量は1年につき約2,000束（脱穀した状態で約1,200リットルの米）で，これは平均的な5人家族が1年間に消費する量に相当するという［Drucker 1977：5］。そう考えると，5人家族の場合，1ha以上水田を所有していれば，生活レベルからすると中間層ということになる。
11) 通常，提供された労働に対しては米で支払われるが，雇主が賃金労働者であったり，雇主に支払うだけの十分な米がなかったりする場合には現金で支払われることになる。しかし最近では貨幣経済の浸透により，現金での支払いを好む傾向にあるという。
12) これらの野菜や果実が，サダンガの食糧摂取量全体の15～20％を占めているという［Drucker 1977：5］。しかし実際には，たとえイモなどが豊富にあっても米がなければ，「食糧がない」と言う。サダンガには市場がないため野菜や魚など，自分たちに必要な物のほとんどは自給しなければならなかったが，近年，ボントック中心部から仕入れてきた日用品などを売る小売店がサダンガにもでき，生活に必要な物の多くはそこで買うことができるようになった。しかし，缶詰や干し魚，肉，清涼飲料などといった物は，サダンガの人々にとってはかなり高価なものであり，ほとんど現金収入のない，あるいはほとんど水田をもたないような貧しい人々には利用することができない。そのため，ここで売られている商品が日常の食生活で足りない栄養を補う役割を果たすなどということはほとんど期待できない。
13) もっとも広く栽培されているものはファラトン *balatong*（黒豆）で，その他にモンゴ *mongo*（緑色の小さな豆），セルティス *seldis*（大豆のような豆），カラップ *kalap*（うすい黄緑色の小さな豆），タチャオ *tadao*，（赤みがかった肌色の豆），テトワリス *tetwalis*（赤の混じった白色の豆）などが栽培されている。これらのうち，米の収穫後に植えられているものはテトワリス（9～10月）のみで，それ以外は通常4～6月頃に作付けられる。
14) 供犠動物として販売する場合の値段は，その大きさによっても異なってくるが，カラバオが大きいもので10,000ペソ，豚が大きいもので6,000ペソ，鶏は100ペソぐらいであるという（1990年）。筆者の滞在していた家では，1991年3月16日のアプアポイ儀礼の際に開かれる共食で，供犠された鶏とともに調理される肉を賄うために，小さな豚を潰して近隣の人々に販売していた。小さな豚1頭は総量で37kgの肉となり，価格は部位によっても異なるが，1kgが平均して60ペソであった。
15) 枝木をイリの外と内の境界部分である道の入り口に立てたもので「忌休日であるから誰も中に入ってはいけない」と警告する。
16) 男性たちはグループで絞り機を挽きながら，ワルサエイ *walsaey* の歌を歌ったりして楽しく時を過ごす。この歌は *walsaey* の掛け声で始まり，その内容はサトウキビ絞りの労働や，その楽しいひと時に関するものである。誰がその歌をリードしてもいいが，ルールとして各ラインは *ey* で韻をふむことになっている。
17) ベルワンでは，アプアポイ儀礼はそれぞれの田植えが終わった者が家族ごとで行うが，サダンガを初めとするその他のイリでは全体で一斉に始められる。
18) 供犠される動物は，同じアト成員のうちの誰か1人が提供することが多く，他の成

員はその代償として，彼のために何日間か労働を提供する。労働といっても通常は，その人物の新しい水田を作る作業を手伝うことが多いという。それぞれが何日間働くかは供犠動物の経済的価値によっても異なってくるが，彼自身もこのアトの成員として一部を負担する義務があるため，実際の市場価格よりは低く設定される。それぞれの世帯が負担する金額は労働へと転換され，夫婦はもとより，ある程度の年齢に達した子供もすべてこれに参加し，数日間，彼のために働くことになる。

19）メッセンジャーとして少年たちが忌休日を告げる際，しばしばサラン *salang* という歌の形式が用いられる。サランは「*E! eee tengaw!*（エーエー！　忌休日だよ！）」というように同じフレーズを何度も繰り返すもので，イリ内の道を歩きながら明け方まで歌い続ける。

20）背の高い葦で毛状のチクチクした葉をもつ。葉はカラバオの飼料，茎は屋根を葺く際の基部などに利用される。

21）祭文の内容は，
Anito ad Loko, soma-a kayo ta in-mangmang tako ta maka-an et si moteg.
（イロカノの霊たちよ。マンマンをするから帰っておいで。そうすれば，病気も祓われるだろう。）
といったものである。なお，イロカノとは，イロカノ（低地民）が住んでいる具体的な地名ではなく，自分たちの外の，遠い世界をイメージしているという。

22）祭文の内容は，
Sika ay pag-ey ya in-lengleng ka ya ma　anado nan beka mo ya manyongyong ka as ka baneng. Sika ay ente te-e iska tekaw ya ad lag-od si ayam. Sika ay in-tatayaw ya ad loko et si ayam. Sika ay lota tanay dami appeyan sika ya patobowen nan dami esama ya inseg-a nan begnas mo.
（稲よ，健康に育ってくれ，穂が長く，縁まで垂れ下がるように。穴に住むネズミよ，下流へ行ってくれ水田の上を飛ぶ害鳥よ，イロカノのところへ行け。大地よ，今，犠牲を捧げたのだから，我々が植えた植物を豊かに実らせよ。）
といったものである。

23）祭文の内容は，水田で唱えられるものとは若干異なり，
Tay nay dentak sika ya mantetengninkat, sika ay pinenpen ya sisyamaka ta way ikatak-on nan omonod ay ongang-a. Sika ay inkik-iwi ya ad intona is ommayam.
（今，私はアブアポイを実祀している，倉よ，涼しく健全でいてくれ。積み重ねられた稲よ，次の世代の子供が食べることができるように，ここに留まってくれ。ネズミよ，どこか他のところで這いまわってくれ。）
といったものである。

24）祭文の内容は，
Tanay isokbit ko nan paloki ya sika ay kongo ya manteteng-nin ka, sika ay boteg ya mankakalem ka ya inkadadakeka.
（今，私はパロキを挿したから，豚小屋よ，健全な場所でいてくれ。豚よ，たくさん食べて，早く大きくなってくれ。）
といったものである。

25）ここでいうタブクやカリンガとは，具体的な村落名というよりも，自分たちとは異

なるカリンガ族の住む遠い場所を意味している。
26) かつて首狩の戦闘で勝利した際に開かれる祭宴で踊られた儀礼的舞踏ママカル *mamakal* は首狩の戦闘を模した男性 2 人による踊りが中心だが，これは田植え前や収穫前，収穫の合間の儀礼祭宴でも踊られる。さまざまな機会に踊られるパットンも，ママカルのように実際に戦闘を模す戦士はいないが，儀礼的戦闘を表現する舞踏である。

第2節　労働グループ

1. はじめに

　ボントック族におけるアトの存在は，ボントック社会の特徴をとらえる上でもっとも際立った指標であり，これまでの先行研究においても，男性の帰属するアトがボントック族のあらゆる活動の中心であるとして論じられることが多かった。たとえばジェンクスは，村落共同体としてのイリは単なる自律したアト集団の集合体でしかないとまでいっている［Jenks 1905：49-50］。これに対しキージングは，ジェンクスが，アト制度のボントック社会で果たす役割というものを強調するあまり，アト集団間を交錯する親族関係やイリ全体の儀礼，観念的な繋がり，イリをひとつの集団として結束させるような公共の安全に対する欲求などといったものを過小に評価してしまっているという事実を指摘している［Keesing 1949：583］。アトは確かに男性を中心とする政治的，祭祀的集団であるが，実はこのアトが，イリ全体に関わるような社会集団を組織することはあまりない。一方，水田稲作農耕民であるボントック族にとって労働グループはきわめて重要で，必要不可欠なものであるが，このボントック社会に広くみられる労働グループの形成の基礎となっているものは，実はアトではなく娘宿である。つまりこの娘宿仲間が中心となって大規模な労働グループ，オブフォ ob-bo が組織される。これまでボントック社会では，娘宿は単なる寝宿として，あるいは「試験婚」が行われるキリスト教的倫理観に反するものとして否定的な見方をされることが多かった。しかし，実際にはこうした娘宿での仲間を中心とする労働グループが，彼らの生産活動においてもっとも重要な役割を果たしているということを忘れてはならない。したがって，本節ではこうした娘宿とオブフォの関係，およびオブフォの社会的意義について明らかにすることで，娘宿の社会的機能について経済的側面から再考したい。

2. 娘宿と労働グループ

ボントック族に広くみられる労働グループはオブフォとよばれ[1]，生産活動，とりわけ水田耕作においてたいへん重要な役割を担っている[2]。このオブフォの語源については「仕事をひとつずつ片付ける：たとえば棚田の石壁を築くために石を運ぶとか，収穫した稲を倉に運ぶといったような作業」という意味の動詞 *obo* から来ていると考えられており，まさしく，それぞれのメンバーの仕事を順番にひとつずつ片付けていくといった，互酬的なこのグループの特徴を示している［Read 1972：542］。

一般に，水稲耕作を行う際，とりわけ田植えや稲刈りなどの作業では大量の労働力が集中して必要となることはいうまでもないだろう。それに加え，かつて首狩が頻繁に行われていた頃には，イリの境にあるような水田で働くことは，自分自身のイリから一歩外に出ればそこはもう敵の潜む場所であったから，いつも危険との背中合わせであった。そのため，グループで働くことは，自分自身の身を守る上でも，もっとも有効な方法であると考えられていたのである。しかも，より安全に作業を進めるためには，女性が水田で働いている間，男性がそこで敵の攻撃から彼女たちを守ることが必要であったという。つまり，男性は戦士としてイリや女性，子供たちを守り，一方で女性たちはその庇護の中で自分たちの家庭を経営するといった役割分担がなされてきたわけである。そのため，これまで農作業は主として女性の仕事であると考えられてきた。しかし男性の戦士としての役割が失われた現在でも，農作業は主として女性の仕事であり，女性の労働グループは依然として彼らの重要な生産手段であり続けている。

女性たちは，ほとんど手作業で水田の準備をし，苗床に種を蒔き，田植えをし，水をやり，害虫を払い，そして収穫する。これらの作業に必要な労働量は膨大なものであり，個人の力だけではとうてい賄うことができないのはいうまでもない。そこで女性たちはこれをお互いに補い合うため，それぞれの作業の段階や目的に応じて，自分たちの都合にあった，さまざまな規模や性質の労働グループを組織してきた。ドゥルッカーが指摘するように，中規模の水田で田植えをするのに1人では10日間かかり，最初に植えた苗と最

後に植えた苗では成長にむらが出る。そうすると多くの無駄が出ることになるが、これを共同労働ですればそれを避けることができるだけでなく、1日に7〜8人の労働で済むという [Drucker 1974：46-47]。

　ボントック社会において、労働グループを形成する単位となるのは近隣関係であったり、親族関係であったり、娘宿仲間であったりとさまざまであるが、場合によってはアトを単位とする男性の労働グループも組織される。しかし、農作業で男性がその一部を手伝うことはあっても、主としてこれを担うのは女性のみの労働グループに他ならない[3]。ボントック族では、畑作業の多くは個人的に、あるいは家族成員だけで小規模に行われるが、水稲耕作に関してはこの女性労働グループによる共同労働に負うところがきわめて大きいといえる。水稲耕作で効率よく作業し、高い収穫量を維持するためには、短時間に多くの労働投下をするための組織力が必要となってくるのであって、ボントック族にとっても、とりわけ一時的に大量の労働力が必要になる田植えや収穫の時期には、この労働グループがなくてはならないものとなっているのである[4]。

　先にも述べたように、農作業の主たる担い手が女性であるため、こうした共同労働のグループも多くの場合、日頃から親しい関係にある娘宿仲間が基礎となって形成される[5]。サダンガの少女たちは、思春期が近づくと、数人の親しい友人たちといっしょに娘宿で寝泊まりをするようになる。サダンガでは娘宿といっても特定の宿があるわけではなく、泊まりにいく場所は未亡人の家であったり、空き家であったりするのだが、女性たちはたいてい、ここで幼い頃からともに過ごし、一緒にさまざまな活動をすることによって「気心の知れた友情関係」を形成していく。そして、女性の労働グループの多くはこうした、これまでの娘宿での付き合いを通して築かれた日常的な、強固な繋がりによって形成される。ただし、毎晩、同じ娘宿で寝泊まりをするということが、この労働「仲間」となる唯一の方法であるわけではない。もちろん、同じ場所で寝泊まりする親しい関係も共同労働の仲間となる重要な要件のひとつではあるが、昼間一緒に行動していても、何らかの事情があって夜には友人とでなく母や祖母と一緒に自分の家で寝泊まりしなければならないような場合もある。また最近では、近代的な造りの大きな家が増え

てきており，そうした家の娘たちは娘宿でなく自分の家で寝ることを好む傾向にある。しかし，そのような場合でも同じ労働グループに参加することで，そこから親しい関係が築かれ，同じ労働仲間であるという結束が確認されることになる。一方，女性は婚姻を契機として娘宿で寝泊まりすることをやめるが，そのことによってこれまでの親しい関係がまったく崩れてしまうというわけではなく，依然としてかつての娘宿の仲間と一緒の労働グループで働き続けることが多い。以上のことから考えても，労働グループを形成する際，重要なのは「同じ場所で寝泊まりする」という事実そのものではなく，むしろ，こうした付き合いを通して生み出される親しい関係であるといえよう。そういった意味では，日常的な娘宿での付き合いはそうした関係を作り出すためのもっとも有効な手段であるといえる。

　もちろん，こうした絆も絶対的なものではない。メンバーが最初のグループを離れ，別のグループへ移動することもしばしばある。実際には，同じ娘宿の仲間でない者が別の娘宿を基礎とする労働グループに加わることも多い[6]。一般に女性たちは13，14歳位から労働グループで一緒に働き始め，だんだんと仕事を覚えていくが，この最初の関係はきわめて流動的であり，だんだんと自分がより働きやすいグループへと移っていくことが多いといわれている。しかしメンバーの移動は年齢を重ねるにつれて少なくなっていき，やがて規模が縮小されたり消滅したりもするが，そうした過程でかえってグループの結束が固められていく。そして，ある程度の年齢になってメンバーが固定されてきたグループは，老女になってもそのまま，ずっと同じメンバーで働くことが多い。すなわち，幼年期は自分が楽しく働ける仲間を探すためのいわば試験期間であり，やがて自分自身が経済活動の中心として責任をもたなければならない頃には，これらの関係が強固なものになっていくといえる。

3．労働グループの機能

　オブフォには男性のみのものと女性のみのもの，男女が一緒になって作られているものの3つの種類がある。概して，男性のみのものはアトや近隣関係が中心となって，女性のみのものは娘宿や近隣関係が，一方，男女が一緒

になって作られるものは，個々のアトや娘宿が中心となって形成される[7]。時としてこの労働グループは，イリの境界や自分たちの居住する区画をも越えて形成されることがあり，異なるイリや区画の数人の男性グループと女性グループが一緒に労働を行うことになる。このようなグループはとくにカカヤム *kakayam* とよばれている。これらのうち，女性のオブフォが主として水田の作業を共同で行うために組織されるのに対して，男性のオブフォは水田の準備や収穫時の労働力を補うために臨時的，補佐的に組織されるものであり，女性のものとは性格が異なっている。他方，サトウキビを絞る際に形成される男性のオブフォは，女性のオブフォのように何年も同じメンバーで続けられる半永続的なものである。これはアトを単位として形成されるが，こうした特別な労働のために形成される場合を除いては，ボントック社会での労働グループの主たる機能は水稲耕作での共同労働にあるといえる。

　労働グループがひとたび形成されると，それぞれのグループでは原則として，メンバー全員の水田を，全員で順番に作業していく。ただし，たとえ労働グループの多くが友情関係に基づいて組織されているといっても，その本質は互酬性に基づく労働グループであり，労働を行うにあたっては厳密な約束事が存在する。つまり，あくまでも互酬的な労働の交換であるので，自分が受けた労働に対し，それと同等のものを相手に返す義務が生じるわけである。端的にいえば，あるメンバーの水田で働いた人はその所有者に「貸し」を作ったことになり，通常は，その「お返し」として自分の水田で働いてもらうことになる。しかし，オブフォの場合，こうした「貸し」に対する返済が異なる形で行われてもよい。たとえば自分の順番がきた時に，当人の所有する水田ではなく，誰かメンバー以外の水田で皆に働いてもらう。そして，その働いた全員の分の報酬を自分が自分の水田で当然受け取るべき皆の労働力の対価として，現金や米で受け取るということも可能である。結局，他のメンバーにとってはどこの水田で働いても働く量は同じなのであるから，それがメンバー以外の人の水田でもかまわないことになる。仮に，自分の水田での作業が家族の労働力だけで十分であれば，こうした方法を取ることで余分の現金や米を稼ぐことができるというわけである。自分の水田でなく，メンバー以外の水田で働いてもらう場合には，順番は後回しにされるが，たと

え遅くなったとしても需要は十分にあるため,実際には,こうした戦略的な利用方法が好んで行われている。

一方,病気や急な用事などの理由でたまたま何日かその労働に参加できないような場合には,自分の代わりに誰か別の親族を働きに行かせてもよい[8]。しかし,たとえ代理が立てられない場合でも,とくに罰せられるとか,皆に非難されるということはなく,不参加の分は自分が働かなかった水田の所有者と本人との個人的な貸借の問題として解決されることとなる。その際,自分が受けた労働に対しての借りは金銭や米で支払われるか,雑草取りや稲刈りなど,他の機会の労働で返すことが可能である。また,幼い子供がいて毎日の労働に半分しか参加できないなどという場合には,彼女の水田の順番がきたときに同じように皆の労働の,全体の半分だけ彼女に労働を返せばよいとされる。

このようにしてオブフォは,それぞれの個人の実状に応じて,実に柔軟にメンバーが入れ代わったり,別の貸借関係ができあがったりしながら,全体として滞りなく作業が実行されていくことがわかる。こういった意味では,オブフォは,強制力をもつようなひとつの組織的で強固な集団とはいいがたい。個人がどのグループに参加するか,どの程度までその活動に参加するかはそれぞれの判断に委ねられており,結局,個人は合理的に,労働に参加した延べ日数のみを計算され,自分が働いた分だけその労働を提供した相手から返済されるといった性質のものであることがわかる。娘宿を基礎とした親しい関係で結ばれているといっても,実際には「情緒的な助け合い」といった意味合いは少なく,きわめて厳しく,平等に労働のやり取りが行われるのである。したがって労働グループは,全体としてみれば全員の水田をお互いに順番にまわり,作業する互助共同関係といえようが,その個々の関係からみれば,結局は水田所有者とそこで働く個々のメンバーとのいわば個人的な貸借関係であり,こうした関係だけをみれば,相互扶助というよりもむしろ契約関係といった性格が強いといえよう。

4. 労働グループの形成

1年の初め,男性が新しい棚田の造成や,石壁,灌漑用水路などの修復に

忙しい頃，女性たちは，水田の準備に先立って，日頃からつきあいのある親しい仲間を中心に労働グループを組織する。それから，そのメンバーたちでどの水田で最初に作業するかを話し合って決める。そして，その夜，食事が終わってから最初の順番にあたったメンバーの家に行き，皆で米搗きを手伝う。この米は次の日の朝，水田所有者から朝食として皆に野菜などのおかずと一緒にふるまわれるもので，残りはその日の水田での作業の昼食ともなる。当日，メンバー全員で最初の順番の水田へ行き，その日の水田の所有者がリーダー（カンパンゴ *kanpango*）となって，そこで一緒に働く。その日の仕事が終わると，今度は次の日に誰の水田で働くかが話し合われる。そこで，その夜も同じように次の順番の家に行き，皆で米搗きを手伝う。翌日，今度は2番目にあたった水田の所有者が新しいリーダーとなって作業が始まる。こうした作業が4日続いたら1日か2日休むといったパターンで，最終的に全員の水田での作業が終わるまで繰り返される。

(1) 水田の準備

　最初の田を準備する段階では，男性は個人で仕事をし，女性はグループで作業するのが一般的である[9]。だいたい10月頃に労働グループが組織され，代かきや苗代作り，雑草取りなどといった最初の段階の作業が済んだ後もその多くは解散せず，継続される。たいていは，その後の田植えが終了するまで同じメンバーで続けられることになる。しかしこのグループは，収穫のときに形成される大規模な労働グループと比べると構成する人数も少なく，大きいものでもせいぜい20人ぐらいである。グループのほとんどは3〜10人位のもので，水田があまり大きくない場合にはグループではなく，単独でこれらの作業を行うこともある。したがって，この時期の労働グループは，どちらかというと私的な性格が強くなり，毎年同じメンバーで組織されるといったような永続的な関係というよりも臨時的に作られる場合が多い。ただし，この場合でも，娘宿仲間を中心として組織される比較的規模の大きなオブフォの場合は，やや公的な性格を帯びるようになり，広大な水田を所有するため大量の労働力が必要となる富裕層の人々や，自分の水田は自分自身で作業し，自分の順番の労働をメンバー以外の水田にまわして報酬を得たいと

考える人々などがこれに多く参加する。

　また，この時期，男性が6～7人のグループを作り共同で仕事をすることもあるが，これは女性のものと比べればずっと規模も小さく臨時的なものとなる。

(2) 田植え

　苗代が作られて2ヵ月ぐらいたつと稲は十分に成長し，いよいよ田植えの時期になる。そこで，最初に労働グループの中からメンバー数人が水田へ行って最終的な準備をし，残りは苗代へ行ってこれから植える苗を集め，目的の水田へと運ぶ作業を行う。これらの作業が終了すると，いよいよ本格的な田植えが開始されるが，これにはメンバーが総出で参加することが望まれる。彼女たちは皆，驚くほどの速さで水田に苗を植え付けていくが，これはとくに田植えが雨の少ない時期に行われるためであり，もしも限られた時間内にすべての作業を終わることができなければ多くの損失を生むことになってしまう。そこで，こうした苛酷な労働が，メンバー全員のすべての水田での作業が終了するまで，数ヵ月間にわたって続けられなければならないのである。一方，メンバーの誰か1ヵ所の水田で苗の損失が多い場合には，その他のメンバーが自分の田の苗を持ち寄るなど，お互いに融通し合うこともある。また，余った苗はグループのメンバーの貧しい人々にしばしば与えられる。そういった部分では，相互扶助的な側面もみうけられる。

　田植えは通常，2ヵ月半から3ヵ月間続き，これが終わると労働グループはしばし解散される。そして，その後の作業のほとんどは収穫まで単独で，ないしは家族だけで行われる。

(3) 稲刈り

　一般に男性が水田の作業に出る頻度は女性に比べると少なく，また，男性の作業は単独で行われることが多い。しかし，収穫期に当たってはスピードアップをはかるため，できるだけたくさんの労働力が必要になり，男性も参加した大規模な労働グループが形成される。ただし，大規模といっても収穫は40日ぐらいですべて終了させなければならないので，オブフォのメン

バーの数も必然的に制限されることになり，最大でもせいぜい 40 人が限度である。ジェンクスも指摘するように，収穫の労働は田植えよりも厳しく，同じ面積の水田で，田植えは 1 日に 5 人で作業が済むところ，収穫はその 4 倍の 20 人かかるという [Jenks 1905：107]。また，短期間に集中して行われなければならないため，この時期の労働の対価は他の作業よりもずっと高く評価されていて，共同労働を休んだときに支払う代償や，水田所有者が別のオブフォを雇った時などの賃金は，田植え労働の約 2 倍の米や金銭で支払われなければならない。

サダンガでは，男性と女性が同じグループで作業するというのはこの収穫期の労働グループだけであり，通常，夫婦であれば夫は妻と同じグループに参加する。また，毎年，同じ仲間で作業することが多い。大きなものでは 30～40 人ぐらいの規模になるが，その構成メンバーはさまざまで，近隣集団によって形成されたり，個々のアト仲間と娘宿仲間が協定してひとつのグループを形成したりすることもある。ただし，このアトと娘宿との協定関係は収穫期の前に臨時に作られるものであって，永続的なものとはならないことが多い。

たとえば，こうした臨時的な関係で新しい労働グループを形成する場合は，次のようなきっかけで始められる。収穫の前に 3 日間にわたって課せられるペシックの忌休日の時，まず，男性の側でアトの年長者の 1 人がその仲間たちを召集し，労働グループを形成する協定のための共食に必要な鶏をたくさん提供してくれるような女性はいないかと尋ねる。そこで 1 人ないし 2 人の候補があげられたら，こんどはその女性を自分たちの労働グループの仲間に加えるための計画を話し合う。そして，そのメンバーの中から未婚の青年たちをメッセンジャーとして選び，メッセンジャーたちはその日の午後に薪を採りに山へ行き，その薪をメンバーに加えたいと望んでいる女性の家へと持っていく。そこで彼女の両親にも聞こえるようにわざと騒がしく音を立てて置き，姿を見られないように走って逃げていく。この薪のプレゼントは共同労働の申し入れを意味するものであり，彼女の両親はそれに気がついたら，さっそくそのことを娘に伝える。そこで，1 羽ないし 2 羽の鶏を潰して食事を用意し，先ほど薪を持ってきた未婚の青年グループをその食事に招待する。

この共食は，労働グループに一緒に参加することに同意したということを意味するものである。こうした一連の行為をシナッグ sinag とよぶ。こうして同意が得られれば，あとはこれにアトの他のメンバーや彼女の娘宿仲間が加えられ，新たな労働グループが形成される。ただし，このグループがアトや娘宿仲間によって形成されているといっても，これに関係ない者が参加できないというわけではない。もし男性が結婚していればその妻もこのグループに参加するし，他のアトの成員や近隣の人がこれに加わることもある。実は，それがどのような契機で組織されたにせよ，個人はそれぞれ自分たちの目的に応じて，自分が参加したい労働グループに加わることが可能なのである。

　こうして形成されたオブフォは，田植えのときのグループと同じように，参加者全員の水田を順番にまわって作業していく。この場合，グループの規模に大小がでるが，それは，主として，それぞれのグループに参加する者の参加の目的が異なるからである。たとえば，人数が少なければグループ全員の水田の作業がすぐに終わるから，それが終わった後で自分たちの労働力をまだ稲刈りが済んでいない水田の所有者たちにまわし，そこで彼らのために働けば賃金を得ることができる。こうした目的をもつ人々は，むしろあまり大規模でない労働グループを形成する傾向にあるという。とりわけ小規模なものは，せいぜい5〜6人のメンバーで形成され，その関係は家族や兄弟姉妹，親族，近隣，長年のパートナーなどさまざまであるが，いずれにせよ自分たちの水田での収穫を早く終わらせ，その後はメンバー以外の水田で働くことになる。仮に5〜6人の労働グループであれば，1週間程度で自分たちの水田の収穫を終わらせ，後の1ヵ月間ほどは賃金労働に従事することができるわけである。

　収穫では，全成員が片方の手に短い刃のついた鎌（レケム）を持ち，上から40〜50 cmぐらいのところで刈り取っていく。収穫された稲穂は主として男性が倉まで運び，倉の側に広げられて天日で2〜3日乾燥させる。もちろん，こうした稲刈りの労働はたいへん骨の折れるものであるが，実際には，それを補ってあまりある親しい人間関係がスムーズに仕事を運ぶという。また，作業の合間には皆で即興的に歌を歌ったり，食事をしたりと実に楽しそうに作業をしている光景を見かけることができる。とくに，田植えの時と同

じように収穫の際,水田の所有者から昼と夕の2回,メンバー全員にふるまわれる食事は,彼女たちにとってめったに口にすることのできないごちそうであり[10],厳しい労働の合間の大きな楽しみのひとつとなっているという。

5．労働グループのその他の機能

これまでみてきたことから,オブフォというものがサダンガの生産活動において作業を効率よくすすめ,高い収穫量を可能にする,きわめて柔軟で機能的な組織であるということが明らかになった。しかしオブフォは,単に共同労働を行うためだけに存在しているのではなく,実は,その他にも多くの機能を担っているという。そこで,ここではそのいくつかを取り上げて考察してみたい。

(1) 経済的機能

比較的小規模の水田は,現実には労働グループによる共同労働に依存しなくても,個人で,あるいはその家族だけで十分その労働力を賄うことができる。これに対し,大規模な水田では,すべての作業を少人数で短期間に終わらせることなど不可能であり,かなりの日数がかかってしまうだろう。とりわけ田植えではその最初と最後で稲の成長に大きな差が出てくるため,多くの損失を生むことになる。こうした無駄をはぶくためにはどうしても多人数で一度に作業することが必要となってくるが,こういった意味では,本当に共同労働が必要なのは大規模な水田所有者だけである。共同労働は本来,互酬的な性格をもつものであり,受けた労働に対し同等のものを相手に返す義務があるが,イリ内の成員が皆同じような経済的条件ではないため,現実には,受けた労働に対し何か違う形で返済されることが多くの場合,期待される。結局のところ,これに参加する人々のほとんどはこの組織をひとつの経済的な戦略として利用するため,それぞれの状況や目的に応じてグループを選択し,参加することになる。実際,個人によって参加する動機も異なるわけである。

サダンガではイリの成員の間にかなりの経済的格差がみられ,とりわけ富裕者と貧困者とでは水田の所有量に大きな幅がある。とくにサダンガは,マ

ウンテン州のなかでも比較的貧しい地域のひとつであり，多くの人がわずかしか水田を所有していない。こうした人々にとって共同労働はほとんど必要ないといえようが，サダンガではまた別の意味で貧しい人々にも重要な機能を果たしている。たくさんの水田を所有する豊かな人々は，とうてい自分たちの労働力だけですべての作業を終わらせることができないため，労働グループが必要なのはいうまでもない。これに対し，貧しい人々はこうした状況をうまく利用し，どこかの労働グループに加わって自らの労働を提供し，それを等価の労働ではなく米や現金といった違った形で皆に返済してもらうことで自分たち家族が1年間，生活していくのに十分な米を確保することができる。前述したように，各労働グループの成員は，原則として全員で全メンバーの水田を順番に作業してまわるわけだが，自分の水田にそうした大量の労働力が必要でなく本人や家族の労働力だけでも十分な場合には，自分の順番がきた時にメンバーたちに誰か別の水田で働いてもらい，その所有者から報酬（ラブフォ lab-bo：本来の意味は「賃金のために働く」）を受け取ることができる[11]。あるいは自分の水田で当然受け取るべき全員の労働の代わりに，メンバーから米や現金を貰うこともできることになっている。他方，小規模な水田しかもたない女性どうしが集まって比較的規模の小さい労働グループを形成し，自分たちの水田の作業を早く終わらせた後，今度はグループで富裕者と契約し，その水田で働くことで報酬を得たりすることもできる。また，一家に2人以上の女性の労働力がある場合，1人が労働グループに参加して報酬を稼ぎ，1人が自分の水田の作業をするということもできる。

　こうした制度は，他に仕事をもっていて農作業に余り時間をさけない人や，長い期間，イリを離れる人にとっても大変有益な手段である。これらの人々は，労働グループを雇い自分の代わりに水田で作業をしてもらい，報酬を支払えば，実際に農作業をしなくても米を収穫することができる。そうして収穫された米は自分たちで消費するだけでなく，将来，儀礼などで使用するために倉に貯蔵しておく。このように，労働グループは互酬的な目的のためだけでなく，一種の経済的戦略としても利用されるのであり，富裕層にとっても，貧しい人々にとっても，女性が生産活動を確保するうえで重要な機能を果たすことになるのである。

(2) 日常的な互助協同

先にも述べた通り，女性の労働グループは日頃から付き合いのある娘宿仲間が中心となって組織されるため，実際には，単に事務的に処理される等価の労働交換といったことのためだけに働くわけではなく，しばしば日常的な互助協同のグループへも発展する。ただしこれへの参加は農作業での契約的な関係とは異なっており，義務的なものでもなく，むしろそれぞれの友情関係に基づく自発的なものである。その基礎的単位となるのは農作業の労働グループと同じく，日頃から付き合いのある近隣の親族や友人，娘宿仲間たちであり，とりわけ婚姻儀礼や葬送儀礼ではこうした女性たちによって組織されるグループが重要な役割を果たしている。しばしばボントック族の儀礼には大量の米や肉を消費する共食が伴われるが，こうした儀礼にはたくさんの訪問客が予想され，主催者はそこでふるまう食物を過不足なく用意しなければならない（第3章第4節参照）。つまり，その準備と調整を行うのが家庭を経営する女性の重要な役割であり，いつ，どのくらいの客を招待し，どれくらいの米を準備するかなど，共食に関わるすべてを取り仕切らなければならない。その際に，親しい関係の女性グループの手伝いは欠かせないものであり，仲間たちは朝早くから総出でやってきて，儀礼に必要なだけのたくさんの米を搗き，飯を炊く手伝いなどを行う。また，儀礼で使われる鶏や米などの一部も彼女たちによってしばしば寄付される。いうまでもなく，大量の消費を伴う共食において，これらの作業をこなすのは女性1人だけの力ではとうてい不可能であり，こうした労働グループによる互助共同はさまざまな儀礼を運営するうえでも必要不可欠なものとなっていることがわかる。

(3) 交易

かつて，イリ間や低地民との間で交易が盛んに行われていた頃には，その役割を担うのも主として女性であった。もちろん交易の際には，取引相手が自分たちのところへやってくるだけでなく，自らも交易のために遠方まで出かけていかなければならなかったが，その際，危険な道中で身の安全を確保するためには集団で行動することが必要であった。そこで，こうした娘宿仲間を基礎とする女性の交易グループが形成されることになり，しばしば農閑

期にはさまざまな交易品を持って集団で出かけていったといわれている。交易品としては，ボントック郡ではボントック・イリの斧，マイニットの塩やサモキの土器，サダンガ郡ではベルワンの鉄，サダンガの豆などがとくに有名であり，かつてはこれらが広く取り引きされていたという。また，ボントック郡のナトニンやマリコン，ボントック・イリでは，豊作の年には米を交易品として取引できるほどの収穫があった。現在では，ボントック中心部の市場で必要な物のほとんどが安価で手に入れられるようになり，こうした交易のためのグループはほとんどみられなくなってしまったという。しかし現在でも，かつてより小規模ではあるが，数人の女性たちがグループでボントックの中心部に余剰生産物などを持って売りにいく姿が依然としてみうけられる[12]。

(4) 社交場

サダンガにおいては男女が一緒に作業したり，並んで仕事をしたりといったような機会はほとんどない。そんな中にあって，収穫期に形成されるオブフォは男女が一緒に労働することのできる数少ない機会であり，若い男女が深く知り合うための絶好の機会ともなっている。そこで，それぞれのアトでは未婚の青年たちが中心となって，自分たちの好みの女性たちがいる娘宿と一緒にオブフォを形成することを好んで行うという。実際，毎日一緒に働くことでそれぞれが関係を深めていき，やがて愛情へと発展していくといったことはめずらしくなく，しばしば収穫の後にはこうした機会を通じて結びついた男女の婚姻儀礼がこぞって行われるという。

また，イリの枠を超えた，あるいは同じイリ内でも遠くに住んでいて日頃あまり接触がないような男女が知り合う上でも，この共同労働が利用される。このような労働グループは，先にも述べた通りカカヤムとよばれているが，相手が遠方に住んでいるため，たとえば10人程度の男性グループが他のイリ（あるいは他の区画）の女性10人のグループを招いて労働グループを形成する場合，数日間，男性側の水田でともに労働し，今度は女性たちのグループが男性たちを自分たちの場所に招いて同じように労働するといった方法がとられる。その間，昼間はそれぞれの水田で一緒に作業をし，夜には次

の日，自分たちが食べる昼食の米を搗きながら，歌を歌うなどして楽しく過ごすという[13]。近隣どうしの若い男女のオブフォと同じように，長時間ともに過ごし，一緒に労働することによって恋愛感情が生まれれば，やがて婚姻へと進んでいく。しばしばみられる村外婚には，こうした過程で知りあったものも多い。

6．おわりに

　ボントック族では，父方・母方双方向に等しく親族関係が辿られるため，単系の出自集団のような自律的，機能的な親族集団は形成されにくい。一方，キンドレッドは第三イトコまでの範囲を含むため，規模もかなり大きくなり，ひとつの共同労働の単位として機能するにはあまり効率的でないといえよう。ボントック社会では，何らかの機能的な集団を形成する際，こうした血縁的つながりはあまり重要ではなく，そうした関係を補うものとしてアト集団や娘宿が機能している。アトは世帯を単位とし，イリの成員はすべてどこかのアトに帰属することになるが，世帯を単位とするといっても実際には女性のアトに対する帰属意識は男性のそれと比べるとずっと低く，一般に，生涯を通して漠然と結婚前には父の，結婚後には夫のアトに帰属することになるという。一方，男性は幼い頃から父のアトへ遊びに行き，やがて結婚を契機として正式にその加入が認められるといった過程を経る。女性の場合とは異なり，そうした関係は生涯変わらないのがほとんどである。そこで女性を中心とするような労働グループは，自分たちの世帯が属する本来のアト集団を飛び越えて組織されることになる。なぜなら，農作業における円滑な人間関係はスムーズな作業の進行にきわめて大切であり，女性たちは，親族関係やアトを通して結ばれる非選択的な関係よりも，むしろ日頃から付き合いのある親しい友人たちをその仲間として望む傾向にあるという。もちろん労働グループを形成する際，親族的なつながりがまったく関係しないわけではなく，近隣の親族集団でオブフォが形成される場合も多くある。しかし，労働グループを形成するもっとも重要な要素のひとつは，長年付き合いのある親しい関係であり，そういった意味では娘宿仲間が最適であると考えられている。一方，男性の場合，労働グループに参加することはあっても，通常は，収穫

第2節　労働グループ

などの補助的な役割として妻と同じ労働グループに加わるにすぎず，また，男性のみによるアト集団を基礎とした労働グループの多くはサトウキビ絞りといった，ごく限定的な目的のため一時的に形成されるに過ぎない。これに対し，女性たちは自分たちの状況や目的に応じてさまざまな労働グループを組織し，実に合理的にこれを使い分けていることがわかる。近年，男性が6～7人のグループを作って共同労働を行うといった場面もみられるようになったが，本来，男性が灌漑用水路や石壁の補修以外に，グループを作って田起こしや雑草取りといった水田の準備に参加することはなく，これは，慣習的にも女性の仕事であると考えられてきた。依然としてボントック社会では，その経済活動において女性が主たる担い手であり，その労働の配分や指揮は女性の役割であって，男性はそれを助ける，いわば二次的なものでしかない。

　かつては，男性は「女性や子供を守る者」として，女性は「家庭を経営する者」としての役割を分担していたわけであるが，首狩慣行の禁止やイリ間に平和的な関係が樹立されることにより，もはや男性たちの戦士としての役割は失われることとなった。その結果，だんだんと男性たちがこうした農作業にも組み込まれるようになってきており，これまでの慣習的な男女の性的分業といったものは変容しつつある。そこで今後，男性たちがこうした農作業により深くかかわってくる可能性もないとはいえないが，現段階では，男性の労働グループが主体的に農作業に従事しているとはいいがたい。むしろ男性は出稼ぎなどで現金収入を得ることを望む傾向にあるという。

　いずれにせよオブフォはボントック社会において，農作業のむだを極力はぶき生産性を向上させるうえで必要不可欠なものである。また富裕者にとっては労働力を確保する上で，他方，貧しい人々にとっては自分たちに必要な糧を得るうえでこの労働グループがきわめて重要な役割を果たしているということは明らかであり，それらを組織する基礎となるのはまさしく，女性を中心とする娘宿での関係なのであって，ボントック社会における娘宿の果たす役割は依然として大きいといえよう[14]。

[註]

1）サカサカンでは，労働グループはシンパンオブフォ sin-pangob-bo とよばれている。sin-pang の sin は一つの単位を表す接頭辞であるからオブフォとほぼ同様の意味である（Read の *Bontok-English Dictionary* より）。
2）通常，日常的な農作業はこうした労働グループを単位として行われているが，水田を造成したり，灌漑設備を整えたりといった作業や，イリ内の道路の整備，修復などといった作業には労働者が雇われることもある。この場合，賃金は出来高制で支払われ，とくに期間は定められないことが多い。
3）チェルネフによれば，彼女が調査したマリコンと比べ，サダンガやギナアンでは，これまで女性の仕事であると考えられてきた水田の準備や田植えといった農作業に男性の労働グループも関わる傾向が強いという。その際，男女別々のグループがこれらの労働に対して一緒に作業するといった形がとられる場合が多い。これに対してマイニットでは，そうした作業は依然として女性のものと考えられており，サダンガから婚入してきた男性が妻の田植えの作業を手伝ったところ，マイニットの男性に嘲られたり，奇妙に思われたりしたという [Cherneff 1981：72-73]。
4）一斉に苗を植え成長を揃えることで，水田に水を張る際に生じる苗の無駄を減らすことができる。また，成長を揃えることで，同じ田の稲を絶好の時期を逃すことなく同時に収穫でき，稲が熟し過ぎたり，枯れてしまったりということがなくなる。
5）ドゥルッカーのサダンガでの調査によれば，1972 年から 1973 年にかけての水田の準備と田植えの作業時に組織された労働グループは 2 つのタイプに分けることができるという。ひとつめは娘宿を基礎として形成されているもので，2 つめはそれ以外のもの，すなわち①比較的最近結婚した女性たちによるもので，すでに消滅した同じ娘宿の仲間たちによって形成されているもの，②長年一緒に作業してきた年配の女性たちによるもの（もともとは同じ娘宿仲間であった場合が多い），③永続的な関係ではない雑多な集まりによるものの 3 つである。これらを数でみると，前者の娘宿を基礎として形成されているものが全部で 7 グループ，そうでないものは 11 グループであった。しかし，いずれにしろ最後の雑多な集まりによるものを除けば，ほとんどが娘宿と関係していることがわかる [Drucker 1974：78-80]。
6）ドゥルッカーによると，娘宿を基礎として形成されている 7 つの労働グループの総メンバー数は 108 人であったが，そのうち 54 人は実際の娘宿のメンバーではなかったという。それらの中には，もともとその娘宿のメンバーだった者で最近，結婚したために娘宿を離れた者もいるが，それ以外の者も多く含まれている [ibid.：79]。
7）既婚女性のみの労働グループはインイニナ *in-inina*（*ina* は「既婚女性」）/フォクフォキ *bokboki*（*boki* は「グループに分ける」），未婚の男女と既婚の男性によるグループはチャルアン *dal-ang*，未婚の男女のみによる非公式のグループはカファファロ *kababallo*（*baballo* は「若い未婚の男性」），同じアトの成員どうしによる労働グループはチャンアス *dang-as* などとよび区別されている。ただしチャンアスは，アトを単位として実修される儀礼に必要な供犠動物を得るために組織されるもので，通常，同じアト成員のカチャンギャンの農作業を手伝い，その報酬としてカチャンギャンが動物を提供するということを前提としている。

8) 自分の代わりに労働を頼む親族は，通常，自己のキンドレッド成員のなかから選択される。ボントック社会では，キンドレッドは双方向に第三イトコまで辿られる。

9) 水田の準備の田起こしは，手作業で丹念に土を掘り起こしていくというもので，たいへん骨の折れる退屈な作業である。そこで，それを少しでも楽しくするために歌（アイイェン・シ・エンアブカ *ay-yeng si in-abka*：*abka* は「掘り起こす」）がよく歌われる。歌の内容は土地の状態や，そこに植えられるもの，天候に関するものなどさまざまで，その場で即興的に作られ歌い手が1人で歌う。こうした水田で働く時に歌われる歌を総称してアイイェンというが，それは必ずチュワエ *dowa-e*，チュワア *dowa-a*，という掛け声で始まる。たとえば次のようになる。

Dowa-e, nintengan nan sika-a, intako'd manida-a, anno padongna sa-a.
（チュワエ，太陽が真ん中（正午）になったから，食事にしよう。食事に休む時間だ。）

Dowa-a, tabaybayen toko-a, lota'y ninakis-ba-a, pabbaybay Kastila-a.
（チュワア，堅くて骨の折れる土を掘ろう。スペイン人たちは我々に穴を掘らした。）

Kastila'd Manila-a, kasi tay pilangko-a.
（マニラでスペイン人は，かわいそうに焼き討ちにされた。）

Mabbikod si lagbo-a, mo kona iniso-a, nan tonod nan lolo-a, ta was-din minlagbo-a.
（お金のために働いて痩せこけた。もし（ルマウィが）農作業で使う掘棒を平等に作ったならば（ここでの掘棒は人間を意味している。つまり，もし神が人間を平等に作ったならば，となる），誰でも子供たちのために食べ物を得ることができるのに。）

Ta was-din tomokodo-a, 's san ilida-a.
（そうすればイリで座って休んでいられるのに。）

Tay sigang pay sina-a, ay mindoadoa-a, bataowa 'y anaowa-a.
（かわいそうに実際は，ここでは仕事を探して世界中，遠くまで仕事を求めて旅しなければならない。）

Somya ken solowa-a, ay minitotokdo-a, 's san ilida-a.
（幸運にも私の愛する人は他の人々と一緒にイリでのんびり座っている。）

Nay pay sigang sina-a, nabonga's ongonga-a, nabbolyosi onga-a.
（ここでは実際，かわいそうに，ここで人間として生まれ，赤ん坊として抱っこされ。）

Kasi tay longaiya-a, longaiya-a'y takoaoa-a.
（かわいそうに，なぜなら〈合いの手〉〈合いの手〉人々よ。）

Kano ay somanga-a, somang ay mindono-a, tedan si onganga-a.
（我々は怠け者だ，働いて金を儲けるのを怠けているといわれる。さあ子供たちの午後の食事だ。）

10) 田植えの時は朝食と昼食に飯と野菜などのおかずが出されるが，収穫の場合には昼食と作業後の夕食の際，飯はもちろんのこと，特別に普段あまり口にすることのできない肉を一緒にふるまわなければならないことになっている。

11) 一般的な，1日の労働に対する報酬は稲5束（束：フェンゲ benge）と1日につき2回の食事である。この稲5束が収穫された稲のひとつの単位（1イトネイ itney）で，脱穀した状態で約1ガンタ，2.3kgに相当する。これに対し，水田の準備には6束，収穫には1日10束の報酬が支払われる。

12) 現在の，近隣のイリや低地民を相手とする主な交易品はカラバオや豚，犬，鶏，アヒルといった家畜や米，野菜，果実などの農産物，塩，織物などである。とりわけ豚は多くの家族が飼育しているが，豚は肉として販売するだけでなく，糞を水田の肥料として利用できるし，儀礼の際の供犠動物としても用いることができるため重宝される。人々は，こうしたものと交換で，あるいはこれらを売って得た現金で砂糖やマッチ，タバコ，衣類などといった生活に必要なものを手に入れる。

13) この時，歌われる歌としてチェイヤッサ dey-yassa というのがあるが，ここでは通常，2人ずつの男女が向かい合って順番に米を搗きながら歌う。この時，男女は交互に米を搗くが，歌を歌うときには杵を上に上げておき，フレーズの最後にはチェイヤッサをつけ，このチェイヤッサと言ったときに米を搗くことになっている。また，チェイヤッサの前の語は"a"で終わるように韻をふむ。たとえば，
    Delkasam ay al-owa dey-yassa. Senget mi ay in-nogbowa dey-yassa.
    （杵でよく米を搗けよ。チェイヤッサ。一緒に働く我々の食糧なのだから。チェイヤッサ。）
となる。

14) 女性の労働グループは，近代化の過程においても重要な役割が期待される。チェルネフの報告によれば，ある鉱山会社が1972年にマイニットの銅や金を求めてやってきて，ここで操業しようとした時，この採掘が水田稲作農耕に直接的な影響を与えることになるため，それに反対する女性たちが2人のカチャンギャン女性を中心としてすべての労働グループに参加する女性たち200人あまりを組織し，反対運動をおこした。そして，試掘をしていたキャンプ地を訪れ，彼らの道具を盗み，小屋に火をつけて追い払ってしまった。それからボントック郡の郡長のもとに盗んだ道具を持っていき，自分たちは「すべての採掘を拒否する」と宣言したという。それにもかかわらず1974年に再び鉱山会社がマイニットへやってきたので，女性たちは以前と同じく労働グループを中心として再度，試掘キャンプを攻撃した。しかし，小競り合いが生じて何人かの女性たちが怪我を負うことになり，女性たちはこうした抵抗を続けるためには経済的な基盤が必要であると認識するようになった。だが，個人的な寄付だけではままならない。そこで女性たちはボントック族の慣習的な忌休日の反則金に目をつけ，本来は男性たちの役割である反則金の徴収を女性たち自らが行った。通常，反則金の徴収は，忌休日の当番に当てられたアト集団の成員たちが，イリの境界付近で禁止行為を行う人々をチェックし，そのような行為を見かけたら違反者の名前を大声で叫んでイリ全体に知らせ，夜，その違反者の家に行って罰金を徴収する。忌休日の当番は順番に次のアトへと送られていくが，それと同じように女性の労働グループが順番に忌休日の違反者の罰金徴収にあたり，そこで得られた物などを現金に替え，当時のマルコス大統領に採掘を止めるよう陳情したり，マラカニアンへ代表団を送ったりする資金を捻出した。その結果，鉱山会社はマイニットの人々の了承を得られない限り，再び試掘をするようなことはしないと約束したという。

チェルネフは，どうして男性のアト集団ではなく，女性の労働グループがこのような活動を組織する基盤となりえたのかについて，採掘が女性たちの担う生産活動に直接影響を与えることになるというのが主要因であろうが，それに加え，男性にとってもっとも大切なことは，「伝統的」にアトに与えられている重要な役割であって，これを失うことはアトが集団として政治的な影響力を失うことにつながるため，それに固執する。それに対し，女性の労働グループは友情によって結ばれた社交的な集団であって，そのバイタリティーは社会的，政治的なネットワークを供給しうるのだ，と説明している［Cherneff 1981：158-166］。

第3節 性と女性の不浄性

1. はじめに

　多くの社会において女性の文化的・社会的地位は低く，性的不平等が広く存在するといわれる。しかしながら，女性の生産活動は男性のものと比較しても決して劣ってはおらず，逆に女性が社会に果たす役割は，出産や育児など，社会成員の再生産という側面からみれば男性をはるかに優越している。それにもかかわらず，諸社会では女性が公的領域（政治的，あるいは儀礼的役割）から排除される場合が多く，しばしば差別や抑圧の対象となってきた。
　オートナーは「いかなる既知の文化においても，女性は男性よりもある程度劣っているとみなされている」と指摘し，こうした女性の普遍的劣性の論拠として次の3つのデータ，すなわち①女性を明らかに過小評価する文化的イデオロギーやインフォーマントの言説：それによると，女性たちの役割や仕事，成果，社会環境に対して与えられる権威は男性よりも，あるいは男性に関係するものよりも低い，②象徴的装置：たとえば不浄の問題を女性に帰属させるように，暗示的に劣位の評価を下すような所説，③社会を動かす最高の権利が存在するとみなされる領域への女性の参加や接触を除外する社会構造をあげている。そして，これら3つはある特定のシステムのなかで互いに関係し合っているが，このうちのひとつの要素だけでも女性の劣位を示すには十分な論拠となると述べている［Ortner 1974：69-71］。こうした女性に対する普遍的な評価は，象徴的に自然と文化の対立のなかでとらえることもできるだろう。すなわち，男性と文化，女性と自然とを関連づけ女性の劣性が示されるということで，多くの場合，女性のみに与えられた妊娠・出産という機能から，あるいはまた，このことによって女性が公的領域よりも家庭的領域に拘束されることが多いという事実から，女性が「より自然に近い存在である」とみなされてきた。しかし，このような生物学的要素に女性の劣性を求める立場は多くの問題点を含んでいる。いうまでもなく，文化

は多様性をもつものであって，必ずしもすべての社会が女性を「自然」と認識しているわけではない[1]。つまり，単に女性を汎文化的に劣位においてしまうのではなく，それぞれの文化的脈絡のなかで，その位置づけを分析し検討することが必要となってくるのである。

　これらオートナーが指摘する要素のなかでも，しばしば女性の劣位性の論拠として取り上げられるものに女性の不浄性があるが，これに関しても慎重な検討が必要であろう。多くの社会には浄―不浄の観念が存在しているが，これは主として衛生学的な観念というよりも象徴論的観念であり，ある種の穢れは社会秩序に関する一般的見解を表現する比喩として用いられている[Douglas 1966：1-6]。何を「浄」とし「不浄」と考えるかは文化ごとに差があるが，とりわけ排泄物や乳，唾液，血など肉体の境界上にあるものは多くの社会で「不浄なるもの」とされてきた。なかでも血は，女性と結びつけられることが多く，血を伴う女性の月経や出産を不浄なものと考え，月経中の女性を隔離したり，その行動を規制したりするということは世界中に多くみいだされる。「不浄なるもの」は，それに近づくものを不浄化するという内的能力ゆえ危険であるとされるが，それは同時に底知れないパワーを秘めているということでもある。それゆえ，それが時として聖なるものに転換されることがある。つまり，女性の普遍的劣性を証明するのに十分な論拠とされる女性の不浄性も，実際には，単に女性の劣性を証明するだけのものではなく，それがしばしば聖性＝中心性へと転換されるという事実も忘れてはならない。ダグラスは，「聖なるもの」と「不浄なるもの」が盲目的に混合される種族というものはありえないが，嫌悪の感を込めて拒否された不浄なるものを宗教が聖なる目的に用いることは依然として真実であると指摘し，こうした「不浄なるもの」が「聖なるもの」として扱われる儀礼的転換について，その回答を穢れの本質に求めている。すなわち「不浄」といったような観念は精神の識別作用によって作られたものであり，秩序創出の副産物であって，作用以前の状態に端を発し，作用の過程を通してすでにある秩序を脅かすという任務を担い，最後には本来の姿に立ち返る。すなわち無定形の混沌は崩壊の象徴であるばかりでなく，発端と成長の象徴でもあるというのである[ibid.：159-179]。

一方，こうした問題を考える上では，しばしば血の忌みをともなう妊娠や出産が実は女性の側だけでなく，男性の側の問題でもあるということにも注目しなければならないだろう。

　したがって本説では，浄―不浄の観念，とりわけ月経や出産に関わる女性の不浄性を手掛かりとして，さまざまな社会との比較を試みながら，ボントック社会の女性の社会的位置づけについて考察していきたい。ボントック社会では，政治的・儀礼的運営のほとんどを男性が担い，いわゆる公＝男性，私＝女性といった二項対立がさまざまな場面でみられるが，そうした社会関係の説明原理としてほとんど浄・不浄の観念が用いられることはない。

2．月経・出産をめぐる不浄性

　世界中に，女性の経血や月経中・妊娠中の女性に接することは危険であり，そこには男性を不幸にしてしまうような大きな力が存在しているなどといった観念が広く存在している。これらは，生や死，豊穣に深く関与するものである。とりわけ月経・出産は，人間が自然の領域へ深く入り込んでいる状態であって，また，排泄物を伴う。それゆえ不浄視されることが多い。しかし実際には，このような不浄観にも，個々の社会でその強弱や性格にさまざまな様相がみられるものである。たとえば，山路はマイリナフ地方を中心としたタイヤル族の出産に関し，出産は産婦の男キョーダイに不浄をもたらすという民俗信仰について報告しているが，これは，生と生殖に関する出血が異性キョーダイ間に緊張と対立をもたらすというもので，出産によって穢れた男キョーダイの穢れが祓われていないならば，その姉妹の子供は非嫡出子のような地位に甘んじなければならない，つまり子供に社会的存立の保証を与えるのは産婦の男キョーダイであるというのである。すなわち，こうした穢れの観念は，タイヤル族において異性キョーダイ関係が特別な紐帯で結ばれており，この紐帯がタイヤル族の親族紐帯の根幹となっているということを強調するものとなっているというのである［山路 1985］。

　もちろん，たとえどんな不浄観が存在していようとも，月経や出産といった行為それ自体に，常にマイナスの価値が与えられているというわけではない。多くの場合，むしろその逆で，それは社会の存続に不可欠であって歓迎

されるべきものである。女性の月経は，その女性が妊娠可能であることを確認するものであり，また，その集団に結婚相手として子孫をもたらしてくれる女性であるということを表明するものでもある［波平 1984（1983）：220-221］。月経小屋の存在は，その穢れが他のものを不浄化してしまうことを恐れて，月経中の女性を一定期間隔離するというものであるが，しかしこの隔離によってその女性が妊娠可能であるということが確実な情報となってその集団に広がることとなる。子の出生が婚姻関係を継続するための重要な条件であり，不妊がしばしば離婚の原因となるような社会においては，月経小屋の存在が重要な役割を担うことになるのはいうまでもない。妊娠・出産にあたって最初に行われる儀礼の多くは，一般に，妊娠した女性を日常社会や家族から分離するものである。そして，妊娠・出産の過渡期を経て，最終的に以前いた社会へと再統合され，新たに母としての地位を獲得するための儀礼が順次実修されていく。この場合，妊娠した女性は不浄かつ危険なものとして一定期間，隔離の状態におかれることが多く，特別な小屋，あるいは家屋の中の特別な場所に隔離されるとともに，妊婦には飲食やさまざまな行為に関する禁忌が課せられる。多くの場合，この禁忌は母だけでなく，その夫や親族にも課せられるが，これらを遵守することによって妊婦の分娩が容易になり，さらには母と子，そして家族全体が邪悪な力から保護されるという。もちろん，こうした妊娠・出産に関わる儀礼やそれに伴う不浄観も，個々の社会で異なっており多様性がみられる。しかし，それを社会的・文化的側面から考察すれば，出産は，女性にとっては母という地位の獲得であり，また子の誕生は，子が正式の出自や財産の継承者として認知され，社会的行為に深く関わることでもある。そして，なによりも豊かな出産能力は社会成員を補充し，社会を存続させるうえで不可欠のものであるに違いない。なかには最初の子供の誕生が社会的に重要な意味をもち，生殖が可能であるということが確認されるまで婚姻の成立を認めないような社会もあり，こうした社会では，妊娠と出産の儀礼が婚姻儀礼の最後の部分をなす。つまり女性は，母親になることで確固たる社会的地位を確立することになる。そういった意味では，妊娠・出産の儀礼は，女性やその夫，親族，そして彼女が属する社会全体をも巻き込むものであろう。さらに象徴的側面からみれば，こうした

出産能力は，土地の豊穣性へも結びつく。男性としての役割や女性としての役割が文化的に規定されるものだといっても，両方の性に平等にその可能性が与えられているわけではなく，しばしば同じような傾向がみられるわけだが，男女いずれかの性にとって絶対に不可能なものがあるとすれば，それは男性における妊娠・出産だけであろう。しかも月経や妊娠・出産に関わる儀礼は，単に不浄なるものを浄に転換する目的でのみ存在するわけではなく，社会全体にとってもきわめて重要な意味をもつものである。

　一方，妊娠・出産は女性の側だけの問題ではなく，男性の側の問題でもあるというとらえかたもできる。たとえば，その顕著な例として，タイヤル族の男性の妊娠についての『蕃族調査報告』の伝承に関する山路の報告をあげることができるだろう[2]。山路によれば，それは冗談話として語り継がれてきたのかもしれないが，実は，そこには出産が決して女性だけの営みではないということが示唆されているという。すなわち，出産という現象にはまぎれもなく性差を伴うが，それにもかかわらず，この話では妊娠の当事者は男性であり，生物学的な性差を否定している。このことは，出産とは男性も関与した上での「男と女の協業の成果」であるということを示唆しているというのである［山路 1986］。つまりたとえ男性が妊娠しなくても，妊婦と同様，夫あるいはその家族に課せられる飲食や性行為などの行動に関する禁忌や，妻の出産の前後に夫が日常の活動を休んで籠もりに服したり，妻の出産に伴われるさまざまな行為を夫が模倣したりする擬娩は，出産というものが決して女性だけのものではなく，男性と女性の協同作業なのであって，男女がともに子供を生み，ともに育てるのだということを明示している。夫が妻の出産を分かち合うことで妻の出産は軽くなり，子供と父は強く結ばれるようになる。ひいてはまた，このことで邪悪な力から妻と子供を守ることができるというのである。

　以上述べてきたように，月経や妊娠・出産というものがすべての社会で常にマイナスの価値を付与されてきたのではなく，（男性が妊娠することが可能とみなされる社会があるにせよ）女性のみが社会の成員を再生産し得るということ，また，象徴的な意味において，その豊かな出産能力がしばしば土地の豊穣へと結びつけられるといったことなどに注目すれば，むしろ女性の

プラスの価値が強調されなければならないことがわかる。そう考えれば，こうした女性の女性たる能力が，しばしば「穢れたもの」，「不浄なるもの」として扱われてきたこととは明らかに矛盾している。

3．ボントック社会における月経・出産

これまで不浄にまつわる観念についていくつかの研究をみてきたが，ここでは逆に，このような不浄観の存在しないボントック族の社会について，具体的な事例をあげながらそうした観念が存在しにくい理由を考察し，「不浄」というものを考える上でのもうひとつの手掛かりとしたい。

(1) 娘宿の機能

ボントック社会では，女性を隔離するような月経小屋や産小屋といったものは存在していない[3]。また，月経や出産に伴われる血の穢れの観念もほとんどみられないといえるだろう。

〈男性：女性〉といった対立を考えるとき，むしろここで問題となるのは女性がしばしば侵入を拒否される聖地としてのパパタイと，アトとよばれる男子集会所の存在であろう。とりわけパパタイは，一般に「聖的に優越した場所」と考えられており，パパタイの枝を切ったり，枯れ枝を拾ったりすることさえも禁止されている。しかし，これは片方の性に限ったものではなく，男女双方に対する禁忌である。これらの場所に女性の立ち入りが厳密に禁止されているか否かについては，地域的に，あるいはインフォーマントによっても認識に違いがみられるようで，筆者が調査したトゥッカンやサダンガのパパタイにおいては，とくに男女に限らず普段から人がそこに立ち入ることはほとんどなく，選ばれた男性司祭者（プマパタイ）と数人の古老男性が特定の機会にそこで儀礼を実修するのみである。しかし女性がそれに加わることはない。一方，アトについても女性がそこに立ち入ることはほとんどないが，それは，そこに女性が立ち入るとイリに災いが降りかかるからだとトゥックカンでは説明される。ただしサダンガにおいてはそのような禁忌はみうけられなかった。しかしサダンガでも，実際には，女性がいつでも自由にアトに出入りしていいというわけではなく，祭宴に参加するなど，特別の場合に

限られている。つまり，アトは聖地だからというよりも，むしろ「男性の領域」として認識されていることがわかる。ボントック社会では，このような「男性の領域」としてのアトに対置するものとして「女性の領域」としての娘宿（オログ）をあげることもできようが，一般的には，後者が女性のための単なる寝宿であると理解されているのに対し，前者は男性のための寝宿であると同時に，祭場や会議場としての機能をも果たしているという点で性格が異なっている（第2章第4節参照）。しかも，アトが男性のさまざまな活動の領域であるのに対し，オログは女性のみの領域としては認識されておらず，女性が寝たり，集まって作業をしたりする空間ではあっても，夜にはしばしば男性からの訪問を受けて男女のための社交場となる。

　娘宿の主たる機能は女性のための「寝宿」であり，女性たちは，地域によっても異なるが早くて7～8歳ぐらい，遅くとも月経開始前後の年齢に達するとここで寝泊まりをするようになる。ただし，昼間の活動についてはこれまでと変わらずに両親の田畑や家事を手伝い，夜の時間だけをここで過ごすというのが一般的である。こうした娘宿の機能は，将来の配偶者の選択においても重要な役割を担っており，また，社会の成員の再生産にとって不可欠な妊娠・出産にも大きく関与する。多くの独身男性たちはこれらの娘宿を訪問することで女性たちと知り合い，やがて同じ娘宿を何回となく訪問する過程で意中の女性との愛情関係を育んでいく。また，男性が好きな相手に自分の気持ちを打ち明ける時，その女性の娘宿仲間たちが手助けをすることもある。いずれにせよ，お互いの気持ちを確認し，一定の交際期間を経て，その過程で相手の女性が同意すれば，初めてその中で一晩一緒に過ごすことが許されるようになるという。そして，やがてそれが婚姻へと発展していく。たとえ結婚することを前提としていても，娘宿で一緒に寝たからといってすぐに性的交渉が許されるわけではないが，実際には婚姻前に性的な関係がもたれることも多いという。ボントック社会では夫婦にとって妊娠が第一に望まれるため，相手の女性が妊娠してから，あるいは第一子が生まれてから正式な婚姻儀礼が行われることも少なくない。ただし，こうした婚前交渉がしばしば行われるにもかかわらず庶出児が比較的少ないのは，双方の両親が常に娘宿の仲間たちから2人の関係についてさまざまな情報を得ているからで

あり，ひとたび妊娠していることがわかると，相手の男性は，双方の両親からなかば強制的にその女性と結婚させられるからであるという。

(2) 月経

だいたい初潮は 14〜15 歳の頃におとずれる。月経の開始はいわば大人の世界への仲間入りであり，彼女たちがもはや結婚可能な女性であるということを意味するものである。子供ができるだけ早く結婚するということは両親にとって一種のステータスシンボルでもあるため，月経の開始は両親にとってもたいへん喜ぶべきことであるという。しかし，このことに対する特別な儀礼が行われることはない。通常，母親たちはこの年頃までに，娘がいつでも結婚できるよう一人前の女性として必要なさまざまな知識や技術，慣習などを教えこむ。これらを学ぶことによって娘たちは将来，妻に，そして母になるための資質を身につけていくという。

月経血の処理は，自生する綿の木からとった綿を使用し，後産や流産のときと同じく家の軒下に埋められる。とくに月経期間中の禁忌はなく，せいぜい母親に体を冷やすから水浴をしないようにと注意される程度で，日常生活とほとんど変わらない。もちろん特別な月経小屋も存在していない。このことから，ボントック社会では月経血を穢れとする観念はほとんど存在せず，月経を特別なものとして対処することもないということがわかる。これは，ボントック族にとって，さまざまな不幸や災いをもたらすのはこうした「穢れ」ではなく，主として超自然的存在アニトのしわざであると考えられているからであり（第3章第2節参照），妊娠や出産においても，問題とされるのはこのアニトの攻撃にいかに対応するかということである。

(3) 妊娠・出産

妊娠は人の一生の自然な始まりであって，夫婦にとってずっと待ち望んでいたことである。ボントック社会では，離婚の正当な理由として認められるのは不妊だけであり，「竈は石が3つ揃って初めて竈とよばれ，その機能を果たすことができるように，家族は夫と妻，子供のすべてが揃って初めて完全なものである」と認められるという［Botengan 1976：94］。しかもサダン

ガでは，子供の数の多さは夫婦にとって最大の幸福であると考えられている。つまり，家族にとって子供が多ければ多いほど農作業が楽になるし[4]，年をとってから生活の面倒もみてもらえる。また，死んだときには立派な葬送儀礼を実修してもらうことができるという。そのため，政府によってもたらされた家族計画の推進プログラムには，ほとんどの人が否定的である。

　不妊の原因は，主として悪しきアニトが彼らの側に潜んでいるからだと考えられており，この場合は，動物供犠や祈禱が行われる。また，なかなか妊娠しない場合にはエンティアー・シ・ファファレ・タ・インケチャウ inte-el si babaley ta inkedaw (baley は「家」，kedaw は「～をお願いする」の意味）とよばれる儀礼的籠もりを実修する場合もある。この籠もりは短くて2ヵ月，富裕層では3ヵ月間にも及ぶもので，その最初と最後には鶏を供犠し，家に備え付けられているパリガタンとよばれる聖なる籠に入れてアニトに捧げなければならない。この期間，家に籠もるのは妻のみで，籠もりの期間，田畑での仕事を禁止されるが，朝や夕方の1時間程度なら許される。これは，田畑での重労働を避けることが妊娠を助けると考えられているためである。また，川へ水浴に行ったり，子供を抱いたりすることも禁止される。それでも妊娠しなければ，さらに2ヵ月間籠もりが延長されることになり，長い場合には1年間も続くことがあるという。

　月経がなくなると，しばしば酸っぱいものへの激しい欲求や悪阻がみられるようになり，妊娠したのだと判断される。一般に女性は，妊娠しても農作業を休むことはない。とくに妊娠を理由に仕事を休むことは怠惰であるとみなされており，ボントック族の女性たちは臨月まで実に勤勉に働く。ただし，出産後は一定の期間，田畑で働くことが禁止される。ボントック社会では，妊娠や出産に関わる儀礼や禁忌のほとんどは超自然的存在のアニトに結び付けられており，たとえ妊娠してもアニトの妬みを買って流産する危険性があるため，妊婦はとりわけ注意深く行動しなければならないという。そのため，ひとたび妊娠していることが分かるとさまざまな禁忌が課せられるようになる。たとえばサダンガでは，妊婦にはイリ内で行ってはならない場所がある。その場所は別の女性がかつて流産した場所であり，そこへいくと自分もまた流産してしまうと考えられているためである。こうした妊娠，出産にあたっ

ての禁忌は妊婦だけでなく，夫や双方の両親にまで及び，時として祖父母にまで拡大されることがある。たとえばサダンガでは，夫は妻の妊娠期間中，鰻や蛙を食べてはならない。鰻を食べると骨の欠けた弱い子供が生まれ，蛙を食べると大きな口をした子供が生まれると考えられているためである。バナナは先の方から食べないと，逆子が生まれるといわれる。また，出産で死んだ豚や事故で死んだカラバオの肉も口にしてはならないとされている。当事者夫婦や双方の親族が課せられた禁忌を遵守するということは，出産がスムーズに行われるために不可欠であり，これらが守られなければ奇形児が生まれたり，妊婦に不幸がふりかかったりするといわれている。その他，難産や陣痛が長引いたりするのもアニトが関係しているといわれており，そのような場合には女性の霊的職能者がよばれ，原因がつきとめられる。また，別のアニトに出産を助けてくれるよう懇願する場合もある。しかし，こうした努力にもかかわらず陣痛が長引くような場合には，良くないアニトがそのまわりに依然として潜んでいるからだと判断され，霊的職能者によって強制的に追い払われることになる。

　月経血と同様，出産に伴う血の穢れといった観念はなく，出産で隔離するための産小屋も存在していない。出産の場所は，出産に必要なものが揃っていればどこでもかまわず，妊婦の望みが優先される。助産婦インチャワット *indawat* (*dawat* は「取る，受け取る」の意味) が立ち会う場合もあるが，たいていは母や年長の近隣女性，親族の女性，夫などが助産する[5]。先にも述べたように，たとえ妊婦でも臨月まで働くため，田畑で突然産気づくこともしばしばあり，だれも側にいない場合には一人で出産することになる。夫は通常，子供の取り上げに直接関わらなくても，そばにいて湯を沸かしたり，清潔な衣服を用意したり，薬草を用意したりといった手伝いをする。

　出産の方法は，サダンガの場合，座産が一般的である[6]。この際，しばしば妊婦は洋服を引き裂いたり，ボタンをはずしたりといった行為をする。また，双方の親族や夫も彼女が妊娠期間中に作った籠を解いたり，水田の石壁を取り壊したり，家の壁板を外したりすることがある。これは，妊婦が妊娠期間中に作った周りのあらゆる物の結合を解くことで，母胎と新生児を繋ぐ結び目も解け，安産になるということを象徴的に意味しているという。

無事に新生児（ケラン kelang）が生まれ，臍の緒（プセグ poseg）が結ばれて胎盤（ファレ baley：本来の意味は「家」）から切り離されると，最後に，夫あるいは出産に立ち会った人が家の外の軒下の，家の入り口の戸から数メートル離れたところに後産を埋める。ただし，逆子や双子など「普通でない」とされる出産は不吉なものであり，何らかの対処が必要となる。前者の場合では，これを矯正するために霊的職能者がその祖先のアニトに交渉しなければならない。また後者の場合，双子の一方はアニトによって妊まされた不吉なものだと考えられているため，2人のうちの片方を生きたままこっそり埋めてしまわなければならないといわれている。

　出産のすぐ後にはカホカブ儀礼 kabokab が実修される。儀礼ではまず，豚肉が調理され，刻まれた肉の一部が陶器に入れられ母親の前に置かれる。この肉はとくにキナフカブ kinabokab とよばれており，古老女性がこれを前にしてカホカブの祭文を唱える。カホカブの祭文は，"Kabokabek sika ay danom, pap-alay, balat, papaya, katad, ta layden daka ay mangan ya esda.（私は祈ります。この子供が水をよく飲み，カモテ，バナナ，パパイヤ，カモテの葉，これらすべてを好んでよく食べてくれますように）"といった内容である。その祭文の後で母親がこの肉を食べるが，儀礼的に，母親はこれを食べることでその子供の保護者としての権利を与えられるという。そのため，この肉が他の人に分け与えられることはない。そして最後に，肉の一部を葉の上にのせて天井に置き，アニト霊に捧げる。一方，新生児は出世後すぐに水またはサトウキビのジュースを最初の食物として与えられ，その後，母親によって母乳が飲まされる。ボントック社会では母親の授乳期間は比較的長く，次の子供が生まれなければ4歳ぐらいまで与えられるという。その後は，離乳食として粥を食べさせるか，母親が一度噛んで柔らかくしたものを口移しで与える程度で，特別なことはしない。出産したその夜には鶏が供犠されるが，その際も母親にその肉の一部，手羽先（パヤコッド payakod）が取り置かれ，渡される。母親がこれを口にくわえて子供の腸の上をなでると腸の動きが5日間とまり，子供は急速に太ることができるという。

　とりわけ生まれたばかりの新生児はアニトに傷つけられやすいと考えられているため，とても大切に扱われるだけでなく，古老女性の指示にしたがっ

て慎重に出産儀礼が執り行われる。そのため家の入り口の戸には，出産儀礼を行っている最中であるということを示すファテファト batebat（本来の意味は「並べる」）とよばれる「部外者侵入の禁止」を意味するマーカーが立てられる[7]。これによって，部外者が外から不幸を持ち込んでくることを避けるため家が儀礼的に閉鎖されたことになり，ファテファトが立てられている期間は，その家族以外誰も立ち入ることができなくなる。それと同時に，子供の母親はもとより，その他の家族にもさまざまな禁忌が課せられる。たとえば，新鮮な野菜や魚，果物を食べることは許されず，田畑で働いたり，イリの外へ出掛けたりすることも禁止される。先にも述べたように，新生児は不幸に対してきわめて敏感であるため，ほんの些細なことで死んでしまう可能性も高く，家族成員は常に細心の注意を払って，こうした禁忌を遵守しなければならないのである。一方，母親は，歩くことができるようになるとまず自分で水浴に行き，その次の日に新生児の儀礼的水浴を行う。その際，木の椀に水を汲んで水浴させ，その後，ソプット sopot とよばれる植物の葉をとってきて，調理していない豚肉をこの上に置く。そして子供の側にいってカホカブを捧げ，この子が生涯，健康で食べ物に困ることがないようにと祈る。この儀礼的水浴を実修することで初めて新生児は強くなり，病気にも耐えられるようになる。さらに，これによってアニトの新生児に対する意思も良い方向へ向けられるようになるという。その他，母親は出産後1年間，頭にパリンアイ paling-ay とよばれるぼろ切れを纏うが，これは，新生児に病気をとりつけようとやってくるアニトをおびえさせ，追い払うためのものである。こうして儀礼的な水浴が終了したら，こんどは夜に，共食儀礼ガフォブが行われる（後述）。その2日後，再び1羽の鶏が供犠され，やがて，新生児の臍の緒が落ちる頃（4～9日後）には，再び鶏を供犠するプティン儀礼 potin が実修される。この際，臍の緒をカグイバタン kagoibatan とよばれる籠にいれ，全知全能の神ルマウィに供物を捧げて子供を加護してくれるよう祈る。これによって家族に課せられたほとんどの禁忌が解かれ，儀礼的に社会から隔離されていた母親も，この時，初めて外に出ることが許されるようになり，日常の生活に復帰する[8]。しかし，依然としてすべての禁忌が解かれたわけではなく，とくに赤ん坊の両親については子供の最初の歯が生

えるまで，葬送儀礼で供された肉や煙草，酒などを口にすることができない。

一方，出生後も新生児を守るためのいくつかの儀礼が続けて実修されなければならないとされており，その儀礼には次のようなものがある。

① ガフォブ gabob

ガフォブとは，子供が誕生したすぐ後と，臍の緒が落ちた際に開かれる2回の共食儀礼をさす。まず，子供が生まれた直後に豚か鶏（社会階層によって富裕層であれば豚）を供犠して祭宴が催される。これには助産した女性や近隣の人々が招待されるが，とくに助産した女性には，その返礼として肉（ワトワット wat-wat）と米，飯が渡される。そして，これを家に持ち帰るが，その後は新生児の臍の緒が取れる（マプテン mapoteng）まで自分の家に留まらなければならないとされている。臍の緒が取れたら，パリガタン paligatan[9]とよばれる3つの小さな聖なる籠の中に置く。そしていま一度，豚か鶏を供犠して調理し，助産した女性と近隣の人々を招待してこれをふるまう。そして肉の一部をパリガタンに供え，あまった肉は共食に参加した人に分け与える。また近隣に住む親族にも供物（パタイ patay）として届けられる。

② チャロマクマク dalomakmak

子供が2ヵ月になると，家族は豚を供犠し，夜に近隣の人々や親族を招待して祭宴を催す。

③ キンタッド kintad

子供が3～4ヵ月になると，家族はさらにもう1匹の豚を供犠し，近隣の人々や親族を招待して祭宴を催す。この供犠は朝のうちに行われ，竈を家の外に設えてそこで調理する[10]。そして午後に竈が取り払われる前に，今度は，鶏を供犠してアニトに捧げる（キレッド kiled）。こうすることによって子供が病気をしなくなると考えられているためである。

④ エドエチェウ ed-edew

これは男の子に対して行われる儀礼であり，子供が1～2歳になったとき実施する。古老男性はその男の子を，特別に選ばれた3人の少年たちと一緒に倉へ連れていく。その際，古老は手に楯（カラサン）を，少年たちは1羽の鶏と食べ物を持って行き，そこで調理してアニトと共食する。その間，両

第3節　性と女性の不浄性

親は家に留まっていなければならない。

⑤　ケンタッド kentad

これは女の子に対する儀礼であり，1〜2歳になったとき執り行われる。その際，紺のブランケットを纏った老女（ファケット baket）が家へやって来て，その子のために祭文を詠唱し，そこで鶏か豚が供犠される。

⑥　セエブ se-eb

男の子のみに行われる儀礼であるが，他の儀礼に比べて両親の経済的な負担がかなり大きくなるため，必ずしも乳児期に行われなければならないというわけではなく，結婚前までに済ませばよいという[11]。セエブでは豚が1頭供犠され，その家族が帰属するアトの古老によって祭文が詠唱される。祭文は "*Mangolaway ka. Mangabkil ka. Komekedsel ka.*（戦士の頭飾りを身につけよ。戦士の腕飾りを身につけよ。強く，健康で，勇敢になるように）" といった内容からなっており，その子が将来立派な戦士となってくれるよう願う。供犠に先立ち，家の前には古老たちによって太い木の棒で竈が作られており，解体した肉はそこで調理され，後に共食をする。ただしこの共食に母親は加わることができないことになっており，参加するのは男性と少年たちだけである。しかもこの間，母親は家から離れていなければならないという。皿には特別な木（トフェガイ *tobegay*）の葉が用いられ，儀礼の後，残った飯や肉と一緒にすべて捨てなければならないことになっており，残飯として豚にあげることも許されない。この儀礼が男の子だけに行われるのは，上述したように，将来，男の子が勇敢な戦士となることが社会的に期待されるためであり，そのためにも健康で強くなるよう，長命で幸運な人生が送れるようにと願って行われる。

⑦　アンアニト an-anito

これは2回目のケンタッドで，内容はケンタッドと変わらないが，この場合，女の子だけでなく男の子に行われることもある。

以上7種類の儀礼が実修されているが，これらのうち①ガフォブと⑦アンアニトを除けば，男の子のためのものと女の子のためのものでは異なっていることがわかる。

4. 男女の社会的距離とインセスト・タブー

ボントック社会では，多くの場面で男女間に社会的距離があり，とりわけインセスト・タブーの問題もあって，兄弟姉妹や両親と子供との社会的接触は厳密に忌避されている。たとえばボテガンは後産の処理についての性に基づく違いを報告しているが，それによるとトゥクカンでは，赤ん坊が女の子の場合は後産をドアの左側，男の子の場合はドアの右側というように埋める場所を区別している。これは子供の遺体を埋葬する際も同じで，死後でさえ兄弟姉妹は別々に，男の子はドアの右，女の子は左側の前庭に埋められるという [Botengan 1976：104, 191]。つまり兄弟姉妹の肉体，あるいは肉体の一部であったものさえ，空間的に距離が保たれていることがわかる。さらに，日常の生活においても，常に近親者のあいだでは社会的距離が保たれる。たとえば，ひとつの世帯を構成する家族内でも両親と一緒のベッドで寝るのは乳児のみであり，子供たちは部屋のベンチなどで親と離れて寝る。さらに，ある程度成長すると，今度は男の子はアトで，女の子はオログで寝泊まりするようになる。また，この時期，求愛を目的として男の子が娘宿を訪問するときも，自分の姉妹やイトコが寝泊まりするオログは避けなければならない。配偶者を失った場合も男性はアトで寝るし，女性はカチュフォンとよばれる単身者のための小屋で寝泊まりをする。このように，ボントック社会では，乳児以外の成長した男女がひとつ屋根の下で寝ることを避ける傾向にある。

一方，血縁関係にない男女についても，しばしば儀礼的に男女が分離される。たとえば婚姻儀礼において2人が正式な夫婦として認められるためにはいくつかの過程を経る必要があり，その際，この結婚が死霊アニトに祝福されているかどうかを占うために社会的分離が行われる。これはカラン儀礼のすぐあとに課せられるもので，新しく夫婦となる男女が儀礼後すぐに夫婦生活を始めるのではなく，5日間，それぞれの家に戻り，そこで寝泊まりをしてさまざまな凶兆を観察するというものである[12]。また，最終的な婚姻儀礼であるチョノにおいても，チョノの始まりの忌休日（ティアー・シ・シクチョッド te-el si sikdod：sikdod は「だれかにさわる」の意味）では男女の肉体的接触が禁止されており，夫は妻の寝ている寝室に近寄らず，また，独

身男性がオログに近寄ることもないという。さらに，その忌休日の最後には，男女が別々の川で儀礼的水浴を行う。このように死霊アニトとの関係においても，男女の接触が忌避されていることがわかる。また，さまざまな儀礼の場面でも男女は別々の行動をとる。通常，儀礼の中心となるのは男性で，女性はその補助者ないしは見物人であることが多いが，たとえば婚姻儀礼で男性が儀礼実修者の家の前で弧を描いて座りアイイェンを歌う時，女性や子供はそれを取り囲むような弧を描いて座る。あるいは，儀礼的舞踏が行われる際には，男性が円の中心で踊るのに対し，女性はその外側で踊ることになる。

また，日常生活においても，農作業などの経済活動を行う単位は男性，女性別々の労働グループであることが多い。たとえ夫婦であっても，日常の農作業を一緒にするとは限らないし，同じグループであっても一緒に並んで作業をするといったことは少ない。普段，男性がアトに集まって雑談をしたり，籠を編んだりといった作業をするのに対し，女性たちがそこに加わったり，立ち入ることはない。反対に，女性たちが家の前で何か仕事をしながら行う雑談に男性が加わることもあまりない。

以上のように，娘宿の存在から，ボントック社会は男女の性関係に比較的寛容な社会とみなされがちであるが，その一方で，上述したように，状況に応じた社会的距離が保たれることによって庶出児の発生や近親相姦，姦通などといった問題が未然に防止されているといえよう。

5．おわりに

ダグラスは，男性優位が社会組織の中心的原理として受け入れられており，何の制約もなく，具体的で十分な強制権をもってその原理が適用される場合には，性に関わる不浄視は発達しない。一方，男性優位の原理が社会生活における秩序づけに適用されているものの，この原理が別の原理——たとえば女性の独立性，あるいは弱いほうの性であるがゆえに，女性は当然男性よりも暴力から保護されるべき権利がある，といったような考え方——との間に矛盾対立があるような場合には，性に関わる不浄観が発達するようだと考える［Douglas 1966：142］。これに対し波平は，沖縄においては，男性優位の原理がある一方で，ノロ制度にみられるような女性の霊的優位が顕著である

といった矛盾が存在しているにもかかわらず、女性の不浄観が制度的に表されることがまったくといっていいほどみいだせないという事実を指摘する。そこで、そうした不浄観の存在理由について、ダグラスが「道徳基準があいまいで矛盾に満ちているようなときには、その問題点を単純化し、明白化するために不浄観に関わる信仰が存在する傾向がある［ibid.：130-131］」としていることから、これを、逆に「男女の役割や地位やその関係が制度的に明確に規定されている場合には、性に関する不浄観は存在しにくい」と理解した。つまり、沖縄の場合、聖の領域と俗の領域とが明確に分離され、性の領域での女性の優越性と俗の領域での男性の優越性が明確であるために、その間に矛盾がみられない、このことが性の不浄観が制度的に表されてこない理由だとしている［波平 1984（1983）：241-242］。

　ボントック族は、表面的には政治の運営や公的儀礼のほとんどが男性の手によって運営されている社会であるが、沖縄と同じように女性の不浄観というものが制度的に表されている部分はみいだせない。女性が立ち入らない空間があっても、それは女性が穢れているから立ち入りを禁止するわけではなく、むしろ性的区分としてそれらの領域に女性が関わってこないからであると理解される。しかしながらボントック社会では、沖縄のように聖の領域＝女性、俗の領域＝男性といったような明確な区分はみられず、その意味では、波平のいうように「男女の役割や地位やその関係が制度的に明確に規定されている」社会である故に、性の不浄観が制度として表れてこないのだと説明することは難しい。

　ボントック社会では、公的な場面において男女間の性的な役割区分がみられるとしても、私的な面からすれば概して平等的である。公的な儀礼や政治に関して女性が積極的に排除されているというのは事実であるが、個々の家族の幸せを願う儀礼などでは、女性が重要な位置を占めるようになる。他方、制度的な面にしても、財産相続においては夫婦別財、別相続が貫徹されており、これが異性間の順位づけをするものとはなっていない。

　女性の不浄観が存在しない大きな理由のひとつとして、日常の出来事のほとんどが超自然的な存在であるアニトと関係づけられているため、不幸の説明原理のひとつとしての女性の穢れというものが存在しにくいのではないか

とも考えられる。また，青木のいうように，本能としての性を抑圧の対象とするような社会では，一般に性差における女性性がマイナスに記号化されることが多いとするなら［青木 1982：7］，娘宿の存在や男女の婚前交渉に比較的寛容なボントック社会はその逆で，女性性がマイナスにおかれることはない。さらにボントック社会の場合では，性的区分が男女間の序列化というよりも，むしろ，お互いの性の特質を認め分業化しつつも相補的に働くため，とりわけ日常的な側面においてはその境界が曖昧になってくる。だとすれば，男性と女性の絶対的な差異を示すものは，生物学的な女性の出産能力に還元されるが，そうした生物学的な差異は文化的，象徴的に隠蔽されることになり，出産という現象だけをとっても，子供を生み育てるのは女性だけの役割ではなく男女双方に課せられた義務であり，それがさまざまな禁忌となって現れる。さらにボントック社会では，女性の生殖と社会全体の豊穣が直接的に結びついているとも考えられておらず，稲魂を稲の母とよんだり，稲穂を妊婦のように保護したりといったような慣行はみられない。また水田で夫婦が象徴的に性的交渉をすることで，豊穣を獲得するといったようなこともみられない［Birket-Smith 1952：10］。合田によれば，ボントック族にあっては，あらゆる災いが象徴的な首狩と関連して説明され，イリ全体に豊穣をもたらすのは男性による首狩であり，それによってイリに豊穣と新たな文化がもたらされるという[13]［合田 1989a（1986）：349］。この首狩とイリの豊穣性との関係は，ビルケット＝スミスによっても指摘されており，首狩は幸と豊穣の源泉であるという［Birket-Smith 1952：13-14］。だとするならば，社会の成員の再生産，あるいは多産といった側面に男性も象徴的に関わっていることになるだろう。これらを考え合わせると，ボントック社会においては，単純に女性が出産と関わるからといった理由で女性と豊穣，あるいは自然とを結びつけることは不可能であるといえよう。生物学的な性差である女性の出産能力は，社会的・文化的性差であるジェンダーにおいても，同じように表れるとは限らないことがわかる。

[註]

1) 牛島によれば，ニューギニア高地のマント・ハーゲンでは自然と文化の性質を男性と女性の双方に付与しているし，パプア・ニューギニアのギミ族では，むしろ男性に自然が結びつけられているという［牛島 1984：11-12］。
2) このような男性の妊娠に関しては，メイグスのニューギニア高地のフア族に関するものが詳しい。メイグスによれば，男性の妊娠は月経中の女性が触ったものに触れたり，女性と対をなす動物であるポッサムを食べたりすることによって起こるか，月経血と関わりのある妖術によって起こるという［Meigs 1976］。
3) 出産の場所として娘宿が使われることはなく，両親の家か，自分の家で出産するのが一般的である。ただし，出産に必要なものが揃っていればどこでもかまわない。
4) 多くの家族で子供は貴重な労働力と考えられており，その場合，子供が家事を手伝うのは当然のことであって，しばしば学校へ通うことよりも優先される。とりわけ弟や妹がたくさんいる場合，兄姉は弟妹の世話に忙しく，学校へ行くにしても彼らを背負って授業を受けている姿をよくみかける。
5) 近隣の女性や親族などが助産した際に返礼として受け取るのは，椀一杯の肉と5束（脱穀した状態で約2.3 kg）の稲などである。
6) 合田によれば，出産の姿勢には次の7つがあるという。すなわち①壁に面して立つ（タクデッグ *takdeg*），②膝をつき額を壁に押し付ける（トクチョ *tokcho*），③腰掛けた夫の膝に後ろ向きに妊婦が座り，夫が妊婦の脛をもって持ち上げる（ファトコン *fatokong*），④四つん這い（フォンガス *fongas*），⑤膝をつき額を壁に付けた妊婦を後ろから支え，背を押す（トワッド *towad*），⑥腰掛けた人の膝に上半身をうつ伏せる（サクロップ *sakrov*），⑦上を向いて寝て，両手で両足の先を持つ（カヤン *kayang*）の7つである［合田 1989 a（1986）：215］。いずれにしろ，どのスタイルをとるかは個人の判断に委ねられており，妊婦がもっともリラックスしやすい体位が望ましいとされる。
7) ファテファトは，戸口に2本の黒く煤けた長い棒を一番上が接するよう斜めにして立てる。これは通常，子供の臍の緒が落ちるまでの約1週間立てられる。
8) ベルワンでは新生児の家族だけでなく，助産婦も臍の緒が取れるまで母親が出産した家屋に留まらなければならないとされている。
9) パリガタンとは，イリ内に棲むアニトが宿るとされる小さな祭壇のようなもので，3つの小さな籠からなり，家の壁に掛けられていて，動物を供犠したときは常にその肉の一部を，とくに豚が供犠された時にはレバーを，この籠に入れてアニトに供える。
10) 臨時に家の前に設えられる竈はチャラタイ *dalatay* とよばれるが，この儀礼以外にも婚姻儀礼などで同じものが作られる。チャラタイは，2本の長い松の丸太を家の前に平行に並べたもので，そこに大釜が置かれる。また，ここには一緒にラタワンとよばれる細く長い松の木が立てられなければならない。
11) ベルワンでは，このセエフ儀礼がたいへん盛大に行われており，ここでは少なくとも1頭のカラバオが供犠されなければならない。そして，そこで準備された肉や飯は，これまでセエフ儀礼を実修したことのあるすべての家族に届けられるという。
12) それぞれの家に戻るといっても通常，男性は，昼間は妻の両親のもとで食事をし，

夜はアトで寝る。一方，女性は自分の家で寝るので，両親は自分たちの寝室（アンアン）を彼女に明け渡し，台所などで寝なければならない。
13) 合田によれば，男女の性差・優劣関係は，この首狩によって説明されるという。ボントック族の二項対立的な世界観においては，男と女という対立は外部と内部といった対立と相同関係にあり，男は豊穣の源泉である外部の世界と関わることで，新たな文化をイリにもたらす。ボントック社会において，経済的側面では原則的に平等なものとして表れるが，首狩を契機とする政治的・儀礼的側面で，男と女という対立は優位と劣位の対立に置き換えられるという。その意味で，首狩は性差に優劣関係を導入する文化的装置となっているという［合田 1989 a：354-355］。

第4節　女性と性的役割

1. はじめに

　一般に，性的役割について論じようとするとき，女性が何らかの形で男性に従属しているという事実を否定することは難しいだろう。文化と自然との対立をみるならば，しばしば女性はその生殖能力ゆえに生物学的特徴が強調されることになり，女性は自然により近いもの，あるいは自然と文化の中間的存在として社会の秩序感覚を侵犯する「変則的なもの」として定義されてきた。これに対し，男性は女性よりも高いレベルで，社会あるいは公的領域といった文化と関わっているという。しかしながら，たとえ男性がこの「変則的なもの」を排除しようとしても，女性がその集団の成員の再生産にとって不可欠であるだけでなく，その社会生活においても，さまざまな場面でインフォーマルな権威を行使しているという事実を無視することはできないだろう。女性が生物学的に文化的でなく自然的であり，その自然性ゆえに男性に対立し，男性に従属する。すなわち世界が〈文化：自然〉，〈男性：女性〉，〈優：劣〉といった相同的な一連の二項対立によって成り立っていると考えるのは，自然と文化を媒介する女性の役割だけでなく，社会生活における女性のさまざまな役割の重大さから考えれば，あまりにも単純すぎるといわざるをえない。このように社会の全体論的な考察を試みるとき，男女の性差というものは，女性の生得的な能力や不浄性だけで説明できるものではないのである。

　それではなぜ男女の性的役割というものが存在しているのであろうか。一般に性的役割とは，一方の性がある種の仕事をしなければならないとされているとき，その仕事がもう一方の性には禁じられていることを意味する場合が多いが，それは同時に，男女の仕事の分担が両性間に相互依存の状態を設けるための手段であると理解することも可能である。一方，男女の明確な性的役割区分が社会生活を営む上で不可欠なものであるとすれば，これによっ

て初めて男女の共生が可能となり，その結果，女性は家庭内領域に縛りつけられ抑圧されることになって，その価値と地位を失ってしまうなどといえるのだろうか。ボントック族の男性・女性について考えてみたとき，たとえばそれを単に，政治や経済，宗教といった側面から女性が排除されているという事実だけからみたのでは，ボントック社会における女性の全体像というものが明らかになってこない。実はボントック族の女性が，政治的，儀礼的に排除されるといってもそれは表面的な部分においてであり，しかもイリ全体の社会生活からみれば，それはほんの一部にすぎない。むしろ，そうした表面に現れてこない日常生活の部分で女性が活躍する場面は多いといえる。単に男性領域，女性領域といった境界を定めてこれを別々に論じるだけでは，こうした「みえない部分」を見過ごしてしまうことになってしまうだろう。そこで男性と女性というものを総合的にとらえるには，日常的な部分に注目するとともに，女性が日常の一生の中でどのような社会的役割をあたえられているかといった視点からも分析する必要がある。

　ボントック族にとって基本的な生活の単位は一組の夫婦とその未婚の子供たちからなる核家族であるが，この家族内にも男女の特徴的な関係をみいだすことができる。マードックは，こうした家族関係というものは機能的な必要性をもっており，これらが個人にとってもっとも重要な活動の多くを含んでいると指摘し，そのために，こうした家族関係がその社会における他の親族関係においてもすべての基準となっているという［マードック 1988（1949）：124-125］。とりわけ小規模な社会ではこうした家族・親族関係が社会の仕組みの基礎となっており，そういった意味では，家族内関係を明らかにすることが社会全体の男性と女性の関係を考える上でたいへん有効であるといえよう。多くの男性は一生のうちで息子・兄弟・夫・父の役割を果たし，女性は娘・姉妹・妻・母の役割を果たすことになるが，たとえば自己が学んだ娘と母との関係は，今度は娘や息子に対して再現され，彼らに対しても同じような関係を期待するようになる。こうしてそれぞれの家族関係は社会の文化規範として継承されていく。

　したがって本節では公的な儀礼や政治的な運営のほとんどが男性の手に委ねられ，表面上，女性が排除されるボントック社会において，女性の積極的

需要と積極的排除について日常的側面と家族内での地位を考察し，その役割多様性について明らかにしたい。

2. 社 会 生 活

　ボントック社会で積極的に女性が排除されるのは政治的・儀礼的側面においてであろう。女性はこうした領域には直接関与せず，表立って口を挟めば"*Ay kiway bilang mos sa ay babai.* (おまえは女性なのだから，関係ない)" と非難される。

　ボントック社会では，村落共同体としてのイリがひとつの政治的・儀礼的単位として働いており，人々はこのイリに強い帰属意識をもっている。比較的小規模な社会においては，親族の紐帯がその社会生活においてきわめて重要であるといえるが，ボントック族の場合，イリ内の繋がりもまたたいへん緊密である。一方，イリは男子集会所（アト）制度によっていくつかの集団に分割され，それによって社会生活が機能的に運営されている。個々のアト[1]に帰属している世帯の数はまちまちであるが，通常，個々のアトに関わる問題については，それぞれのアトの古老男性が組織・統轄する会議によってその構成成員たちだけで解決される。古老男性たちには伝統的な慣習の保持者としてその社会的権威が委ねられており，この古老男性たちが，自分たちのアトに関することだけでなく，イリ全体に関わるすべての事象についても個々のアトの代表者となって全体の話し合いに参加する。またイリ内部の争いごとや訴訟もこの古老男性たちによって調停される。つまり，彼らによってイリ内のほとんどの社会的・宗教的実践が導かれているといっても過言ではないだろう。しかし，現実にはすべての古老男性がこうしたイリ全体の運営に直接関われるわけではない。イリ全体の話し合いで発言力をもつ古老男性は10〜20人位であるが，そのうち真に影響力をもつのは4〜5人に過ぎないという。ただし，こうした影響力のある古老男性たちが絶対的，永久的な権力をもっているかというと，必ずしもそうとは限らない。たとえ有力者であっても，無謀な行動をすればたちまち周囲の人々から非難をうけることになり，社会的面目を失う。彼らにとってこれは最大の「恥」であるから，さまざまな問題や争いに対し，何事にもイリ全体の福祉を考えた機知に

富んだ判断をくだすことが必要であり，これが社会的圧力となって，有力者たちの行きすぎた行動を抑制している。

このように，ボントック社会では男性が主として政治的・儀礼的行為に関わっていることがわかるが，それでは，女性はこうした側面にどのように関わっているというのだろうか。表面的にみれば，女性はむしろこれらのアシスタントとして，あるいは傍観者として機能している。たとえば，葬送儀礼で古老男性が鶏を供犠すれば，女性たちはそれを見物し，婚姻儀礼で古老男性たちが家の入り口を取り囲むように座って頌歌を歌い共食すれば，女性や子供たちは彼らを遠巻きに取り囲み，そこで同じように食事を楽しむ。一方，男性がアトの入り口で儀礼的舞踏を行えば，女性はその外側で同じような円を描きこれに加わる。このように，女性が特別な役割を与えられている儀礼を除き，そのほとんどは女性が積極的に指導することはない。しかしその一方で，必ずしもすべての男性が真に影響力をもち，イリの運営に積極的に関わっているというわけではないというのも事実である。イリの指導者となるためには単に男性であればいいというのではなく，その社会階層や能力，年齢といった要素もまた重要な意味をもってくるのであって，時として富裕層の老女は若い男性よりも尊敬され，強い影響力をもつことになる。

3．性的役割

ボントック族の場合，明確な男女の性的役割というものが存在しており，なかでも経済活動は主として女性の手によっている。

一日の始まりは，辺りが白んで周りのものが見えだす頃であり，家族は皆，明るくなってきたら起き出して仕事を始める。午前中（6～12時頃）はウィイットとよばれる[2]。朝食は6～7時頃で，その前に豚小屋の掃除や洗濯などを済まし，家畜に餌をやり，田畑へと出かけていく。昼は近ければ家に戻って食事をし，豚に餌を与えるが，遠ければその場で昼食をとることになる。午後（1～5時頃）はミスヤウとよばれており，やはり田畑へ仕事をしにいく時間帯である。仕事を終えて家路につくのはササアランの頃（6～7時頃）である。一方，家に残っていた人はオオトアンの頃（4時頃）から家族のためにご飯を炊いて食事を準備する。夕食はだいたい7～8時であ

る。食後，次の日のために農作業の準備をし，10時頃には眠りにつく。

　幼年時代は男女ともあまり働かないが，5～6歳ぐらいから少しずつ家事を手伝い始めるようになる。とくに少女たちはこの頃から何人かで豚の餌になる野草やカモテを取りにいったり，カモテの皮をむいたり，食事の準備を手伝ったりするようになる。また男女に限らず，両親が働きに出ているときは弟妹の面倒をよくみるようになり，また農作業に関しても，とりわけ4月から5月にかけて朝早くから夜遅くまで水田で鳥を追い払う仕事が彼らの重要な役割のひとつとなる。このように両親の手伝いをしながら，子供たちは幼少期から，それぞれ性的役割に基づく男性の仕事，女性の仕事といったものを学習していく。

　ボントック社会で男性の仕事や男性の役割とされるものはいろいろあるが，それらのなかでも，とくに代表的なものは戦士としての役割であろう。現在ではほとんどみられなくなったが，かつてまだ首狩が頻繁に行われていた頃には，男性は自分たちの家族を守ることがもっとも重要な仕事であったという。首狩の遠征は通常，収穫後の比較的暇な時期に，イリの外の草地で行われる。首狩の遠征が決定されると，長老たちの指導のもと，すべての男性は戦闘準備に入り，過去の首狩の英雄が実質的な指揮をとる。そして女性と子供たちは，身の回りのものを持って森などの安全な場所に身を隠す。ボントック族においてこの首狩は力と富と名声を誇示するもっとも有効な手段のひとつであると考えられており，男性たちはこの戦闘で周囲の人々に自分たちの勇気と男らしさを示すという。首狩の目的は，単にこうした武勇を競うだけでなく，自分たちのイリの成員が殺されたときの血讐や，さまざまな協定違反に対しても行われるが，いずれにせよこのような戦闘での勇者はイリの英雄として皆の称賛を集めることになる。

　生業に関しては，狩猟や漁撈がもっぱら男性の仕事である。釣りをしたり，罠を仕掛けたり，山へ入って薪や建築に必要な資材を採ってくる。また個人の家屋やイリ内の公共の建物を建てるのも男性の仕事であると考えられている。農耕に関しては，棚田の石垣や灌漑用水路の造成・整備，カラバオを使っての犂耕，収穫，収穫した稲の運搬，焼畑の造成作業などが男性の役目である。さらに男性は金属や石を加工したり，籐を編んだりして武器や，農

具，家具，籠や帽子などの身に付けるもの，その他，生活に必要なさまざまな道具を作製する[3]。バシとよばれるサトウキビ酒を作ったり，肉を貯蔵用に塩漬けしたりするのも主として男性である。一方男性は，こうした日常的な事がらだけでなく，公的な側面においても重要な役割を担う。ボントック社会では，それぞれの世帯を代表してイリ全体やアトの運営に参加するのは男性に限られており，この男性たちによって最終的にイリの休日や儀礼の日時が決定され，実修される。また儀礼のときに供犠動物を解体して調理したり，調理した肉を皆に分配したりするのも男性である。

　これらの男性としての役割に対し，女性の仕事と考えられているのは主に農耕である[4]。とりわけ播種や田植えは女性の手によるもので，その他の穀物や野菜，果物などを栽培するのも主として女性である。機織りや行商も女性が行う。

　もちろん，すべての仕事や役割がこのように明確に男女に分けられているわけではない。棚田の造成や補修を女性がまったく手伝わないというわけではなく，日常的な農作業についても男性が関与しないというわけではない。女性の労働力がなければ男性もこれらの仕事をするし，稲を運ぶ際にも女性が手伝うことがしばしばある。家を建てる時も男性が主として柱などの建築に関わるのに対して，屋根を葺く作業などは女性の手伝いが必要である。またサトウキビを挽く時は，カラバオが休んでいる間，独身女性が手伝わされる。すなわち，これらの性的分業は厳格にそのラインが定められているわけではなく，一方が他方を排除するものでもない。たとえば女性が主として農耕に関わるのは「男性よりも女性のほうが農耕の技術が優れているため」と説明されるし，男性は，肉体の強靭さ，勇気を示すような仕事を好んですると説明される。また，しばしば女性の役割とされる家事に関しても，ボントック社会の場合は男女で明確な分業はみられず，平等的である。水を汲んできたり，子供の世話をしたり，洗濯したり，家畜の世話をしたりするのは男女双方の仕事であると認識されている。料理を作るのは主として女性であるが，女性に限定されてはおらず，実際，筆者が調査の時にお世話になった家族でも妻が早くから農作業に出たり，夫の仕事が休みだったりすれば，夫が料理をするのが普通で，平均して全体の３～４回に１回の割合で夫が行っ

ていた。米を搗くのも実際には女性が多いにしろ，これを男性がしても何ら非難されることはない。また，タポイとよばれるライスワインを作ったり，川で魚を捕まえたりするのにも男女の区別はなく，双方が行う。概して，激しい肉体労働は男性が，軽い労働は女性が関わるといえるが，実際には男性も子供の世話をしなければ無責任な父親だと非難されるし，逆に，家の中で子供の世話ばかりしていれば怠け者だといわれることになる。男性も女性も，勤勉な者が評価されるという点では同じである。

　老年期に入ると，男性はほとんど働かなくなるが，それは肉体的な労働という意味においてである。つまり長老の男性たちは年をとっても，今度はイリの相談役となり，あるいは儀礼の司祭となって活躍し続ける。これに対して老女たちは依然として勤勉に食事の支度をしたり，機織りをしたり，川へ水を汲みにいったり，孫の世話をしたりと忙しく日々を過ごすという。

　以上みてきたように，それぞれの年代において確かに「男性的」「女性的」といった性的な役割が存在していた。しかしながらボントック社会では，その対立が強固な区分を造り上げてはいず，たとえば育児や料理などといった，いわゆる女性の仕事とされるような家事に関しても，男女双方が関わっているということは特筆すべきことであろう。また男性も女性も，こうした性的区分の多くは単に便宜的なものであると理解しており，たとえば農作業に忙しい妻に代わって家事をしたり，妻を失った男性が妻に代わってその役割を担ったりすることも可能であり，また夫を失った女性が自ら山へ薪を取りにいくことも必要ならばなされなければならない。

4．ボントック族における女性観

　ボントック社会では財産の相続や，夫婦・家族内関係をみてもきわめて性平等的であるが，観念的な，男性の女性に対する「理想像」のようなものは存在している。これを，神話を手がかりに分析してみると，たとえば，しばしばボントック族の神話に登場する全知全能の神ルマウィは男性神であって，人間にさまざまな文化をもたらす。その一方で人間と結婚し，人間と同じような生活をするのであるが，そうした物語の中に理想の女性像が描かれている。とくに，いくつかの神話の場面で「女性は勤勉でなければならない」と

いった内容がみられるが，たとえばザイデナデルの収集した神話によれば，ルマウィは，豆を集めている姉妹を天から眺めていたが，彼女たちにたいへん興味をもって地上に降りて行き，その妹と結婚する。その際，姉妹の父親が上の娘と結婚するよう勧めたが，ルマウィは「若い方を私の妻にしたい」と言い張った。それに対し父親は「年とったほうを先に取ったほうがよい」と返答したが，ルマウィは「若い方を私の妻にしたい。それだけだ！」と言って妹と結婚する。ルマウィは天から，妹が一生懸命に豆を集めていた時に姉が水浴に行ってサボっていたのを見ていたから，勤勉に働いていた妹の方を選んだということがわかる［Seidenadel 1909］。また「妻は夫の言うことに従うべきもの」でなければならないことも示唆する。ルマウィは最初，人間と結婚し2人の子供も生まれ幸せに暮らしていたが，ある日のこと，妻がルマウィにむかって雑言をはいたため，怒って大きな棺の中に妻と2人の子供を入れて蓋をし，川に流してしまったとある。また，ルマウィは自分から妻を捨てて川に流したというのに，川が流れ着いた先で彼女が他の男と結婚してしまったのでたいへん怒り，嫉妬して彼女が家から外に出ることを禁じてしまった。この時，ちょうどイリの男たちが首狩の遠征から帰ってきて祭宴が催されることになり，外ではゴングの音が鳴り響きイリ中の人がダンスをしていたので，これを知った彼女も1人家の中でダンスをしていた。すると，外にいた人々が彼女の家が揺れ動いているのに気づき家の外へ連れ出したため，ルマウィに背いてしまった彼女は不幸にもすぐに死んでしまったと述べられている［Jenks 1905：200-204］。一方，男性はといえば，こうした神話の中に登場するルマウィは，まさしくボントック族の男性の理想として描かれていることがわかる。すなわち，婚姻儀礼でたくさんの財を放出できる富者であり，勇敢な首狩の戦士であり，妻や子供のために家を作り，稲の栽培や家畜の飼育に驚くべき力を発揮している［Cawed 1972, Jenks 1905］。

5．年齢原理

ボントック族にとって，その社会的地位と役割を考えるとき，性とともに重要な意味をもつのは年齢である。しばしばボントック社会では，古老は若者よりも尊敬され，既婚者は未婚者よりも尊敬される。

一般に，人間にはその人生において少年・少女期，青年期，結婚期，壮年期，老年期の5つの主たる段階があるが，それぞれの段階にはその年齢に応じた社会的役割が課せられている。このことは，それぞれが家族内において子供として，夫・妻として，父・母として，そして祖父・祖母として行動することとも対応する。ボントック社会では，こうした年齢というものが時として男性，女性といった区分よりも勝っており，性にかかわらず年長者は尊敬の対象であり，年少者は常に彼らに従わなくてはならない。とりわけイリ全体の豊穣を願う農耕儀礼を司祭したり，祭文の詠唱や儀礼食の準備をしたりするのは古老たちの役割であり，若者たちはそれに関わることができないという。古老たちは，年長者だけがそうした役割を担うことで社会における自分たちの地位を不動のものとし，それが同時に自分たち社会の文化の維持と発展にも大いに役立っている。したがってここでは，女性がそれぞれの年齢において与えられる家族内の地位と役割を記述することで，ボントック社会における女性の社会的地位について考察する。

(1) 幼少期の女性

　誕生儀礼で男の子のみに行われる儀礼がある以外，子供は出生に当たって区別されない（第4章第3節参照）。子供の誕生は人々にとってたいへん喜ばしいことであり，男だからといって特別に喜んで祝ったり，女だからといって軽んじたりするということはなく，同じように社会に受容される[5]。たとえば双子が生まれた場合でも，双子はアニトに孕まされたもので不吉なものと考えられており，どちらか一方を殺さなければならないが，その際に2人とも男の子か女の子であればよりかわいくて元気な方が，男の子と女の子であれば性にかかわらず，よりかわいい元気な方の子がアニトに捧げられ殺される[6]。イリ全体にとっては，子供の出生が「社会の成員の再生産」という意味において必要不可欠であるのはいうまでもないだろう。しかし，個々の家族においても，子供をもつということは夫婦の繋がりを強化させるためのもっとも有効な手段であって，さらにこのことは，やがて自分たちの葬送儀礼を執り行い，先祖伝来の水田を継承してくれる子孫を確保することでもある。しかし，こうした面においても，どちらかの性を好んだり，男女で差別

されることはない。ボントック社会ではとりわけ幼児はアニトに傷付けられやすいと考えられているため，男女に限らずとても大切に扱われ，出生にあたっては平等にさまざまな儀礼が実修される。一方，実際にも病気による子供の死亡率がきわめて高いため，子供を守り育てることは，その両親だけでなく，イリ全体の責任として皆で協力して行われている。たとえば母親が家を離れるときには，夫はもちろんのこと兄弟や祖父母が子供の世話をするし，また，母乳がでる女性はすべての乳児に母乳を与えてやることが期待される。

　このように乳児期において子供はきわめて大切に扱われるが，一定の年齢を過ぎると比較的早い時期から両親の手を離れ，今度は年長者の庇護のもとにイリ全体のなかで成長していく。すなわち，子供の教育は親の責任であると同時にイリ全体の問題でもあり，人生の先輩である年長者たちは子供たちから常に尊敬され，また，子供たちは彼らの言いつけにすなおに従わなければならない。

　子供たちは6～7歳ぐらいになると親のまねをしながら幼い兄弟の面倒や家畜の世話，掃除，食事の片付け，農作業の簡単な手伝いなどの仕事を手伝うようになる。また，この頃から自分自身をコントロールし，礼儀正しくふるまうよう躾けられる[7]。一方，子供に名前が与えられるのもこの時期で，慣習的に子供の名前は自分たちの祖先，すなわち男の子であれば父方の祖父，女の子であれば父方ないしは母方の祖母などから取られるが，名前そのものに特別な意味はない。ただし，自分と同じ名前の人が亡くなったり，配偶者を亡くしたりした場合には，その名前は悪い名前であると判断され改名が行われる。こうした個人名が与えられるまでは，赤ん坊はキオタン *kiotan*，小さい男の子や女の子はケラン *kelang*，最近ではアンボット *ambot*（男の子），アンベット *ambet*（女の子）などと包括的な名称でよばれている。

(2)　思春期の女性

　しばしば両親が働きに出るときには，小さな子供たちは年長の兄弟に任されることになる。一方，幼年期をすぎると，子供の両親に対する関係は甘えよりも尊敬と服従として認識されるようになる。両親は自分たちに従わない子供に対し，時に強く叱ったり，叩いたり，罰仕事を与えるなどして教育す

る。それでも両親のいうことを聞かないような場合には，こうした懲罰のなかでもっとも厳しい財産の相続権の剝奪が行われることもある。ボントック社会では原則として財産は父から長男へ，母から長女へ相続されるが，たとえ長男・長女であろうとも，両親の意思にそむけば将来，財産がほとんど与えられないということも起こりうる。

　思春期に近づくと少年・少女たちは親もとを離れ，それぞれアトやオログなどで寝るようになる。これらは，とりわけ学校教育の制度がまだボントック社会にもたらされていなかった頃には，重要な教育の場としても機能していた。少年たちは 6～7 歳位から，近隣の同世代で日頃から親しい友達（アロヤス *aloyas*）とアトで寝泊まりするようになり，また，一緒に家の手伝いの薪集めをしたり，川に貝や魚を捕りに行ったりする。やがて，こうした友情関係が，いくつか集まってひとつの同世代どうしによるグループへと発展していく。これがシンアロヤス *sin-aloyas* とよばれるもので，彼らは常にこの仲間たちと行動をともにし，一緒に遊んだり，仕事をしたりして過ごすようになる。ただし，これらの関係は永続的なものではなく，自分に合わなければ自由に他のグループに代わることもできるため，構成員も少しずつ変化していく。しかし思春期を過ぎる頃になると，だんだんと関係も安定してくるという。こうした青年期のグループはバルカダ *balkada* とよばれ，シンアロヤス同様，さまざまな活動をともにするが，とくに，娘宿に女性たちを訪問する際はこのバルカダによって集団で行われるのが普通である。この場合，バルカダの仲間どうしは女性をめぐってのライバルとなるが，実際には同じバルカダの内部で 1 人の女性をめぐって争いが生じないよう細心の注意が払われる。これとともに，青年たちはアトでの生活を通して，だんだんと公的な話し合いや経済活動，儀礼などに参加し，年長者からさまざまな慣習や儀礼の意味・重要性などを学び，一人前のイリの成員としての社会性を身に付けていく。

　一方，少女たちが娘宿で一緒に寝泊まりし始める年齢は，サダンガでは月経開始前後である。少女たちも少年たちと同じように，7～8 歳位から親しい友人とグループで行動するようになり，一緒に米を搗いたり，水田へカタツムリや魚を探しに行ったりする。こうした女性の友達は男性と同様にアロ

ヤス，女性たちによるグループはシンアロヤスとよばれ，10歳位になると一緒に娘宿で過ごすようになる。幼い頃のこうしたグループは少年たちのものと同じように，流動的で変わりやすい。一方，ある程度の年齢に達すると，これまでの遊び仲間よりも，娘宿を通しての強固な関係が確立される。また，男性と同じように，ここでの生活を通して年長者から家庭経営やイリでの役割などといったものを学んでいく。

　初潮に対して特別な儀礼は行われないが，月経の開始は彼女がもはや子供ではなく，結婚可能な女性として認められるための重要な要件である。この頃から母親は，一人前の女性として必要な家事や育児，農作業，機織りなどの技術はもとより，「伝統的」な規範や信仰，儀礼など，さまざまな知識を娘に教え込む。こうした知識を習得することはこの時期の彼女たちの義務であり，これらを学ぶことによって妻として，母としての素養を身につけていくことができるという。このように母親は娘を「一人前の女性」として教育する上で重要な役割を果たすが，同時にイリ内の年長の女性たちもこういった教育的側面の一端を担っている。とりわけ同じ娘宿で寝る年長者や未亡人からは，さまざまな知識を学ぶことが多い。娘宿の年長者はまた，訪問してくる男性たちに彼女たちが不当な扱いを受けることがないよう責任をもっており，そこで寝泊まりする若い娘たちに対し，母親のような役割をも果たしていることがわかる。月経の開始によって結婚が可能であることが示されると，両親は娘たちができるだけ早く結婚してくれることを望むようになるが，娘宿は，こうした結婚にむけて，配偶者を選択する上でも重要な機能を果たす。ボントック族では兄弟姉妹や近い親族はインセスト・タブーの対象であるため日常的な労働や余暇を一緒に過ごすことはなく，社会的な距離が保たれる。そのため，兄弟姉妹や親族の友人と会うことも稀で，男女が知り合う機会は限られており，娘宿での交際は，お互いによく知らない男女が知り合う絶好の場を提供しているといえる。

　ボントック社会では，一般に労働グループをオブフォとよぶが，これは単に農作業を効率よく終わらせるためだけのものではなく，少女たちが農作業に関するさまざまな知識を学ぶ場ともなっている。年長者たちと一緒に仕事をすることによって，少女たちはそのまねをし，年長者たちに従いながらだ

んだんと仕事を覚えていく。しかし，まだ幼いので他の人と同じように一人前の仕事ができない場合が多い。そこで，かわりに娘の両親がグループのメンバーにタバコなどを渡し，トレーニングしてもらうことになる。いわばこれは農作業の見習い期間のようなもので，これを通して娘たちは農業に必要な知識や技術を学んでいく。しかも，それと同時に従順さや協調性といったものも教えられる。たとえばトレーニング期間中，年長者たちはさまざまな用事を少女たちにいいつけるが，彼女たちは必ずこれに従わなければならない。従わなければ両親に報告され，それを聞いた両親は娘たちに，年長者の言いつけに従うよう厳しく忠告する。こうした見習いはだいたい2年間続けられ，彼女が一人前として十分だとグループの成員が判断したときに終了する[8]。

(3) 妻としての女性

　婚姻関係は，初婚の場合，同じぐらいの年齢の者どうしが娘宿などでの交際を通して結ばれることが多い。一方，再婚になると，配偶者を失った者，あるいは再婚者どうしの結びつきが多くなる。ボントック族は一夫一婦制であり，原則として一夫多妻婚や一妻多夫婚はみられない[9]。婚姻前に比較的自由に性的関係をもつことも多いが，ひとたび夫婦になれば夫や妻に対する忠誠心は強い。とくに姦通はもっとも重大な犯罪のひとつとされており，実際にもほとんど起こらないという。しかも，結婚した男性にとって不妊の女性はとりわけ危険な存在であり，その女性に近づくと自分の子供が死んだり，不作になったり，災厄が降りかかると考えられているため，そうした女性に近づくことはなく，常に社会的な距離が保たれる。一方，未婚，既婚の区別は服装等の視覚的な面でも区別されており，誤って既婚者と性的関係をもつということも起こりがたい。たとえば，コサウ kosaw とよばれる黒く軽い木の実のビーズは既婚女性にのみ身に付けられる。男性の場合，未婚者はファラカ balaka/カトラカン kat-lakang，既婚者はティノオッド tino-od とよばれる帽子を区別してかぶっている。

　離婚（エチャン idang）は認められるが，それは子供のいない夫婦か，生まれた赤ん坊が続けざまに亡くなった場合などに限られている。これは，祖

霊アニトが2人の結婚を望ましく思っていないためであると考えられ，そのような場合には，それぞれの親族を鶏供犠の儀礼（マンマン）に招き，そこで話し合いをすることで簡単に離婚が成立する。その際，妻が持ってきた身の回りの家財などは妻に戻され，婚姻前から夫のものだった財産については夫に戻される。また，結婚後，2人で獲得した財産については，2人で等しく分配される。一方，子供がいる夫婦は離婚することができないと考えられており，離婚すれば夫の命は超自然的な存在によって危険にさらされることになる。離婚後，子供と一緒に暮らす妻にはこうした危険は及ばないが，いずれにせよ離婚したことに対する社会的非難は免れ得ない。

　婚姻によって，1組の男女は夫婦（シンアサワ sin-asawa）となり，2人の社会関係は夫（アサワ asawa）と妻（アサワ asawa）になる。夫婦内の夫と妻の関係についてみると，夫はいわば家族の代表者であり，夫を通してそれぞれの家族はアト集団に帰属し，これによって社会のなかに組み込まれることになる。そういった意味では，妻もアト集団の一員であることに変わりはないが，妻は，アトで話し合われる事柄に関し直接的に意見を反映させることはできない。しかしこのことが，男性の家長としての絶対的な権利を導くものではなく，ましてやこのことによってボントック族が父権的な社会であるとみなすことはできない。夫が妻に対し何らかの命令をすることがあったとしても，それと同時に，妻も夫に対し対等に意見を述べることができる。とりわけ怠惰な男性は彼女たちから厳しく非難されるし，女性を隷従させるような男性は社会的にも非難される。なかには男性が女性に暴力を振るって自分に従わせようとする場合もあるが，女性も夫をたたいたり，棒で突いたりして仕事に行かせたり，仕事を手伝わせたりしている。女性が農作業という経済活動の大部分を担うため，家事については男性にも等しく仕事が分担されており，小さな子供の世話も父としての重要な仕事であって，これをないがしろにすれば無責任な父親として非難される。このように，概して夫婦内関係は平等的であるが，公の場で夫婦が夫婦としてふるまうことはほとんどみられない。たとえ夫婦であっても，他に人がいる前で一緒に座って話をしたり，水田などで並んで仕事をしたりなどということは少なく，家庭内においてすら，子供のいる前で夫や妻に愛情を表現したりすることはほとん

どない。結婚しても男性と女性の公の領域は明確に区別されており，男性は男性，女性は女性の仕事を以前と変わらず男性は男性のグループで，女性は女性のグループで行うことが多い。そこで男性たちはアトに集まって妻の悪口を言ったり，妻の尻に敷かれている男性を批判したりし，女性たちは家や畑で集まって夫の悪口を言ったりして過ごすのである。

　結婚後，配偶者を失った場合，男性と女性とではその後の生活様式が異なってくる。通常，女性は夫を失った後もその家に留まるが，その女性の母が同じように未亡人であればそこに移り住む場合もある。息子がいれば，その息子が薪集めや焼畑の造成など父親が果たすべき役割を代わって母のために行う。もし息子がいなければ自分自身で行うか，男性の親族がその役割を担うことになる。こうして女性が夫の死後も独立して生活を続けるのに対し，幼い子供をもつ男性は自分だけで家庭を経営することができず，たいていの場合は両親のもとに戻るという。その理由のひとつは，農業の主たる担い手が女性であるために，妻を失った男性が水田や焼畑を自分だけで維持することができないからであり，その場合，男性の母親が彼に代わって耕作をすることになる。

(4) 母としての女性

　出産によって家族内での妻（アサワ）としての地位は，母（イナ ina）となり，男の子の母親（イナンケラン inan-kelang）とか，女の子の母親（イナンガアン inan-nga-an）と言及される。一方，父親（アマ ama）は，フィナリャン binalyan（子供のいる男性）となる。

　妊娠は人生のサイクルの自然な始まりであり，性に関してはイリ内でもオープンに話されている。多くの場合，妊娠は夫婦にとってずっと待ち望んでいたことであり，とりわけボントック族にとって，婚姻は子供の誕生をもって初めて完全なものとみなされるため，たいへん歓迎される。一方，不妊はしばしば離婚の原因となり，通常，結婚しても5年間子供ができなければ2人の血が合わないのだと判断され，そうした場合には離婚が勧められる。これは，離婚して「血の合う」別の新しい人と結婚すれば妊娠することができると考えられているためである。夫婦にとって子供がいないということは

たいへん淋しいことであり，たくさんの子供は経済的な貧困を補って余りある幸福の指標であるという。そのため，たとえ経済的に豊かであっても子供がいなければ彼らの人生は不完全なものとしてみなされる[10]。そこで，なかなか子供ができないと親族や友人から熱心に離婚を勧められるという。離婚の決定は夫から一方的になされるが，離婚の際，夫は妻のために生活に必要なものをすべて揃えてから家を離れなくてはならないとされており，夫はこうした準備の行為を通して妻にそのことを伝える。そして最終的に妻と双方の家族で相談し，たいていは夫がその家を妻に残し，両親の元に戻ることになるという。

子供の躾に関しては，先にも述べた通り，母親だけの役割としては認識されておらず，男性よりも女性の方が田畑での作業に出ることの多いボントック社会では，子供はむしろその他の家族成員やイリ全体の協力のもとで成長し，社会化されていく。ある程度の年齢に達すると，子供たちは両親だけでなく，さまざまな集団の中でそれぞれの性別役割を学んでいくことになる。

一方，この時期の女性は，母としての役割よりも家庭の経営者としての役割が重要である。妻であり母である女性は，生産活動の主たる担い手であると同時に，生活に必要な薪や水，食糧の管理もまかされており，それらを補充する仕事は，彼女によって個々の家族成員に割り振られる。ただし通常は，日常的に誰がどの仕事を担当するかほぼ決まっており，労働の配分はスムーズに展開されているという。また，こうした家庭の経営者としての女性の役割の重要性は，経済的に大きな消費を伴うさまざまな儀礼の日程の決定にも反映されており，しばしば女性が大きな発言権をもつことになる。

(5) 古老女性

子育てがすみ，やがて子供たちが結婚して家を離れると，後に残るのは以前のように夫と妻だけである。老夫婦は配偶者を亡くしたり，病気で働けなくなったりした時を除いては，子供と同居することはなく，たいていの場合は独立して世帯を構える。仮に同居したとしても，父親であれば夜には男子集会所に泊まりにいき，母親であれば近くに小さな小屋を作ってそこで寝泊まりすることが多い。もちろん，別世帯を構えるといっても，まったく疎遠

になってしまうというわけではない。結婚後も両親に対する敬意と感謝は継続しており，それは，田植え前と収穫後に実施される忌休日チナク・チャカンに，すでに婚出した子供たちが両親のもとに2回の食事や酒を持ち寄ることで儀礼的にも表現される。ただし，田畑で働くには年を取り過ぎているというような場合には，しばしば女性は子供たちの家に行って家事を手伝い，そこで孫たちの監視をしたり，助言を与えたりして過ごすという。このように，たとえ生産活動の担い手としての重要性が失われても，依然として老女も家族の一員として重要な位置を保ち続ける。

一方，儀礼的にも老女はさまざまな場面で活躍する。とりわけ，治病儀礼で中心的な役割を果たす巫医は月経閉止後の老女であることが多い。こうした巫医は特別な能力が必要であるが，このような特別な力をもたない場合でも一般の老女が儀礼で重要な役割を担うこともある。たとえば農耕儀礼において，苗床の最初の種蒔く作業は家族の最年長の女性が行わなければならないとされており，また，イリ全体の儀礼的な種蒔きも選ばれた老女によって実修される。このような老女の象徴的役割はその後の田植えや鳥追いの儀礼，収穫の儀礼などでも同様にみられるものである。

両親の子供たちに対する最後の望みは，病気になって死を目前としたとき，自分たちのために動物を供犠してもらうことである。このことは子供たちにとっての最大の義務であり，これを怠れば両親の財産の相続権すら失うことになりかねない。この儀礼の際に，両親はたくさんの証人の前で子供たちへの財産の分配方法について言及することになる。

6．女性の一生

女性としてボントック社会に生まれ，ボントック族の女性として一生を終える彼女たちは，ボントック社会という枠組みの中でそれぞれが異なる人生を送る。ここでは，そうした女性たちの生涯について，主としてトゥクカンの女性を事例としてあげておく[11]。

［事例1］ トゥクカンの女性，105歳
両親が幼い頃に亡くなったので，生きるために小さな時から働かなければ

ならなかった。彼女は，川で貝を拾ってその半分を売り，残りの半分とカモテを食べて過ごした。また毎日，田畑へ行ってその手入れをし，カモテや稲を植え，太陽が沈むと収穫したカモテを持って家へ帰った。これが彼女の生きるための毎日の仕事だった。

　ある程度の年齢に達すると，よくオログ（娘宿）に出かけた。当時，そこではたくさんの女性が寝泊まりをしていて，皆，昼間は田畑で仕事をし，夜にはそこで寝ていたという。夫は彼女がオログにいた時に知りあった。夫はトゥクカン出身だったが，ボントック・ポブラシオンで兵士をしていた。そこでトゥクカンにやってきて彼女に求婚し，結婚した。婚姻儀礼では，彼女の両親がすでに死んでいたため，彼女自身で塩漬けの肉（イナシン inasin）を準備し，彼の両親も同じようにイナシンを提供した。そこで彼らはその肉を調理して親族や近隣の人々と共食し，その次の日の朝，残りの肉を再び人々にふるまった。

　現在，彼女は子供のなかの１人とその孫たちと一緒に暮らしている。

［事例２］　トゥクカンの女性，80歳

　両親のもと，幼い頃から田畑で稲やカモテを植える作業を手伝った。彼女は，まだ初潮もなかった頃に２人のアメリカ兵を助けるために他の２人の女性と一緒にアメリカに渡ったが，２年後，第一次世界大戦が勃発したために，トゥクカンに帰ってきた。その頃にはすでに大人になっていた。その後，両親のもとで暮らしたが，夜にはオログへ出かけて行き，他の娘たちと一緒に夜通しそこで過ごした。そして昼間は友達とともに共同労働に出かけた。それが当時の女性たちの典型的な過ごし方であった。その時はもう彼女は一人前の立派な働き手として家族を助けており，両親から何か注意を受けるようなことはなかった。

　彼女がオログで寝ていた時，現在の夫である男性が訪ねてきた。彼はトゥクカン出身であったが，当時はバギオで兵士をしていた。彼と彼女は数晩，ともにオログで過ごし，やがて彼から求婚された。２人はオログで大変幸福な時を過ごしたが，けっして性的な関係はもたなかったという（当時，そういったことも可能ではあった）。それから彼女は彼のいるバギオへ引っ越し

て行った。そこで初めて2人は性的な関係をもったという。彼女たちがトゥクカンに住むために戻ってきた時，彼女の両親は彼の兄弟にイナシンを渡した。この肉は彼の4人の兄弟が食べた。その次の日，彼の両親が1匹の豚を供犠し，彼女の両親はその肉の分け前をもらうためにやってきた。その後，婚姻儀礼の祭宴のために4匹の豚を供犠した。しかし，祭宴にやってきた人々に供する肉が十分でなかったため，次の日，さらに2匹の豚を供犠した。その次の日，また2匹の豚を供犠して，さらに1日後，3匹の豚を供犠した。これですべての招待客に十分な肉がいきわたった。

　彼女は2人の男の子と1人の女の子を生んだ。妊娠した時，夫は遠くに行っていて側にいなかったので1人で出産しなければならなかった。しかし彼女は助産婦イン・イルット *in-ilut* の助けもかりずに1人だけで出産した。子供が現われた時，自分で臍の緒を約10cmのところで縛り，胎盤が出てくるのを待った。そして臍の緒と胎盤を家の戸口の前に埋めた。子供が生まれた後，1羽の鶏が供犠され，イナシンと一緒に調理して人々にふるまった。その1日後，再び鶏を供犠して，イタブ *itab* とよばれる豆を調理した。赤ん坊の家族は子供が産まれてから3日間，このイタブと供犠された鶏の肉しか食べてはいけない。そのため，この間，鶏を供犠し続けなければならず，3日たって初めて別のいろいろな野菜を食べることが許されたという。やがて臍の緒が埋められると，今度は小さな豚が供犠された。

　彼女の子供はすべて教会（プロテスタント）で洗礼を受け，名前もすべて牧師につけてもらった。洗礼を受けた年齢は，最初の子供は這って歩けるようになった頃，2番目と3番目はおすわりができるようになった頃である。3人の子供のうち，男の子の1人は沖縄に行った時に交通事故に遭い，死んでしまった。もう1人の男の子もボントック・イリで交通事故に遭い，死んでしまった。残りの1人の女の子だけが立派に成長して結婚し，数え切れないほどたくさんの子供を生んだ。

　彼女は現在，その娘夫婦と孫とともに住んでいる。

［事例3］　トゥクカン出身，ボントック・イリの女性，85歳
　1908年頃（7歳ぐらい），トゥクカンからボントック・イリにやってきて

7年間小学校に通った。1918年に小学校を卒業し，2年後の1920年にバギオへ行って高等教育を5年間受けた。その後，ボントック・イリに戻り，1年間だけミッション・スクールで教鞭をとった。

ボントック・イリにも当時，娘宿はたくさんあったが，教育を受けた人はそれを軽蔑していたので，そこで寝ることはなかったという。1925年，彼女がボントック・イリで下宿生活をしている時に知り合ったサモキ出身の男性と結婚した。彼は結婚後，軍隊に入り兵士となった。婚姻儀礼は，彼らが「伝統的」な儀礼の知識をほとんどもっていなかったため，いたって簡単なものだった。まず彼女の母親が鶏を1羽供犠して，それをサモキに住む彼の両親のもとへ持って行き，次に彼の両親が同じように，鶏を1羽供犠して彼女の両親のもとへ届け，それですべてが終了した。

この夫婦には1人の娘しか生まれなかった。彼女は当時，ボントック・イリに住んでいたが，母の住むトゥクカンで出産した。彼女が自分の母のもとで出産したのは母が出産における良きアドバイザーであり，彼女を助けてくれると考えたからである。彼女の夫は出産の時，ボントック・ポブラシオンで軍隊に服務していたのでトゥクカンに来ることはなかった。妊娠している最中，とくに何かを食べてはいけないとか，何かをしてはいけないといった禁忌はなかった。子供が生まれると，彼女は臍の緒を15cmぐらいのところで縛り，それよりも先のところで鋭い棒を使って切った。それから胎盤が出てくるのを待って，それを臍の緒と一緒に包んで両親の家の戸口の前に埋めた。子供が生まれると1羽の鶏を供犠し，イナシンと混ぜ合わせて調理した。4日ほどたって赤ん坊の臍の緒が乾いて落ちると，その落ちた部分を，最初に臍の緒と胎盤を埋めたところに持って行き埋めた。それから再び，1羽の鶏を供犠してイナシンと一緒に調理し，訪問者にふるまった。赤ん坊の母親は，この時始めて子供を家の外へ連れ出し，訪問者と会うことを許されたという。また，赤ん坊が生まれてから臍の緒が落ちるまで，彼女と彼女の母（子どもの祖母）は野菜を口にしてはいけないと言われた。この禁忌を破って野菜を口にすると，赤ん坊が窒息死してしまうと考えられているからである。一方，子供の父や祖父が，赤ん坊の臍の緒が乾いて落ちる前にお酒を口にすると，やはり赤ん坊が窒息死してしまうと考えられている。彼女はこの

赤ん坊が2ヵ月になった時にトゥクカンの教会で洗礼を受けさせ，洗礼名をうけた。出産後の4ヵ月間，両親の家に留まり，それからボントック・イリに戻って，先生をして暮らした。

この娘は結婚して子供が10人でき，バギオで織物をして暮らしている。彼女はその孫のなかの1人とボントック・イリに住んでおり，彼女もまた織物をして生計を助けている。また，自分が死んだ時に身に付けるための織物も自分で織って準備している。

［事例4］　トゥクカンの女性，55歳

彼女が物心ついた時にはすでに母親は亡くなっており，父親1人に育てられた。7歳から12歳までは田畑で父親の仕事を助け，豚に餌をあげるのが彼女の役目だった。そして夜には自分たちが食べる米を搗いた。忌休日などで農作業が休みの日には友達とサトウキビ畑へいき，雑草を抜いた。

彼女は初潮が訪れるとすぐに，たくさんの男性から求婚された。彼女は，この頃にはよくオログで寝泊まりしていた。そして，昼間はいつもの仕事へと出かけて行った。オログにいる間，彼女とその友達は，オログで一緒に過ごしたがっているたくさんの男性の中から，自分たちの好みの男性を選んだという。夜にはそうした男性たちとオログで一緒に寝たし，彼女たちは下着を身に付けていなかったけれども，自分たちの時代にはそこで性的関係をもつことはなかったし，また，関係をもとうとも考えなかったという。結局，彼女と一緒にオログで寝た男性が彼女と結婚することはなかった。なぜなら彼女の父親が，他の男性と結婚することを強く望んだからである。その男性はトゥクカン出身であったが，当時，バギオに住んでいた。しかし彼女は彼を愛してはいなかった。やがて2人の結婚が承諾されると，彼女の叔母が彼の両親のところへ黒豆を届けた。この黒豆は，他の親族やイリの人々に2人が結婚するということを連絡する役目を担った人たちで，分けて食べた。それから双方の両親は，それぞれ鶏を1羽ずつ供犠して交換した。彼の家も彼女の家も貧しく，トゥクカンの婚姻儀礼の慣習をこれ以上続けることができなかったので，これで婚姻儀礼は終了した。

やがて4人の子供が生まれた。1人が男の子で，残り3人は女の子だった。

子供は4人とも彼女の両親の家で出産した。夫が出産を手伝ったのは，2番目に男の子が生まれた時だけで，その時は夫が臍の緒を結び，鋭い棒でそれを切った。それから夫は臍の緒と胎盤を持って自分たちの家へ行き，戸口の前にそれを埋めた。それ以外の出産はすべて自分で行った。出産後，夫が鶏を1羽供犠してイナシンと合わせて調理した。調理するとき肉は大きいままで，食べる時にそれを切り刻んだ。そして赤ん坊の臍の緒が落ちてから再び鶏を供犠した。さらに次の日，鶏をもう1羽供犠して，これで出産に関わるすべての儀礼を修了した。これによって初めて赤ん坊の家族は，赤ん坊を外に連れ出したり，野菜を口にしたりすることが許されるようになった。彼女の子供たちは，すべてトゥクカンの教会でボントック族の神父によって洗礼を受けた。

彼女の夫が事故で亡くなったため，現在は一人で生計を立て，暮らしている。

[事例 5] トゥクカンの女性，80歳以上

両親とも健在で，富裕層の家族に育ったが，家の手伝いも時々した。初潮が始まると，すぐにオログへ行って寝泊まりするようになった。彼女がオログにいた時，トゥクカンで生まれ育った現在の夫である男性が求婚し，オログで一緒に寝た。そこで彼らは結婚することを約束した。婚約した時，彼女の両親は1ガンタ（10インチ四方の升1杯）の黒豆を，近隣の人々に手伝ってもらって彼の両親に届けた。それを受けて，彼の両親は2人の結婚を承諾した。そこで彼らの両親は，その次の日にロピスとよばれる婚姻儀礼を実修した。この間，彼女の両親と夫の両親が5匹ずつの豚を供犠して人々にふるまった。それから5年たって1人の息子が生まれた後，今度はチョノとよばれる最大規模の婚姻儀礼を実修した。彼らの両親は儀礼で消費される6頭のカラバオを購入するための資金集めに大いに貢献した。儀礼で供犠されたカラバオの頭は，すべての訪問者がそれを見ることができるように家の軒先に吊るされ，それを見た人々が「この夫婦は金持ちだ」と言い合ったという。これによって婚姻に関わるすべての儀礼が終了し，両親から経済的にも完全に独立した。

彼女はトゥクカンの自分たちの家で5人の子供を出産した。出産時に誰かに助けてもらうことはなく，他の人たちと同じ方法で出産し，他の人たちと同じ方法で臍の緒や胎盤を処理した。子供が生まれたすぐ後に，鶏を1羽供犠した。これは出産後，3日以内にされなければならないという。次に，臍の緒が乾いて落ちた時，1匹の子豚を供犠した。それが終わって初めて母親は赤ん坊を外に連れ出すことが許され，その時からその家族は野菜を口にすることができるようになった。こうした一連の儀礼が，子供が生まれるたびに繰り返された。子供たちはすべてトゥクカンの教会で洗礼を受け，神父に名前をつけてもらった。
　現在，夫は死に，子供たちもすべて婚出しているので，独りで生計を立てて暮らしているが，孫もひ孫もたくさんいる。

　以上，5つの事例をあげたが，その女性が富裕層の出身であるか，貧しい層の出身であるかによって語られる内容も異なってくることがわかる。しかし，共通していえることは，特別な教育を受けた者は別として，オログでの交際を通して配偶者を選択し，結婚し，子供を生み，儀礼を行うといったことが同様に行われ，それらが記憶のなかに明確に刻まれているという事実である。そして，その記憶が具体的な年齢や年代というよりも，何か重大な出来事や人生の節目節目と関連付けられて語られている。また，個々の儀礼で動物を何匹，何頭供犠したかといった明確な数字が記憶されているのにも注目したい。実はそれは，ボントック族の男性にも同じような傾向がみられる。同じトゥクカンの男性の事例を女性のものと比較するためにひとつ取りあげてみると，

[**事例1**]　トゥクカンの男性，60歳代後半
　幼い頃，父親が亡くなったため，母親が彼を育てるために1人で働き，賃金として1日，5束の稲を受け取った。彼も生きるために木を切って薪を作った。時々彼は，たった5束の稲を得るために豚や鶏を売った。青年期に達した時にはすでに自分の田畑を耕していたので，サモキとトゥクカン出身の両親の間に生まれた女性に求婚したが，後に，ある事情で，その求婚を取

り消した。その女性はやがて死んでしまった。その後，オログで別の女性をみつけて求婚し，結局，その女性と結婚した。

　彼は5歳ぐらいから青年期に達するまでアトに通い，そこで寝泊まりをしていた。その後は，アトよりも女性を訪問するためにオログへしばしば通った。彼がよく訪ねていたオログは4ヵ所で，一緒に寝ることが許された女性たちとそこで過ごした。そして朝早くアトに戻って，それから母のもとへ帰って行った。オログで求婚し，やがて話がまとまると，彼らの結婚のために女性側の両親が彼の母親に1ガンタの黒豆を贈った。その後，交際から2年たっても子供ができなかったので別れることにしたが，その5ヵ月後に彼女が妊娠していることが分かったので，2人の関係は元に戻った。そこでカラン儀礼が実施され，彼の母親は，女性の両親に1羽の鶏と1頭の豚を贈った。次にロピス儀礼が執り行われたが，彼の側から3頭のカラバオ，彼女の側から1頭のカラバオと2匹のブタが供犠され，招待客にふるまわれた。さらに6年たって，最大規模の婚姻儀礼であるチョノを実修し，彼の側から5頭のカラバオ，彼女の側から2頭のカラバオと6匹のブタが提供され，供犠された。

　子供は男の子が7人，女の子が2人，全部で9人生まれた。そのうち2人の男の子は死亡したが，それ以外の子供は皆，元気に育っている。妻が妊娠している間，彼女の仕事を手伝ったが，出産を手伝うということはなかった。なぜなら男性は出産を手伝ってはいけないからである。初めての子供が生まれた時には，祝宴のために15匹もの豚を供犠した。彼はクリスチャンであるため，子供たちを教会へ連れて行き，洗礼を受けさせ洗礼名を受けた。しかし，イリでのあざなは彼が与えた。7人の子供はすべて結婚し，その子供の1人と一緒に暮らしている。孫は全部で28人いる。

　というように，男女とも儀礼でどれだけの供犠がなされたかがはっきりと記憶されているのが特徴的である。また，その他の内容を比べても，実際の男性と女性の語り方に大きな違いはないといえるだろう。

7. おわりに

　ロサルドは，フィリピンのイロンゴット族について次のように報告している。彼女によると，イロンゴット族の間では，男性の狩猟は女性による園芸農耕より高く評価づけられるが，この2つの生産様式は互いに補い合うものと考えられ，その分業は厳格ではない。日常生活においても，メンズハウスや公共広場がなく，男性世界のための場所はない。政治的対立においては男性が優勢であるが，女性もその発言を禁じられることがほとんどない。男性を特別なものとする唯一の活動は首狩であるが，しかしこれは義務的なものと感じられておらず，より多く首を狩ることが男性にとって望ましいともされていない。男性が特権的な儀礼や象徴を統御することはあっても，男性が家庭領域に巻き込まれることで男性的権威の威光が軽減されるのだという。つまり，このような社会では性的役割に関してもっとも平等的であり，家庭内の仕事に加わっている男性は，妻に服従を要求することがない。性的非対称性 (sexual asymmetries) は存在するが，それは女性が意見を述べる権利と自信をもつことで軽減されるというのである [Rosaldo, M. 1974]。こうしたイロンゴット社会とボントック社会との間には，かなりの類似性をみいだすことができる。しかし，大きな相違点は男性領域としてのメンズハウスが存在することと，政治や公的儀礼においては女性が排除されるという事実である。もちろん，これらのことにまったく女性が関わらないというのではないが，ボントック族では女性はむしろアシスタントとして，あるいは傍観者として存在するに過ぎない。これらに女性の意見が反映されたり，女性が重要な役割を担ったりすることはあるが，いずれにせよ，リードするのは男性であって，こうした違いを単なる「性的非対称性」として片付けてしまうことは難しい。

　「女性は男性に従属しているのだろうか」という疑問に対し大崎は，ボントック社会の女性の男性に対する従属性や被差別性を否定し，その根拠として老女の儀礼への関わり，男性の家庭内労働への関わりなどをあげている。確かに男性らしい仕事というものは存在するが，男性労働者のいない家では女性もその仕事を行っている。また，家庭内でも夫は妻に対しておとなしく，

暴力をふるうなどということはない。なぜなら，妻の背後では，常に彼女の両親や兄弟が目を光らせているからであるという。また彼によれば，表面上は絶対的な差別がみられる政治的，儀礼的側面に関しても，イリ全体の儀礼を実修するということが，単に戦闘・防衛に似ているように思われるからであり，村落的規模の戦闘を，イリ全体に関わる空間と境界を維持し内と外とを分けることであると定義するのなら，儀礼の意義もイリを空間的，文化的に一時閉ざして内と外とを分かつことにあり，これらの類似性ゆえに男性が儀礼を実修するのであると説明している。すなわち「女性が働く（労働と出産・育児）場所を確保する兵隊（男性集団の機能），そして村としての永続性を実現する生殖手段として男が女の役に立てば，それでよかった」のである。男性の役割である首狩についても，それに女性が参加する必然性はまったくなく，イリの成員の再生産という意味からも望ましくないものだと記述している。結局のところ大崎は，女性が子供を生み殖やし，食べ物を得るという動物としての「生存則」においてこの問題を解決している［大崎 1987：219-222］。

　しかし，こうした見解を一部は認めるにせよ，その解釈はあまりにも生物学的であり，文化的側面における解決が不十分である。確かにボントック社会では，こういった家庭内領域において男女は概して平等的であり，等しくこれに参加している。性的な区分があるにしろ，それはあくまでも緩やかな規制であって，消極的区分であった。しかしながらイリ全体としての儀礼や政治に関しては，女性が積極的に排除されているのであり，一方で農耕儀礼における象徴的役割や，家族の幸福を願う儀礼においては女性が積極的に求められている。このように，ある特定の側面では積極的に男女の性的な役割区分がなされているのだということを忘れてはならないだろう。極端にいうなら，女性の生殖力や創造力は自然で生得的なものであり，こうした生得的な能力をもたない男性が創造的であるためには，主として男性が文化的に儀礼を行わなければならなかったと説明することもできる。しかしながらこのことは男性が文化的で女性が自然的であって女性が劣っているとか，あるいは男女が対立しているとかいうことを意味するものではない。むしろボントック社会では，お互いの性を認識することによって，それぞれに応じた役

割を制度化することはあっても，それが女性を支配したり，男女間の順位づけのために用いられたりするのではなく，その相補性が強調されている。彼らのことばを借りるなら，女性が農作業や家事により多く接するのは，「女性が男性よりもそうした知識に長けているから」であり，男性が山へ薪を取りにいったりするのは「男性の方が，山に精通しているから」である。このようにボントックでは男性と女性が対立したり競合したりするのではなく，むしろ一定の距離をとることによって，お互いの性にその価値を認め，互いに補い合うものなのだといえよう。男女間に性差があるというのはまぎれもない事実であるが，その優劣は個々の社会の文化的に規定された枠組みの中でのみ働く。その意味では，ボントック社会で女性が公的領域に関わらないからといって，劣位に置かれているとはいいがたい。

　しかし社会の変化は，こうした「伝統的」な男女の性的分業にも大きな影響を与え始めている。たとえば，これまで男性はアトで年長者たちからさまざまな知識を学ぶことで社会化され，女性は娘宿や共同労働を通して年長者たちから多くの知識を学んできたが，学校教育の普及はそうしたバランスを大きく崩し始めている。慣習的に男性は男性から男性としての役割を，女性は女性から女性としての役割を学んできたが，学校教育においては教師の多くが女性であって，男性も女性から多くのことを学ぶようになった。逆にいえば教育の機能の多くは女性の手に委ねられてきているといえる。また，女性の生産活動の担い手としての役割と，男性のイリを守る戦士としての役割といった相互補完的な性別分業は，首狩慣行の激減により男性の戦士としての役割の重要性を失わせたが，もはやイリを守るための戦いは男性だけのものでなく，反対に女性が外部の抑圧に対し戦うといった状況も起きてきている。たとえば，彼らの権利を無視した一方的な開発計画は，女性たちを戦いへと向かわせる。マイニットの女性たちが一方的に操業を進める鉱山会社に対して自ら立ち上がり，彼らを追い払うことに成功したという事件があったが（第4章第2節註11参照），この戦いにおいては，女性が単にイリを守る者としての役割を果たしただけでなく，本来，男性たちの役割であった忌休日の罰則金の徴収者としての役割も演じていることがわかる［Cherneff 1981：158-166］。

第4節　女性と性的役割　　　　　　　　　　　　　413

[註]
1) ボントック社会の政治的運営や宗教生活の中心となるアトに，特別な場合（忌休日にアトで調理をしたり，アトに食べ物を運んだりする場合）を除いては，女性が立ち入ることはできない。この禁忌を破ると，呪いをかけられることがあるという。この呪いは，とりわけフェグナス儀礼や，その他のアトを単位とする儀礼でかけられやすく，呪いがかけられた女性は身体の障害に悩むことになり，また水田で貝やドジョウを捕まえることが一生できなくなったり，収穫において稲を束ねることができなくなったりする。さらに彼女が収穫を手伝った水田の収穫量が減ってしまったりすることもあるという。その女性が独身だった場合には，結婚することすら忘れてしまうという。ただし，こうした呪いはすべてのイリでみられるわけではなく，サダンガ内部でさえインフォーマントによって異なる説明がなされていた。
2) サダンガでは，時間は次のように表現される。1日の始まりは明け方3～4時頃でタラノ talano，あたりが明るくなり始める頃はモポマワイ mo-pomoway という。またカラスが最初に鳴いた時（ララポン・シ・ココオック lalapon si koko-ok : lapo は「～から始める」，ko-ok は「カラス」の意味），二番目にカラスが鳴いた時（ミダドゥア・シ・ココオック midadowa si koko-ok : dowa は「2」），三番目にカラスが鳴いた時（ピトロン・シ・ココオック pitolon si koko-ok : tolo は「3」）をそれぞれ区別して言い表すこともある。6時頃から正午まではウィイット wi-it，そのうち朝食をとる7～8時頃をカカカナン・イスナン・ウィイット kakakanan isnan wi-it (kan は「食べる」)，朝食のすぐ後の，仕事に行く時間をフォフォクナガン bobo-knagan (boknang は「労働する日」で，仕事をしない忌休日ティーアー te-el と対比される)，8～10時頃をママトック・ナン・アケウ mamatok nan akew (batok は「～の側に」，akew は「太陽」)，正午頃の昼食をテテチャン tetedan，正午から3時頃までをマチャウィ・ナン・アケウ madawi nan akew (dawi は「遠い」) という。一方，午後の1～5時までをミスヤウ misoyaw，そのうち夕食のご飯を炊く3～4時をオオトアン o-otoan (oto は「調理する」) という。日が沈む時間は，ミサニブ・ナン・アケウ misanib nan akew (sanib：は「隠れる」)，5時頃はセドセデンナ sed-sedemna (sedem は「夕方」) という。帰宅する6～7時をササアラン sasa-alan (saal は「家に帰る」)，夕食をとる7～8時頃をカカカナン・イスナン・マスチェン kakakanan isnan masdem (masdem は「夜」で語根は sedem)，眠りにつき始める9～10時をセスエイエパン ses-eyepan (seyep は「眠る」)，10～12時をマラフィ malabi (labi は「夜中」)，午前0時頃をアチャレン・シ・ラフィ adalem si labi (adalem は「深い」)，夜半をテガン・シ・ラフィ tenggal si labi (tenggal は「破られる」) とよぶ。
　　ただし，これらはあくまでも人々の1日の活動と自然の状態とを関連させて表現しているものであって，必ずしも物理的な時間とは一致していない。
3) 北部ルソンのほとんどの社会では籠の製造は男性の仕事であるが，イスネグでは女性の仕事であるという [Guy 1958：55]。
4) かつては農作業のほとんどが女性の仕事であり，男性は田畑で作業する女性の安全を守る「戦士」としての役割を担っていた。しかし首狩慣行が激減し，他のイリとの

友好関係が保たれるようになった現在では，男性の本来の役割が失われることとなり，だんだんと男性も農作業の役割分担のなかに組み込まれるようになってきている。

5) インファンテは，フィリピンのさまざまな少数民族の女性の地位について比較検討した結果，家族の中では娘も息子と等しく扱われ，生まれてくる子供にどちらか一方の性だけを好むといった顕著な偏りがないと述べている［Infante 1975］。

6) もし丈夫な方の子を残し，弱い方の子をアニトに捧げれば，もう片方の子も同じように弱ってすぐに死んでしまうと考えられているためである。

7) 一般に，躾に関しては男の子よりも女の子に対して厳しく，女の子は比較的早くから家事労働を手伝わされる傾向にある。子供の躾には，ことばで叱りつけるだけでなく棒や平手でたたいたり，耳を抓ったり，髪を引っ張ったり，蹴ったりするといった体罰も用いられる。

8) このような労働グループのトレーニングは女性だけでなく，男性にもある。男性がグループを作って共同労働をする機会は少ないが，そのうちのもっとも代表的なものにバシ（サトウキビ酒）を作る作業がある。青年が，バシを作る共同労働に初めて参加する際，その両親はグループの他のメンバーたちに，最初のトレーニングに対する謝礼として豚か犬を供犠してふるまう。

9) ただしジェンクスは，一夫一婦婚が規範としてあっても，ボントック族にはしばしば重婚がみられると指摘している。たとえば，テテパン（Tetepan）のある有力男性には 6 人の妻がいて，それぞれ独立した家をもっていたという［Jenks 1905：59］。テテパンはサガダ郡を構成する村落共同体のひとつで，筆者はこれを北部カンカナイ族に分類しているが，ジェンクスによればテテパンもボントック文化圏に含まれる［ibid.：Plate Ⅲ］。

10) 一般に多産が望まれるため，産児制限はほとんど行われていないが，高収入，高学歴で，栄養や病気の免疫に関する知識をもっており，乳幼児期の死亡を回避することができるような，ごくわずかの人々には受け入れられている。

11) 彼女たちへのインタビュー─は 1986 年 9 月に行った。したがって彼女たちが幼少期，青年期を過ごしたのは 1900 年代初めであり，アメリカがスペインに代わってフィリピンを植民地下に置いた時代とほぼ一致する。

第 5 章

結　　論

　本書の課題は，女性の研究を女性だけの問題としてとらえるのではなく，社会全体の枠組みのなかで描くことによって「従来の人類学の理論的枠組みを再構成するための重要な戦略としての可能性」［牛島 1984：8］を展開させ，ジェンダーの視点から民族誌を再構成することであった。とりわけ日本では，「ジェンダー」といえば女性のこととみなす傾向が強く，男性がもう一方のジェンダーとして分析の対象となることは少なかった［西川・荻野 1999：1-4］。しかしながら，単に女性の視点から女性についてのみ論じるのでは，社会全体がみえてこない。そこで本書では，フィリピン・北部ルソンの一少数民族であるボントック族について，現地調査に基づくオリジナルな資料を用いることで「性差」というものを女性と男性との関係の中で論じ，さらにその分析において男性性についても注目した。

　本書は，主として①女性が男性との社会関係においてどのような役割を果たすか，②男性：女性という生物学的事実にどのような象徴性が与えられるか，③女性が経済的側面においてどのような役割を果たしているか，といった3つの側面からアプローチしている。そこで，これをふまえて各章の内容を要約すると，次のようになる。

　まず，序章においては「本書の目的」について，ジェンダー研究の問題点，研究史，本書の研究の方法等を通して確認した。

　第1章の「概観」では，本書の記述と理解に不可欠なフィリピンおよびボントック族の歴史的・文化的特徴を記述した。

　第2章の「女たちとその世界」では，女性が男性との関係においてどのような役割を果たすかを主要なテーマとして扱った。そこで第一に，男性がどのように政治的領域と関わっているのか，そして彼らの活動に性差とともに年齢や経済的格差がどのように関わってくるのかを経済的な動きや共同体規

制と関連させて分析した。政治的側面に大きく関わるのはいうまでもなく男性で，これに女性が表だって参加することはないが，こうした点から男女の地位役割を考察すれば，単に政治的＝社会的レベルでの断片的な事実によって，男女の非対称性を〈家庭的：公的〉あるいは〈優：劣〉といった二分法で評価することになってしまう。実は，それは単なる男女の地位役割のひとつの側面を描いたに過ぎないのであって，社会にはさまざまな男女の関係が存在していることを忘れてはならない。そこで，それらを断片的に論じることなく全体として理解するためには，妻として，母として，あるいは娘として，姉妹としての多様な女性の役割と，それに対応する男性との諸関係とを明確にすることが必要である。一方，ボントック社会では，こうした男女の性的区分だけでなく，年齢原理もまた女性の地位役割を考察するうえで重要な意味をもっていることが指摘できる。すなわちボントック社会は，人間の性や年齢というきわめて生物学的な要素に基づいて社会が秩序づけられることが多く，とりわけ高齢者のさまざまな知識に対する優越がこうした社会的権威の裏付けとなっている。しかしその一方で，貧富に基づく階層分化もみられ，たとえ女性であっても富裕層の女性は共同体内で大きな影響力をもつことができる。そこで，表だって政治を運営するのは確かに男性であるが，それらに付随するさまざまな儀礼の際の共食を取りしきるのは実は女性であり，儀礼の実修時期をめぐっては富裕層の女性の意見が大きく反映されていることがここで明らかになった。この点については，さらに理解を深めるために第4章第5節でも詳細に検討している。第二に，「家族」を社会的，文化的脈絡のなかでとらえることで家族の概念を再検討した。ボントック族の家族は，日常生活において寝食の単位をその状況に応じて拡大，縮小させるきわめて柔軟な構造をもっており，また，そのなかに多様な社会関係をみいだすことができる。一方，こうした家族内の関係を制度的側面からみれば，たとえば財の相続に際しては男女に等しくその権利が与えられており，結婚後もそれぞれの財が夫婦財として統合されず，父の財は息子へ，母の財は娘へと相続される。しかし現実には，こうした水田の日常的な世話や焼畑耕作の多くは女性の手に委ねられている。また結婚後，双方の財が統合されないといっても，生産と消費の単位が男女別々であるというのではなく，実際の

家庭経営の主体は女性が担うことになっている。したがって，たとえ夫方の水田であっても現実には妻がその経営権を握っている。このようにボントック族の家族には，ある面では社会的に分離し，ある面では社会的に結合されるといった伸縮自在の柔軟な構造をもつことで，そしてまた男女が制度的に平等な権利をもつことで友愛的，平等的な関係が形成されているということがわかる。第三にボントック族の社会生活に欠かすことのできないアトとよばれる男子集会所制度の特徴を明らかにし，現実の社会と規範とのズレに人々がどのように対処するかを，その帰属様式を通して分析した。もっとも理想とされるアトへの帰属様式は，父系ラインに基づいて父と同じアトに帰属することであったが，現実には自己を発展させるひとつの戦略としてアトを利用するため，さまざまな可能性をたどってその帰属が行われている。しかしこのような理想形からの逸脱は，決して社会の安定や秩序を否定するものではなく，人々は，規範と逸脱，あるいは近代化と「伝統」といった，相反する諸要素をきわめて柔軟に生活のなかに取り込むことによって，その社会生活や慣行を維持してきたのだということがわかる。一方，特別な機会をのぞき，このアトに女性が立ち入ることは原則としてない。その意味でこれを男性領域とするなら，女性領域として娘宿をあげることができるだろう。娘宿はアトと比べ，政治的，儀礼的な単位でもない，単なる「寝宿」としてとらえられがちであるが，実際には娘宿がイリで果たす役割はきわめて大きいことが指摘できる。そこで第四に，この娘宿の婚姻の成立過程における社会的役割に注目し，娘宿での婚姻以前の性的交渉に対する社会的観念を分析しつつ，その機能について再考した。娘宿の主たる機能は，自由な交際を通じての配偶者の選択であったが，娘宿そのものは現在，消滅しつつある。これを単に「アトほど重要な機能を果たしていないから」と説明することも可能であろうが，実際には，伝統的な形態での娘宿（建物）そのものは失われても，依然として空き家や未亡人の家屋などが，その代替として男女の交際の場を提供している場合が多い。一方，それが一部の人たちの「乱交へと結びつく野蛮な慣行であるからなくすべきである」という主張に対しても，かつて，娘宿で比較的自由に性的交渉が行われていたとしても，その多くは婚姻関係へと直接的に結びつくものであり，また，ひとたび妊娠していること

が判れば，男性はその相手の女性と結婚することが社会的にも強く望まれる。つまり，それが社会秩序を乱すものでは決してないということが指摘できる。夫婦にとって子供の誕生が社会的に強く望まれるものである以上，ボントック社会では，妊娠が判明するか，第一子が誕生した後に社会的な御披露目としての婚姻儀礼が行われることが多い。すなわち娘宿で性的関係を結ぶということ自体が，すでに婚姻という社会的契約関係の一部を成していると考えることができる。ボントック社会でみられる婚姻は，家族あるいは親族の強力な統制下においてその婚姻が許されるといったような形態ではなく，寝宿での自由な交際を通じてごく自然な男女の感情的・性的結合があり，それが継続されることによって結果として第一子が誕生する。そして，彼らが永住する家を獲得したあとで催される正式な儀礼によって，2人の夫婦としての関係が初めて社会的に認められるという性格のものであることがわかる。こうしたことからも，娘宿を単なる「寝宿」としてとらえるべきではなく，実は，娘宿での交際の過程が，ボントック族の婚姻関係を形作るのにきわめて重要な役割を果たしているということは明らかである。第五に，ボントック社会では性や親族関係に基づく類別化よりもむしろ社会階層が重要な意味をもっており，たとえ女性であっても富裕層出身の女性はイリの中できわめて大きな影響力をもてることから，その階層区分とそれぞれの階層に対する社会的評価について検討することで，ボントック族の女性の社会的地位について検討した。富裕層としての社会的地位や名声を確認するためのもっとも重要な儀礼は大量の富の放出を伴う婚姻儀礼と葬送儀礼であるが，それに伴われる共食にはたくさんの招待者が参加する。実際，そこで大量に消費される飯や肉の準備などといったものは家庭を経営する女性の手に大きく委ねられており，ここに女性の意見が大きく反映されている。先にも述べたように，富裕層としての地位や名声はこうした儀礼の実修を通して再確認されなければならないが，現実にはたとえ経済的余裕がなくても富裕層としての儀礼を執り行うことが社会的に要求される。一方，経済的な豊かさがあってもその人物が指導力をもち，人格的にも優れていなければイリ全体の決定事項について大きな影響力を及ぼすことはできない。すなわち富裕層出身者がイリのリーダーとして人々に要求されるのは富だけではなく，豊富な経験と豊かな

知識であるということがわかる。その意味では，階層差が存在しつつも，その関係が固定されたものでないといえる。ボントック族の場合，そうした階層分化が政治的な支配者と被支配者といった関係を生み出すまでには至っておらず，イリの運営に関しては原則として合議制が貫かれ，イリ全体の平等性が維持されているといえよう。

　第3章の「空間と霊的世界」では男性：女性という生物学的事実にどのような象徴性が与えられているかを明らかにした。個々の社会がもつ世界観は文化的秩序を構成するが，それは恣意的な分類と規則からなっている。このような文化的秩序は常に無秩序との補完的対立の上に成立するものであって，こうした関係があらゆる事象を二項対立的分類に導き，またそのどちらにも属さない両義的存在を生み出す。〈男性：女性〉という分類は，多くの民族社会において象徴的にさまざまな対立と結びつけられるが，なかでも女性のもつ制御できない危険な力が男性に対しさまざまな影響力を及ぼすととらえられていることが多い。そこで，女性が公的な権力から排除されることになるが，一方で，その潜在的な力が，自然と文化を媒介する両義的な存在として，あるいは霊的世界と生者の世界とを繋ぐ霊的職能者として発現する場合も多い。しかし，このような性差の象徴性は単独に成立するものではなく，他の文化的象徴と相互に関係づけられて論じられるべきであり，また全体としての文化体系の中に位置づける必要があるのはいうまでもないだろう。そこで第一に，彼らがもっとも強い帰属意識をもっている生活空間としてのイリの性格を明らかにするとともに，その内部にいったいどのように彼らの世界観が反映され，象徴的秩序が形成されているのか，またその中で女性原理がどのように位置づけられているのかについて考察した。ボントック族にとって，彼らの社会生活は政治的，経済的，宗教的にイリと密接に関わって営まれており，家屋は単なる彼らの生活に必要な空間の一部分を占めるに過ぎず，実際は，イリ内のさまざまな空間が集まって「生活空間」全体が構成されている。イリ全体はアト制度によっていくつかのグループに分けられてはいるが，それらはばらばらに存在するのではなく，ひとつの地域集団としてのまとまりをもった村落共同体を形成しており，それらがさまざまな場面において象徴的に分離されたり，統合されたりしている。その際，すべての

現象に関係づけられるのは死霊アニトであって，また，社会の秩序を乱すもののほとんどがこのアニトによって説明されることから，象徴的な〈公的：私的〉〈男性：女性〉〈優：劣〉といったような明確な対立は表れにくく，イリ全体としての統一が保たれるということがここで明らかになった。つまり，この死霊アニトがボントック社会を理解する上で重要な意味をもつことがわかる。そこで第二に，この死霊アニトを含むボントック社会の霊的存在の全体像および霊的職能者について論述し，これらを中心とした認識と行動の体系について考察した。ボントック社会にはさまざまな霊的存在が徘徊しており，人々は病気を初めとするあらゆる災難の原因を，この霊的存在の障りに求めてきた。そのため彼らの最大の関心はこれらといかにうまく共生していくかであり，そこで日常生活の儀礼のほとんどはこれらの怒りを鎮めるか，儀礼に招待して歓待することで自分たちを保護してもらうことに向けられている。すると，これらの不幸の原因を取り除いたり，自分たちを守ってもらったりするためにアニトと交流することが不可欠となるが，それが可能なのは霊的職能者である。実は，この霊的職能者にも性別役割がみられ，とくにイリ全体に関する儀礼を指導するのは男性であり，女性が関わるのは治病儀礼のような個人的なレベルのものの他，出産，豊穣といった女性の「豊穣性」が強調されたものであるということがここで明らかになった。第三に，こうしたボントック族の世界観を理解する上で，ボントック族に広く語られる全知全能の神ルマウィの神的性格と，そのボントック族における社会的位置づけおよび，宗教生活との関わりについて考察した。儀礼で詠唱される祭文の中にこのルマウィの物語がしばしば登場するが，そこでルマウィは人々が生きていく上での規範や人々の存在の意味を与える文化英雄神として語られている。そして，それが儀礼のなかで繰り返し唱えられることによって，今でも人々の前にルマウィが生きているということが確認される。いわば，文化英雄神は人間の文化の「力」のイメージであって，神話のなかではその文化の力によって自然が治められる。文化は人間の人間たる所以であり，それらの文化がどのようにもたらされたかを神話で語ることで，自分たちの存在基盤を明らかにすることができるのである。そういった意味で，ルマウィは，依然として彼らの社会生活において，きわめて重要な役割を果たしてい

るということがわかる。第四に，これまで分析してきたボントック族の信仰の対象に対する儀礼について，とりわけ，彼らにとってもっとも大規模で重要な儀礼のひとつである婚姻儀礼と葬送儀礼についてその特徴を論述した。婚姻儀礼も葬送儀礼も個人にとっては単なる通過儀礼に過ぎないが，ボントック社会では，それがイリ全体との関わりのなかで行われる。しかも，これらの儀礼は，それを実修する人々の社会的地位を高め，再確認する機能をも果たしている。そこで富裕者たちは，これらの儀礼を実修することで自分たちの社会的地位を確かなものとするが，その一方で，そうしたことに無関係な貧しい人々もそれに参加してごちそうを楽しむだけでなく，彼らに労働を提供し，報酬を得ることができることがわかる。これらの儀礼で重要な部分を占めるのは動物供犠と共食であるが，これらは象徴的な意味においては，アニトを歓待し慰撫するために行われる。しかし，社会的には富裕者たちによって富が大量に放出されることによって経済的不均衡が是正されるだけでなく，儀礼の参加者たちに一体感を抱かせ，社会の統合性を高める上できわめて重要な機能を果たしているということがここで明らかになった。

　第4章の「性」においては，これまであまり語られることのなかった，日常的レベルでの「女性の生活」についてジェンダーを中心に記述した。女性の経済活動への参加がその社会的地位を考察するうえで重要な要素となることは，すでにさまざまな研究者によって指摘されているが［Boserup 1970, Sanday 1974, Friedl 1975］，とりわけボントック社会は，経済的側面における女性の役割が卓越しており，それとともに，女性を中心とする労働グループが社会生活のさまざまな活動における基本的な単位となっている。つまり，この女性を中心とするグループが，世帯を単位として帰属するアト集団とともにボントック社会のさまざまな社会関係を規定している。そこで第一に，社会の維持に不可欠な生産活動において，その日常的な作業の多くが女性中心に行われている事実に注目し，農業に深く関わることで女性が，社会全体のなかでいかに重要な地位と役割を与えられているかを考察した。ボントック社会では経済活動の主たる担い手は女性であり，その労働の配分や指揮もまた女性の役割であって，男性はそれを助ける，いわば二次的なものでしかない。多くの社会で主として女性が農業の担い手であることは，女性の生殖

能力＝豊穣性と結びつけて説明することもできようが，ボントック族におけるさまざまな豊穣は，常に霊的存在であるアニトや全知全能の神ルマウィと結びつけて考えられており，また，こうした霊的存在と直接関わるのも女性とは限らない。一方男性は，こうした経済活動に参加することよりも，ボントック社会では，首狩に参加するもの＝勇者であることが望まれるため，結局，女性が主として生産活動と関わることになる。もちろん首狩は日常的なものではないが，実は，男性の戦闘も女性の生産活動と同じようにイリの存続のためには不可欠である。すなわち，男性は「女性・子供を守る者」として，女性は「家庭を経営する者」としての別々の役割を担うことで社会が維持されている。しかしながら男性たちは，近年，首狩慣行が禁止されイリ間に平和的な関係が樹立されたことにより，これまでの戦士としての役割を失いつつある。そのため男性たちが，本来女性の仕事と考えられている農作業にもだんだんと組み込まれるようになってきており，これまでの「伝統的」な男女の性的分業も変容し始めている。第二に，こうした生産活動における女性の役割を維持・発展させるための重要な戦略である労働グループについて考察する。労働グループは一時的に大量の労働を必要とする水稲耕作民にとって必要不可欠なものである。ボントック社会では，この労働グループによって，農作業のむだを極力はぶき生産性を向上させるだけでなく，富裕者にとっては不足する労働力を補ううえで，貧しい人々にとっては労働を提供し，自分たちに必要な食糧を確保するうえで重要な役割を果たしている。実は，それらを組織する基礎となるのは女性を中心とする娘宿での友情関係であり，これに対し，男性を中心とする政治的，祭祀的集団としてのアトが労働グループのようなイリ全体に関わる社会集団を組織することはない。そのうえ，この労働グループが，農業以外のさまざまな分野でも活躍している。このように，女性を中心とするグループがボントック社会のさまざまな社会関係を規定しており，アト集団とともに社会を運営する上で重要な役割を担っているということがわかる。これらの考察から，ボントック族における女性の経済的側面での重要性が明らかになったが，こうした女性の重要性が強調されるにもかかわらず，やはり女性が社会的に劣位に置かれる社会は多い。その要因のひとつとして不浄性の問題がある。したがって第三に，月経

や出産に関わる女性の不浄性を手掛かりとして，さまざまな社会との比較を試みながら，ボントック族の女性がはたして社会的に劣位に置かれているかどうかを考察した。ここで明らかになったことは，ボントック社会では表面上，政治的，儀礼的運営のほとんどを男性が担い，いわゆる公＝男性，私＝女性といった二項対立がさまざまな場面で出現するが，そうした社会関係の説明原理として浄・不浄の観念が用いられていないということである。女性の不浄観が存在しない大きな理由のひとつとして，ここでは日常の出来事のほとんどがアニトと関係づけられているため，不幸の説明原理としての女性の穢れというものが存在しにくいということがあげられる。ボントック族の場合，特定の場面で女性が排除されることがあっても，女性が不浄だからといった理由でそれを説明することはない。それではなぜ，女性が特定の場面で排除されるのかを考察するため，第四に，ボントック族における性的役割を女性と男性との諸関係から整理し，性差というものがどのように創られていくのかということを分析した。そこで，ボントック社会では，お互いの性を認識することによって，それぞれに応じた役割を制度化することはあっても，それが女性を支配したり，男女間の順位づけのために用いられたりすることはない。男性と女性が対立したり競合したりするのではなく，むしろ一定の距離をとることによって，お互いの性にその価値を認め，互いに補い合うものなのだということがわかる。

　結論として，ジェンダーというものが文化的に規定されるものであるなら，男性が文化で女性が自然といったような二元論的な分析モデルによって女性の普遍的劣性を論ずることよりも，それぞれの文化に固有のジェンダーを分析すべきであることが，ボントック社会の例からも明らかになった。ボントック社会の場合，ジェンダー・バランスは場合によって異なる現われかたをする。たとえば政治的に女性は助言を与えるものでしかないが，財産の相続に関しては平等である。女性というカテゴリー自体も一様ではなく，年齢や社会階層によって社会での発言力の大きさも異なってくる。極端にいえば，富裕層の古老女性は貧しい層の若い男性よりも社会的影響力は大きい。ボントック族では，社会の表面的な部分については主として男性が関わるが，実際のさまざまな意志決定においては女性が大きく関わっており，男性だけが

社会を実際に動かしているのではなく，女性の意志もまた，その重要な部分に大きく反映されているということがわかる。また，ボントック社会は，制度や規範といった面できわめて柔軟な部分が多く，現実の問題に即してさまざまな対応がなされており，また，性的役割といっても男性の仕事，女性の仕事といったものが明確に区分されているとはいいがたい。そういったことから，女性は主体的，戦略的に女性の役割を利用し，状況に応じて新たな役割を創り出していくことができるのである。

　最後に，本書を終えるにあたってとくに述べておきたいことは「民族誌を書くこと」の意味についてである。クリフォードは「民族誌はなにからも自由でなく，不完全であり，民族誌の真実は本質的に部分的な真実である」と主張する。フィールドワークにおける参与観察の方法は，主観性と客観性のなかで微妙なバランスを演じ，民族誌家の個人的経験，とくに参加と感情移入は調査の中心部分であると認識されながらも，著者の主観性はテクストが示す客観的な対象と分離して扱われ，経験された客観性というレトリックを生み出す［クリフォード 1996（1986）］。民族誌を書くことにはさまざまな制約が伴われるが，とりわけ文化を表現するときのジェンダーについて，政治的，歴史的コンテクストにおいては，「文化的」真実を書いたと思われてきた非常に多くの作品が，フェミニズムの圧力という環境のもとに，いまや男性だけの経験的領域を反映しているかのようにみえてきている。私たち自身が記述する「完全な」様相もそれ自体，部分的であることは避けられない。多くの女性民族学者が人類学の理論に多くの貢献をしてきたことを認めながらも，フェミニズムの民族誌はいまだに女性に関する記録の誤謬の矯正か，あるいは自然／文化といった人類学の分類概念の見直しに焦点を当てるのみである，とクリフォードは指摘する。筆者の民族誌もこういった側面に焦点を当てているといった点では，何ら革新的ではないだろう。しかし，文化に対する見解を完全に満たす全体像というものはありえないのであって，たとえ民族誌における女性の経験の記述が欠落していることを認識し，訂正したとしても，ジェンダー化された主体としての男性の経験自体もほとんど研究されていないという事実が浮き彫りになってくる［前掲書：30-38］。それがクリフォー

ドのいう部分的真実に過ぎないのであれば，本書はこれまでのジェンダー研究において男性の経験が欠落していた事実を認識し，それを訂正するための試みでもある。

　本書では民族誌という形で社会や政治，宗教，経済といったさまざまな局面を克明に記述し，ジェンダーを考察した。ボントック族の社会を理解するために，社会のさまざまな側面を分析と考察の対象としたことは，「伝統的な」民族誌の手法をとっている。民族誌のあり方そのものが問われるなかで［クリフォード＆マーカス編 1996（1986）］，このような手法をとるのは，ジェンダーというものが文化的に規定されるものであるならば，社会の中でどのように性が認識されているのか，あるいは性に基づいてどのように性的分業がなされているのかを理解するために，社会生活のさまざまな側面においてこれを詳細に検討する必要があるからである。人類学の危機という名のもとに，新しい民族誌のあり方が模索されているとしても，人類学における親族研究や社会組織に関する研究そのものの重要性が否定されているわけではない［Holy 1996：5，上杉 1999：400］。ギアツのいうように，異文化の現地の人々の主観的視点を知ろうとすることが「異文化理解」であり，その方法を，調査者が現地の人々の自文化に対する解釈を再解釈して現地の人々の文化といえるものを再構築することと理解するなら［Geertz 1973：9］，主観性と客観性の問題について，ジェンダー研究においては調査者自身の主観的視点も重要であるといえる。関本は，すべての民族誌はフィールドにおける自己の経験を出発点にしており，すぐれた民族誌は，いずれも自己の経験の中で，対象のきわだった性格を直感的に把握し，自己の経験から対象が分離し形を帯びてくる過程を下絵にして叙述を展開しているという［関本 1988：278］。フィールドワークにおいて調査者が客観的に相手を観察するだけでなく，ある活動に「参与」した自分自身の内面をも対象化して観察するのであれば［住原 1996：17］，調査をする者の経験を規制する性別も重要になってくるだろう。調査者の年齢，性別はその社会の中での調査者の位置を決める大きな要因となり，女性の研究者はその社会の女性がおかれている位置で生活し，経験し，観察することになる。そのため，これまでの男性研究者とは別の視角からみた当該社会からの情報を提示することが可能である［窪田・

八木 1999：ⅱ-ⅲ]。そういった意味では，ジェンダー研究における主観性と客観性の厳密な分離は必ずしも有効な方法とはいえないだろうし，客観的視点が「社会的に規定された一つの視点にすぎない」なら，フィールド調査において客観的視点など存在しないことになる［太田 1998：119]。

　これまでのフィリピン社会に関する多くの研究のなかで，女性の手によるボントック族の詳細な調査はほとんどなく，依然として女性というものが多く語られているとはいいがたい。最近になって，チェルネフがボントック族の女性の経済活動における活躍に注目し，ジェンダーの分析を行ってはいるが，その記述の多くが経済活動に関するものであるため，社会の全体像がみえてこない［Cherneff 1981]。ジェンダーは女性と男性との関係であり，女性だけをとりだして分析するのではなく，男性との多様な関係のなかでとらえることで，初めてその社会のジェンダーのあり方というものが明らかになるということはすでに述べた。こうした視点にたつ筆者の分析の方法は，ボントック族のジェンダーを理解する上で重要な意味をもっている。ミシェル・ロサルドのジェンダー研究が，現代社会における平等主義的な社会を実現する上でひとつのイメージを与えてくれるように［Rosaldo, M. 1974, 1980]，きわめて平等的なフィリピン社会におけるジェンダーに関する諸相の解釈は，今後のジェンダー研究に新たな展望をもたらすことができるだろう。

　一方，ジェンダー研究が，グローバリゼーションが進むなか新たな民族誌の可能性を示唆するものであるという点にも注目したい。あたかもボントック社会は，レヴィ=ストロースのいう「冷たい社会」のように，伝統という枠組みの中で「自ら創り出した制度によって，歴史的要因が社会の安定と連続性に及ぼす影響をほとんど消去しよう」としているかのようである。しかし，「あらゆる社会が歴史の中にあり，発展してゆくもの」である以上［レヴィ=ストロース 1976（1962）：280-281]，ボントック社会もまた近代化のなかで大きな変化を経験している。実は，そうした変化によってきわめて大きな影響が与えられているのは男女の関係であり，たとえば，戦後の首狩慣行の激減によって男性が戦士としてイリや家族を守り，女性が主として農業に従事する，といった従来の男女の役割分担はもはや意味をなさなくなってき

ており，最近では男性もさまざまな場面で農作業に参加するようになってきている。その反面，マイニットの女性たちの戦いに代表されるように，女性がイリや家族の生活を守るため，自分たちの権利を無視した一方的な開発計画に自ら立ち上がって戦うなどといった場面も出てきている。また，これまでアトやオログがそれぞれの性に別々の教育の場を提供してきたが，近代的な学校教育制度の普及は，主に女性が占める教員へその機能の一部を分担させることになり，男性が女性からさまざまな教育を受ける割合が大きな比重を占めるようになってきている。こうしてジェンダー関係も近代化のなかで修正されていく。しかし女性が社会の変化にきわめて柔軟に対応する一方で，女性の役割はまた「伝統」を維持する方向へも働く。先のマイニットの女性たちの戦いを例にとれば，女性たちが「伝統的」な生業形態である水田稲作農耕を守るために抵抗したのに対し，むしろ男性はその開発計画によってもたらされる雇用を期待し，鉱山会社の操業に賛成している。これについてチェルネフは，「伝統」という枠組みのなかで，イリの経済活動の主たる担い手として高い地位を占める女性をイリの主導的役割を担う古老男性が支えたのに対し，もはや首狩の勇者としての地位を獲得できなくなった男性たちが，その威信を回復するための手段として，それを受け入れようとしたのだと説明する［Cherneff 1981：158-166］。歴史の中で当該社会がいかに発展し，どのような持続的意図［レヴィ＝ストロース 1976（1962）：281］に導かれているかを知るためには，伝統の維持と変化にきわめて柔軟に対応する女性のあり方が大きなヒントを与えてくれる。そういった意味で，ジェンダーの視点は何ら「冷たい社会」を描くためのものではなく，社会の変化に女性の意図がいかに反映され，いかに社会が導かれるかといった観点から，グローバリゼーションが進むなか，新たな民族誌の可能性を示唆するものであろう。

　ボントック族もまた他の少数民族たち同様，一方的な開発計画による権利の侵害や先祖伝来の土地をめぐる紛争など，さまざまな問題を抱えている。とりわけ生産活動に大きく関わる女性にとって，土地に対する権利や自然環境は重大な関心事であり，そうした問題に対し，女性たちがいかに結集して立ち向かっていくかが，今後のボントック族のあり方に大きな影響を与えるであろうし，その姿を追っていくことが今後の私の課題でもある。

ボントック語彙集

A

ab-abo：口琴。
abka：掘り起こす。
abgi：儀礼上，遵守すべきこと。
abilao：竹製のハーモニカ。
abong：家。
aka-ag：小さな穴のある箕で，搗いた米の籾殻を取り除くのに使う。
akew：太陽。
ak-go：胆嚢。
aki：兄弟姉妹（腹違いを含む）（複数形 ag-i）。
akom：潰瘍や炎症に用いる薬草。
akon：先祖伝来の財のうち，骨董品や貴重品。
akop：フクロウ。吉凶を告げる。
adalem：深い。
adang：儀礼で渡される贈り物，solpon ともいう。
adog：死者を展示すること。
ag-agkoban：薬草のひとつ。
agal：死者が子供の場合に歌われる挽歌。
agaman：倉。
agka-win：腰に括り付けて使う籠。貝類やカモテの葉を入れる。
agogowan：サダンガ郡のベルワンの男子集会所，アトともいう。
a-ib：堅い木から作られる戦闘用の楯。kaniyab, kalasay ともいう。
alak：灌漑（用水）。
alad：家屋の横壁。
alada：土をならしたり，耕したりする農具の一般的な名称。
alawig：チョノで，外からの招待者をイリに迎え入れる儀礼。
aliwad：褌の形をした女性用下着。
allan：倉。
allot：プチョンとよばれる侵入禁止の合図を無視し，畑の果物などを盗んだ時にかけられる呪い。
al-o：杵。
alongan：ヤニマツから作られる棺。
aloyas：近隣の同世代で日頃から親しい友達。
ama：父（複数形 am-a）。

ama-en：叔父，継父。alitao ともいう。
am-among：田植え後のアプアポイ儀礼の後に，親族たちで集まって行う共食のこと。
ambet：個人名が与えられる前の女の子の総称。
ambot：個人名が与えられる前の男の子の総称。
among：集まる。
anaken：甥，姪，養子，養女。
anako：葬送儀礼で女性のみが歌う挽歌。
ana-ey：結婚した友人の死者に対して歌われる挽歌。
an-anito：儀礼 kentad の2回目。
an-ango：田植え後のアプアポイ儀礼に続いて行われる儀礼。
anap：探す。
ani：①収穫，②6～7月頃。
anito：祖霊，精霊などの霊的存在。
anodi：弟，妹（複数形 anonodi）。
ang-an：伝統的家屋の寝所。
anganngao：2つのイリ間の儀礼的戦闘ゲーム。この時期に準備される焼畑でカモテが大きく育つよう祈るもので，お互いに石を投げ合って戦う。
angi：背負籠。
angleb：棚。
ap-a-apapo：父祖。
ap-apoy：田植え終了後の儀礼。
apid：婚姻儀礼ロピスの2回目の食事。
apil：双生児。
apo：自己より2世代以上離れた親族（複数形 ap-o）。
apongey：赤い高価なビーズ。
apoy：①火，②収穫後の忌休日に行われる儀礼で，倉の中で鶏か豚を供犠し，稲の霊に供え物を捧げる。
ap-pong：メノウのビーズの髪飾り。
asawa：配偶者。
asbaked：案山子。
asi：～の時期。
atag：寝台。
ato：①男子集会所，②男子集会所に隣接する舎屋，③個々の男子集会所に帰属する人々のグループ。
atog：作った死体を運搬する道具。
awak：体。
away：自然死した人の霊。
awelaw：口琴。
ayag：誰かに呼びかける。
ay-yeka：男性が娘宿などで女性に捧げるセレナーデ。
ay-yeng：①サンフォ，チャウェス，トモ，チョノなどの供犠祭宴で，アトやアトの成員

の家で男性によって歌われる掛け合いの歌，②さまざまな労働の合間に歌われる歌。

B
ba-al：黒い褌。
ba-an：葬送儀礼において貧困層，および結婚していない，あるいは結婚していても孫を
　　　もたないすべての階層の人々によって身に付けられる布。
bab-a：歯。
babae：女性。
babaley：①居住地の中あるいは近くに位置する田，②自分の出身の村落共同体。
baballo：若い男性。
bakal：首狩，血讐。
bakang：首。
bak-bakas：喪があける男性に課せられる忌休日。
baked：フェンスを作る。
baket：老女。
bakking：籠。
baknang：出稼ぎや商業活動によって富を蓄えた貧困層出身の富裕者に対する蔑称。
bakwa：野豚の牙と殺した敵の髪の毛やカラバオ，馬の毛で飾りをつけた帽子。
bakyong：柄杓。
badyok：肉などを切る大型ナイフで，両刃で先が尖っている。
baew：富裕層が居住する家屋。
bagbago：婚姻儀礼の過程で行われる新郎の儀礼的遠征。
balaka：丸くて平らな籐の帽子。未婚男性が頭の後方か，てっぺんにかぶる。異なる色
　　　の籐で単純な模様が編み込んであり，ボタンのついた小さな輪が両サイドについてい
　　　て，しばしば野豚の歯やビーズで装飾が施される。
balatong：黒豆。
balkada：友情で結ばれた青年期のグループ。
bal-en：①災害や疫病の流行などの危機的状況に課せられる忌休日，②bal-en でイリが
　　　儀礼的に閉鎖されていることを示すため，イリの入り口に立てられる肉を刺した棒。
baley：①富裕層が居住する家屋，②胎盤。
balgeb：槍。戦闘や，野豚，鹿，カラバオなどを狩るだけでなく，誰かが病気になった際
　　　にも用いられる。これを病人が寝ている部屋の入り口に立てかけておくと，病気の原
　　　因とされるアニトが恐がって近づかなくなるという。
balig：伝統的家屋の倉部分の床。
baliling：乾季にカモテを栽培するために，水田を排水し盛土をして畑にすること。
baling-to-og：豚小屋。
ballad：バナナ。
ballita：大きな金梃子。土を掘り起こしたり，大きな石を転がしたりするのに使う。
balokay：首狩の祭宴において個人または集団で，首を狩った者の家やアトで歌う歌。
baloknit：戦うこと。
banabag：人々に病気をもたらす危険なアニト。
bandala：白いブランケットで，男女双方に用いられる。貧困層，および結婚していない，

あるいは結婚していても孫のいないすべての階層の死者を埋葬する時，遺体を包むのにも用いられる。
baneng：水田の畔。
banew：柄杓。
banitan：籠。
banga：ジャーの総称。
bangkao：槍。
bangkito：低い椅子。
bansal：チョノの際に，供犠されたカラバオの首を吊るして展示する高台。地上 2 m 前後に 4 本の柱で支えられている。
ba-on：田畑に持って行く弁当。
basi：サトウキビ酒。
batebat：出産儀礼を行っている最中であるということを示すもので，部外者の進入を禁止する。
batek：刺青の総称。胸に入れる刺青は daklag，腕は tinaklay，顎は pinangal，鼻と両頬は tiniktik というふうに，刺青が施される箇所によって名称が異なる。
batok：〜の側に。
bawang：大型の動物を捕獲するための罠。
bayaboy：イリが儀礼的に閉鎖されていることを示すもの。
baya-ong：富裕層以外の，主として中間層の女性が身に付ける巻スカート。葬送儀礼において，すでに孫のある中間層の死者を包む大きな布や，女性用のスカートとしても使われる。
bayas：①サトウキビ酒，②カラバオ供犠の儀礼。
bayo：富裕層が居住する伝統的家屋。
bedbed：ウエストに巻く赤いビーズ。
begnas：アトを単位とし，収穫後に行われる供犠祭宴。
belew：害虫から稲を守る。
ben-ag：カラバオ供犠の儀礼に用いられるサトウキビ酒。
beneng：薪や肉を切るボロ（フィリピンで用いられる片刃の大型ナイフ）。kanpila ともいう。
benge：秤の単位，稲 1 束（脱穀した状態で約 0.45 kg）。
bial：儀礼的舞踏。
biaong：紺のブランケットで，最も安価のため貧しい層の男女に用いられる。
bikbikat：午前の中間。
bidel：婚姻儀礼チョノの最初 3 日間の忌休日。
bilig：山。
bilod：家屋の後ろ壁。
binaliktad：富裕層によって，特別な機会や祭宴のときにのみ身に付けられる高価な褌。
binallawan：中間層の家屋。
binalyan：子供のいる男性。
binayo：搗いた米。

binoka：一期作目に作られる米の品種。
binosol：敵に殺されること。
boboki：既婚女性の労働グループ。
bokal：野豚。
bokas：イロコス産の貝殻の白く長いビーズで，超自然的な力をもつとされる。女性用。
boknang：労働する日。仕事をしない忌休日 te-el と対比される。
bokong：居住地からもっとも遠い場所に位置する水田。
bodong：平和同盟。
boles：巫医が病状を把握する際に用いる木の葉。
bollayaw：葬送儀礼で自然死の老人にむけて歌われる挽歌。
bolo：斧。
bonabag：サダンガを徘徊する危険で人々に病気をもたらす霊的存在。
bo-ok：髪。
bo-oy：ジャー。
bosol：敵。
botato：①悪いアニト，②アニトの世界から追放されたアニト。
bowan：月。
bowas：竹の水筒。
bowisit：婚姻儀礼チョノで，肉が不足すること。

K

kaba：秤の単位，缶1杯分。稲50束に相当する。
kababaian：姉妹，従姉妹。
kababalo：未婚の男女のみによる非公式の労働グループ。
kab-alob：婚姻儀礼ロピスの最中に新夫婦の幸福を願って行われるもの。バナナの葉で覆いをしたジャーを部屋の隅に置き，手で覆いの葉に穴を開け，吉凶を占う。
kaban-egan：もっとも小さい。
kabokab：出産後の儀礼およびその祭文。
Kabonian：全知全能の神。
kakayam：いくつかのイリにまたがって形成される労働グループ。
kakwan：木製の柄杓。豚の餌にする籾殻や茹でたカモテの蔓などをすくうのに用いる。
kadangyan：富裕層。
kading：男性が腰に巻きつける銅の鎖。
kadobong：①貧困層の伝統的家屋，②単身者のための小屋。
kaew：樹木。
kagka-at：農耕に関わる忌休日のうち，収穫期の合間に行われるもの。
kagoibatan：出産儀礼を行う際，臍の緒を入れる籠。
kaising：子供どうしが結婚している双方の両親の関係。aliwid ともいう。
kalading：家を建てる際の儀礼のひとつ。
kalalakian：兄弟，従兄弟。
kalaleng：鼻笛。

kalang：婚姻に関わる儀礼の3つ段階のなかで，最初のもの。

kalap：うすい黄緑色の小さな豆。

kalasag：楯。

kaldis：インゲン。

kalgo：葬送儀礼の際に，貧困層，および結婚していない，あるいは結婚していても孫をもたないすべての階層の死者が身に付ける巻スカート。死者を包む布や，未亡人が服喪期間にはく巻スカートにも用いられる。

kalob：①覆う，②台風を追い払う忌休日。

kalobas：スカッシュ。

kalodakid：出産の際に家の入り口に立て，象徴的に侵入の禁止を示すマーカー。

kalon：夫側の両親から息子の妻に対して儀礼的に贈られる水田。

kaman：首狩斧。

kamey：先の尖った木製の鋤で，曲がっている。

kanao：鶏か豚，カラバオが供犠される儀礼で，祭宴を伴う。家族の死や，婚姻，田植えや収穫といった農耕に関わるものなどの儀礼複合の過程で実修される。

kanpango：オブフォのその日の作業のリーダー。

kaolog：同じ娘宿の成員であることを示す用語。

kapedeng：平和同盟の保持者どうしの関係を示す用語。

kapew：盟神探湯をする。水の中にあるものを探す。

kaplis：継子。

kapya：儀礼で唱えられる祈りの総称。通常，古老男性や古老女性によって，アニトに捧げる鶏の脚と胸の部分の肉をのせた飯が盛られた皿を前に，状況に応じ即興的に唱えられる。

kasasanga：寂しい。

kasaod：義理の兄弟，姉妹（複数形：kakasaod）。

katad：カモテの葉。

kat-lakang：籐か竹の大きめの帽子。未婚男性が身に付けるが，ファラカよりは品質がよくない。

katok-angan：義理の両親（複数形：kakatok-angan）。

kawkaw：儀礼的水浴。これによって人々は悪い運勢を一緒に川へもっていき，そこで洗い流すことができる。

kayang：槍。戦闘や，野豚，鹿などを狩るだけでなく，ファルゲブと同じように誰かが病気になった際にも用いられる。

kaykay：先の尖った木製の跨鍬。土を掘るのに使われる。

kayong：第一従兄弟・従姉妹，第二従兄弟・従姉妹（複数形 kakayong）。

kay-yab：グァバ。頭痛に用いる薬草。

kay-yam：天然痘に用いる薬草。

kekebang：田植え終了後のアプアポイ儀礼での鶏供犠。

kedag：①カラバオを供犠すること，②婚姻儀礼チョノで，順番にカラバオを供犠していくこと。

kedaw：～をお願いする。

kedeng：指。
kedse：強さ，健康。さまざまな儀礼のなかで，家族や家畜の多産について，これが祈願される。
kelang：①回虫，②個人名が与えられる前の小さい男の子や女の子の総称，③新生児。
keleb：雷。
kel-id：婚姻儀礼ロピスやチョノで，イリ外の者を招待する日にだされる最後の食事のこと。
kentad：女の子が1～2歳になったとき行われる儀礼。紺のブランケットをはおった老女が家へやってきて，彼女のために祭文を詠唱し，鶏か豚を供犠する。
kessep：12月頃。
kiket：①餅米，②砂糖とピーナッツを加えた餅。
kiday：眉毛。
kilaw：鳥の形をした案山子。
kiled：鶏を供犠してアニトに捧げること。
kiling：11月から12月頃にこの地域に現れる渡り鳥。
kilingna：渡り鳥キリンが現れる時期。
kimat：秤，籠一杯（稲約150束）。
kimata：稲や肥料を運ぶ際に用いる籠で，長い棒の両端に結びつけられており，それを肩に担いで用いる。
kimot：尻。
kinabokab：出産のすぐ後に調理され，刻まれた豚肉の一部。これを陶器の中に入れて母親の前に置き，古老女性がカホカブを唱えたあとで，母親がこれを食べる。
kinaet：古老女性によって用いられる古く，重いブランケット。
kinaldao：貴重な財とされる中国製の壺のなかで，一番古く，もっとも高価なもの。赤茶色で竜の模様がある。
kinapia：婚姻儀礼ロピスの3回目の食事。
kintad：子供が3～4ヵ月になったとき催される儀礼。豚を供犠し，近隣の人々や親族を招待する。
kiotan：個人名が与えられる前の赤ん坊の総称。
kipan：ナイフ。
kitang：ウエスト。
kitong：おでこ。
kiyad：柄杓。
kiyag：籐製の皿。
koabaw：赤いブランケット。男女双方に用いられる。同様のピナグパカンよりも安価。
kob-kob：家屋内の貯蔵庫。
komognod：婚姻儀礼のひとつで，アニト霊の意志を再確認し，新夫婦の婚姻結合を強化するために行うもの。
kopkopo：収穫後の忌休日。収穫が無事に終了したことを全知全能の神ルマウィに報告し，豊穣を感謝する。
kiyag：籐の皿。

koling：冠鷲。凶兆を告げる鳥とされる。
kollong：持ち手のついた籐の籠。精米した米を保存する。
kolyaplap：稲妻。
komatolen：同じアトの成員であるということを示す用語。
komawat：必要な物を一時的に借り受け，後に同じ物か同等の物を返す交換形態。
kom-o：黒いキノコ。
kondeman：普段，身に付ける赤い褌。
kosaw：黒く軽い木の実のビーズ。既婚女性にのみ身に付けられる。
kotlaw：籐か竹の飾りのない帽子。寝る時に用いられる。
kotten：籠。
koyug：籐ないしは竹製の魚を捕る罠。
koweng：耳。

D

dakem：風。
daklag：胸の刺青で，3人以上の首を狩ったか，それを殺すのを手伝った者のみが施す。
da-eng：首狩の祭宴で歌われる歌。
dagdagop：動物，とりわけカラバオの多産と無事な生育を願うための忌休日。
dagoay：男女が一緒に参加して歌う歌の一般的な名称。
dagon：① 乾季，② 4～5月頃。
dagop：蓄積する。
dalanan：伝統的な家屋の中央地面部分。
dal-ang：未婚の男女と既婚の男性による労働グループ。
dalatey：儀礼の際に用いられる2本の長い松の木で作られた臨時の竈。
dalikan：竈。
dalikanan simo-ot：台所。
dalipey：埋葬地。
dalomakmak：子供が2ヵ月になったとき催される儀礼。豚を供犠し，近隣の人々や親族を招待する。
dalos：掘り起こし。
danom：水。
dantey：① 田植え後に行われる収穫儀礼，そのなかの忌休日，② チョノを実修した夫婦が，その年の田植えと収穫の後に課せられる3日間の忌休日。
dangba：婚姻儀礼チョノで，家の前に竈やカラバオを展示するための台などを準備する段階。
dang-as：① アト成員によって構成される労働グループ，② アトを単位として行われる儀礼の供犠動物を，アトの成員が動物の持ち主に労働を提供し，その交換として手に入れる方法。
dao：伝統的家屋の，入り口右側にあるベンチの下部分。
dao-es：不治の病を改善するために個人名を変更する際の儀礼。
dap-an：伝統的な家屋の，入り口左側部分。

dapen：収穫儀礼。
dawat：取る，受け取る。
dawes：アトないしは各家庭で幸福が祈願される儀礼。通常，アイイェンと青銅のゴングを用いた儀礼的舞踏が伴われる。
dawi：遠い。
dawis：婚姻儀礼チョノのカラバオ供犠最終日。
daw-wassay：葬送儀礼で自然死の老人に向けて歌われる挽歌。
dayaket：もち米。
dey-yassa：男女のグループが楽しみとして，2人ずつ向かい合い順番に米を搗きながら歌う歌。
dila：舌。
dinakon：一期作目の米。
dinamey：1〜3月頃。
dinangta：高価な白い褌。男性用。
dinol-os：葬送儀礼の際に，貧困層，および結婚していない，あるいは結婚していても孫をもたないすべての階層の死者が身に付ける巻スカート。死者を包む布としても使われる。
dokkang：鳴子。
dokso：伝統的家屋の，入り口右側にあるベンチ。
dol-ok：雨季。
dolos：槍。戦闘や，野豚，鹿，カラバオなどを狩るのに用いる。
domno：婚姻儀礼チョノの全主催者。
dono：婚姻に関わる一連の儀礼のなかで，最終的な段階のもっとも規模の大きなもの。
do-ok：下痢。
dowa：2。
dowasi：終了。

E

ebeb：水源。
ebeg：①寝所，②娘宿，③娘宿仲間。
edek：背。
ed-edew：男の子が1〜2歳になったとき実施する儀礼。古老男性がその子を倉へ連れて行き，そこで調理をして共食する。
edew：小さい赤茶色の鳥で，吉凶を告げる。
elag：十分な。
eldad：バシを作るためのサトウキビを挽く前に課せられる，2日間の忌休日。
esa：1。
etad：兄弟姉妹（腹違いも含む）（複数形 et-ad）。
ewes：衣服の一般的な名称。

G

gabob：子供が誕生した直後，および臍の緒が落ちた際に開かれる2回の共食儀礼。
gabowanan：男子集会所の前庭にある火を焚く場所。
gagayam：他の村落共同体出身者に求婚すること。またはその行為。
galey：穢れた死に歌われる挽歌。
galoin：死者に子供や孫がいない場合に歌われる挽歌。
gansa：青銅製のゴング。
gayang：高価な刀。
ginawa-en：結婚をし，すでに孫のある富裕層の死者を包む大きな布。女性用の巻スカートとしても使われる。
giyag：竹で編んだ飯を乗せる皿。
gon-ngo：豚小屋。便所。

I

i：場所を表す単語の接頭辞で，その場所の人，出身者を意味する。
ikit：祖父母（複数形 i-ikit）。
idang：離婚する。
idew：吉凶を告げる鳥。
idmang：幼児婚約。
ileng：鼻。
ili：自然村，村落共同体。
in：①動詞を作る接頭辞，②その動詞に関係のある人物を示す名詞を作る接頭辞。
ina：母。
in-a-anap：巫医による治病儀礼。
in-aka：泣く。
in-adog：展示葬を行う。
ina-en：叔母，継母。
in-ammo-at：儀礼に関わるさまざまな労働を手伝うため，特別に組織される労働グループ。
inana：田植えの後に実修される大規模な儀礼。
inan-kelang：男の子の母親。
in-anito：アニトが原因とされる病気，事故。
inan-nga-an：女の子の母親。
in-apo：義理の娘，息子。
inasin：塩漬け肉。
in-awit：運ぶ。
in-bakab：切る。
in-bayo：米を搗く。
inkalawa：貧困層。
inka-ob：新たに水田を造成する。
in-kedaw：お願いする。

indawat：助産婦。
in-edong：火災があった場所で行われる儀礼的籠もり。
in-elag：田植えする。
ini-ina：老女。
in-inina：既婚女性のみの労働グループ。
iniloko：二期作目の米。
in-leban：埋葬する。
in-mang-manok：婚姻儀礼チョノで最初の忌休日の2日目に第一チョノリーダーの家で供犠される豚肉の分け前。チョノの主催者全員に分与される。
in-natep：草葺きの屋根。
in-oto：米を炊く。
in-owas：洗う。
in-pagpag：ソルウェイで男女が交互に米を搗くこと。
in-sakit：痛み。
in-sosop-ok：巫医。
inti：砂糖。サトウキビの絞り汁を10分の1位まで煮詰めて冷やすと砂糖の塊になる。
intogtogan：長老会議。
ipos-ong：儀礼的米搗きの踊り。
is-yus：柄杓，熱いスープや料理をすくうのに使う。
itab：豆の品種。
itney：収穫された稲のひとつの単位で，稲5束。脱穀した状態で約1ガンタ，2.3kgに相当する。
iyag：①山中で，鳥の鳴く声で吉兆を占う儀礼，②高いピッチの叫び声。

L

lab-ba：農具を入れて持ち運ぶのに使う四角，ないしは丸い籐製の籠。
lab-bo：労働に対する賃金。
labi：夜中。
lakat：ガビ（タロイモ）の茎と葉。
lakay：人望の厚い古老男性。
lak-on：磁器のビーズ。
lagteb：葬送儀礼において，すでに孫のある中間層および富裕層の人々によって身に付けられる布。
lalaki：男性。
lalay-ya：切り傷に用いる薬草。
lamolan：イリ全体の共有地。
langkat：①赤，②赤い布。
langkayas：土製の椀の大きいもの。
lapat：忌休日の禁忌を破ったときの反則金。
lapo：①～から始める。そこで始める，②苗の無事な成長を願う忌休日。
latawan：婚姻儀礼の際，主催者の家の入り口に立てられるもの。先の部分だけに枝と葉

を残した細長い松の木で，これにはアニトに捧げるために供犠した1羽の鶏が皆から見える位置に括り付けられている。
lawa：貧困層。
leb-kan：儀礼で用いられる長臼。
lebek：儀礼的米搗き。
lekaw：乱暴な言葉を発し，物に危害を加えること。
lekem：穂刈り用の鉄製の小さな鎌。
lem-od：埋葬後，それを手伝った人と死者の親族や古老たちで行われる共食。豚供犠を伴う。
lenas：婚姻儀礼ロピスの1日目の夜にふるまわれる食事。
leng-ag：死んですぐの死者の霊。
libon：田植え後のイナナ儀礼の忌休日の1日目。
libo-o：雲。
ligken：蔓で作った輪状の物で，ジャーを立てる。
lig-o：箕。
lima：手。
liman：金縛りを引き起こす霊的存在。
linbog：銅製のパイプ。
linom：死んだ後の人間の肉体そのもの。
lipas：8～11月頃。
liplip：首狩の犠牲者の魂。
liwid：友人。
loden：スカッシュのような実。十分に熟したら1ヵ所口を開けて中身を取り出し，容器として塩付け肉の保存に使う。
Lomawig：全知全能の神。
lomayaw：走る。
lomeng：豚の肥料。
lono：葦。
lopis：婚姻に関わる儀礼の3つの段階のなかで，二番目に行われるもの。
loskod：①発芽させる，②カモテの成長を願う忌休日。
losong：臼。
lota：大地。
lotod：カモテの芽。
lot-ot：草。
lowa：女性の頭上運搬用の四角，ないしは丸い籐製の籠。稲，雑穀，トウモロコシ，カモテの葉，農具などを入れて持ち運ぶのに使う。
lowad：チョノの第二の段階ともいえるべき小規模な婚姻儀礼。

M

makan：飯。
makatay：婚姻関係外の妊娠。

makibalasig：娘宿への訪問。
magan：食べる。
magmagkit：若い女性。
malaka：取る。
malayo：貴重な財とされる中国製の壺のひとつで，漆黒で，口のところに持ち手がある。
maliton：妊娠する。
mamakal：①首狩遠征，②かつて首狩の戦闘で勝利した際に催される祭宴で踊られた儀礼的舞踏。首狩の戦闘を模した男性2人による踊りが中心だが，田植え前や収穫前，収穫の合間の儀礼祭宴でも踊られる。
mamalokay：首狩の祭宴。
mamanngel：凶兆を告げる鳥の鳴くのを聞き，その意味を解釈できる古老。
mamine-ey：アトで行われるハエの占い。
manakdo：水を汲む。
manalan：歩く。
manikid：山を登る。
maniwag：古老男性たちのグループ。
mang-aew：薪を集める。
mangamang：アプアポイ儀礼後の忌休日のひとつ。
mangapya：祭文を詠唱する。
mang-asawa：結婚する。
mang-aswak：病気を引き起こすアニトに向けて行われる儀礼。
mang-edew：魚を捕まえる。
mang-mang：①鶏，ないし鶏と豚を供犠する通常の儀礼の総称，②家族成員が病気の時や，家族成員が死んだ時に実修される儀礼。とりわけ前者では，祖霊アニトがその共食に参加することが望まれる。
mang-manok：鶏と塩付け肉だけが用いられる小規模な儀礼。
mang-samaak：田植えをする。
mang-walik：田植えの後のイナナ儀礼で行われるマンマンで，それぞれの家族の代表として霊を呼ぶ場所へ行き，儀礼を行う者。
mapoteng：臍の緒が取れる。
masdem：夜。
masdokan：月経がなくなる。
masobolaka：十分。
masona：早く実る。
mata：目。
matey：死ぬ。
meng-meng：2つのイリ間の儀礼的戦闘ゲーム。この時期に準備される焼畑のカモテが大きく育つよう祈るもので，お互いに石を投げ合って戦う。
mesikayo：アトの帰属変更。
midlangna：生後6ヵ月までの新生児。
misyaw：午後（1～5時頃）。

mongo：緑色の小さな豆。
mo-pomoway：夜が明けて，あたりが明るくなり始める頃。
moting：赤，黒，白，青などの色の小さなビーズ。

N

nadkat：結婚式の招待客。
nalpal：鶏を叩いて殺すこと。
namaka：首を狩る。
namalbeg：首狩の戦闘の勝者。
namoteg：病気。
nana：田植えが完了する時期。
nan intotong-do：神。上空にいる人。
nan mangipawad-a：神。創造する人。
nasakit：気分が悪い。

NG

nga-an：①生後6ヵ月ぐらいまでの女の子の新生児，②回虫。
ngilin：厳密に凶兆が観察される忌休日のひとつ。

O

ob-bo：互酬的な労働グループ。
obo：仕事をひとつずつ片付ける。
ob-ob：儀礼の実修に必要な費用の分担金。
ob-obo：籐ないしは竹製の魚を捕る罠。ok-at ともいう。
okkayan：豊穣。
okok-ong-yan：おできや腫物に用いる薬草。
odan：雨。
oddemdem：未婚の男女が集まって楽しむ時に歌う愛の歌。
ogan：魚を捕る罠。
ogsa：鹿。
olakyo：チョノの際に，少年たちによって歌われる歌。チョノで，供犠されたカラバオの首を吊るファンサーーの上にあがって歌う。歌の内容は，この儀礼のためにどんなカラバオや豚，鶏がどのくらい供犠されたかを説明するもの。
olo：頭。
olog：娘宿。
olon-no：未婚の男女が集まって楽しむ時の愛の歌で，単独で歌われる。
oma：焼畑。
omabong：①結婚する，②家を形成する。
omabongan：居住区。
omali：来る。
omato：アトの正式な成員となること。

omes：水浴する。
omey：行く。
ominom：飲む。
ongot：ヤシの実の椀。
ootokan：午後4時頃。
opo：足。
oteng：葬送儀礼で供犠される動物の総称。
oto：調理する。
otot：ネズミ。

P

pa-ang：イリ全体に病気が蔓延し，死者が何人も出たようなとき課せられる忌休日。
pak-ang：①二期目の米，②二期作目に作られる米の品種。
padog：播種。
padpadangil：顎。
pagpag：儀礼的米搗き。杵で臼を搗くときの音からこの名前がある。2組の女性グループが参加する場合もあるし，若い男性のグループと女性のグループによって演じられる場合もある。
pala：シャベル。
palagpag：豚の胸肉。
palanga：①婚約成立の印として男性側から女性側に渡される斧などの贈り物，②婚姻儀礼の際，招待客が持ち寄るお祝い。
palato：磁器の皿。
palawit：新夫婦の幸福と繁栄を願う祭文。
palay：米，稲。
paligatan：儀礼で供犠された肉の一部をアニトに捧げるための籠で，家の中に設けられる。
paling-ay：新生児を病気にしようとやってくるアニトをおびえさせ追い払うために，母親が出産後1年間，頭に纏うぼろ切れ。
panal：儀礼的田植え。
panat-alan：婚姻儀礼ロピスの1回目の食事。
panat-alaw：婚姻儀礼ロピスの最初に，イリ内の古老たちを招待しての共食。
panegtegan：展示葬の準備が完了したときに行われる豚供犠。
pan-logan：死者の展示期間が終了し，埋葬される前に行う豚供犠。
panollo：長男，長女（複数形 papangollo）。
pantew：前庭。
pangabong：同じ家に住む家族員，違う家やイリに住む人も含めた家族員。sin-pang-abong ともいう。
pangapo：特定の祖先から関係を辿ることのできる親族集団。
pangililin：木製の皿。
pangis：娘宿。

pango：婚姻儀礼チョノの第一リーダーとなる夫婦。
pangoan：入り口。
pap-alay：カモテ。
papanalan：苗床。
papatay：聖樹。
papaya：パパイヤ。
pasiking：男性の背負い籠。
patay：①供物，②聖樹パパタイで行われる儀礼，③動物供犠，通常は豚供犠。
pat-o：大きな木槌。楔（pasek）を使って薪を割る際に使う。
patopat：もち米と砂糖をバナナの葉で包み蒸したもの。
pattong：ガンサを叩きながら行われる儀礼的舞踏。
payakod：手羽先。
payew：水田。
pedeng：平和同盟。
ped-nan：手をつなぐ。
pedped：二期作目に作られる米の品種。
pegsat：①兄弟，②同じイリの成員であるということを示す用語。
peskep：婚姻儀礼ロピスで，イリレベルでの儀礼が終了した後に，近い親族だけで鶏を供犠して共食する儀礼。
pesel：災害が起きたときの忌休日。
pesik：収穫の前に3日間にわたって課せられる忌休日。
pinagpakan：赤地に数本の白い線が入ったブランケット。祭宴などで男女双方が身に付ける高価なもの。葬送儀礼では，結婚し，すでに孫のある富裕層の死者を包む大きな布や，女性用の巻スカートとしても使われる。
pinagpag：富裕層の女性が身に付ける巻スカート。
pinangal：顎の刺青で，敵を1人殺すのを手伝ったが，それが致命傷には至らなかった場合に施される。
pinangapo：特定の親族集団によって共有される土地。
pinangato：特定のアト集団によって共有される土地。
pin-nang：鉄の斧。肉や薪を切るのに使う。かつては敵の首を狩るのにも使われていた。kaman ともいう。
pinteg：首を狩られた死者の霊。
pip-i：ジャー。
pisit：人の形をした案山子。
pokakew：小麦。
pokso：死後，最初の鶏供犠。
podawan：①陸稲，②一期作目に作られる米の品種。
podipod：侵入の禁止を示すもので，長い2本の葦を家の入り口などに立てたもの。
podong：侵入の禁止を示すもので，葦の上部に草や葉のついた枝を結び付け，畑や水田などに立てたもの。
pomadang：助ける。

pomanal：種を播く。
pomapatay：聖樹パパタイで動物供犠を執り行う司祭。
pomatay：殺す。
pomatpat：婚姻儀礼チョノの第一リーダーとなる夫婦。
pondag：牧草地。
po-ot：女性からの求愛方法。
poseg：臍の緒。
posi：貧困層。
potikan：阿古屋貝の飾りがある薄茶の中国製の壺で，貴重な財とされる。
potin：新生児の臍の緒が落ちる頃に行われる鶏を供犠する儀礼。臍の緒をカゴイバタンとよばれる籠にいれ，全知全能の神ルマウィに供物を捧げ，子供を加護してくれるよう祈りを捧げる。
poto：胃。
potot：兄弟姉妹。

S

saal：家に帰る。
sabeg：キビ。
sabeng：カモテと豚の骨から作られる酢のようなもの。大きなジャー（sabengan）に水とカモテ，豚の骨を入れ数ヵ月かけて発酵させる。
sabo-sab：祭文の総称。
sak-ad：カラバオに引かせる犂。
sakit：病気。
sakolang：狩った敵の首を入れておく籠。
sad-en：待つ。
sagbi：竹製の笠。雨避けに使う。
sagni：女性による儀礼的舞踏。
sagpatan：葦で作ったジャーを固定する輪。
salakmot：①忌休日のひとつ。苗のよりよい成長を願うためのもの，②チョノの最後に行われる儀礼的籠もり。
salag：婚姻儀礼チョノで最初に行われるカラバオ供犠の儀礼。
salang：イリ内の人々に忌休日を告げる際，メッセンジャーとなる少年たちによって歌われる歌。忌休日となる日の前の晩に，明け方まで繰り返し何回も歌われる。
salikoya：葬送儀礼で自然死の老人に向けて歌われる挽歌。
salidomay：日本がフィリピンを侵略した頃，アブラから伝わり，急速にコルディリエラ地方全体に広がったとされており，現在ではアブラやカリンガ，ボントック，カンカナイなどで歌われている。古くからあるボントックの歌に西欧的な旋律が混ざったような歌で，共感や楽しさを表現するので悲しいとき，楽しいとき，いつでも男女双方によって歌われる。
salit：治病のために実修される儀礼。
saliwa：忌休日のひとつ。

sama：水田の準備。
samaak：田植え。
sanib：隠れる。
sangadil：葬送儀礼において死者を展示する椅子。
sanganga：婚姻儀礼チョノで，新婦の髪に飾られる花。
sangbo：豚ないしはカラバオが供犠される儀礼で，家族の繁栄や健康の祈願，幸福や病気回復への感謝，家の新築などの機会に実修される。通常，これには同じアトの成員が招待され，たくさんの人々が参加することになるので，大きな豚やカラバオが供犠される。
sang-gap：①移植ごて，②婚約成立の印として女性側に男性側から贈られる移植ごて。
sangsang：股鍬。
saong：動物の背骨と歯から作られるビーズ。女性用。
sapata：①罪人判別法，②宣誓。
sapog：粟。
sapongol：アトの前庭に立てられた敵の首を入れる籠（サコラン）を結びつける柱。
sasa-alan：午後6〜7時頃。
sas-alisket：田植え終了後のアプアポイ儀礼の前日。
sedang：稲が実る。
sedem：夕方。
se-eb：男の子のみに対する儀礼。豚が一頭供犠され，アトの古老によって祭文が詠唱される。
segpan：寝室。
seldak：首狩の儀礼トモのあとに実修される儀礼。
seldis：大豆のような豆。
seleng：モティンよりも大きなビーズ。女性用。
semken：探す。
senekwet：富裕層の女性が身に付ける巻スカート。
senga：①治病儀礼，②価値あるものを手に入れたときの感謝の儀礼，③重体の者が死を前に，自分のために隣人や友人を招待し共食するための最後の供犠祭宴。
sepat：槍。
seyep：眠る。
si-ay：野生の鶏を捕るための罠。
sik-ki：足。
sikdod：誰かに触る。
sigib：家屋が火災にあったときに唱えられる祈り。
simima-an：接近戦用の槍で，楯に結びつけておく。
sin：1単位を表す接頭辞。
sin-abi-ik：同じ名前をもつ者どうしの特別な関係。
sinakwet：結婚をし，すでに孫のある富裕層の死者を包む大きな布や，女性用の巻スカートとして使われる布。
sinalawitan：槍。

sin-ama：父と息子，あるいは父と子供の関係を表す包括的語彙。
sin-asawa：① 1組の夫婦，②平和同盟保持者どうしの関係。
sinawali：二期作。
sin-ina：母と娘，あるいは母と子供の関係を表す包括的語彙。
sinisim：①近代的家屋，②トタン屋根。
sinona：水源となる川の土手にある田。
sin-paltidos：始祖が開拓した土地に対する用益権を行使できる人々の集団。
sin-panganak：孫のある個人から関係が辿られる親族集団。
sin-pangapo：特定の祖先から関係を辿ることのできる親族集団。
sin-pangebeg：娘宿仲間。
sin-pangili：同じイリに住むすべての成員からなるひとつの単位。
sin-pangob-bo：相互扶助的な労働グループ。
singlep：平和同盟締結の際に開かれる祭宴。
singsing：金の耳飾り。男女双方で用いる。tinaponともいう。
siwag：婚姻儀礼チョノのカラバオ供犠の最終日に行われる儀礼。
siw-at：アイイェンを歌う際の導入歌として歌われるもので，続くアイイェンの内容がどんなものであるかのアウトラインを人々に示す。
sokaidan：イリ全体の災疫を取り除き繁栄を願う大規模な儀礼複合。飢饉や疫病の流行，台風による被害といった危機的状態にイリがみまわれたときにはいつでも実修することができる。
soklong：既婚男性が身に付ける帽子で，ファラカよりも大きく，特別な機会に鶏の羽で飾られる。これらの帽子は装飾としてだけでなく，煙草の葉やマッチを入れておく入れ物としての役割も果たす。
sokong：土製の椀。ジャーの蓋などにも使われる。
soksok：鋤。
sokto：サトウキビ挽きの後に行われる2日間の忌休日。
sodoy：家屋の前壁。
soga：先を尖らせた竹製の武器。片手に20本ほど持ち，逃げる敵を後ろからねらったり，逃げ道に置いて相手を傷つけたり，接近戦ではナイフのように用いる。
solpon：儀礼で渡される贈物。
solwe-ey：婚姻儀礼であるチョノやアトを単位とする祭宴で歌われるもので，儀礼的米搗きをしながら，男女が2つのグループに分かれて掛け合いをする。また女性どうしのグループで行われることもある。
soma-a：家に帰る。
somab-at：会う。
somakdel：葬送儀礼で死者の配偶者の介添をする人。
somadag：背の高い茶色の中国製の壺で，竜や大きな花の模様がある。貴重な財とされる。
som-ed：待つ。
somob-bat：婚姻儀礼チョノの第一リーダーとなる夫婦。somok-nobともいう。
somosoan：父や母の思い出として，それぞれ1区画ずつの水田を死者の長男，長女が儀礼的に交換すること。

so-ot：陸稲の栽培に利用される土地。
sop-ok：吹き消す。吹き飛ばす。
sopot：新生児が元気に育つよう祈願する儀礼で用いられる，植物の葉。
soso：乳房。
sosoyok：田植え後のイナナ儀礼の忌休日2日目。
sowan：金梃子，堅い木で作られた両端が尖った掘棒。女性がカモテを掘ったり，水田の雑草を取り除いたりするのに用いる。
soysoyan：風が強い。

T

takad：大きな木製か籐製の皿。
takdang：①低く，くぼんだ場所から出ること。池から土手に上がること。②水やり。
takeb：胸。
takey：非嫡出子。
tako：①人，②人の魂。
takombao：火傷に用いる薬草。
tadang：7月頃。
tadao：赤みがかった肌色の豆。
tadek：儀礼的舞踏を行う時など，1ヵ所に立ったまま軽くリズムをきざむこと。
tagi：魂を田畑や道などに忘れてきたために起こる病気。
talano：明け方3～4時頃。
tala-ong：家屋の支柱を建てる前に行われる儀礼。
talaya：ハエによる占い。
talingting：藁を束ねたもの。カップや柄杓などを挿しておく。
tamong：頬。
tangi：籐製の蓋付弁当箱。
tangib：家屋の戸。
tag-ong：木製の柄杓。
tapis：巻スカート。lubid，あるいはpitayともいう。ウエストからひざぐらいまでを覆うように身に付ける。通常，色は赤で，紺か白の縞模様があるが，日常的に身に付けるのは単純な模様のもので，装飾が施されたものは特別な機会に用いられる。
tapoy：ライスワイン。
tat-ayon：婚姻儀礼ロピスで，ラタワンに括り付けられていた鶏をはずして調理し，古老男性と古老女性が食する儀礼的共食。
tating：水差し。
taya-an：竹製の広口の籠。ロワと同じ用途。
tayan：共有地。
tebek：供犠された肉の一部。
te-el：働きに行かずに，家に留まる。忌休日。
telba：一連の婚姻に関わる儀礼の最初の段階。
tengao：忌休日。

tenggal：①破られる，②移される。
teng-ngo：鶏の背の部分の肉。
teteklad：新夫婦が，かつての独身時代の友人たちと，結婚後も友情が続くことを確認するために行う儀礼的共食。ロピスとチョノの間に行われる。
tetwalis：赤の混じった白豆。
teytey：伝統的家屋内部の梯子。
tikaw：パイプ。
tilin：害鳥。
tinaklay：二の腕に入れる刺青で，首狩の敵を1人殺すのを手伝った場合に施される。
tinalantan：槍。ファルゲグと同じ用途。
tiniktik：鼻と両頬に×のマークを記す刺青で，首狩の犠牲者に切りつけた，あるいは矢を刺した場合に施される。
tino-od：籐の帽子。既婚男性のみがかぶる。
tobay：槍の一般的な名称。
tob-ek：借金。
tobegay：儀礼セエブで共食の皿として葉が用いられる木。
tokod：家屋の支柱。
tok-wepi：星。
togao：男性が，友人の力を借りて好きな相手に思いを打ち明ける求愛方法。
togi：①イモ，②イモを集める。
togon：アドバイスする。
togwi：木の葉で作られた蓑のようなもの。雨の時，背負ったり，頭にかぶったりする。
tolo：3。
tomakedeg：立つ。
tomo：誰かが敵を殺した時，あるいはさまざまな危険な出来事の後で無事に生還した時に実修される儀礼で，とくに首狩の戦闘後では死者の霊から復讐されるのを守るために行われる。儀礼の過程そのものはチャウェスと似ているが，トモの場合，カラバオ供犠が伴われるのと，特別な勝利の歌ファルカイが歌われるという点で異なっている。
tomokdo：座る。
tomoli：戻る。
toned：苗。
to-odan：ワイン用のジャー。
topek：口。
topil：蓋つきの籠。遠くの田畑に仕事に行く際などに弁当を入れて持って行く。
toping：水田の石壁。
toytoy-ok：滝。

W

wakes：タピスをとめる織物の帯。bag-et ともいう。両端にはフリンジがあり，結んだ時に後ろでたらす。
wadey：①新しいフェンスを作る，②水田に害鳥よけの案山子を立てる前に課せられる

3日間の忌休日。
wagis：稲の収穫前の儀礼的共食。
walsaey：サトウキビ絞りなどの共同労働で歌われる歌。
wanes：褌の一般的な名称。細長い長方形で，個人によってウエストかそれより上の方，
　　　あるいは下の方にきつく締めたり，緩く締めたりする。その際，一部を前後にたらす。
walay：①陸稲，②一期作目に作られる米の品種。
walit：さまよう霊を家へ呼ぶ儀礼。
wangwang：川。
wasay：斧。大きな木を切り倒し，これを，さらにいくつかに切断するのに使われる。
wat-wat：①儀礼で手土産として主催者から渡される肉，②返礼として渡される肉。
wawalikan：霊を呼ぶ場所。
wi-it：①朝，②午前中（6～12時頃）。

Y

yawid：返す。
yogtan：末子。
yoma-a：兄，姉（複数形 yoyom-a）。

※本語彙集はフィリピノ語の表記にならい配列している。

※本語彙集に納められているものは，筆者が主としてサダンガで採集したものであり，ボントック族全体でみれば，かなりの地域的変差がある。

参照文献

青木やよひ
 1982 『性差の文化　比較論の試み』ラポール双書，金子書房。

池端雪浦・生田滋
 1977 「フィリピン」『東南アジア現代史　フィリピン・マレーシア・シンガポール』3-172, 世界現代史6，山川出版社。

上杉富之
 1999 『贈与交換の民族誌──ボルネオ・ムルット社会の親族と祭宴関係のネットワーク──』国立民族学博物館研究叢書1。

牛島巌・松沢貝子編
 1984 『女性の人類学』現代のエスプリ別冊，現代の人類学5，至文堂。

大崎正治
 1987 『フィリピン国ボントク村』人間選書105，農山漁村文化協会。

太田好信
 1998 『トランスポジションの思想──文化人類学の再想像──』世界思想社。

菊地京子
 1974 「Cognatic 社会における族制と社会生活──フィリピン・キアンガン・イフガオ族の調査研究を通して──」『民族学研究』38-3・4：257-293。
 1986 「キアンガン・イフガオ族の宗教的職能者：ムンバキ」『社会人類学の諸問題』299-309，馬淵東一先生古稀記念論文集編集委員会編，第一書房。

菊地靖
 1980 『フィリピンの社会人類学』敬文堂。

菊地靖編
 1982 『東南アジアの社会と親族』現代のエスプリ No.183，至文堂。

木佐木哲朗
 1988 「祭祀集団への帰属をめぐる一考察──北部ルソン・ボントック・イゴロットの場合」『社会人類学年報』14：157-175。

ギルモア，D.D.
 1994 『「男らしさ」の人類学』前田俊子訳，春秋社（*Manhood in the Making : Cultural Concepts of Masculinity.* Yale Univ. Press, 1990）。

窪田幸子・八木祐子編
 1999 『社会変容と女性──ジェンダーの文化人類学──』ナカニシヤ出版。

クリフォード，J.&マーカス，G. 編
 1996 『文化を書く』春日直樹・足羽与志子・橋本和也・多和田裕司・西川麦子・和邇悦子訳，紀伊國屋書店（*Writing Culture : The Poetics and Politics of Eth-*

nography. University of California Press, 1986)。

合田濤
- 1979 「ルソン島およびバタン諸島の歴史と文化」『新・海上の道』40-67, 黒潮文化の会編, 角川選書103, 角川書店。
- 1983a 「風土と地理」『もっと知りたいフィリピン』もっと知りたい東南アジア5, 39-72, 綾部恒雄・永積昭編, 弘文堂。
- 1983b 「民族と言語」『もっと知りたいフィリピン』もっと知りたい東南アジア5, 73-101, 綾部恒雄・永積昭編, 弘文堂。
- 1986 「オッチャス老の死——ボントック族の葬礼と世界観——」『東南アジア研究』24-3：289-317。
- 1987 『ボントック族の社会構造と世界観』博士論文, 東京都立大学。
- 1988 「ボントック族の地方政治とリーダーシップ——北ルソン山地民の政治人類学的研究に向けて——」『歴史のなかの社会』社会人類学の可能性Ⅰ, 200-220, 須藤健一・山下晋司・吉岡政徳編, 弘文堂。
- 1989a 『首狩りと言霊——フィリピン・ボントック族の社会構造と世界観——』弘文堂。
- 1989b 「*funi*：イフガオ族の妖術と病因論」『近代』66：35-60, 神戸大学近代発行会。
- 1995 「民族と言語」『もっと知りたいフィリピン第2版』71-100, 綾部恒雄・石井米雄編, 弘文堂。

サイード, E. W.
- 1986 『オリエンタリズム』板垣雄三・杉田英明監修, 今沢紀子訳, 平凡社 (*Orientalism*. Georges Borchardt Inc., New York, 1978)。

杉井信
- 1990 「出自集団概念の適用限界——フィリピン, ボントック・カンカナイ両社会の分析をめぐって——」『南島史学』35：22-43。

須藤健一・杉島敬志編
- 1993 『性の民族誌』人文書院。

住原則也
- 1997 「第2章 フィールドワークの意味と意義」『異文化を「知る」ための方法』11-24, 藤巻正己・住原則也・関雄二編, 古今書院。

関本照夫
- 1988 「第九章 フィールドワークの認識論」『文化人類学へのアプローチ』263-289, 伊藤幹治・米山俊直編, ミネルヴァ書房。

永積昭
- 1984 「植民地支配の開幕」『東南アジアの民族と歴史』255-271, 大林太良編, 山川出版社。

波平恵美子
- 1984 『ケガレの構造』青土社。

西川祐子・荻野美穂編
- 1999 『男性論』人文書院。

ハイネ゠ゲルデルン, R.

1942　『東南アジアの民族と文化』小林甚二訳，聖紀書房（Sudostasien. G. Buschan hrsg., *Ilustrierte Volkerkunde* II, Stuttgart, 1923）。
原喜美
　　1983　「歴史的背景」『もっと知りたいフィリピン』もっと知りたい東南アジア 5, 1-37，綾部恒雄・永積昭編，弘文堂。
マードック，G. P.
　　1986　『社会構造』内藤莞爾監訳，新泉社（*Social Structure*. Macmillan Company, New York, 1949）。
松村一男
　　1986　「第1章　神話とは何か」『神話学とは何か』1-34，吉田敦彦・松村一男編，有斐閣新書。
マネー，J. ＆タッカー，P.
　　1979　『性の署名』朝山新一他訳，人文書院（*Sexual Signatures*. Little Brown, Boston, 1975）。
馬淵東一
　　1974　『馬淵東一著作集』第2巻，社会思想社。
ミード，M.
　　1961　『男性と女性』上・下，田中寿美子・加藤秀俊訳，東京創元社（*Male and Female : A Study of the Sexes in a Changing World*. Morrow, New York, 1949）。
宮本勝
　　1986　『ハヌノオ・マンヤン族――フィリピン山地民の社会・宗教・法――』第一書房。
村武精一
　　1973　『家族の社会人類学』弘文堂。
　　1984　『祭祀空間の構造』東京大学出版会。
　　1986　「北部ルソン・ボントック族における祭祀集団帰属の"Cognatic"諸形態」『社会人類学の諸問題』233-246，馬淵東一先生古稀記念論文集編集委員会編，弘文堂。
　　1987　「フィリピン北部ルソンのボントック社会における Peace-Pact 資料」『社』47：49-82。
守川正道
　　1978　『フィリピン史』同朋社。
森谷（赤羽）裕美子
　　1987　「フィリピン・ボントック族における女性の地位と役割」『明治大学社会・人類学会年報』1：130-137。
　　1988a　「性的役割についての一考察」『明治大学大学院紀要（政治経済学篇）』25：187-198。
　　1988b　「月経・妊娠をめぐる不浄性についての一考察」『明治大学社会・人類学会年報』2：216-222。
　　1989a　「フィリピン・ボントック社会におけるルマウィ神話に関する一考察」『明治大

学大学院紀要（政治経済学篇）』26：103-118。
- 1989b 「フィリピン・北部ルソンにおける娘宿研究」『明治大学社会・人類学会年報』3：87-98。
- 1990 「フィリピン・ボントック社会における霊的存在と霊的職能者に関する一考察」『明治大学大学院紀要（政治経済学篇）』27：167-179。
- 1991a 「農業と女性――北部ルソン社会の事例――」『明治大学大学院紀要（政治経済学篇）』28：77-89。
- 1991b 「フィリピン・ボントック族の女性の地位と役割」『東アジアの文化人類学』321-335、大胡欽一・高桑史子・山内健治編、八千代出版。
- 1993 「アトへの帰属様式に関する諸問題」蒲生正男教授追悼論文集、『社会人類学からみた日本』282-303、村武精一・大胡欽一編、河出書房新社。
- 1998a 「ボントックにおける家族・親族」『九州国際大学国際商学部論集』9-2：57-66。
- 1998b 「社会階層に関する一考察――フィリピン・北部ルソンの事例――」『九州国際大学国際商学部論集』10-1：85-109。
- 1999 「ボントックにおける生活空間」『九州国際大学国際商学部論集』10-2：121-145。
- 2000 「ボントック社会における首狩と平和同盟」『九州国際大学国際商学部論集』12-1：21-39。
- 2002 『ジェンダーの民族誌――フィリピン・ボントックにおける女性と社会――』博士論文、明治大学。

山崎カオル
- 1987 「フェミニスト人類学の流れ――はじめに――」『男が文化で女が自然か？』9-29、山崎カオル監訳、晶文社。

山路勝彦
- 1985 「タイヤル族のキョーダイ関係と出産のけがれ」『関西学院大学社会学部紀要』50：81-92。
- 1986 「タイヤル族と性差、とりわけ出産をめぐって」『関西学院大学社会学部紀要』52：67-81。

山下晋二
- 1987 「首狩り」『文化人類学事典』弘文堂。

レヴィ＝ストロース, C.
- 1976 『野生の思考』大橋保夫訳、みすず書房（*La Pensee Sauvage.* Librairie Plon, Paris, 1962）。

Barnett, M. L.
- 1967 Subsistence and Transition of Agricultural Development among the Ibaloi. in M. D. Zamora ed., *Studies in Philippine Anthropology* 299-323, Quezon City.

Barton, R. F.
- 1911 The Harvest Feast of the Kiangan Ifugao. *The Philippine Journal of Science*

6-2 : 81-105.
1919 *Ifugao Law*. American Archaeology and Ethnology 15-1 : 1-186, University of California Press.
1922 *Ifugao Economics*. American Archaeology and Ethnology 15-5 : 385-446, University of California Press.
1938 *Philippine Pagans* : *The Autobiographies of Three Ifugaos*. George Routledge & Sons, LTD., London.
1946 The Religion of the Ifugao. *American Anthropologist, New Series*, American Anthropological Association.
1949 *The Kalingas*. The University of Chicago Press, Chicago.

Benn, K. L. & F. Khensay
 1998 Traditional Songs of the Bontoc. *Journal of Northern Luzon* 26-1, 2 & 27-1, 2 : 1-111.

Beyer, O. H.
 1917 *Population of the Philippine Island in 1916*. Philippine Education Co. Inc., Manila.
 1948 Philippine and East Asian Archaeology and Its Relation to the Origin of the Pacific Islands Population. *Bulletin of the National Research Council of the Philippines* 29 : 1-130.

Birket-Smith, KAJ
 1952 *The Rice Cultivation and Rice-Harvest Feast of the Bontoc Igorot*. Det Kongelige Danske Videnskabernes Selskab, Historisk-filologiske Meddelelser 32-8.

Bosserup, E.
 1970 *Woman's Role in Economic Development*. St. Martin's Press, New York.

Botengan, K. C.
 1976 *Bontoc Life-Ways* : *A Study in Education and Culture*. Centro Escolar University Research and Development Center, Manila.

Cawed, C.
 1972 *The Culture of the Bontoc Igorot*. MCS Enterprises Inc., Manila.

Cherneff, J.
 1981 *Gender Roles, Economic Relations and Culture Change among the Bontoc Igorot of Northern Luzon, Philippines*. Ph. D. Dissertation, New School for Social Research.

Cole, F.
 1909 Distribution of the Non-Christian Tribes of Northwestern Luzon. *American Anthropologist* 11-3 : 329-347.
 1945 *The Peoples of Malaysia*. D. Van Nostrand Co., New York.

Conklin, H. C.
 1955 *The Relation of Hanunoo Culture to the Plant World*. Ph.D. Dissertation, Yale University.

  1967 *Some Aspects of Ethnographic Research in Ifugao*. New York Academy of Sciences, Transactions 30 : 99-121.
De los Reyes, A. J. & A. M. De los Reyes eds.
  1986 *Igorot : A People Who Daily Touch the Earth and the Sky*. C. S. G. Series Vol. 1 : Ethnographies, Vol. 2 : Cordillera History, Vol. 3 : Contemporaly Life and Issues, Cordillera Schools Group, Baguio City.
De Raedt, J.
  1964 Religious Representations in Northern Luzon. *Saint Louis Quarterly* 2-3 : 245-348.
  1987 *Similarities and Differences in Life Styles in the Central Cordillera of Northern Luzon (Philippines)*. Working Paper 03, Cordillera Studies Center, University of the Philippines, Baguio City.
  1993 *Buaya Society*. CSC Monograph 5, Cordillera Studies Center, University of the Philippines, Baguio City.
Douglas, M.
  1966 *Purity and Danger : An Analysis of the Concepts of Pollution and Taboo*. Ark Paperbacks, 1984, London and New York（塚本利明訳,『汚穢と禁忌』思潮社, 1985 年）.
Dozier, E. P.
  1966 *Mountain Arbiters : The Changing Life of a Philippine Hill People*. The University of Arizona Press, Arizona.
Drucker, C. B.
  1974 *Economics and Social Organization in the Philippine Highlands*. Ph. D. Dissertation, Stanford University.
  1977 To Inherit the Land : Descent and Decision in Northern Luzon. *Ethnology* 16-1 : 1-20.
Dumia, M. A.
  1979 *The Ifugao World*. New Day Publishers, Manila.
Eder, J.
  1993 *On the Road to tribal Extinction : Depopulation, Deculturation, and Adaptive Well-being among the Batak of the Philippines*. New Day Publishers, Manila.
Eggan, F.
  1941 Some Aspect of Culture Change in the Northern Philippines. *American Anthropologist* 43 : 11-18.
  1960 The Sagada Igorots of Northern Luzon. in G. P. Murdock ed., *Social Structure in Southeast Asia* 24-59, Viking Fund Publication in Anthropology No. 29, Quadrangle Books, Chicago.
  1963 Cultural Drift and Social Change. *Current Anthropology* 4-4 : 347-355.
  1967 Some Aspects of Bilateral Social Systems in the Northern Philippines. in M. D. Zamora ed., *Studies in Philippine Anthropology* 186-203, Phoenix Press,

Quezon City.
Eggan, F. & W. H. Scott
    1963   Ritual Life of the Igorots of Sagada : From Birth to Adolescence. *Ethnology*
            2 : 40-54.
    1965   Ritual Life of the Igorots of Sagada : Courtship and Marriage. *Ethnology* 4 :
            77-111.
Fox, R. B.
    1967   Excavations in the Tabon Caves and Some Problems in Philippine Chronol-
            ogy. in M. D. Zamola ed., *Studies in Philippine Anthropology* 88-116, Phoe-
            nix Press, Quezon City.
    1982   *Religion and Society among the Tagbanuwa of Palawan Island, Philippines*.
            Monograph No. 9, National Museum, Manila.
Friedl, E.
    1975   *Women and Men : An Anthropologist's View*. Holt, Rinehart and Winston,
            New York.
Fry, F. T.
    1983   *A History of the Mountain Province*. New Day Publishers, Quezon City.
Geerts, C.
    1973   *The Interpretation of Cultures*. Basic Books, New York.
Gorospe, V. R. & R. L. Deats eds.
    1973   *The Filipino in the Seventies*. New Day Publishers, Quezon City.
Guy, G. S.
    1958   The Economic Life of the Mountain Tribes of Northern Luzon, Philippines.
            Journal of East Asiatic Studies 7-1 : 1-88.
Heine-Gerderun, R.
    1932   Urheimat und Fruheste Wanderungen der Austronesier. *Anthropos* 27 :
            43-619.
Holy, L.
    1996   *Anthropological Perspectives on Kinship*. Pluto Press, Chicago.
Infante, T. R.
    1975   *The Woman in Early Philippines and Among the Cultural Minorities*.
            Unitas Publications, University of Santo Tomas, Manila.
Jenks, A. E.
    1905   *The Bontoc Igorot*. Department of the Interior Ethnological Survey Publica-
            tions Vol. 1, Bureau of Public Printing, Manila.
Jocano, F. L.
    1967   Beyer's Theory on Filipino Prehistory and Culture : An Alternative
            Approach to the Problem. in M. D. Zamora ed., *Studies in Philippine
            Anthropology* 128-150, Phoenix Press, Quezon City.
    1998   *Filipino : Indigenous Ethnic Communities*. Punlad Research House, Manila.
Keesing, F. M.

1934　　*Taming Philippine Headhunters*. George Allen & Unwin Ltd., London.
1949　　Some Notes on Bontok Social Organization, Northern Philippines. *American Anthropologist* 51 : 578-601.
1962 a　*The Ethnohistory of Northern Luzon*. Stanford University Press, California.
1962 b　The Isneg : Shifting Cultivators of the Northern Philippines. *Southwestern Journal of Anthropology* 18 : 1-19.

Krober, A. L.
  1919　　*Peoples of the Philippines*. American Museum of Natural History. New York.

Lambrecht, F.
  1932　　The Mayawyaw Ritual, 1. *Rice Culture and Rice Ritual*. Publications of the Catholic Anthropological Conference 4 : 1-167.
  1935　　The Mayawyaw Ritual, 2. *Marriage and Marriage Ritual*. Publications of the Catholic Anthropological Conference 4 : 169-325.
  1938　　The Mayawyaw Ritual, 3. *Death and Death Ritual*. Publications of the Catholic Anthropological Conference 4 : 327-493.

Meigs, A. S.
  1976　　Male Pregnancy and the Reduction of Sexual Opposition in a New Guinea Highlands Society. *Ethnology* 15-4 : 393-407.

Moss, C. R.
  1920 a　*Nabaloi Law and Ritual*. American Archaeology and Ethnology 15-3 : 207-342, University of California Press.
  1920 b　*Kankanay Ceremonies*. American Archaeology and Ethnology 15-4 : 343-384, University of California Press.

Moss, E. C. T.
  1974　　Stories of the Bontoc Igorot People in Alab. *Philippine Sociological Review* 22-1,2,3,4 : 5-40.

Murdock, G. P.
  1960　　Cognatic Forms of Social Organization. in G. P. Murdock ed., *Social Structure in Southeast Asia* 1-14, Viking Fund Publication in Anthropology No. 29, Quadrangle Books, Chicago.

Ortner, S. B.
  1974　　Is Female to Male as Nature to Culture? in M. Z. Rosald & L. Lamphere eds., *Woman, Culture and Society* 67-87, Stanford University Press, Stanford.

Pacyaya, A. G.
  1971　　Religious Acculturation in Sagada. in P. G. Going & W. H. Scott eds., *Acculturation in the Philippines* : 128-139, Quezon City.

Perez, F. A.
  1988　　*Igorots : Geographic and Ethnographic Study of Some Districts of Northern Luzon*. Cordillera Monograph 2, Cordillera Study Center, Baguio City

(Rep. from 1902).

Prill-Brett, J.
- 1975 *Bontok Warfare*. M. A. Thesis. University of the Philippines.
- 1983 *The Social Dynamics of Irrigation in Tukukan Society*. Social Science Monograph Series 2, Cordillera Studies Center, University of the Philippines, Baguio City.
- 1987 a *Landholding and Indigenous Corporate Groups Among the Bontok of Mountain Province, Philippines*. Ph. D. Dissertation. University of the Philippines.
- 1987 b *Pechen : The Bontok Peace Pact Institution*. Cordillera Monograph 1, Cordillera Studies Center, University of the Philippines, Baguio City.
- 1989 *The Bontok Chuno Feast in the Context of Modernization*. Working Paper 12, Cordillera Studies Center, University of the Philippines, Baguio City.

Reid, L. A.
- 1972 Wards and Working Groups in Guinaang, Bontok, Luzon. *Anthropos* 67 : 530-563.
- 1976 *Bontok-English Dictionary*. Pacific Linguistics Series C-No. 36, The Australian National University, Camberra.

Rogers, S. C.
- 1975 Female Forms of Power and the Myth of Male Dominance : Model of Female/Male Interaction in Peasant Society. *American Ethnologist* 2 : 727-755.

Rosaldo, M. Z.
- 1974 Woman, Culture, and Society : A Theoretical Overview. in M. Z. Rosald & L. Lamphere eds., *Woman, Culture, and Society* 17-42, Stanford University Press, Stanford.
- 1980 *Knowledge and Passion : Ilongot Notions of Self & Social Life*. Cambridge University Press, Cambridge.

Rosaldo, R.
- 1970 *Ilongot Society : The Social Organization of a Non-Christian Group in Northern Luzon, Philippines*. Ph.D. Dissertation, Harvard University.

Sanday, P. R
- 1974 Female Status in the Public Domain. in M. Z. Rosald & L. Lamphere eds., *Woman, Culture, and Society* 189-206, Stanford University Press, Stanford.

Scott, W. H.
- 1958 Preliminary Report on Upland Rice in Northern Luzon. *Southwestern Journal of Anthropology* 14 : 87-105.
- 1967 Some Religious Terms in Sagada Igorot. in M. D. Zamora ed., *Studies in Philippine Anthropology* 480-493, Phoenix Press, Quezon City.
- 1969 *On the Cordillera*. MCS. Enterprises Inc., Manila.

    1974   *The Discovery of the Igolots*. New Day Publishers, Quezon City.
    1975   *History on the Cordillera* : *Collected Writings on Mountain Province History*. Baguio Printing and Publishing Co., Baguio City.
    1988   *A Sagada Reader*. New Day Publishers, Quezon City.

Seidenadel C. W.
    1909   *The First Grammer of the Language Spoken by the Bontok Igorot*. The Open Court Publishing Company, Chicago.

Sherfan, A. D.
    1976   *The Yakans of Basilan Island* : *Another Unknown and Exotic Tribe of the Philippines*. FOTOMATIC, Cebu City.

Tylor, E. B.
    1920   *Primitive Culture*. Vol. 1, John Murray, London.

Vanoverbergh, M.
    1953-55   Religion and Magic among the Isneg. *Anthropos* 48 : 71-104, 557-568, 49 : 233-75, 1004-1012, 50 : 212-275.

Wallace, B.J.
    1969   Pagan Gaddang Spouse Exchange. *Ethnology* 8 : 183-188.
    1970   *Hill and Valley Farmers* : *Socio-Economic Change among a Philippine People*. Schenkman Publishing Company Inc., Cambridge.

Weiner, A. B.
    1976   *Women of Value, Men of Reknown* : *New Perspectives in Trobriand Exchange*. University of Texas Press, Austin.

Wilson, L. L.
    1952   Some Notes on the Mountain Peoples of North Luzon. *Journal of East Asiatic Studies* 1-3 : 54-62.
    1965   *The Skyland of the Philippines*. Bookman Inc., Baguio City.
    1967   *Ilongot Life and Legends*. Bookman Inc., Manila.

あとがき

　1982 年，初めて大学のゼミでフィリピンを訪れてからというもの，私とフィリピンとの関わりは 20 年以上になる。その間，文化人類学をとりまく環境も大きく変化した。当初，私の研究テーマは北部ルソン社会における家族と親族であり，「伝統」といった枠組みのなかでジェンダーを論じることに主眼が置かれていた。しかしながら，近代化の影響のなかでこうした少数民族社会においても，もはや「伝統」という枠組みにおいて文化を捉えることが困難な状況を目のあたりにし，ジェンダーがいかに変容を迫られ，あるいは対応していくかをも視野に入れ研究していく必要に迫られた。また，ボントックのような一見「伝統」的な社会においても「開発」という波が容赦なく押し寄せ，開発と文化の葛藤が大きな社会問題となってきており，文化人類学者としていかにこれに対応すべきかが問われている。しかも，それだけでなくこうした「伝統」といった概念そのものすら見直されてきている。

　民族誌のあり方が問い直されるなか，本書は何ら独創的，革新的ではないかもしれない。また，調査資料が古すぎるとのお叱りを受けるかもしれない。しかしながら，これらの記述はたとえ何年すぎようとも，ボントック社会のジェンダーの本質というものを論じるうえでは，なお有効であると考える。それと同時に，20 年もの長きにわたって筆者を支え，助けてくださったフィリピンの，とりわけボントックの人たちが筆者に「教えてくださったこと」を形あるものにまとめることは，筆者にとっては（たとえどんなに遅くなろうとも）何らかの義務のように感じられる。筆者が大学の社会調査法の講義で"ラポール"の重要さを学んでから，頭のなかには常にこれに対する思いがあった。果たして彼らとそうした関係が結べているかどうかを判断する術を筆者はもたないが，本書に少しでもそうした筆者の存在を感じていただけたら幸いである。

　最後に，ジェンダーを論じるうえでいつも感じることに，いったいだれが

「ボントック族の女性は男性に抑圧されている」とか，「性平等的である」とみなすのかといった問題がある。文化を語る権利はいったいだれにあるのか。太田は，サイードのオリエンタリズム批判に対し［サイード 1986 (1978)］，これを単なる「認識論的批判」としてとらえるべきではなく，ここではオリエンタリズムが文化間の不平等な関係によって成立しているという指摘がより重要なのであって，むしろ異文化についての語りを可能にしている社会状況についての批判から生まれる発話の可能性への展望であると述べ，そこから研究者が民族誌のなかで「局外者の客観性」や「客観的視点の優越」という考え方によって構築する権威を指摘する［太田 1998：102-141］。

　民族誌はいかに客観的であろうとしても，書き手の視点によって色づけられる。ジェンダー研究においては，女性であるがゆえに女性を主体的に描くことができる。しかしその反面，女性に近づきすぎて男性との関係がみえなくなってしまう危険性があるだろう。また，それと同時に「他者」である彼らに西欧的なジェンダー観を押し付けることにもなりかねない。男と女という性は，男が上とか，女が上とかいうものでもなければ，本質的に同じものでもない。また，単に生殖を行うためだけに存在するわけでもない。男女は平等であるべきだが，まったく同じではない。それぞれの性が，自分の性を認識し，相手の性を認識することが大切であり，補い合わなければ生きていけないということをまず理解すべきであって，それぞれの社会がいかにお互いの性を認識しているかを知ることがジェンダー研究であると筆者は考える。「他者」の文化を理解することは容易ではない。ジェンダー研究においては，いかにこういったバイアスを克服するかが大きな課題であり，そのためにも，それぞれの社会固有のジェンダーに関する多くの詳細な報告が必要であろうし，これまであまり語られることのなかった「局内者の視点」によっても語られていかなければならないだろう。

　なお，本書は2002年3月に明治大学大学院政治経済学研究科に提出した学位論文『ジェンダーの民族誌——フィリピン・ボントックにおける女性と社会——』に大幅な加筆修正を加えたものである。本書の一部にはすでに発表した論文も含まれているが，全体の論旨については変わっていない。本書

に収録した論文の初出は以下の通りである。

　序　章　本書の目的
　　　　　　（書き下ろし）
　第1章　概観
　　第1節　フィリピンの構成
　　　　　　（書き下ろし）
　　第2節　調査地概況
　　　　　　（書き下ろし）
　第2章　女たちとその世界
　　第1節　政治・経済・法
　　　　　　（書き下ろし）
　　第2節　家族・親族の構成
　　　　　　（原題「ボントックにおける家族・親族」『九州国際大学国際商学部論集』第9巻2号）
　　第3節　アト——男性領域としての男子集会所とアト集団——
　　　　　　（原題「アトへの帰属様式に関する諸問題」『社会人類学からみた日本』河出書房新社）
　　第4節　オログ——女性領域としての娘宿——
　　　　　　（原題「フィリピン北部ルソンにおける娘宿研究」『明治大学社会・人類学会年報』3号）
　　第5節　社会階層制
　　　　　　（原題「社会階層に関する一考察——フィリピン・北部ルソンの事例」『九州国際大学国際商学部論集』第10巻1号）
　第3章　空間と霊的世界
　　第1節　生活空間
　　　　　　（原題「ボントックにおける生活空間」『九州国際大学国際商学部論集』第10巻2号）
　　第2節　霊的存在
　　　　　　（原題「フィリピン・ボントック社会における霊的存在と霊的職

能者に関する一考察」『明治大学大学院紀要（政治経済学篇）』27集）
- 第3節　全知全能の神ルマウィ
（原題「フィリピン・ボントック社会におけるルマウィ神話に関する一考察」『明治大学大学院紀要（政治経済学篇）』26集）
- 第4節　婚姻儀礼と葬送儀礼
（書き下ろし）

第4章　性
- 第1節　農業と女性
（原題「農業と女性——北部ルソン社会の事例——」『明治大学大学院紀要（政治経済学篇）』28集）
- 第2節　労働グループ
（書き下ろし）
- 第3節　性と女性の不浄性
（原題「月経・妊娠をめぐる不浄性についての一考察」『明治大学社会・人類学会年報』2号）
- 第4節　女性と性的役割
（原題「性的役割についての一考察」『明治大学大学院紀要（政治経済学篇）』25集）

第5章　結論
（書き下ろし）

　本書の執筆にあたっては指導教授の大胡欽一先生はもとより，論文の細かな点においては大胡修先生（明治大学教授）にたいへんお世話になりました。また，フィリピン・北部ルソンで長年にわたり調査を行ってこられた村武精一先生（東京都立大学名誉教授），合田濤先生（神戸大学教授）には貴重な助言と御指導をいただきました。現地調査においては，フィリピン国立博物館の前副館長ペラルタ博士，および前々副館長エバンヘリスタ博士，そして家族同様に筆者を受け入れてくださり，公私にわたり面倒をみてくださったボントックのベニータおかあさん，ルー氏，サダンガのワナワン氏およびその家

族の方々，そしてすべての名前をここであげることはできませんが，さまざまな面で筆者を支え助けてくださったボントックの方々の御厚意なくしては完成し得なかったものでした。ここであらためて感謝の意を表したいと思います。

　本書の刊行にあたっては日本学術振興会の平成15年度科学研究費補助金（研究成果公開促進費）の交付を受けました。出版に際しては，九州大学出版会編集部の藤木雅幸さんと永山俊二さんにたいへんお世話になりました。ここに心から感謝いたします。

　　　2004年1月10日

　　　　　　　　　　　　　　　　　　　　　　　　森谷　裕美子

〈著者紹介〉

森谷裕美子（もりや・ゆみこ）
1960 年生まれ
明治大学政治経済学部経済学科卒業
明治大学大学院政治経済学研究科博士後期課程満期退学
九州国際大学講師を経て，
現在，九州国際大学国際商学部助教授，政治学博士
専攻　文化人類学

ジェンダーの民族誌（みんぞくし）
――フィリピン・ボントックにおける女性と社会――

2004 年 2 月 20 日　初版発行

著　者　森　谷　裕美子
発行者　福　留　久　大
発行所　（財）九州大学出版会
〒 812-0053　福岡市東区箱崎 7-1-146
九州大学構内
電話　092-641-0515（直通）
振替　01710-6-3677
印刷／九州電算㈱・大同印刷㈱　製本／篠原製本㈱

© 2004 Printed in Japan　　ISBN 4-87378-814-5

祈りと祀りの日常知 ── フィリピン・ビサヤ地方バンタヤン島民族誌 ──

川田牧人　　　　　　　　　　　　　　　B5判・344頁・7,500円

聖人像を祭祀する小聖堂のフィエスタ、カトリック儀礼の聖週間、個人的信奉の諸実践や、呪文祈禱書（オラシオネス）と精霊観念を基とした呪術的治療者（メレコ）の諸活動、精霊にまつわるさまざまな経験譚など、フォーク・カトリシズムの枠組みで語られてきたこれらの事象を、ビサヤ民俗社会における知識の運用と生活実践という観点から民族誌的に捉えなおす。

憑依と語り ── アフロアマゾニアン宗教の憑依文化 ──

古谷嘉章　　　　　　　　　　　　　　　A5判・386頁・5,800円

アフロアマゾニアン宗教、すなわち黒人奴隷制と天然ゴムブームがブラジル・アマゾンで生み出した、著しく混淆的なアフリカ系憑依文化のエスノグラフィー。「語りの共同体」の密林に分け入り、アイデンティティ・歴史・語りのあいだの相互反照的関係を照らし出し、憑依文化の人類学的分析の新たな可能性を拓く。

噴火のこだま
── ピナトゥボ・アエタの被災と新生をめぐる文化・開発・NGO ──

清水　展　　　　　　　　　　　　　　　A5判・382頁・5,200円

1991年6月のフィリピン・ピナトゥボ山の大噴火は、山麓一帯で移動焼畑農耕を生業として暮らしていた先住民アエタに深刻な被害を与えた。本書は、被災したアエタたちの、10年にわたる生活再建の歩みと、NGOの関与についての記録である。

台湾アミ族の宗教世界

原　英子　　　　　　　　　　　　　　　A5判・300頁・5,700円

本書では、著者が台湾花蓮市近郊の南勢アミ村落での調査で得た資料をもとに、アミ族の空間認識が方位性とフラクタル性をもつことを指摘しつつ、かつて2種類の宗教的職能者によって構成されていたアミ族の宗教世界を明らかにした。

新版 左手のシンボリズム ［聖］-［俗］：［左］-［右］の二項対置の認識の重要性

松永和人　　　　　　　　　　　　　　　A5判・286頁・4,500円

右と左の二元論に関する理論的検討と、西日本各地での現地調査に基づき、わが国の宗教文化における左（手・足・肩）の習俗の象徴的両義性を明らかにする。

（表示価格は本体価格）　　　**九州大学出版会**